참진리
참소망

참진리 참소망

발행일	2019년 7월 5일		

지은이	이호주		
펴낸이	손형국		
펴낸곳	(주)북랩		
편집인	선일영	편집	오경진, 강대건, 최승헌, 최예은, 김경무
디자인	이현수, 김민하, 한수희, 김윤주, 허지혜	제작	박기성, 황동현, 구성우, 장홍석
마케팅	김회란, 박진관, 조하라, 장은별		
출판등록	2004. 12. 1(제2012-000051호)		
주소	서울시 금천구 가산디지털 1로 168, 우림라이온스밸리 B동 B113, 114호		
홈페이지	www.book.co.kr		
전화번호	(02)2026-5777	팩스	(02)2026-5747

ISBN	979-11-6299-681-2 03230 (종이책)	979-11-6299-682-9 05230 (전자책)

이 도서의 국립중앙도서관 출판예정도서목록(CIP)은 서지정보유통지원시스템 홈페이지(http://seoji.nl.go.kr)와
국가자료공동목록시스템(http://www.nl.go.kr/kolisnet)에서 이용하실 수 있습니다.
(CIP제어번호: CIP2019026282)

책을 펴내며

소설가 최명희는 '언어는 정신의 지문(指紋)'이라 했습니다. 모든 사람들이 손가락 끝에서 서로 다른 무늬인 지문을 가지고 있어 그 사람의 정체성을 드러내고 있듯이 그 사람들이 사용하는 언어 역시 그의 생각과 정신을 언어에 반영하여 표현한다는 뜻입니다.

또한 얼마 전에 3.1운동 100주년 기념으로 제작되어 호평을 받고 관객을 많이 모으며 상영된 영화, 〈말모이〉에서 '말은 민족의 정신이요 글은 민족의 생명이다'고 한 명대사는 일제 치하에서도 우리말과 글을 보존하기 위해 애쓴 선열들을 기린 민족정신의 지문이라 할 수 있습니다.

그러나 언어는 한낱 표현의 수단일 뿐입니다. 언어의 알맹이가 중요한데 인간의 수많은 알맹이인 정신과 혼이 다르게 담길 수 있는 것입니다. 개인의 정신이 좋게 또는 나쁘게 담길 수 있고, 민족의 처한 역사 상황에 따라 달리 담길 수 있습니다.

간증에 담긴 언어는 하나님의 진정한 진리를 언어로 표현하기에 영(靈)이신 하나님의 지문과 연결된 인간의 특수한 표현이 됩니다.

또한 기도도 인간과 하나님과의 대화를 인간 본위의 욕망이 아니라 하나님의 진리와 권능과 사랑에 준(準)하여 드리며 소망하는 산 제사이기에 영이 담긴 특수한 언어가 되는 것입니다.

때문에 하나님의 진리와 권능을 증거하는 간증과 하나님과 호흡을 함께 나누는 기도는 영이 지배한다고 합니다. 한 마디도 결코 땅에 떨어지지 않고 반드시 효력이 나타난다고 합니다.

진실은 거짓 없는 사실을 일컫습니다. 결코 변하지 않아 믿을 수 있는 것이어야 합니다. 진실은 좋은 것도 있고 나쁜 것도 있습니다. 그 사람이 좋으면 '그 사람은 좋다'가 진실이고, 그 사람이 나쁘면 '그 사람은 나쁘다'가 진실인 것입니다. 때문에 진실에는 가치가 들어 있기도 하고 없기도 합니다.

하지만 진리는 진실에 가치가 반드시 들어 있어야 성립하는 명제입니다. 때문에 진실과 가치가 반드시 공존해야 진리로서 필요충분조건을 갖추게 되는 것입니다. 그러므로 진리는 영원한 것입니다.

세상에서는 진실을 진리라고 하고 인간의 이기적인 속된 욕망을 소망이라고 하는 경우가 매우 많습니다. 진실과 가치가 함께 공존하는 진리, 그것은 모순이 없고 인간에게 언제나 믿음의 지표가 되고 영원히 추구해야 할 소망이 되는 것입니다. 그러하기에 하나님께서는 "천지가 없어져도 나의 말은 결코 없어지지 아니하리라"라고 가르침을 주셨습니다. 때문에 세상의 진리와 구별하기 위해 하나님의 진리를 증거하는 이 책의 제명을 '참진리'라고 이름 붙인 이유이기도 합니다. 또한 세속적인 인간의 저급한 기복신앙을 극복하고 진정한 하나님 본위의 뜻, 주님께서 가르쳐 주신 기도문처럼 '하나님의 나라와 권세와 영광'이 이 땅에도 임하기를 바라는 뜻에서 기도를 그냥 소망이 아니라 '참소망'이라 이름 붙였습니다.

"우리의 싸우는 무기는 육신에 속한 것이 아니요 오직 어떤 견고한 진도 무너뜨리는 하나님의 능력이라 모든 이론을 무너뜨리며" (고후10:4, 렘1:10, 엡6:11, 살전5:8),

"하나님 아는 것을 대적하여 높아진 것을 다 무너뜨리고 모든 생각을 사로잡아 그리스도에게 복종하게 하니"(고후10:5)

믿음의 사람들은 자긍심을 가져야 할 것입니다. 세상의 학문보다 하나님의 가르침 한 마디를 아는 것이 훨씬 더 값지고 참진리인 것을 알 때 하나님께서 주시는 재능, 즉 천재성이 획득되는 것입니다. 또한 세속의 부귀영화보다 영원한 소망을 기원할 때 온전한 행복이 찾아옵니다.

이 책은 문서 선교용입니다. 때문에 교회에 출석하지 않은 사람일지라도 참된 진리를 알고자 하는 성실한 분들이라면, 진정한 소망을 추구하여 행복을 원하는 사람들이라면 이 책을 통해 참진리가 무엇이고 참소망이 무엇인가를 알 수 있도록 내용을 담았습니다.

하나님의 진리 능력은 세상의 성처럼 견고한 어떠한 이론도 반드시 무너뜨린다고 했습니다. 하나님에 소망은 한시적(限時的)이지 않고 영원한 만족을 은은히 채워 줄 것입니다. 그만큼 모순이 없고 가치가 영원하다는 뜻입니다. 이 말은 인간의 주장과 이론은 능력에 한계가 있어 영원하지 못하고 진리의 빛이 퇴색하고 변한다는 뜻을 반증해 주는 말입니다.

세계 문학계에서 가장 뛰어난 IQ가 230 정도 된다는 영국의 셰익스피어와 독일의 괴테도 성경의 낱말 한두 개를 극화시켰을 뿐입니다. 셰익스피어의 그 유명한 4대 비극은 인간이 선악과를 따 먹어 죄가 스며들어 비극이 발생함을 희곡으로 꾸민 '원죄'의 증거 품에 지나지 않습니다. 그러므로 죄를 짓지 말라는 교훈을 주는 희곡입니다. 괴테의 파우스트에서도 성경에서 하나님의 선한 영(善 靈)인 파우스트와 사탄의 악한 영인 메피스토펠리스가 대결하여 물신주의를 극복하고 하나님의 영인 정신가치, 자유와 생명으로 파우스트가 끈질기게 극복하고 결국 승리하며 구원 받고 승천하 는 희곡입니다.

이 책을 세상에 내면서 바라는 바는 오직 한 가지입니다. 하나님 의 가르침을 잘 이해하고 따르고 실천하여 행복하고 진정한 진리 인이 되기를 바라는 마음입니다. 또한 헛된 인생으로 낭비되지 않 기를 바라는 마음으로 참소망이 채워지기를 바라며 참된 진리와 진정한 행복을 원하는 세상 사람들에게 바칩니다.

늘 귀하가 하나님과 함께하는 참진리인이 되시며 참소망인이 되 시어 진정으로 행복하시기를 기원합니다. 귀하의 기도에 하나님의 영광이 함께 임재하시기를 바랍니다.

2019년 봄이 오는 길목에서

이호주 안수집사

저자 소개

이호주(李虎周)

1950년 공주시의 작은 시골 마을에서 태어났다. 일찍이 학문에 뜻을 두고 공주사범대학을 졸업한 후, 고려대학교 국어국문학과 석사과정, 동대학원 박사과정을 수료했다. 평생을 교육에 봉직하며 학문을 통한 진리 탐구로 예산고등학교 교사, 공주사범대학 겸임교수와 초빙교수를 역임했다.

세상에 대한 학문으로는 아무리 해도 진리 탐구의 흡족함이 채워지지 않던 중 40세에 처음 교회에 출석하며 하나님으로부터 많은 은혜를 받고 성경을 탐독하고 연구하다가 참된 진리의 가치를 하나님과 그 가르침인 성경에서 체험했다.

삶이나 진리를 위한 인간의 수고가 일생 동안 헛되지 않기 위해서는 그리고 불행하지 않고 진정으로 행복하기 위해서는 하나님을 잘 알고 가르침을 깨닫는 것임을 세상에 알리기 위해 이 책을 펴낸다.

그리고 세상 사람들이 평생 동안 살아가는 과정에서 수고하고 노력하는 모든 영역에서 모순에 빠지지 않고 은혜로운 삶을 살기 위해서는 반드시 하나님을 알고 그의 가르침인 성경을 탐독하며 생활 속에 받아들이기를 권유한다. 성경은 누구나 행복하고 보람된 삶을 살 수 있는 인생의 최고의 지침서임을 증언한다.

논문으로 호랑이 설화에 나타난 한국인의 의식구조, 일월설화 연구, 한·중 호랑이 실화 비교연구, 효율적인 문학 김싱 지도론, 공자의 교육 사상 등 다수가 있고, 저서로는 전문대학 교양국어의 내용과 방향, 참진리 참소망, 생활의 발견 등이 있다.

인생의 궁극적 도달점이 하나님께로 돌아가는 길임을 알고 지금은 안수집사로 직분을 감당하며 예산장로교회를 섬기고 있다.

차 례

간증편

사랑의 축복을 기쁘게 노래하다 · 19

믿음의 반석 위에 굳게 서다 · 241

기도편

하나님의 은혜를 감사드리고 소망을 빕니다 · 283

간증편

간증을 하게 된 이유는
하나님의 지상명령이면서 살아 계신 하나님을
진실하게 증거 하기 위함에 있습니다.
때문에 일점일획도 거짓이 없음을
하나님과 독자 여러분에게 미리 고백합니다.

사랑의 축복을
기쁘게 노래하다

불의 성령으로
나의 죄를 깨끗하게 씻으시다

내가 40살이 되던 해 교회에 처음 나오게 된 계기는 최재경 장로님의 7년 동안 꾸준히 인도해 준 덕분이었습니다. 또한 세상 학문에만 매달리며 바쁘게 살다가 학위과정도 마무리 단계에 접어들어 여유가 생겼기 때문이기도 하였습니다.

교회에 처음으로 출석하여 등록을 마치고, 예배가 진행되면서 시온성가대의 찬양이 고조됨에 따라 나의 몸 안이 뜨거워지기 시작했습니다. 예수님 찬양에 대한 감격의 기쁜 느낌이 오기 시작했습니다. 갑자기 배꼽 부근에서부터 주먹만한 크기의 뜨거운 기운이 꿈틀거리며 일더니 복부를 타고 가슴위로 올라왔습니다. 나중에는 머리끝까지 치솟으며 저의 얼굴이 온통 불처럼 달아올랐고, 눈을 타고 걷잡을 수 없이 눈물이 쏟아져 흘렀습니다. 예배를 마치는 동안 나의 손수건은 눈물로 인해 온통 흠뻑 젖었습니다.

그 눈물은 지금 생각해보니 내 몸과 영혼 속에 근본적으로 들어있던 죄(罪)를 씻어 주신 구원의 눈물이었습니다. 또한 저에게는 늘 주님을 사랑하는 감격의 눈물이기도 했습니다. 인간이 지니고 있는 원죄와 그로 인하여 저질러지는 모순과 잘못됨으로 생기던 고통과 고뇌의 산물을 깨끗이 씻어 주신 것이었습니다.

예배를 마치고 난 후의 나의 마음은 평안 그 자체였습니다. 마음이 매우 후련했고 지상을 초월한 것 같은 느낌이었습니다. 너무나도 온화했고 교회 안의 분위기는 포근함과 깨끗함과 따스함과 경건함으로 이루어진 신성이신 성령의 감각 그 자체였습니다. 그때 나는 진작 교회에 출석하지 않고 세상일에만 집착했던 것이 후회되었습니다. 지금까지 잘못 살아왔고 헛되게 살아왔다는 회한의 느낌이 밀물처럼 밀려왔습니다. 지난날의 헛된 수고가 너무나도 아쉬웠습니다.

교회 안과 바깥의 정황은 너무나도 대조되었습니다.

교회 안이 온화함과 성스러움과 생명의 공간이었다면 교회 밖의 세상은 너무나도 황량하고 살벌하고 더러움으로 느껴지는 무가치, 무의미의 세상 그 자체였습니다.

하나님께서 성령으로 깨끗이 씻어 주신 나의 영혼은 늘 즐거움과 새로운 기쁨으로 충만했습니다. 그리고 그날 저녁부터 교회예배에 꼭 출석하게 되었습니다.

천국의 하늘문을 열어
인도하시다

내가 성령의 은혜를 받고 교회에 출석하면서 성경 읽기에 몰두하였습니다. 교회에 처음 출석하면서 나에게 다가오신 하나님은 길이요 진리요 생명이심을 체험하였습니다. 때문에 성경 읽기는 세상만사보다 먼저 해야 하는 최우선의 일이었습니다. 그리고 성경은 매우 신비한 책이며 상당히 어려웠기 때문에 자세한 해석이 없이는 하나님께서 역사하시는 원리가 제대로 이해되지 않았습니다. 3번 성경을 교체한 후 40여개 언어로 주석되고 종합하여 검토, 해설한 '톰슨Ⅱ' 주석 성경을 택하여 밤낮을 가리지 않고 읽었습니다.

한창 성경을 읽어가던 어느 날 저녁 불을 끄고 잠자리에 누워 눈을 붙이고자 할 때였습니다. '노란 금으로 된 둥근 원형의 고리들'이 나의 머리에서부터 수없이 빠져나와 깜깜한 하늘로 계속 뻗어 올라갔습니다. 그 당시 저의 영혼은 기쁨으로 충만하여 세상의 그 무엇도 부러울 것이 없는 상태였습니다. 말하자면 천국 그 자체였습니다. 복음을 전파하실 당시 천국이 어디에 있는가를 질문한 제자에게

'천국은 너의 마음속에 있다'

고 하신 예수님의 답변과도 일치했습니다.

때문에 그때 당시 하나님께서 나에게 역사하시는 섭리가 무엇인가를 질문했을 때 선배 집사님은 '하늘문을 열어 인도하셨다'고 답변해 주었습니다.

저의 경험에 추억으로 다가왔던 하나님의 은총을 오래오래 보존하며 지키고 싶었습니다. 그 비결은 천국의 질서와 세상의 질서 사이에서 천국을 향한 믿음의지를 강화시켜야 함을 느꼈습니다. 하나님의 가르침을 따르면서 세상 쪽으로 절대로 쏠리지 않는 생활태도를 강하게 지녀야 한다고 판단했습니다.

'세상의 가치관과 인간 중심의 생활태도에 쏠리는 사람은 진정한 성도가 아니다.' 는 성경의 해석 말씀이 떠오릅니다.

내가 사랑하는 주님께서
나를 사랑하사 당신을 나타내 보이시다

주님께서 처음 저에게 찾아오신 때는 7살 때로 기억합니다. 시골 고향의 동무가 자기 집으로 나의 손을 이끌고 가서 예수님을 소개해 주었습니다. 예수님을 전도하는 해설을 덧붙인 총천연색 사진 책자를 한 장씩 넘기면서 설명해 주었지만 잘 이해가 되지 않았습니다. 당시의 기억에 남는 것은 남의 죄를 위하여 십자가에서 죽으셨다는 설명과 십자가에 달리신 끔찍한 모습만이 저의 뇌리에 깊이 박히고 자리 잡았습니다.

7년 후 제가 중학교에 입학하자 영화 '벤허'를 통해 하나님은 저에게 생생한 모습으로 다가오셨습니다. 장장 3시간에 걸쳐 펼쳐진 화면은 처음 보는 로마인들의 말할 수도 없이 살벌하고도 무서운 혈투장면이었습니다. 그 속에서도 언뜻언뜻 복음을 전하면서 가르치시는 주님의 모습은 온유하시고 신비하시며 사랑으로서 영화 속의 다른 장면과는 매우 대조되었습니다. 그로 인해 교회에 출석하기 수십 년 전부터 평화스럽고 온유하시고 인자하시던 예수님의 모습은 저의 영혼과 가슴에 생생하게 각인되어 그리움의 대상으로 자리 잡았습니다. 저의 영혼과 가슴에 사무칠 정도로 깊이 간직되어 사랑과 사모함의 대상이 되어 갔습니다. 때문에 교회 출석은 안 했어도 매년 찾아오는 크리스마스이브에는 나의 영혼에 자연히 예수님에 대한 생각으로 가득했습니다.

교회에 출석하면서부터 성경에 심취하여 읽어가던 중, 어느 날 성경을 읽고 잠자리에 들어 불을 끄고 누웠을 때였습니다. 갑자기 아주 선명하게 예수님의 환상이 나타났습니다. 칠판 모양의 검은 직사각형 화면을 배경으로 주님께서 하얀 옷을 입으시고 앉아 계셨고 그 앞에 제가 머리를 숙이고 마주 앉아 있었습니다. 앉아 있는 키가 매우 거룩하고 크셨습니다. 주님께서는 사기로 된 하얀 물컵을 저에게 내밀고 계셨습니다. 그 속을 들여다보니 아주 깨끗하여 눈이 부실 정도였습니다.

그 당시 저는 인간의 죄를 사하시기 위해 십자가에서 돌아가신 주님의 사역과정 내내 6시간의 고통과 괴로움을 깊이 생각하면서 얼마나 아프셨던가를 저 자신이 느끼며 한참 동안 머리를 숙인 채 앉아 있었습니다. '하나님을 본 자는 죽는다'는 말을 들은 적이 있었지만, 수십 년 동안 저의 영혼과 가슴에 응결되어 있던 하나님에 대한 사랑하는 마음과 그리움은 죽음을 초월하는 행동을 하게 하였습니다. 하나님의 얼굴을 보기 위해 머리를 번쩍 들고 쳐다보았으나 화면 밖으로 얼굴 모습이 나가 있어서 보이지 않아 실망했습니다.

국민일보를 통해 나중에 안 사실은 하나님은 오실 때와 가실 때 모두 가장 천하게 오시고 가셨기 때문에 면목을 보이지 않으신다는 어느 해설을 기억하고 있습니다.

며칠 후 성경을 읽다가 저는 깜짝 놀랐습니다.

"나의 계명을 가지고 지키는 자라야 나를 사랑하는 자니 나를 사랑하는 자는 내 아버지께 사랑을 받을 것이요 나도 그를 사랑하

여 그에게 나를 나타내리라."(요한복음 14장 21절)

하나님은 성경말씀으로 계시를 주신다고 들은 적이 있습니다. 그리스도를 바라볼 수 있는 자격과 사랑 받을 수 있는 요건이 계명을 지키는 일이고, 이를 실천할 때 생활 중에 예수님의 나타나심을 체험했습니다.

이는 거짓이 아닌 진실임을 하나님과 독자 여러분 앞에 간증합니다.

나를 스승으로 섬기라 하시다

처음 교회에 출석하면서 성경에 심취하여 읽어 가던 중, 어느 날 잠자리에 들어 불을 끄고 눕자마자 하나님께서는 선명한 환상으로 나타나시어 서에게 묵시(黙示)를 주셨습니다.

칠판 모양의 직사각형 검은 화면을 배경으로 하얀 옷을 입으신 채 하나님께서 앉으셨고 그 앞에 제가 머리를 숙이고 마주 앉아 있었습니다. 하나님께서는 사기로 된 하얀 물컵을 오른 손으로 드신 채 저에게 내밀고 계셨습니다. 그 속을 들여다보니 너무나도 깨끗하여 눈이 부실정도로 하얗게 빛났습니다.

이러한 묵시의 뜻이 무엇인가를 아는 데는 많은 시간이 필요했습니다. 하나님께서는 단순하지 않으시고 무궁한 가르치심을 주시므로 저는 진리를 탐구하는 학문의 방법을 총동원하여 다각적으로 분석하기도 하고 문학의 상징연구나 논리의 해석을 동원하여 어느 정도의 확신에 도달했습니다.

첫째, 칠판을 배경으로 마주 앉은 자세는 가르치는 스승과 배움을 받는 제자 사이만이 가능한 의미임을 알았습니다. 예수님께서 나를 스승으로 삼고 섬기며 진리를 배우라는 가르치심을 환상으로 주셨음을 깨달았습니다.

하나님의 사랑과 창조와 구원의 능력만이 진정 이 세상에 알파와 오메가 되시는 무궁하시고 영원하신 스승이심을 저는 깨달았습니다. 다른 인간인 성현이나 학교 선생님들은 학문지식이나 사랑의 정도 또는 가치수준 등에서 한계가 있음을 압니다. 얼마 동안 시간이 지나면 인간의 가르침은 모순점이 발견되고 빛이 퇴색되므로, 영원한 진리요 가치와 생명의 길이 될 수 없으므로 진정한 스승이 되지 못한다는 것을 하나님을 통하여 알았습니다.

둘째, 하얀 물컵을 저에게 내밀어 들고 계셨던 묵시는 주님을 진정으로 경배하며 섬기라는 뜻이기도 하였습니다. 선악과를 따 먹은 결과 원죄가 든 채 살아야 하는 운명을 지닌 인류를 참으로 사랑하는 길은 구약시대처럼 율법으로 다스리지 않는 길임을 보여 주셨습니다. 정죄(定罪)하지 않고 인류의 죄를 대신 짊어지고 사(赦)하는 희생만이 진정한 사랑임을 깨달았습니다.

그러나 하나님은 이해하기가 무한하시므로 또 다른 묵시가 있음을 저는 깨달았습니다.

왜 하필 '물'컵일까를 생각해 보았습니다.

그리고 물은 하나님께서 주신 절대가치인 생명수임을 알았습니다.

물 이외의 모든 음료는 인간이 가공하여 만든 것이고 또 인간은 완전하지 못하므로 결국 물 이외의 모든 음료는 완전한 음료가 되지 못하며 생명과 건강을 위해 한계가 있음도 알았습니다.

요사이는 당뇨병 환자가 급격히 증가하고 있습니다. 하나님께서 주신 물은 당분이 전혀 없지만 다른 음료는 이루 말할 수 없을 정도로 당분이 매우 많이 들어 있어서 당뇨환자들은 마실 수 있는 것이 물밖에 없을 정도입니다.

아픈 사람이나 산 사람이나 죽어가는 위독한 사람이나 누구에게나 물은 절대가치로 영원한 진리수요 생명수임을 절실히 깨달았습니다. 다른 음료를 많이 마시면 탈이 나지만 물은 아무리 마셔도 이상이 없습니다.

'고뇌를 술로 풀지 말고 내가 주는 생명의 물을 마시라'

는 말씀임도 깨달았습니다.

물은 실로 하나님께서 거저 주시므로 지천으로 흔하며 생명의 별인 지구를 지탱하는 위대한 액체임을 생각해 볼 때 물은 모든 것에 절대가치로 적용됩니다.

이러한 가르치심을 주신 하나님을 저는 진정한 스승으로 모시며 절대 구주요 알파와 오메가 되시며 다른 인간 차원의 성현과는 비교할 수 없으신 분임을 자신 있게 증거합니다.

그리하여 해마다 송구영신 예배에 새해를 맞이하며 다짐하고 제출하는 저의 마라나타 표어는

〈예수님만이 나의 진정한 스승이십니다〉

로 정했습니다.

하나님이 주신 가장 큰 축복

제가 대학에 입학한 후 처음으로 맞이한 여름방학에 초등학교 선배이던 이성구씨(전 홍익대 교수)를 만나 대화를 나눈 적이 있습니다. 그 선배는 당시 독실한 기독교 신자였고 서울대 정치학과 2학년에 재학 중이었습니다.

이성구 선배는 대화 중 저에게 물음을 던졌습니다.

"이 세상에 태어난 것을 잘했다고 여기느냐? 아니면 차라리 태어나지 않았기를 바라고 있느냐?"

당시 저의 개인 사정은 참으로 견디기 어렵고 암담한 상황이었습니다. 그렇다고 해서 차라리 태어나지 않았기를 바란다는 대답도 선뜻 나오지를 않아 아무런 답변을 하지 못했습니다. 어려운 질문이었습니다.

그러나 나중에 하나님의 은혜를 알게 된 후 모든 인간이 죄인이라는 가르침을 깨닫고 나서야 비로소 불행하게 여기는 사고가 사라졌습니다. 이 세상의 비극은 하나님이 주시는 것이 아니라 부족한 인간이 잘못 생각하고 잘못 행동하기 때문에 생김을 알았습니다. '당신은 사랑 받기 위해 태어난 사람'의 복음성가처럼 저는 태어나기를 잘했다는 감사와 확신이 서게 되었습니다.

저뿐 아니라, 사람은 누구나 하나님으로부터 축복을 받고 태어나는 귀중한 존재, 이미 사랑받은 존재, 그리고 사랑받기 위해 살아가는 존재임도 알았습니다.

창조주 되시는 하나님은 아버지의 육신을 통해 정사(情事) 시에 배출되는 3~5억 개의 정자 중 하나를 선택하여 어머니의 난자 1개와 만나게 함으로써 생명이 이루어지게 하심을 알았습니다. 아직도 끝이 어딘지 모르는 무한한 우주에서 백사장의 모래알보다도 더 많은 별들 중 유독 지구를 택하여 생명의 별을 만들고 하나님의 형상대로 인간을 창조하시어 살게 하셨음은 성경을 통해서만 확신이 갔습니다. 그리고 새 생명은 하나님께서 부리시는 부모의 육신을 빌려 태어나고 궁극적으로는 하나님의 창조섭리와 은혜에 따라 좌우됨도 알게 되었습니다. 성별, 얼굴모양, 성격, 염색체, DNA, 유전자 등 모두가 부모의 뜻대로는 될 수 없으므로 하나님의 섭리임을 알았습니다. 하나의 다식을 제조해 낼 때 생명의 다식판은 부모이고 다식을 마음대로 주조해 내는 생명 요소를 담는 주인은 창조주 하나님이심을 알았습니다. 그리하여 다양하게 개성을 발휘하며 행복한 생명생활을 하라고 태어나게 하신 하나님 사랑의 극치이심도 확실히 알았습니다.

그리고 왜,

'항상 기뻐하라"

'범사에 감사하라'

'쉬지 말고 기도하라'

하고 가르치셨는지도 분명히 이해하게 되었습니다. 하나님께서는 새 생명을 탄생시켜 행복한 삶을 원하심도 알았습니다. 개인이나 민족 또는 인류들이 불행하게 사는 이유는 하나님의 사랑이신 창조섭리를 이해하지 못하고 인간본위의 모순된 생각 때문에 초래됨을 증언합니다. 하나님을 떠나면 불행하게 된다고 역설합니다.

개인이든 민족이든 인류든, 인간본위가 아니라, 하나님 사랑의 섭리와 뜻에 따라 살면 결코 하나의 불행도 이 세상에 있을 수 없음을 진정으로 증언합니다.

하나님과 부모

저는 성경을 읽어 가면서 하나님께서 부모에 대해 가르치신 여러 구절 중 다음의 말씀에 눈이 머물러 다른 곳으로 돌릴 수가 없었습니다. 그리고 하나님의 가르치심을 깊이 묵상하며 마음에 새겼고 부모님에 대한 나의 태도를 반성하며 회개하게 되었습니다.

네 부모를 공경하라 그리하면 네 하나님 여호와가
네게 준 땅에서 네 생명이 길리라 (출애굽기20:12)
자기 아버지나 어머니를 치는 자는
반드시 죽일지니라 (출애굽기21:15)
자기 아버지나 어머니를 저주하는 자는
반드시 죽일지니라 (출애굽기21:17)

위에서 명령한 가르침은 부모를 지상에서 자식사랑과 양육을 위해 절대관계로 맺어지게 창조하셨고, 만약 이 관계가 깨질 경우 하나님의 창조원리도 허물어지게 되기 때문임을 알 수 있었습니다. 결국 자식의 생명이 하나님께서 의도하시는 대로 부모를 통해 유지되지 못하면 생명 창조와 보존, 그리고 양육 등이 실패로 끝나 절대 진리가 허물어지게 마련이지요. 그러므로 부모와 자식과의 중차대한 관계가 이루어지지 못하면 부모나 자식이나 서로 행복할 수가 없는 비극은 당연한 결과이기 때문입니다.

참진리 참소망

하나님께서 부모를 경히 여기면 죽인다는 가르침은 곧 하나님께서 의도하신 인간에 대한 사랑도, 윤리도, 교육도, 창조원리조차도 인간이 어긋나게 하고 생명을 태어나게 하신 섭리를 자식이 파괴하여 실패로 만들기 때문입니다.

부모도 인간이고 원죄를 지닌 부족한 존재이므로 간혹 부모도 못마땅한 점이 없지 않아 있을 것입니다. 사상, 사고방식, 가치관, 인성, 능력, 생각, 견해 등등 부모와 자식 사이에 차이가 나서 의견이나 대화 등이 잘 조화를 이루지 못할 경우도 있을 것입니다.

그러나 하나님의 창조원리와 부모를 향하는 가르침을 깊이 생각하면서 부모에 대한 자식의 불만을 부모의 탓으로만 돌려서는 옳지 않다고 판단했습니다. 왜냐하면 하나님을 모르는 부모이기에 모순이 있을 수도 있기 때문입니다. 죄인인 인간들 속에서 살다 보면 세인들의 영향을 받아 가치관이 인간들과 같이 동화되거나 또는 같은 차원에서 반응할 수도 있습니다. 죄인들의 행동에 대응하는 삶 속에서 부모의 행동이나 생각도 하나님의 가르침 차원으로 올바르게 정화되기 어려운 현상으로 이해했습니다.

계속 새롭게 발전해가는 변화에 부응하지 못하는 부모의 편견도 한계를 지닌 인간이기에 행동 수준이 새로운 변화에 따르지 못해 우리에게 모두 만족스러울 수도 없기 때문입니다.

하나님의 가르침을 통해서 깨달은 바는 부모를 죄성이 깃든 인간차원에서 이해해야 한다는 계명이었습니다. 즉 부모를 하나님 차원으로 여기지 말고 한낱 피조물인 인간차원으로 이해하면서 인간 중 가장 고마운 존재로 여겨야 한다는 관용(寬容)이 앞섰습니다.

부모를 업신여기면서 동정을 베푸는 게 아니라 선악과를 따 먹은 죄인들의 후손이 부모임을 주님의 십자가를 통해서 이해하는 길이었습니다. 특히 하나님께서 창조하신 부모와 자식의 관계는 가장 중요한 생명의 문제이기에 이를 유지하지 못하면 모든 것이 잘못되기 때문이었습니다. 인간의 비극은 하나님의 창조섭리가 깨지고 인간 관리와 경영에 관한 하나님의 가르침도 결국 실패로 돌아가서 영원한 진리가 헛된 것으로 귀결됨을 알 수 있었습니다.

　부모와 자식관계에서 삶의 수준과 이해력, 능력과 교육 여부, 경제력 등이 우선될 때에는 부모를 업신여기는 패륜의 질서로 낙착됨도 알았습니다. 말하자면 생명의 절대 관계가 최우선으로 중시되어야 함을 절감했습니다.

　부모에 대한 공경과 효행은 지상에서 절대의 가치가 되어야 하고 부모를 하나님께 인도하여 하나님의 명철과 섭리를 깨닫게 함이 참된 자식의 도리이며 진정한 효행임을 알았습니다. 부모는 곧 자식의 생명이고 하나님의 생명창조원리가 되는 현세에서 절대적 존재임을 고백합니다.

아들로 사랑하시는 하나님

세계에서 가장 먼저 인간의 심리를 연구하여 체계화시키고 '정신분석학'을 저술한 심리학자는 오스트리아의 유태인 프로이트입니다. 그의 수제자는 스위스의 칼 융(G.C.Jung)입니다. 융은 스승의 심리이론을 지양하여 '분석심리학'을 완성했습니다. 그의 이론에 따르면 인간의 심리는 의식과 무의식으로 구성되는데 인간 자신이 느낄 수 있는 부분을 의식이라고 하고 인간 자신의 심리이면서 감각으로 느낄 수 없는 부분을 무의식(無意識)이라고 합니다.

의식적 측면에서 피해의식(-5)을 느끼면 무의식적 측면에서는 가해의식(+5)이 대응되어 느닷없이 행동에 기현상(奇現象)이 튀어나온다고 합니다. 이를 콤플렉스라고 합니다. 그렇지 아니하고 피해의식만 지속되어 가면 정신의 균형이 깨져서 정신질환이 생긴다고 합니다. 이 피해의식(-5)과 가해의식(+5)이 서로 만나 조절되어야만 정신의 균형이 잡혀 건강상태(0)가 이루어진다고 합니다. 건전한 정신상태를 유지하고 사는 사람은 누구든지 이러한 심리의 변화, 콤플렉스 현상을 순간적으로 수시로 체험한다고 합니다.

저에게는 이러한 콤플렉스 현상이 상당히 두드러졌습니다. 그 이유는 제가 살아오는 동안에 만났던 가까운 사람들한테서 느낀 피해의식이 너무나도 많았기 때문이었습니다. 제가 피해의식을 느낀 이유는 제 일생에서 만난 사람들이 근본적으로 지니고 있는 죄성(罪性)-시기, 질투, 중상모략, 악, 사기, 불합리, 고집, 권위의식, 이

기적 욕망 채우기 등등-이 저에게 누구보다도 민감하게 작용하였기 때문이었습니다.

이에 대응하는 방법이 노골적인 행동으로 나타나면 살인, 폭력 등으로 번져 사회적으로 물의를 일으킨다고 합니다. 그러나 저는 이러한 행동을 자제했고 술로 해소하는 습관이 생겼습니다. 그럴수록 저의 심리 속에는 가해의식이 깊이 무의식화되어 갔습니다. 저의 잠재된 관념의 복합체인 콤플렉스가 자주 나타나게 되었고, 옆에서 이러한 병리현상을 느낀 아내나 지인들은 매우 많은 스트레스를 받았습니다.

아내가 새벽기도에 참석하여 저의 이러한 콤플렉스 현상에 대해서 불만과 투정을 하나님께 토로했고, 술을 끊게 해 달라고 부르짖었습니다. 한참 기도하던 중 하나님께서는 보이지 않는 강한 힘으로 아내의 입에서 불만의 소리가 터져 나오지 못하도록 영의 손으로 아내의 입을 막으시고

"이호주는 내가 사랑하는 아들이니라."

하면서 아내에게 저주스런 기도를 자제시켰다고 합니다. 그 후 아내로부터 들은 하나님의 사랑을 느낀 저는 매우 행복감에 젖었고 원죄를 짊어지고 사는 세상의 사람들 입장도 이해하게 되었습니다. 교회에 나오고 특히 새벽기도에 참석하여 깊이 기도할수록 콤플렉스는 점점 소멸되고 성령과 기쁨이 그 자리를 대신 채워갔습니다.

하나님은 마음의 병을 치유하여 주시고 누구든지 진실한 믿음과 하나님에 대한 사랑이 있으면 '사랑하는 자녀'로 삼으심을 증거합니다.

한국인의 마음과
하나님의 축복

한국기독교교회사를 보면 기독교의 변천사를 아래와 같이 기술하고 있습니다.

기독교 선교사로서 처음으로 한국에 발을 디딘 사람은 프로이센 프리츠 출신의 귀츨라프(K. F. A. Guetzlaff)로, 그는 1832년 당시 서해안을 탐사하며 한문 성경을 조선인에게 전하여 주었다고 합니다. 그 후 1866년 영국인 로버트 토마스(Robert Thomas)가 선교와 통상을 목적으로 미국 국적의 제너럴셔먼호를 타고 서해안에 도착하여 평양으로 향했지만, 대동강에서 조선인 병사에 의해서 죽음을 당했습니다. 이 사건을 계기로 한국 기독교는 토마스를 한국 최초의 순교자로 간주하고 있습니다.

보다 본격적으로 한국에 선교가 시작된 것은 1870년대 만주를 통해서였습니다. 스코틀랜드 장로교회의 파송으로 만주에 와 있던 로스(John Ross)는 만주의 개항장인 영구(營口)에서 조선 사람들을 만나 한국 상황을 듣고, 성경을 한글로 번역하는 작업을 시작하였습니다. 그리고 1879년에는 백홍준, 이응찬 등에게 세례를 해주었는데, 이것이 한국 최초의 기독교 세례입니다.

한국 땅에 실질적으로 선교가 시작된 것은 1884년 6월 일본 주재 미국 감리교 선교사 매클레이(Robert S. Maclay)가 조선에 와서 고종으로부터 교육과 의료사업을 할 수 있도록 허락을 받은 다음이었습니다. 같은 해 9월 미국 공사관의 동의로 미국장로교회 의료선교사 알렌(Horace Allen)이 입국하였는데, 그는 12월의 갑신정변에서 치명상을 입은 민영익을 구해 줌으로써 왕실과 깊은 교분을 맺었습니다. 그 후 그는 고종의 도움을 얻어 제중원(원래의 이름은 광혜원)을 세웠던 것입니다.

1885년 미국 장로교회의 언더우드(H. G. Underwood)와 미국 감리교회의 아펜젤러(H. G. Appenzeller) 등이 입국하면서부터 본격적인 선교가 시작되었고, 이들은 제중원의 업무를 도우면서 교육사업을 시작하였습니다. 그 결과 배재, 이화, 경신, 정신과 같은 기독교 학교들이 설립되었습니다. 정부는 미국 선교사들로부터 서양문물을 받아들이기를 원했지만, 초기 선교사들의 사역은 의료와 교육에 한정되어 있었고, 전도는 금지되어 있었습니다.

기독교가 한국 사회에 널리 퍼지게 된 것은 1894년 청일전쟁 이후였습니다. 청일전쟁이 보여 준 전통적인 유교의 한계와 동학혁명의 실패, 그리고 서양문명의 위력은 한국 사회에 큰 충격을 주었고, 정부는 갑오경장을 통하여 대대적인 개혁을 단행하였습니다. 이런 상황에서 기독교는 한국 사회를 새롭게 만들 세력으로 부상하였습니다. 그 결과 많은 사람들이 기독교에 입문하였고, 기독교도들은 독립협회와 만민공동회를 주도하면서 근대적인 민족운동을 이끌어 나갔습니다.(한국민족문화대백과사전)

몇 년 전 이스라엘 목사가 한국에 와서 며칠 동안 한국 기독교 복음의 성과를 살펴본 적이 있었습니다. 그리고 저녁에 남산에 올라 서울의 야경을 관람하면서 교회의 첨탑에 세워진 십자가의 네

온이 너무나도 휘황찬란하고 즐비하게 자리 잡고 있는 모습을 보고 '서울이 제2의 예루살렘이 될 것이다.'라고 예언했다고 합니다.

세계에서 기독교가 전파되어 선교가 시작된 지 약 135년 동안에 한국만큼 복음의 성과가 눈부시게 나타난 나라가 이 세상에 없다고 합니다. 그 이유를 저는 한국인의 심성과 하나님의 뜻하시는 바를 연관시켜 알 수 있었습니다. 하나님의 복음나무가 아무리 위대하더라도 복음을 받아들여 무럭무럭 자라게 할 수 있는 바탕이 한국인 마음의 토양에 갖추어져 있지 않으면 크게 결실을 거둘 수 없기 때문입니다.

하나님의 사랑과 단군신화에 나타난 한국인의 마음, 즉 홍익인간(弘益人間)이 일치함을 알았습니다.

하나님의 가장 크신 계명은 사랑이십니다. 또한 창조도 사랑의 결과이기에 그토록 우주와 자연이 신비하고 사랑스럽게 광활하다고 생각합니다. 믿음, 소망, 사랑이 중요한 계명인데 그 중 가장 중요한 계명이 사랑임을 강조하셨습니다.

민족의 신화는 그 민족이 여러 해 동안 살아오면서 삶의 현실과 이상을 반영한 민족의 마음이 형성된 이야기입니다. 한국인의 민족신화는 한국인의 마음입니다. 단군신화에서 한국인이 민족신의 자격으로 설정한 환웅의 능력은 인간을 널리 이롭게 하는 인간 사랑의 능력이지 정복이나 투쟁 등 다른 기능이 아닙니다. 한국인이 홍익인간을 민족신의 기능으로 마음판에 설정한 이유는 다름이 아니라 한국인의 심성에 인간을 사랑하시는 하나님의 심성을 심어 주셨기 때문임을 알았습니다. 하늘로부터 풍백(風伯), 운사(雲

師), 우사(雨師) 등 인간의 360여 가지 일을 담당하는 인간 사랑의 기능사(技能師)들을 데리고 태백의 산정에 내려온 뜻은 예수님을 인간의 사랑과 구원을 위해 하늘로부터 유란시아(너희의 세계, 지구, 이 세상)에 보내신 하나님의 의도와 일치하기 때문입니다.

　인간을 사랑하지 않으면 인간을 이롭게 할 수 없음도 자연스럽게 이해가 됩니다. 한국인의 민족신에, 즉 한국인의 마음에 하나님께서 미리 복음의 밭을 마련하시어 사랑의 씨를 뿌려 주신 은혜임을 증언합니다.

　　　　　　　　　　　　　　　　　　　　　　참진리 참소망

하나님께서 한국인의 마음에
평화의 나무를 심으시다

하나님께서 한국인의 마음에 평화를 삶의 방식으로 주셨음도 증언합니다.

하나님께서 주시는 사랑의 나무는 평화의 밭에서만 자랄 수 있음을 압니다. 평화의 삶은 곧 사랑의 문화이기 때문입니다. 사랑의 하나님은 평강의 왕이신 동시에 평화의 왕이심을 자타가 공인합니다. 산상수훈에서 '평화를 누리는 자 사랑을 부름 받으리라.'는 가르치심도 온 인류에게 선포하셨습니다. 이 세상에서 가장 위대한 왕, 왕중왕(王中王)이신 하나님께서는 평화를 전제 조건으로 사랑의 사역을 펼치셨습니다.

단군신화에 나타난 한국인의 마음은 투쟁이 아닌 평화의 심성임을 알았습니다. 그리스 로마신화의 거울같이 맑은 아름다운 '네미호숫가'이지만 피로 얼룩져 있고 수문장이 무기를 들고 지키고 있습니다. 그만큼 살육과 싸움의 상징이 그리스와 로마인의 마음으로 형성된 원형상징입니다.

단군신화에 나타난 한국인 마음의 분위기는 곰과 호랑이가 맹수이지만 싸운 흔적이 전혀 없고 사람이 되고파 기도만 했습니다. 싸움이 아니고, 투쟁이 없는 한국인의 마음은 평화 그 자체였습니다. 삼칠일 동안 쑥과 마늘을 먹으며 참고 견디어 곰이 웅녀로 화신하여 어두운 동굴에서 나온 후 감격에 흘린 눈물은 아침햇살이

고요히 번져가고 신단수만이 거룩하게 반겨주는 '조용한 아침의 나라'였습니다. 그토록 고요하고 그토록 평화로운 한국인의 마음이었습니다.

창조주 하나님께서는 한국인의 마음에 시련을 한없이 받으면서도 평화를 지키며 이 복음의 시대를 맞이할 수 있도록 예비하여 주셨음을 증언합니다.

하나님께서 하늘에서 독생자를 죄 많은 이 세상에 보내어 인류를 구원하신 신화구도처럼, 단군신화의 하늘에 있는 옥황상제 환인도 그 아들 환웅을 이 세상에 보내어 한국인을 널리 이롭게 하신 한국인의 신에 관한 이야기, 그 신앙관이 기독교와 일치함을 증거합니다.

한국은 종교의 나라입니다. 한반도가 처음 생겨 부족국가들이 자리 잡기 시작하면서 백지장과도 같은 순백의 한국인 마음에 처음 기층문화로 뿌리내린 것이 시베리아로부터 흘러 내려온 무교(샤머니즘)이고, 그 후 유교, 불교, 도교 등 여러 종교가 오늘날까지 명맥을 이어오고 있다가 187년 전에 기독교가 한국에 처음 상륙하여 오늘날 하나님의 나라를 형성해 가고 있는 실정입니다.

여러 종교가 있었지만 한국인의 신앙체계에 맞는 종교는 하나도 없었고, 단군신화에 나타난 신앙관이 다만 기독교의 하나님 뜻에 맞을 뿐임을 증언합니다. 그토록 종교를 갈망하던 한국인의 마음에, 즉 한국인의 신화에 비로소 영합하는 종교인 기독교가 접목하여 무럭무럭 자라고 있는 역사의 현실임을 알립니다.

무교(巫敎)는 지상의 인간 소망을 하늘에 있는 신에게 전하여 소원을 성취하기 위한 신앙구조이고, 불교는 인간의 삶에 대한 번뇌를 극복하여 마음의 수련으로 욕(慾)을 끊음으로써 극락으로 인도하고자 하는 신앙의 수련관(修鍊觀)이며, 도교는 속세를 벗어나 자연으로 동화됨을 통해 진리를 터득하고자 하는 자연관(自然觀)종교입니다. 유교는 세상에서 삶의 도리와 윤리성 등을 제시한 현실도덕이라서 기독교와 단군신화처럼 신앙관(神仰觀)이 전혀 없습니다. 말하자면 종교가 아니라 인간윤리와 도덕에 관한 가르침입니다.

이와 같은 신앙체계는 우연의 일치라기보다는 우주를 창조하시고 하나님께서 작은 이스라엘을 택하시어 당신의 사역(事役)을 펼치셨듯이, 작은 한국, 과거에 약소국으로 폄훼(貶毁) 받아왔지만 한국을 택해 미리 예비하신 후 오늘날 그 복음의 꽃이 피기 시작했음을 시대의 역사현상을 통해 나타났음을 증언합니다.

한국인은 세종대왕의 한글과 불멸의 이순신 등 자랑거리가 많이 있는 민족입니다. 그러나 작은 약소국으로 5000여 년 동안 숱한 외침과 시련과 고난 속에서도 멸망하지 않고 단일민족으로 꿋꿋하게 살아온 저력은 곰처럼 내적으로 힘을 간직하며 핍박을 극복한 인고의식이라고 합니다. 다른 민족들에 비하면 미쳤어도 수 백 번을 미칠 정도의 역사의 어둠이었습니다. 하지만 인간의 숭고하고 거룩한 삶의 방식, 평화를 잃지 않고 견뎌온 자랑스러운 민족입니다. 그 고난극복의 비결은 바로 한국인에게 하나님께서 심어주신 신앙의 힘, '달도 차면 기운다.'는 광명을 향한 믿음의 힘이요 구원을 향한 강인한 의지였던 것입니다. 역사의 어둠 속에서도 역사의 아침을 바라보면서 믿음으로, 소망으로 이룬 '조용한 아침의 나라'를 바라면서 지켰던 것입니다. 한국인 조상의 손마디와 가슴에 얼마나 많은 피멍이 맺혔는가를 생각해 보면 이해가 갑니다. 그러면서도 사랑의 평화를 지키며 참고 살아온 한국인입니다. 그리하여 외국 사람들은 한국인을 '평화를 사랑하는 민족', '조용한 아침의 나라'라고 신비한 칭호로 부르고 있습니다.

동양 최초의 노벨상 수상자인 인도의 시인 '타고르'는 한국인에게 내릴 축복을 이렇게 예언했습니다.

일찍이 아시아의 황금시기에
빛나던 등불의 하나였던 코리아
그 등불 다시 한번 켜지는 날에
너는 동방의 밝은 빛이 되리라

천국경험

-연골 수술 간증 체험기(영혼의 생명이 있음을 체험함)

간증은 하나님의 존재를 증명하기 위해서 자기의 특별한 종교적 체험을 솔직하게 고백하는 것이라고 합니다.

4년 전에도 똑 같은 오른쪽 다리 연골교정 수술을 예산종합병원 정형외과 원장님으로부터 받았습니다. 그때는 수술 집도하는 원장님과 주변에서 돕는 사람들의 말소리를 수술하는 동안 시종일관 똑똑히 들었고, 연골이 정리되는 무릎의 신경모습을 40×50cm TV크기의 모니터에서 끝까지 지켜보며 수술을 마쳤습니다.

하지만 이번에 받은 왼쪽 다리 연골 수술은 아주 특별한 체험이었습니다. 구역예배를 인도할 때마다 통증 때문에 다리를 뻗거나 세우는 불편함을 덜어달라고 기도했습니다. 지난번과는 달리 이번에는 수술 전에 최점숙 전도사님이 성경을 갖고 오셔서 성경 위에 나의 손과 전도사님의 손, 아내 박난수 권사의 손을 포개고 간절히 치유의 기도를 해주었습니다.

'약간 따끔합니다.' 하는 남자 간호사의 말소리를 끝으로 허리에 하반신 마취 후, 나의 의식과 정신의 감각은 전혀 느낄 수 없습니다. 영혼의 기(氣)가 전신을 떠나 머릿속에서 빠져나갔기 때문입니다. 머리에서 빠져나가느라고 머리끝만 '떵-' 했습니다. 수술이 진행되는 동안의 수술자들, 말소리, 모니터 모습은 일체 하나도 보이지 않고 듣지도 못했고 느끼지도 못했습니다. 잠든 상태 그대로였습니다.

그 후 나는 높은 곳에 형성된 새로운 세계에 들어와 있었습니다. 높은 세상, 하늘나라 느낌이었습니다. 새로운 세상은 봄에 피는 벚꽃 잎의 색상이었습니다. 하얀색도 아니고 핑크빛에 가깝지도 않은 중간 정도의 은은한 세계가 하늘 높은 곳, 구름 위에 이루어진 세상이었습니다. 그 곳에 제가 있었고 다른 사람들도 함께 있었습니다. 은은하고 평화롭고 영원히 있고 싶은 소망의 공간이었습니다. 사람들은 이야기도 하며 무슨 일을 준비하기라도 하는 듯했습니다. 나는 그 세상에 처음 들어온지라 주변과 위쪽을 바라보면서

'내가 왜 이곳에 있고 나의 존재가 무엇인가 그리고 이곳은 어떤 곳인가 그리고 나는 어떻게 해야 하는가'

를 신기하게 생각하며 한참 동안 멀리 바라보면서 서 있었습니다. 그리고 영원히 그곳에서 머물러 떠나고 싶지 않았습니다.

얼마 전에 '미라클 프롬 헤븐(Miracles from Heaven : 하늘로부터 온 기적)'이라는 기독교 영화를 감상했습니다. 평화롭게 살고 있던 기독교 가족들, 크리스티의 둘째 딸 '애나'가 원인 모를 불치병을 앓고 있다가 절망에 빠져 있던 중 100년 된 나무 위에 언니와 함께 올라갔다가 내려오면서 9미터의 통나무 속 아래로 거꾸로 추락했지만 다친 곳 하나 없이 뇌에 가벼운 충격만 입고 기적처럼 배의 병이 나았습니다. 그리고 깜깜한 통나무 속에서 나타나 '너의 병이 낳을 것이다'라고 말해주는 치유를 알려주는 영의 소리와 그곳에서 안내하는 세상에 다녀와 말해주는 '애나'가 체험한 세상과 내가

참진리 참소망

체험한 세상이 매우 흡사했습니다. 구름 위에 무한히 펼쳐진 세상, 매우 은은하고 아름답고 이 세상 그 어느 곳에서는 결코 찾을 수 없는 무릉도원 같은 매우 신기한 세계였습니다.

등이 가렵고 짓눌려서 옆으로 고개를 돌려 보았습니다. '수술 다 끝났습니다.' 하며 저쪽 창문가에서 정리하는 간호사 아주머니의 말과 함께 나는 현실로 돌아왔습니다. 머릿속이 띵하고 흐릿했다가 점점 의식이 또렷하게 돌아왔습니다. 수술 집도한 원장님과 간호사들은 이미 모두 흩어져 보이지 않았습니다. 내 침대를 옮기는 간호사에게 나는 수술이 진행되는 동안 '천국에 있었습니다.' 하고 자신 있게 고백했습니다. 진실로 체험을 하지 않은 사람들은 '뻥' 치고 허풍이나 거짓말이라고 여김을 잘 압니다. 그러나 나의 고백은 경외의 대상인 하나님 앞에 고백하는 동시에 사람들에게 진실을 알리는 사명으로 거듭 솔직하게 강조하며 이 간증을 합니다. 나의 신앙생활이 어느덧 20여년이 되었습니다. 하나님께 간절히 기도하면 응답을 주심을 체험했습니다. 그리고 6시간 후 나의 하반신 마취가 풀려 걸을 수 있었습니다.

너무 짧은 천국체험인 것 같아서 참으로 아쉽고 영원히 그 곳에 머물고 싶은 소망이 간절했습니다. 절실히 느낀 바는 육신의 생명뿐 아니라, "영혼의 생명"이 확실히 존재함을 증거합니다. "그렇게 증거하라"고 하나님께서 나를 체험케 하셨음도 잘 압니다.

예수님께서 십자가에 못 박히시고 육신의 생명이 다하면서 "영혼의 부탁"을 성부 하나님께 드렸던 가상(架上)의 칠언(七言)이 사실이었고, 영혼의 생명이 진실로 존재함을 저의 체험을 통해 깨달았습니다.

병상에서 육신의 생명이 얼마 남지 않아 고통 받으시는 아버님께서 예수님을 형식적으로가 아니라 진실로 간절히 영접하시도록 간증도 말씀드렸습니다. 병상세례 받으신 후 천국으로 승천하셨으리라 믿습니다.

　누구든지 영혼의 생명이 있음을 믿고 의지하시면 매우 위안이 되실 것입니다. 나의 간증체험기를 작성하여 병상에 있는 아버지께 드리고 설명을 해 드렸습니다. 그리하여 목사님과 교역자님들에게 병상세례를 받으셨으니 이제 영혼의 생명을 구원 받으셨으리라 믿습니다.

　하나님께 아버지의 영혼을 인도하는 저의 마지막 효가 되었다고 간증합니다.

진리의 빛으로
향하다

절대진리이신 하나님 되심을
증거하여 주시다

예수님께서는 선명한 환상으로 나타나시어 저에게 묵시를 주셨습니다.

칠판 모양의 직사각형 검은 화면을 배경으로 하얀 옷을 입으신 채 주님께서 앉으셨고 그 앞에 제가 머리를 숙이고 한참 동안 마주 앉아 있었습니다. 하나님께서는 사기로 된 하얀 물컵을 오른손으로 드신 채 저에게 내밀고 계셨습니다. 그 속을 들여다보니 아주 깨끗하여 눈이 부실 정도로 하얗게 빛났습니다.

이러한 묵시의 뜻이 무엇인가를 아는 데는 많은 시간이 필요했습니다.

그리고 보잘 것 없는 저에게 하나님께서 당신 자신을 직접 보이신 까닭이 무엇인가를 저는 곰곰이 생각해 보았습니다. 대학원에서 진리를 갈망하며 탐구하던 저에게

'진정한 진리는 바로 나이니 헛된 것을 추구하지 말고 나를 섬기고 연구하라'

고 저한테 묵시로 주셨음을 나중에서야 비로소 깨달았습니다. 그리고 저의 영혼과 생활 속에 진리 되심을 증거하여 주신 응답임을 알았습니다. 때문에 저는 하나님께 대한 간증의 사명감과 의무감을 더욱 감명 깊이 지닌 것입니다.

하나님께서는 단순하지 않으시고 무궁하시며 진정한 진리이시라고 저는 굳게 믿었습니다.

저는 진리를 탐구하는 학문의 방법을 총동원하여 하나님의 창조설을 다각적으로 분석하기도 하고 문학의 상징연구나 논리의 해석을 동원하여 믿음의 확신에 도달했습니다.

제가 대학원에서 석사, 박사학위 논문을 위해 공부한 전공분야는 설화이며 신화, 전설, 민담으로 분류되는 인간의 이야기입니다. 설화 속에는 그 지역 사람이나 민족의 이상과 꿈이 반영되어 있고 인간의 현실과 소망이 담겨 이야기로 전해집니다. 하나님의 이야기가 아닙니다. 말하자면 하나님의 뜻과는 차이가 있는 인간들의 마음의 표현, 즉 인간의 뜻과 의식, 무의식, 현실에 대한 소망이 담겨 있는 인간의 이야기입니다. 모세에게 시내산에서 하나님은 스스로 존재하신다고 말씀하셨습니다. 그런데 민족의 신화에는 그 민족이 무의식 속에 담겨 있는 인간의 마음, 인간의 신, 즉 인간 스스로 생각하는 절대 가치, 절대 진리가 아닌 모순 투성이요 영원한 생명력이 없는 우상이 반영되어 있었습니다.

저는 하나님을 진정한 진리의 대상으로 믿고 다른 민족 신화에 나타난 민족의 마음을 원형상징으로 해석하여 대비해 보았습니다. 그랬더니 하나님의 말씀인 히브리 신화 이외의 모든 신화는 모순투성이 뿐이었습니다.

히브리신화는 이스라엘 민족의 마음이 아니었습니다. 즉 스스로 존재하시는 하나님의 권능 이야기이고 가르침이지 이스라엘 민족의 마음은 아니었습니다. 택하신 인간에게 영력을 주시어 인간이 기록하게 하신 하나님 당신 자신의 기록임을 깨달았습니다. 대학시절에 한국의 신화가 삼국유사이고 이스라엘 신화가 성경이라는 전공교수님의 말씀이 잘못되었음을 알았습니다. 때문에 민족신은 진정한 신이 아니라 우상임을 알았습니다.

이 세상은 진정으로 하나님께서 다스리면서 이끌어 오셨다고 자신 있게 말씀드립니다. 그리고 진정한 진리가 이 세상을 다스리는 힘인데 그것은 바로 하나님의 섭리라고 증거합니다. 이 세상이 때로는 몰지각한 인간들이 일으킨 전쟁으로 인하여 불행한 위기에 처해 있을 때도 많았습니다. 하지만 우주와 세상을 만드신 하나님께서는 우리 인간을 결코 저버리지 않으셨음을 말씀드립니다.

제2차 세계대전이 한창일 때 하나님께서는 독실한 기독교 신자였던 유태인 '아인슈타인'을 사용하여 이 세상을 구원하셨습니다. 당시 지구가 온통 살육과 방화와 지옥으로 뒤범벅이 되어가고 있음을 보던 아인슈타인이
'차라리 태어나지 아니함만 못했다'
고 여기면서 자기의 누나에게 유서를 쓰고 독약을 먹고 자살하려고 했습니다. 그 순간 하나님께서 나타나셔서 '큰 손'을 환상으로 보여 계시를 주셨던 것입니다.
'나는 모든 것을 만들어 놓았는데 너는 어찌하여 발견하지 못하느냐'

는 말씀임을 아인슈타인이 깨닫고 연구에 박차를 가하여 중성자론과 상대성이론을 발견했던 것입니다. 전쟁을 끝내기 위해 원자폭탄을 제조하여 미국 트루먼 대통령과 합의한 후 세계대전을 종식시켜 이 세상을 구원했던 것입니다. 한국이 해방된 근본 이유도 일본이 원자탄을 두 번째 맞고 항복하였기 때문입니다. 히로시마에 투하된 첫 번째 원자폭탄으로 항복하지 않자 두 번째 원자폭탄을 큐슈에 투하하여 일본 천왕이 무조건 항복했던 것입니다.

하나님께서 절대 진리이시므로 저는 인간세상에서 성인에 해당하는 사람들과도 비교해 보았습니다.

따르는 제자가 3,000여 명이나 되었다던 공자님도 제자 안회(顔回)가

'스승님은 하늘의 해와 달과도 같으십니다.'

고 말하자

'아니다. 밤하늘의 천체가 운행되며 사시가 오고가는 자연의 이법 앞에서 나는 아무 말도 할 수가 없구나. 어찌 내가 그 앞에서 무슨 말이 있으리요?'

하면서 우주를 섭리하시는 하나님 존재의 위대성을 시인했습니다. 공자 자신이 한낱 피조물인 인간일 뿐 진정한 하나님이 되지 못함을 제자들에게 알려 주었던 것입니다. 또 '악법도 법이다.'고 갈파한 소크라테스의 철학론도 얼마 전 헌법위원회에서 모순됨을 공표했습니다. 하나님은 선행만을 가르치셨는데 악행을 수용하라는 소크라테스는 십자가로 승리하신 예수님의 가르침과 어긋나기 때문입니다.

참진리 참소망

부처는 하나님께서 창조하신 물질의 원자와 분자의 변화, 순환을 과학 원리에 바탕을 두어 철학과 윤리를 펼친 이론에 지나지 않습니다. 또한 하나님께서 창조하신 유한한 인간의 마음에 바탕을 두는 마음철학의 한계설임도 알 수 있었습니다. 인간의 마음이 모든 것을 만들고 결정한다는 모순된 이론입니다. 인간의 마음이 우주, 만물을 창조한다는 것이지요. 때문에 피조물인 돌, 나무, 해, 동·식물 모두 부처, 즉 불교신이 될 수 있다는 처처불상(處處佛像) 사사불공(事事佛供)이라는 불합리한 원불교이론에 지나지 않습니다.

마호메트는 인간이 에덴의 동산에서 추방당한 근본이유를 인정하지 않았습니다. 하나님 중심의 절대 진리, 절대 권능이 아니라 하나님 이론을 이용하여 피조물인 인간 중심에 바탕을 두어 종교를 인간본위로 합리화시켰기 때문에 모순된 변질론으로 빠졌습니다. 인간은 쓰이지 않은 책과 같아서 선도 악도 없다는 것입니다. 다만 인간의 죄는 사회 환경과 교육에 의해 악한 길로 빠져들 뿐이라는 것입니다. 때문에 예수님의 대속(代贖)을 인정하지 않고 인간이 저지른 죄는 인간 스스로 자신이 회개하면 용서 받을 수 있다고 여깁니다. 아담과 이브는 순간적인 유혹에 넘어가 타락했지만 결국은 용서를 구하고 스스로 구원받았다고 이야기합니다. 즉 카인과 아벨의 죄, 그리고 그 후손으로 끊임없이 이어지는 인간의 죄는 조상으로부터 물려받은 것이 아닌 그들의 잘못이라는 것입니다.

하지만 선악과를 따 먹은 후로부터 인간의 역사는 이루 말할 수 없을 정도로 비극의 자취라고 할 수 있습니다. 그 이유는 선악과를 따 먹기 전에는 선한 인성이었는데, 선악과를 따 먹은 후부터 비극이 생겨나기 시작했기 때문입니다. 죄 때문에 생기는 결과가 비극임을 압니다. 마호메트는 인간으로부터 호평 받고 인기를 누리기 위해 자신의 종교이론으로 인간을 끌어들이고 조종하여 교세확장을 하며 모순된 비진리 종교이론을 펼쳤던 것입니다. 때문에 인본주의 종교이론에 유혹되는 이슬람교도들이 많은 이유도 알 수 있었습니다.

아직도 세인(世人)들 사이에서 논쟁이 되고 있는 창조설과 진화설의 문제도 간단히 해결할 수 있었습니다. 우열관계를 비교분석한 결과 우선되는 이론은 존재유(存在有)를 있게 하신 하나님의 창조설이었습니다. 창조설이 유연성 있게 발전, 변화됨을 인간 본위 진화론으로 주장했던 것입니다. 결국 진화론이 창조론의 산하에 들어간다는 사실도 쉽게 알 수 있었습니다.

진화론은 유연성 있게 변화, 발전하며 일시적으로 나타나는 창조론의 변화상(變化像)에 지나지 않음을 알 수 있었습니다. 모든 물질의 기본입자가 되는 원자, 그리고 원자로부터 화학적 반응에 의해 생겨나는 분자 등, 사물의 근본현상을 존재하게 하는 입자를 만든 이론이 창조론입니다. 창조이전에 진화는 있을 수 없습니다. 존재무(存在無)로부터 그 어떤 사물의 진화도 이루어질 수 없고 진화는 존재유(存在有)로부터 생기기 때문입니다.

노벨 문학상도 분석해 본 결과 하나님의 섭리에 바탕을 두거나 아니면 성경의 일부 구절을 사상화(思想化)한 것에 지나지 않았음을 발견했습니다.

하나님은 영원하신데 다른 제국이나 문화, 문명은 시간이 흐르면 아침 이슬처럼 그 빛을 잃거나 바람에 날리는 쭉정이처럼 사라지고 퇴색하는 이유도 알았습니다. 솔로몬이 '헛되고 헛되도다. 나의 영광은 하나님 앞에서 들에 핀 한 송이 꽃보다도 못하구나' 하며 인간 중심의 가치가 얼마나 무상한가를 고백한 이유도 하나님께서 영원하시고 절대 진리 되심을 깨달았기 때문입니다. 하나님을 영접한 중국과 러시아는 점차 문명이 발전하는데 인간 자신을 신격화하는 북한 등이 비극의 나라로 점점 메말라가는 이유도 알았습니다.

그리고 또 한 가지는 하나님께서 우리 한국을 사랑하셔서 우리나라에 많은 교회가 번창하도록 하여 주셨고 복을 주셨음을 연구하여 알고 성도님들께 증거합니다.

다음은 제가 공주사범대학에서 단군신화 감상을 지도할 때 하나님의 계시를 받고 각 민족 신화와 비교, 연구한 결과 하나님이 진정한 진리임을 알리기 위해 학회지 '한국언어문학'에 발표한 논문의 일부입니다.

하나님을 이해하는 데 좋은 비교자료가 됩니다. 사람들이 만들어 놓고 믿는 민족신인 우상과 대조되어 하나님을 이해하시는 데 믿을 만한 자료가 되시리라 믿습니다. 이 세상을 창조하신 분은 민족신이 아니라 하나님이심을 분명히 증거합니다.

그리고 이 세상 사람들이 분쟁을 자주 일으키는 이유는 인간이 하나님의 피조물이고 세상을 다스리시는 하나님이 절대존재, 절대 진리임을 믿으며 섬기지 않기 때문임을 알 수 있었습니다. 자신들 위주로 생각한 민족신에 집착하기 때문이고 그럴수록 민족마다 오만해져 갈등이 생기고 모순과 불행으로 빠져 듭니다. 지금의 한일 관계에서 일본의 태도 역시 민족신인 우상을 아집하기 때문이고 하나님의 참뜻을 영접하지 않고 있는 안타까운 실정입니다.

하나님께 순종하지 않고 자기를 절대화시키는 민족들은 결국 하늘을 찌를 듯이 오만해지다가 모순과 비극의 구렁텅이로 추락하고 바람에 날리는 티끌이나 추풍낙엽처럼 떨어져 갔습니다. 구원받을 수 있는 유일한 길은 하나님께 의존해야 함을 증거합니다.

우주의 창조 원리에 대한 올바른 이해는 곧 인생의 본질적 물음에 대한 해답과 인류의 근원적 존재문제를 올바르게 파악하게 해줍니다. 때문에 우리 인간들은 인생관이나 생활관, 철학관을 수립할 때 반드시 하나님의 가르침을 염두에 두어야 한다는 결론에 도달했습니다. 그럼으로써 가치 있게 살 수 있는 인생관에 바람직한 지평을 제시할 수 있다고 생각합니다. 인간차원의 사유와 해석으로만 그치면 결국에는 보다 심오한 신관(神觀)을 통한 발전된 이해와 사유가 열리지 않고 막혀 한계에 다다름을 알았습니다.

다음의 도표에서 제시된 각 창조설은 히브리 신화가 창조원리나 진리성이나 객관성에서 가장 타당성을 갖는다고 할 수 있습니다. 전능한 신의 물리적 창조능력으로서만 피조물이 생길 수 있는데, 다른 민족 신화들은 이미 창조된 피조체(被造體)의 일부가 변하여 천지와 사물, 자연현상이 생겨났다는 모순이론이 많습니다.

일련 번호	민족신화	신화내용	원형 상징성
1	히브리신화 (하나님의 신)	혼돈보다 먼저 존재한 하느님이 6일간에 걸쳐 빛, 창공, 물, 바다, 식물, 해와 달, 별, 물고기와 새, 육지동물, 사람을 창조.	유일신, 신과 인간의 차이 구별, 無로부터 有를 창조, 죄와 죽음이 없는 에덴공간의 원초 낙원.

신과 인간의 차이가 구별됨으로써 인류의 무한한 가르침을 피조물인 인간들이 신의 철학으로부터 발견하는 것이 올바르다는 신앙관을 필자는 갖고 있습니다. 즉 신과 인간을 동일시할 때에는 인간이 신처럼 행동하여 모순에 빠져 비극의 역사만 점철된 인류사였음을 역사가 입증했기 때문입니다. 이로 인해 하나님께서 바벨탑을 무너뜨리신 이유도 알 수 있었습니다. 500년 전 마르틴 루터가 종교개혁을 주창한 이유도 가톨릭 종교지도자들이 심오한 하나님의 이론을 도외시하였기 때문입니다. 면죄부 판매 등 피조물인 인간이 마호메트처럼 하나님 이론을 자기에게 유리하게 왜곡, 변질 시켰기 때문에 가톨릭이 모순에 빠지고 타락, 변질 되었던 것입니다. 결국 인간본위의 이론에서 탈피하여 성경의 가르침, 즉 하나님 중심의 이론을 다시 찾자는 재정비 작업이 종교개혁이었던 것입니다.

또 창조의 진정한 의의는 완전한 무(無)로부터 생성되는 것이어야 합니다. 또 거기에는 타당성 있는 신화논리의 체계가 시공을 초월하여 영원히 설득력을 얻어야 진정한 진리일 수 있습니다.

일련 번호	민족신화	신화내용	원형 상징성
2	그리스 신화	만물이 절대자의 창조가 아니라 천공 자체인 '우라노스'가 자연히 이루어져 제자리를 차지하고 있고, 인간은 신들과 마찬가지로 大地 그 자체인 '가이아'에서 태어나 신들과 동족으로 간주됨. 우라노스와 가이아의 아들 신 크로노스와의 투쟁 및 크로노스와 그 아들 신들과의 다툼, 그의 아들 신 제우스, 하이데스, 포세이돈과의 권력 투쟁과 통치, 제우스의 다른 신들의 제거, 아테나, 헤라, 아프로디테 등 여신들의 사랑과 질투 및 죽음을 앞에 둔 삶의 문제에 대한 철학 등.	신과 인간의 차원이 동일함, 만물의 자연 발생설, 신과 인간의 나중 창조설, 삶의 세 가지 가치관 문제 (권력, 사랑, 죽음의 갈등과 필연성)

신과 인간의 차원을 동일시한 그리스신화는 신격을 인간차원으로 저급화한 데에서 모순의 틀을 벗어날 수 없었습니다. 창조의 근본원리를 통해 끊임없이 새롭게 도출되는 진정한 진리의 길을 이해하지 못한 그리스인들의 마음이었던 것입니다. 인간보다 신이 나중에 창조됨으로써 우주의 근원적 발생론에 대한 해답을 제시하지 못했습니다.

로마의 건국신화는 인간차원의 본능적 투쟁 역사일 뿐입니다. 진정한 신의 가치가 없는 인간의 신격화와 그들의 활약과정일 뿐입니다. 어찌하여 로마가 대제국을 건설한 모순의 역사로 나타났다 사라졌는가를 이해할 수 있었습니다. 로마의 황제, 즉 인간을 신격화했기 때문이었습니다. 일본 천황도, 북한의 김일성과 그 후손들도 마찬가지로 비극의 모순에서 벗어나지 못하고 불행한 역사의 전철을 밟고 있을 뿐임을 증언합니다. 기타 다른 국가도 이러한 인간을 신격화시킬 때 반드시 모순과 불행만이 기다리고 있음을 전제합니다.

일련 번호	민족신화	신화내용	원형 상징성
3	로마의 건국신화	아이네스의 편력과 정착, 그의 후손 누미토르와 아물리우스 형제의 권력 투쟁, 형의 후손인 실비아 쌍둥이-로물루스와 레무스의 제거 시도와 실패 및 방기(放棄), 암늑대 Faustulus의 보호와 양육, 로물루스와 레무스의 아물리우스 제거, 로물루스와 레무스의 싸움과 로물루스의 도시건설.	삶의 연속은 윤리적 가치관을 초월한 투쟁의 본능과 권력의 쟁취에 대한 믿음.

스칸디나비아인의 신화는 우주의 창조논리를 제시하지 못하고 한계에 그쳤습니다. 다만 생활환경의 반응에 대한 상징적 이해논리를 제시했을 뿐입니다. 그리고 인간의 탄생설도 나무로부터 태어나게 했다는 황당한 이론으로 설득력이 전혀 없습니다.

아무리 인간의 삶에 필요하고 크게 도움이 되는 자연물이라 할지라도 실은 창조주의 피조물일 뿐입니다. 인간생활에 필요하다고 해서 필요한 자연물을 신격화하여 창조주와 피조물의 위치를 전도(顚倒)시킴은 모순된 인간본위의 생각이 아닐 수 없습니다. 진리가 아닌 비진리의 논리일 뿐입니다.

러시아신화에서 불을 신격화한 이유도 춥고 얼어붙은 동토의 환경을 녹일 수 있는 매우 중요한 요소이기 때문입니다. 하지만 불도 창조주가 선사한 연료에 지나지 않습니다. 아무리 필요하고 중요하다고 해도 그 사물은 피조물입니다. 신이 될 수는 없는 것이지요.

절대자인 유일신이 없고, 창조주 이전의 세계가 이미 존재한 것이 스칸디나비아인들의 신화 구조입니다. 창조주가 먼저 있고 나서 자연이나 피조물이 생길 수 있는 것이 올바른 순서입니다.

일련 번호	민족신화	신화내용	원형 상징성
4	스칸디나비아인 신화 (스웨덴, 노르웨이, 아이슬란드, 덴마크 등)	하늘도 땅도 없는 끝없는 깊음과 안개세계 속의 샘물과 남쪽 빛의 세계가 합쳐 서리의 거인 이미르와 그 자손 아우돔인 암소가 태어났고, 아우돔으로 인해 사람 모습의 신이 태어났다. 그 자손 신 오딘, 빌리, 베의 3형제가 〈이미르〉를 죽이고 그 육체로 육지를, 혈액으로 바다를, 뼈로 산을, 머리카락으로 나무를, 뇌수로 우박과 구름을, 눈썹으로 인류의 거주지인 '중간세계' 미드가르를 만듦. 그 후 오딘이 하늘과 태양, 밤, 낮을 규정, 식물이 싹트고 물푸레나무로 남자 아스케를, 오리나무로 여자 엠블라를 창조하여 인류의 선조가 됨. 오딘(Odin)은 워덴(Woden)이라고도 하며 여기에서 수요일(Wednesday)이 나옴.	절대자인 유일신이 없고, 창조주 이전의 세계가 존재함. 해양 국가의 주변환경 요소에서 생명수 물을 중시하고, 주변 자연 현상의 신격으로 창조원리 발생.

슬라브 신화는 우주론적 차원에서의 신관으로부터 생긴 믿음이 좋았습니다. 그러나 창조적 논리성과 체계성과 타당성이 부족해 논리의 한계에 그쳤습니다. 생활환경의 위안물이 될 수 있는 불을 신격화하여 모순되었습니다.

최고신이 세계를 창조할 때 반란을 일으켜 숲이나 물로 떨어진 작은 신들은 사악한 마음 그대로이고, 그리고 인가에 떨어진 신들은 선하고 호의적임은 그 지역 일대에서 살아가는 민족 마음의 선호도(選好度)일 뿐입니다. 인간의 마음이 결코 신은 될 수 없음을 압니다. 진정한 신에 대한 인식은 신을 인간본위로 왜곡, 변질시키지 않고 신, 그 자체를 가장 최우선으로 권능이 부여되는 신본주의로 이해되어야 함을 압니다.

참진리 참소망

일련 번호	민족신화	신화내용	원형 상징성
5	슬라브 신화(우크라이나, 서부 러시아인 동유럽)	정령과 작은 신들이 가득함. 자연, 생활 깊이 요소마다 정령이 존재함. 빛의 신 벨로보그, 어두움의 신 체르노보그가 있으나 활약상은 보이지 않음. 하늘의 신 스바로그가 태양신 다지보그와 불의 신 스바로기치 중 불의 신을 더 중시하여 우주지배, 만물창조의 선조신으로 인식. 태양신 다지보그는 어둠과 추위와 가난의 정복자로 인간의 운명을 결정하고 재판관 역할도 맡음. 태양신 다지보그와 달신 메시아츠 부부는 별들을 낳았고 사이가 나빠지면 지진이 일어난다고 믿음. 최고신이 세계를 창조할 때 반란을 일으켜 숲이나 물로 떨어진 작은 신들은 사악한 마음 그대로이고, 그리고 인가에 떨어진 신들은 선하고 호의적임.	범신론의 특성이 강함. 하늘과 천체의 신비성에서 신적 믿음이 싹트고, 생활의 중요한 기능 역할을 하는 추위 해결과 삶의 원동력으로서의 불을 신격화함. 주변 자연현상은 삶의 부조리한 여건 때문에 악령으로 치환됨.

중국의 신화는 창조자가 없는 원형의 파괴결과로 천지창조 이전에 생겨나는 기존유(旣存有)의 분해요소를 개국적 차원과 우주적 차원으로 동일시한 황당한 비진리의 아집적 주체성에 바탕을 두어 오류가 발생했습니다.

일련 번호	민족신화	신화내용	원형 상징성
6	중국의 신화	천지가 갈라지기 전 계란 모양의 우주 속에 '반고(盤古)'가 잉태해 있었음. 반고가 답답해 도끼를 휘둘러 알이 깨지면서 천지가 열림. 가볍고 청렴한 것은 하늘이, 무겁고 혼탁한 것들은 땅이 됨. 반고는 더욱 커져 9만리나 되고 오늘날 중국이 됨. 반고가 죽을 때 호흡은 풍운, 목소리는 천둥, 두 눈은 해와 달, 사지와 몸은 5개의 높은 산, 혈액은 강줄기, 혈관은 길, 근육은 비옥한 경작지, 머리와 수염은 하늘의 수많은 별, 피부와 솜털은 화초와 수목, 정수는 진주와 옥, 땀방울은 단비와 우로가 되어 반고가 천지만물의 시초가 됨.	현상세계의 모습을 '알'로 인식, 개국신의 유한성, 확장성으로 대륙, 신을 통해 현실적 삶의 요소로 규정한 현실관임.

일본신화에서는 파괴하는 무기를 창조로 그릇 이해한 모순의 사고였을 뿐입니다. 창조는 신의 가장 아름다운 사랑의 결과일 수 있습니다.

인도의 사유론은 창조론이 아닌 철학론에 그친 인간본위에서 모순이 드러나고 있으며, 몽골은 우주론적 차원이 아닌 주변의 자연 환경에서 신의 경지를 모색한 유한한 영혼의 차원입니다.

신과 인간의 경외의식이 짙은 수에르 신화에는 신관이 뚜렷하지만 우주론적 신관이 아닌 인간본위의 설정으로 그친 모순의 논리입니다.

이집트의 경우는 다분히 인간을 신격화한 한계성이 짙게 보입니다.

일련 번호	민족신화	신화내용	원형 상징성
7	일본의 신화	역사시대의 첫번째왕 '神武'의 팔굉일우-팔방을 덮어 집으로 삼음-는 전세계를 일왕에 귀속시켜야 한다는 사상. 태초의 혼돈의 바다를 내려다본 세 신령이 이나자기, 이나자미, 남신과 여신들에게 준 마법의 창으로 혼돈의 바다를 휘둘러 일본열도 오오야시마, 혼슈, 시코쿠, 규수 등을 이룸. 火神을 낳던 중 이나자미가 죽어 죽음의 신이 되고 이나자기의 아들 스사노오가 이즈모노쿠니(出雲國)로 내려가 사람을 괴롭히던 머리가 8개 달린 큰 뱀을 죽이고 나라를 세움. 후에 타카마노하라에서 천손인 호호니니가 5부신과 함께 강림해 그 땅을 다스리고, 그를 천황이라고 부름. 일본 천황은 신격화되고 일본을 신국으로 인식함. 천상신과 지상신의 구분은 하늘과 땅의 본래적 원시적 이해에서 비롯된 이원론적 구분임.	제국주의 의식이 지배함, 세계의 창조를 무기(창)에 바탕을 둔 모순 신앙관, 신의 유한성을 인정하여 인간 차원임. 인간신=하늘신. (일본의 信者數 = 신도 118,384,000명 + 불교 89,034,000명 + 기독교 1,511,000명)으로 유일신 기독교를 믿음은 민족신에 대한 배신으로 간주함.

일련 번호	민족신화	신화내용	원형 상징성
8	인도 신화	스리마드 바가바탐 신화에서 절대적이며 유일한 최고의 실체는 '브라흐만'이고, 이로부터 신비스러운 힘인 마야에 의해 창조신인 브라흐마, 보호신인 비슈누, 파괴신인 시바를 각각 책임지고 현상계를 다스린다고 함. 브라흐마는 세상을 창조하고 아주 여러 차례에 걸쳐 세상을 재창조했음. 현재의 세상 이전에, 또 이후에 세상의 수효는 미지수임. 어둠으로 이루어진 브라흐마가 명상에 잠기는 동안 그의 생각으로부터 생명이 태어남. 그의 直腸에서 바람이 나왔고 악령들이 태어나 어둠의 몸을 버리고 어둠의 몸은 밤이 됨. 새로운 몸은 선과 빛으로 이루어지고 그 몸은 낮이 됨. 세 번째 취한 몸은 아버지와 아들, 어머니와 딸에 관한 생각을 하여, 동틀 녘과 해질녘에 선조 영령들이 나타남. 네 번째는 마음에서 발산되는 기로 이루어져 사유하는 피조물 인간들이 창조됨. 이 몸을 벗자 달이 됨. 다섯 번째 몸을 취하고 이상한 생각을 하니 혼돈의 바다를 삼키고 싶어하는 피조물 귀신들이 태어남. 무척 당황하자 머리칼이 모두 빠져 뱀, 배로 기어 다니는 파충류가 됨. 이런 음울한 생각 때문에 악귀들이 생겨나자 유쾌한 생각을 하여 새들이 생겨나 행복한 상태가 됨. 브라흐마가 했던 생각의 특성은 이 세상을 반영함. 보호의 신 비슈누의 다른 이름은 나라야나로 확장시키고 모든 곳에 스며들어간다는 뜻이다. 모든 한계 없는 존재의 바다 위에 누워 있고 인간 존재의 마지막 목표를 상징. 파괴의 신 시바는 세상의 독을 다 마셔버리기도 하고 엄청난 파괴를 일으키기도 하며 죽음을 지배하기도 하여 최고의 스승으로서 예배의 대상임.	세상의 구조를 한도 끝도 없는 원형의 원리로 보고, 중요한 창조의 기능은 사유에 의탁한다는 믿음. 이 세상이나 우주 일체의 인간사는 사유기능 여하에 따라 달라짐. 창조론보다는 철학론에 근거함.

일련 번호	민족신화	신화내용	원형 상징성
9	몽골 신화	몽골의 경전 비사에는 푸른 눈의 회색 늑대와 그의 아내 붉은 갈색의 사슴이 시베리아에서 와 육지와 바다인 바이칼을 함께 건너 오논강에서 첫아들 Batachikan이 태어나고 징기스칸의 인간 조상이 됨. Chingis는 거대한 바다를 의미하는 터어키어 tengiz에서 왔음. 징기츠칸은 바다의 지배자라는 뜻임. 바다인 물은 여성을 상징하고 바이칼의 지배자인 여신은 바이칼-에케임(에케는 몽고어로 어머니라는 뜻임. 바이칼 호수-길이 636㎞, 최대너비 79㎞, 면적 3만 1500㎢, 호안선의 연장 2,200㎞, 최대심도 1,742m, 1,800여 종의 동식물 서식, 역사 2천만년에서 3천만년)	초자연적인 바이칼의 불가사의한 힘, 순수함, 위엄, 숭고함과 장엄함을 통해 신의 초월성을 인식함, 바이칼에 대한 의식체로서 호수 아닌 바다로 인식하는 몽골제국 정신적 요체의 요람이며 자연의 힘의 융합체. 조상의 혈통이 짐승임은 본능적 야수적 가치관인 영웅적 무력의 상징.
10	수에르 신화 (이라크 남부)	만물을 창조한 태모신 닌후르쌍은 하늘과 땅이 맞붙은 우주산에서 태어남. 하늘 신인 안과 땅의 신인 키가 결합하여 공기의 신인 엘린이 나왔고 땅이 하늘로부터 분리됨. 별, 해, 달도 만들어짐. '지우쑤드라 이야기'에는 안, 엔릴, 엔키와 닌후르쌍이 사람을 만듦. 지우쑤드라는 매우 경건하며 하나님을 두려워했고 홍수 속에서 살아나 소와 양으로 제사지냈음.	우주적 차원의 창조가 아닌 이미 창조된 자연현상의 産物로서의 인간관임. 절대자를 신앙하는 믿음에는 인간과 하나님의 엄격한 경외의식이 짙음.

참진리 참소망

일련 번호	민족신화	신화내용	원형 상징성
11	이집트 신화	헤르모폴리스 신화에 '나(우주의 창조자)는 신들을 내 땀으로 만들고, 인간은 내 눈물로 만들었다.'라고 되어있다. 신과 인간 사이에는 본질적 차이가 없다고 보았음. 초기 이집트의 수도였던 헬리오폴리스는 태양신을 숭배하던 곳이고 主神은 아톰으로 천지와 신들을 창조한 원초의 대양인 '눈'의 아들임. 아톰은 슈(男)와 테프네트(女)를 입으로 뱉어내어 슈는 공기, 테프네트는 증기의 신이 됨. 슈와 테프네트는 짝을 이루어 게브와 누트를 낳고 이들이 서로 껴안는 것을 못마땅하게 여긴 아비지 슈는 누트를 하늘 높이 들어 올렸고 게브는 땅에 눕혀 서로를 떼어 놓아 각각 하늘과 대지의 신이 됨. 게브와 누트사이에 오시리스, 이시스, 세트 등의 자녀들이 태어나고 오시리스는 영원한 생명의 신으로 숭배되고, 이시스는 오빠 오시리스와 결혼하여 곡식을 빻고 실을 만들고 옷감 짜는 법을 가르치고, 세트는 형 오시리스를 살해하였으나 이시스의 도움으로 오시리스는 죽음을 이긴 신이 됨.	우주론적 차원의 창조적 신관이 구체적으로 제시되지 못하고 자연현상에서 인간의 문제를 해석하여 범신론과 인간의 차원이 동질적임. 즉 위대한 인간을 신의 차원으로 동질화시킴으로써 이집트 왕국을 하나로 통일한 파라오를 신격화시킨 피라미드를 형성한 문화를 이룩한 유한성의 믿음.

바벨론 신화는 창조의 가치논리와 정반대인 투쟁의 결과를 창조로 잘못 사고하였습니다. 창조는 파괴가 아니라 생산과 건설의 산물이기 때문입니다.

페니키아 신화는 창조자가 없는 무지(無知)의 차원으로부터 안이하게 창조논리를 이끌어 냈습니다.

페르시아 신화는 창조가 선의 결과인데 악의 결과로 인식한 모순 구조만 보입니다.

일련 번호	민족신화	신화내용	원형 상징성
12	바벨론 신화	Mardeok란 신이 Tiamat란 용과 싸워 이긴 후 그 시체로 일월 성신을 만들었고 Tiamat의 군대 Kingoe의 피로 인간을 만들었다.	천체의 연원을 용에서 인간의 연원을 다른 신에서 구한 有에서의 창조설로 진리적 차원의 설득력이 없음. 투쟁의 결과가 창조 가치라는 모순 의식.
13	페니키아 신화	맨 처음에는 캄캄한 혼돈체와 기운이 있었으나 거기서 땅과 진탕이 생기고 생물도 생겼음.	어둠의 有에서 만물이 창조된 기존존재설로 진리성이 희박함. 어둠의 실체를 창조근원으로 봄.
14	페르시아 신화	Avest경에 말하기를 맨 처음에 지혜의 신인 Ahura Mazda가 선한 세계를 창조했으나 그 후 Angramainyoe라는 악신이 반대 세력을 창조했음.	창조의 근본은 사랑에 바탕을 둔 선의 결과인데 악의 결과로도 인식한 모순 구조.

요는 우주론적 차원의 무한한 대상에 대한 창조설로부터 창조가 선의 극치임을 인식해야만 창조논리가 모순에 빠질 수 없습니다. 왜냐하면 인간도 자연도 창조주의 피조물이고 그것은 결국 아름다운 선의 극치와 현상에 지나지 않기 때문입니다. 신관에 대한 이해와 초점이 인간과 자연물 이전에 놓여야 진리의 사유론이 온당하고 타당성을 인정받을 수 있는데 이는 성경 이외에 아무 것도 증명되지 않습니다.

참진리 참소망

민족설화에서
성경의 진리로 인도하시다

하나님께서 '나 이외의 다른 신을 숭배하지 말라'고 하신 진리의 말씀을 실제 경험을 통하여 증언합니다. 그리고 그러한 가르침은 인간을 영화롭고 행복하고 지혜롭게 인도하시기 위해 우리 인간이 진정으로 믿어야 할 절대가치 되시는 신이시기 때문임을 간증합니다.

하나님께서는 사랑의 덕목 중 한 가지인 '자유'를 인간에게 주셨음을 알았습니다. 자유가 없는 삶은 참사랑이라고 할 수가 없으니까요. 심지어 선악과를 따 먹지 말라고 하였으면서도 따 먹을 수 있도록 자유를 주셨음을 알았습니다. 그러한 자유는 동양인보다 서구인들이 먼저 갈구했습니다. 대학시절에 감상한 영화 '리빙프리(living free)', 자유는 생명이라는 영화가 아직도 인상 깊게 기억에 남아 있습니다. 자유는 생명과도 같다는 내용으로 아프리카에서 잡아온 사자까지도 초원으로 자유롭게 놓아주는 결말입니다.

하나님께서는 제가 가고 싶은 길을 끝까지 가보도록 학문에서도 자유를 주셨습니다. 저는 30~40년 전에 고려대학교 대학원 석사과정, 박사과정에서 국문학 분야 가운데 설화를 공부했습니다. 시, 소설, 희곡, 수필, 설화 등 여러 문학 장르 중 설화를 연구하게 하시고 인도하신 배경도 우연이 아님을 고백합니다.

하필 호랑이 설화를 정규복(丁奎福) 지도교수로부터 학위논문으로 쓰게 한 이유도 이제 와 돌이켜 보면 다 하나님의 인도하심이었음을 알았습니다. 설화는 국문학을 분류할 때 종교분야에 해당합니다. 설화연구는 결국 종교연구와 직결되는 학문입니다. 설화를 연구하게 되면 종교와 신들에 관하여 연구해야 합니다.

성경에서 하나님을 알고부터 모든 민족신들은 진정한 신이 될 수 없다는 것을 설화연구를 통해 깨달았습니다. 성경의 창조신화는 존재무(存在無)에서 존재유(存在有)를 만들어 내는 물리적 현상의 창조로서 설득력을 인정받는 진정한 창조원리입니다. 그리고 창조현상은 모두가 선(善)으로 나타난 결과물이고 하나님 사랑의 극치입니다.

그런데 민족 신화들은 여기에 비추어 볼 때 너무나도 모순되고 가치론적으로도 부족했습니다.

일본의 신화는 창과 칼이 창조의 도구라는 모순입니다. 창조는 사랑과 아름다움의 극치인데 살인과 파괴의 도구가 창조라는 어리석은 일본인의 의식구조가 아닐 수 없습니다. 또 이 세상은 주어진 민족과 풍습에 따라 개성 있는 삶을 자유롭게 살도록 창조되었습니다. 자유는 하나님께서 인간에게 부여하신 중요하면서 크나큰 사랑의 하나이니까요. 말하자면 소유가 아니라 존재에 바탕을 두어야 하나님의 뜻에 가장 적합합니다. 불교에서도 무소유(無所有)를 진리로 내세우는 궁극적 도착점이 하나님의 창조원리에 귀의하고 있음을 알 수 있습니다. 그런데 일본의 신화에는 팔굉일우(八紘一宇)를 내세워 팔방을 덮어 자기 지붕으로 삼는다는 소유지상주의, 즉 일본인 제국주의의 합리화가 나타납니다. 말하자면 일본인 자신을 신격화하는 오만한 모순이 아닐 수 없습니다.

중국의 신화는 이미 존재한 반고의 눈썹이 숲이 되고 피가 물이 되는 등 허무맹랑한 내용들입니다. 인도의 신화는 창조가 사유(思惟)에 의하여 다 이루어진다는 관념론, 즉 생각이 모든 것을 만든다는 사상의 모순된 창조론에 지나지 않습니다. 각 민족 신화도 모두 이러한 모순과 인간본위의 생각들이었습니다. 인간보다 못한 호랑이가 산신이라는 것도, 가나안으로 가는 도중에 금송아지를 신격화시켜 만들어 놓고 숭배한 이스라엘 민족들도, 뱀을 신으로 숭배하여 제물로 바치는 고대설화의 경우도, 물질에 지나지 않는 불을 신으로 섬긴 러시아인의 신앙관도, 인간 삶의 사랑과 가치보다 현세적 돈과 권력으로 부귀영화의 행복을 찾으려 했던 단군신화의 홍익인간 이념도 모두가 어찌하여 우상론이라고 하는지 하나님을 알고 나서 비로소 이해할 수 있었습니다. 하나님의 사랑은 목적이 인간인데 인간보다 다른 수단 가치를 목적으로 하는 것이 민족 설화의 모순이었습니다.

우리나라는 민주주의 제도에서도 현세적 홍익의 가치요소인 부귀(富貴)만을 추구하다 많은 대통령들의 결말이 왜 행복하지 못하고 비극으로 끝나는지도 이해가 갔습니다. 정권을 이용하여 사익 추구인 비자금을 축적한 후 감옥에서 수인(囚人)생활을 하는 이유도 알 수 있었습니다. 인간을 사랑하는 권력을 사익 추구로 이용한 결과는 인간 사랑을 훼손시키는 결과를 낳았기 때문에 불행한 결말로 끝나는 것입니다.

인간 사랑을 가장 중시한 하나님 이야기가 진리서인 성경입니다. 성경처럼 가치관이 없는 한국인의 신화, 즉 한국인의 의식구조이기 때문에 권력 고위층의 비극이 발생함도 알았습니다. 한국인

4명에 1명꼴로 고스톱을 치면서 외치는 소리, '하나님이 최고다'가 아니라 '돈이 최고다'는 현대의 우상 고스톱 신화 이야기를 형성해 가는 것도 우연의 일치가 아님을 고백합니다. 이 세상 민족 신화 모두가, 즉 가장 중시해야 할 인간의 사랑이 다른 가치보다 우선하지 못하고 다른 수단 가치가 목적 가치로 나타나는 우상숭배 이야기들이었습니다. 인간의 사유보다 하나님의 사유와 섭리가 얼마나 위대한 가치인가를 반증해 주셨습니다.

신화(우상)와 끝없는 족보에 몰두하지 말게 하려 함이라 이런 것은 믿음 안에 있는 하나님의 경륜을 이룸보다 도리어 변론(논쟁)을 내는 것이라(디모데전서1:4)

제가 추구했던 모든 민족 설화들의 가치가 아침 햇빛에 스러지는 이슬처럼 쓸데없는 헛수고였습니다. 온갖 영화를 누리던 전도자 솔로몬의 고백이 떠오릅니다.

'헛되고 헛되도다. 세상만사 헛되도다. 사람이 하늘 아래서 아무리 수고한들 무슨 보람이 있으랴! 한 세대가 가고 한 세대는 오되 땅은 여전히 있도다.'

또 자신의 화려하던 왕궁과 옷도 들에 핀 한 송이 꽃보다도 못하다고 하나님의 영원하신 진리를 찬양했습니다.

학문은 진리의 보석을 찾아야 보람이 있는데 설화의 밭에는 보석은 없고 자갈들뿐이었습니다. 하나님은 결국 제가 참된 진리가 무엇인가를 깨닫게 하시기 위해 인간의 길을 끝까지 가보는 학문의 자유를 주시고 결국 하나님의 진리가 참된 가치임을 스스로 결

참진리 참소망

정케 하셨음을 간증합니다.

매일 새벽기도에 참가하면서 하나님의 가르침을 공부하며 하나님과 기도로 대화하는 일이야말로 이 세상에서 가장 위대한 진리 탐구요 진정한 학문임을 깨달았습니다.

하나님의 시선

하나님께서 애당초 의도하신 세상은 '에덴의 동산'임을 알고 있습니다.

그곳에서 하나님께서 의도하신 바는 인간에 대한 사랑이시고 인간 삶에 평화이시고 인간에게 슬픔이 아닌 기쁨을 주시기 위함임을 알고 있습니다.

때문에 저는 삶의 방식이나 진리의 탐구에서도 인간본위가 아니라 하나님의 시선에서 이 세상 문제가 온전히 해결된다고 믿고 있습니다.

인간본위의 시선은 어디까지나 이미 죄악에 물든 상태이므로 죄많은 이 세상을 벗어날 수 없음을 압니다. 하나님께서 의도하신 하늘나라의 왕국을 이해하는 길이 진정한 지혜와 진리임을 깨달았습니다. 다음은 한국 최대의 서정시인 김소월이 1922년 '개벽'지에 발표한 '진달래꽃'입니다.

나 보기가 역겨워
가실 때에는
말없이 고이 보내 드리오리다.

참진리 참소망

영변에 약산
진달래꽃
아름 따다 가실 길에
뿌리오리다.

가시는 걸음걸음
놓인 그 꽃을
사뿐히 즈려 밟고 가시옵소서.

나보기가 역겨워
가실 때에는
죽어도 아니 눈물 흘리오리다.

　문학 감상은 작가의 천재성에 초점을 두는 생산이론, 작품의 언어나 틀을 중시하는 구조이론, 역사 현실의 투영을 중시하는 반영이론 등이 종래의 인간본위의 감상법이었습니다. 그러나 이러한 방법들은 틀에 박힌 공식처럼 한계를 지녀서 작품이 지닌 유연성 있는 창조적 가능성과 생명력을 떨어뜨리고 있습니다.

　하나님께서 인간에게 주신 가장 위대한 능력은 뇌의 기능에 있기 때문에 만물의 영장이 되었음을 알고 있습니다. 다른 동물에게 없는 영(靈)이 있는 인간을 창조하셨기에 영이 있는 사람만이 하나님을 알도록 지어 주셨음을 증거합니다.

이에 따라 새로운 감상법은 작품을 대하는 독자마다 발견하는 다양한 능력이 작가가 지닌 영의 기능을 찾는 길임을 알았습니다. 즉 의식 또는 무의식과 만남으로써 무한히 창조되어진 고전적 생명력을 누릴 수 있다는 감상자의 수용론, 즉 수용미학이 설득력을 얻고 있습니다. 말하자면 하나님께서 의도하신 인간의 가능성을 문학창작과 감상에서도 적용할 수 있었습니다.

위 시에서 공간은 크게 죄 많고 불행한 이 세상의 현실세계인 일제치하와 원래 하나님께서 의도하신 에덴의 동산, 언제나 기쁨과 사랑으로 충만해 있는 이상세계, 즉 영변의 약산으로 설정되어 있음을 찾았습니다. 현실 속의 애정은 상실의 공간 속에 있지만, 유토피아 공간(영변의 약산)에서는 항상 사랑(꽃)이 가득합니다.

영변에 약산
진달래꽃
아름 따다 가실 길에
뿌리오리다

역사를 죄악으로 물들이며 오만의 극치를 달리던 일본제국주의 모순자들이 일으킨 불행의 먼지를 털어 내지 못하는 감상과 이해는, 즉 기존의 '이별의 한(恨)'으로 가르쳤던 국민교육은 진정한 조국애도 될 수 없고, 하나님께서 의도하시는 바가 아님을 알았습니다. 또한 시인의 천재성을 올바로 이해하지 못하고 비유법으로 왜곡시키는 교육의 죄악 행위였음을 고백합니다.

나보기가 역겨워

가실 때에는

죽어도 아니 눈물 흘리오리다.

　불행의 현실에 저항하여 죽음을 무릅쓰고 애정의 상실을 극복하려 했던 천재시인 김소월의 무의식 속에 담긴 의지는 바로 하나님께서 인간에게 주신 진정한 사랑을 지키고자 했던 믿음의 진솔한 고백임을 찾을 수 있었습니다.

　사랑의 상실이나 상실의 아픔을 참기만 한다는 종래의 '이별의 한(恨)'은 그만큼 인간의 삶을 윤택하게 할 수 없음을 알고 있습니다. 때문에 하나님께서 인간에게 주신 하늘나라를 지향하는 일은 '사랑과 애정이 가득한 에덴의 물댄 낙원을 지키는 의지'로써 하나님께서도 기뻐하시는 일임을 소월의 잠재의식 속에서 알 수 있었습니다.

　꽃이, 애정이 상실된 현실공간은 영변 약산 등대의 꽃으로, 애정으로 충분히 채워질 수 있다는 해석이 오히려 민족이나 개인의 차원에서 삶의 활력소가 될 수 있었습니다. 또한 작품이 지니고 있는 가능성을 한층 높일 수 있음을 알 수 있었습니다. 시인 자신이 현실의 이별문제를 제기한 것은 무의식적으로 문제해결의 장치를 무의식 속에 아직도 남아 있는 유토피아인 약산의 공간으로 설정하고픈 마음의 빈자리임을 찾아 낼 수 있었습니다.

　결국 하나님의 시선에 따라 이해해야 진정한 진리임을 깨달았습니다.

'가시는 걸음걸음 놓인 그 꽃을 사뿐히 즈려 밟고 가시옵소서.'
에서 개인의 애정이나 조국에 대한 사랑은 시인과 대상 사이에 언제나 사뿐히 즈려밟았기에 애정이 파괴되지 않고 애정의 상실이 없이 대상과 일체화되고 있음을 알았습니다. 꽃이 없는 현실 위에 영변 약산의 공간기능은 꽃을 뿌리게 하는 원천적 장소로 채워주는 사랑의 물댄 동산임을 찾을 수 있었습니다. 다시 현실은 꽃이 존재하는 약산의 에덴동산과 동일시되어 나타남을 발견했습니다. 개인이나 민족은 영원의 보편적 가치 위에 다시 삶의 희망을 지니게 됨도 알았습니다.

진달래꽃에서도 하나님께서 인간에게 주신,

'나는 길이요 진리요 생명이다.'

는 말씀을 통해 인간에 대한 사랑과 인간에 대한 긍정과 구원의 의지가 투영되어 있음을 알 수 있었습니다. 그리고 진정한 진리는 인간본위의 시선이 아니라 하나님의 시선이 무엇인가를 깨닫는 것임을 절실히 알았습니다. 진리탐구인 학문의 방법은 진정으로 하나님을 아는 길이라고 증거합니다.

인간본위의 진리탐구와 교육이 얼마만큼이나 모순과 오류의 상태에서 오랫동안 벗어나지 못하는가를 알았습니다. 수십 년 죄악의 소용돌이 속에서 전철만을 밟으며 되풀이되어 온 부끄러운 진달래꽃 학생 교육이 어찌 한낱 아침 이슬에 스러지는 무가치인가도 절실히 깨달았습니다.

　　　　　　　　　　　　　　　　　　참진리 참소망

진달래꽃을 수십 년 동안 '이별의 한'으로 가르치고 진리의 가치로 제시한 교육과 학술이 얼마만큼이나 후손들에게 불행한 삶의 방식만을 전수했던가를 처절히 깨달았습니다.

하나님께서 뜻하시는 세상교육이 어찌해서 제대로 이 세상에 펼쳐지지를 않고 하나님께서 생명의 자식들을 위해 십자가에서 피를 흘리지 않으면 안 되셨는가도 알았습니다. 선악과를 따 먹어 죄성이 깃든 인간의 오만함에 대하여 주님의 십자가를 통해 처절한 반성의 기회를 주셨음을 알았습니다. 십자가의 장치를 하나님께서 보여 주시어 영원히 잊지 않게 회개할 기회를 주셨음도 알았습니다. 그러나 하나님의 진리는 이 세상에서 새롭게 더욱 널리 펼쳐지고 있음을 증언합니다.

각 인터넷 사이트에서는 이전의 인간세상의 안목-'이별의 한'이 아닌 새로운 세상에 대한 안목-하나님의 의지인 '사랑을 지키고자 한 시인의 의지'가 새롭게 각광을 받고 확산되고 있습니다.

우리의 싸우는 무기는 육신에 속한 것이 아니요
오직 어떤 견고한 진도 무너뜨리는 하나님의 능력이라
모든 이론을 무너뜨리며(고린도후서 10:4)

나의 '효율적인 문학 감상 지도론'은 각 인터넷 사이트의 전문담당자가 자신들의 웹사이트에 새로운 가치를 인정하여 게재하고 있습니다.

하나님의 질투와 인간의 질투

저는 하나님의 십계명을 읽다가 이상하다는 생각이 들었습니다. 십계명 중에서 제2계명에 하나님도 다른 신들을 시기하고 질투한다는 내용 때문이었습니다.

성경에는 여러 곳에서 남을 시기하고 질투함은 악행으로 규정하며 선을 행하도록 가르치십니다. 저는

'그러면 십계명에서 하나님이 시기하고 질투함은 모순이 아닌가? 또한 악을 가르치는 계명이 아닌가? 그러니까 인간인 내가 하나님을 본받아 남을 시기하고 질투해도 죄가 되지 않는가?'

하면서 혼자 반신반의했습니다.

나중에 깨달은 바는 제가 하나님의 가르침을 하나님 입장에서 제대로 깨우치지 못하고 인간본위로 해석한 것이 큰 실책이요, 하나님께 죄를 짓는 사고방식이었습니다.

하나님의 십계명에서

제1계명은 너는 나 외에는 다른 신들을 네게 있게 말지니라.

제2계명은 너를 위하여 새긴 우상을 만들지 말고, 또 위로 하늘에 있는 것이나, 아래로 땅에 있는 것이나, 땅아래 물속에 있는 것의 아무 형상이든 만들지 말며, 그것들에게 절하지 말며, 그것들을 섬기지 말라.

나 여호와 너의 하나님은 질투하는 하나님인즉 나를 미워하는

자의 죄를 갚되, 아비로부터 아들에게로 삼, 사대까지 이르게 하거니와, 나를 사랑하고 내 계명을 지키는 자에게는, 천대까지 은혜를 베푸느니라.

제가 하나님께 회개하고 뉘우친 이유는 하나님의 참진리를 올바로 터득하지 못했기 때문이었습니다. 하찮은 인간본위의 오만한 해석이 모순이었고 죄를 행한 무지였기 때문이었습니다.

하나님은 절대가치 되시고 절대진리이시므로 다른 민족신들은 그 아래에 있는 모순과 한계가 있는 신들임을 민족설화를 통해 나중에 알았습니다. 인간이 가장 위대한 신을 모른 채 엉뚱한 다른 신들을 숭배하게 될 경우 인간은 그만큼 모순의 한계에 묶일 수밖에 없는 불행한 존재로 전락할 뿐입니다. 행복도 능력도 한계적일 수밖에 없고 궁극에는 모순에 빠져 죄를 행하고 허덕이며 불행할 것은 뻔한 이치임을 알았습니다.

이러한 인간의 불행을 막고 인간을 영화롭게 하시기 위해 생명의 아버지 되시는 창조주 하나님께서는 다른 신들을, 즉 우상을 경계하라고 하셨음을 깨달았습니다. 이 얼마나 고마우신 하나님이 아니십니까?

결국 하나님께서 질투하시는 까닭은 진정한 가치와 참진리로 인간을 인도하시기 위한 선행이심을 깨달았습니다. 반대로 인간의 질투는 남을 불행하게 하는 악행임을 제대로 알았습니다.

그리고 인간의 질투를 여러 가지로 보았고 경험했습니다. 그 질투는 사탄의 노예인 악의 차원이었습니다. 하나님 차원이 아닌 인간 차원의 질투는 분명히 구별되어야 함을 증언합니다.

하나님의 가르침을 인간이 올바로 깨우쳐 실족하지 말고 하나님의 심오하신 진리를 깨닫는 것이 행복의 길이고 죄짓지 않는 길임을 증언합니다.

창조론과 진화론

　제가 지금까지 살아오면서 세인들로부터 배우고 들은 이론 중에서 논란의 대상이 되었던 것은 창조론과 진화론입니다.

　아직도 이 문제를 세간에서는 해결하지 못하고 왈가왈부하고 있습니다. 그러나 제가 하나님을 알고 나서 이 문제가 쉽게 해결되었습니다.

　하나님께서 저에게 나타나시어 '나를 경배하고 스승으로 삼으라'고 하신 계시에 따라 저는 사람들의 주장보다 하나님에 대한 믿음이 앞섰습니다. 따라서 인간의 모든 문제를 하나님께서는 능히 해결하여 주신다는 믿음이 바로 진정한 진리에 이르는 길임을 깨달았습니다.

　창조론은 존재무(存在無)에서 존재유(存在有)를 만드는 것이고 진화론은 존재유(存在有)로부터 상황에 따라 변화하는 것을 주장하는 이론입니다.

　창조론이 하나님의 주관이시라면 진화론은 인간본위의 사고와 주장입니다. 존재무의 상태에서는 도저히 어떤 진화도 이루어질 수 없음은 상식적 논리입니다. 비록 진화론자들의 주장대로 무에서 유로 진화되는 것이라면 이는 창조론을 진화론으로 착각한 오판입니다. 개념의 해석에 오류를 일으킨 하나님께 대한 인간의 도전임을 알고 잘못된 것임을 증언합니다.

　진화론자들의 주장에 한계가 있음을 증거합니다. 만물이 생겨나는 과정이 물질을 이루는 원자가 모여 분자가 됩니다. 분자가 되는 과정에서 가장 작은 알갱이인 원자가 생기지 않고는 진화가 이루어지지 않습니다. 이 원자는 존재무에서 존재유를 만드는 창조 요소에 해당합니다. 그런데 진화론은 원자 이전부터 존재무(存在無)의 상태에서 이미 있었던 그 무엇이 진화했다고 창조를 부인하고 있습니다. 이미 존재한 사물을 통해 변화된 사물의 다른 형상을 주장하는 것이 진화론의 진실한 힌주소이어야 합니다. 따라서 진화론은 창조론의 하위부류에 소속됨을 증명합니다. 즉 창조론이 있은 다음에 진화가 가능함을 증언합니다.

하나님은 인간을 만물의 영장으로 만드시기 위해 인간에게 가능성과 자유를 주셨음을 믿습니다. 그러나 하나님의 금기를 깨뜨리고 사탄의 유혹에 빠져 선악과를 따 먹고 죄인이 된 인간이므로 아직도 죄를 짓고 있는 실정입니다. 하나님을 잘 알지 못하고 하나님의 이론을 부정하고 인간의 오만과 판단대로 또다시 과오를 범하면서 제2의 선악과를 따 먹는 우를 되풀이하여 죄를 범하지 말아야 함을 말씀드립니다.

진화론은 하나님을 부정하고 창조를 부정하는 이론임을 알립니다. 결국 인간 중심의 이론대로 변화되어 진화론이 이후 공산주의 등 사회 각 분야에서 다른 이론으로 뻗어 갔지만 한계를 드러내고 도태되고 있습니다. 공산주의는 하나님을 부정하고 인간본위로 모순에 빠지는 얕은 정치론이라고 정치평론가들이 역설합니다.

하나님의 창조론이 단순하지 않고 무궁무진하여 피조물 인간이 제대로 파악할 수 없는 심오한 경지임을 압니다. 때문에 진화론은 무궁무진하고 유연성 있게 지속적으로 변화시키는 하나님의 창조

론의 진행과정에 지나지 않고, 인간이 발견한 변화무쌍한 창조이
론의 한 부류에 지나지 않음을 증언합니다. 즉 진화론은 유연성
있는 창조론의 한 부분 현상일 뿐임을 증언합니다.

하나님과 조상신

　수천 년 동안 유교윤리에 바탕을 두고 살아온 한국인이라면 누구나 명절에 임하여 조상께 드리는 제사를 중시하지 않을 수가 없을 것입니다. 저의 가문도 역시 유교의 전통에 바탕을 두고 철저히 그리고 엄격히 제사를 지내왔습니다.

　제사를 지내는 이유를 세상에서는
*조상으로부터 벌을 피하고 음덕(蔭德)을 받기 위해,
*돌아가신 후에 마땅히 지켜야 하는 효의 연장이며,
*조상에 대한 은혜와 사랑의 보답이고,
*나의 근본이 있게 해주신 감사와 보은행위이며,
*죽었어도 살아있는 조상과 후손의 삶의 공동체이고,
*영계(靈界)를 통한 혼령의 교감이라고들 합니다.

　그러나 기독교 신앙을 가진 저에게 더구나 장손인 저에게 제사 문제는 실로 쉽게 해결될 수 있는 일이 아니었습니다. 형제자매들도 각기 불교, 유교, 천주교 등의 종교를 가지고 있어서 기독교식 한 가지로 추도예배를 드림은 많은 갈등을 불러 일으켰습니다. 아버지께서 기독교식의 추도예배를 허락은 하셨지만 형제자매들이 각각 자신들의 입장을 주장했습니다. 그리고 기독교식으로만 제사를 드리면 참석하지 않겠다고 하여 아버지께서는 다시 형제자매를 모으기 위해 유교식의 제사를 명하셨습니다.

저는 하나님께 기도했습니다. 이 문제를 어떻게 해결해야 합니까? 그때 문득 저에게 나타나신 하나님이 떠올랐습니다. 하얀 옷을 입으시고 거룩한 모습으로 저에게 하얀 사기 물컵을 내밀며 경건히 경배하라는 묵시를 보여주신 환상입니다.

〈하나님은 나타나셨는데 돌아가신 조상들은 한 번도 나타난 적이 없음을 깨닫고 비로소 해결의 열쇠를 얻었습니다.〉

〈그것은 하나님은 영이시고 살아 역사하시지만 조상들은 인간이기에 죽으면 영력이 없고 살아서 후손을 위하는 능력이 없다는 사실을 비로소 알았습니다.〉

그리고 제사문제는 윤리적 차원에서 조상에 대한 본원의 감사, 효의 연장, 사랑의 보답, 후손들과 형제자매들과의 친교적 공동체 모임 등의 인간차원에서 드리는 예(禮)일 뿐 숭신의례(崇神儀禮)로는 행하지 말아야 함을 터득했습니다.

그리고 하나님의 존재를 진정한 신으로 확신하는 저의 입장에서 세인들처럼 조상신 운운 하는 일은 하나님께 크나큰 죄가 됨도 알았습니다. 조상은 인간 차원으로 의례를 드리고, 하나님은 신의 차원으로 산제사인 예배를 드려야 함을 알았습니다. 문제의 해결은 가장 크고 위대한 의례에 따름이 논리와 진리에도 어긋나지 않음을 깨우쳐 주었습니다. 비단 조상신만이 아니라 하나님 이외의 다른 신은 참된 신이 될 수 없으므로 진리가 아닌 것을 진리로 여기고 믿는 것이 얼마나 큰 우매(愚昧)의 죄인가를 인식하게 되었습니다.

죄(罪)는 참된 진리를 어기는 행위이며 하나님은 진리 그 자체이심을 증거합니다.

창조와 발명

하나님의 창조와 인간의 발명을 비교해서, 진정한 창조는 하나님의 몫이고 인간의 발명은 하나님께서 만들어 놓으신 창조물을 변이(變異)하고 조합하는 현상(現象)에 지나지 않음을 증언하고자 합니다.

창세기 1장 31절에
"하나님이 그 지으신 모든 것을 보시니 보시기에 심히 좋았더라. 저녁이 되며 아침이 되니 이는 여섯째 날이니라."
고 기록되어 있습니다. 창조된 만물은 하나님의 뜻이고 피조물들은 특히 인간에게 이롭고 아름답고 좋게 만들어졌습니다.

윌리암 아메스(William Ames)는 하나님의 창조는 두 부분으로 나누어지는데 능동적 창조와 수동적 창조로 나누어진다고 말하였습니다.

능동적 창조는 하나님께서 맨 처음 이 세상에 무(無)의 상태에서 만물을 직접 창조하신 것이고, 수동적 창조는 이미 창조된 것들을 변이(變異)함을 가리킵니다.

수동적 창조는 인간이 말하는 발명에 해당합니다. 사람에게서 사람이 나고 짐승에게서 짐승이 나고 식물에게서 식물이 나고 모든 생명체에게서 그 생명체가 나는 것과 같은 이치입니다.

하나님의 창조원리가 피조물에 보편적으로 적용되는 공통사실입니다. 즉 존재하는 것은 무엇이든지 보이거나 보이지 않거나 그 자체 내에서 생깁니다. 또한 다른 존재들과의 사이에서 상대적 관계를 맺음으로써 비로소 다른 모습으로 사물이 생겨나와 존재하게 됨을 알았습니다.

모든 물질의 궁극적인 구성요소인 소립자(素粒子)들은 모두 양성, 음성 또는 양성과 음성의 중화에 의한 중성 등을 띠고 있는데, 이것들이 상호간의 관계를 맺음으로써 원자를 형성함도 알았습니다.

이러한 현상은 더하기, 빼기, 곱하기, 나누기, 교체하기, 없애기, 변형하기, 위치 바꾸기, 만나거나 떨어지게 하기, 비슷한 것 더하기, 효율성끼리 관련짓기, 반대로 조합하기, 움직이거나 고정시키기, 크기 조절하기, 끊기, 잇기, 주기적 혹은 간헐적 동력 만들기, 천천히 하기, 빠르게 하기, 상태조절하기, 유해물질 덧보태거나 버리기, 상태조절하기, 치환하기, 팽창하기, 수축하기 등등에 의해 무궁무진하게 또 달리 제2의 생산이 이어짐을 알았습니다.

그리고 이러한 원자들도 양성 또는 음성을 띠게 되는데, 이것들이 서로 관계를 맺음으로써 물질의 분자를 형성하고 있었습니다. 이와 같이 형성된 물질들이 또한 서로 상대적 관계에 의하여 식물 또는 동물에 흡수됨으로써 그것들의 영양이 되고, 또 다른 개체로 형성되고 있었습니다.

그리고 전리(電離)되어 분해되는 양이온이나 음이온도 또한 각각 양자와 전자의 결합으로 형성되어 있는 것과 같이, 수술이나 암술 또는 수컷이나 암컷들도 역시 각각 그 자체 내에서 양성과 음성과의 이성적(異性的) 관계를 맺음으로써 비로소 창조체가 나타나 존재하고 있었습니다.

참진리 참소망

따라서 인간에 있어서도 남성에는 여성상이, 여성에는 남성상이 각각 잠재해 있는 것입니다. 삼라만상의 존재하는 모양이 표리(表裏), 내외(內外), 전후(前後), 좌우(左右), 상하(上下), 고저(高低), 강약(强弱), 억양(抑揚), 장단(長短), 광협(廣狹), 동서(東西), 남북(南北) 등과 같이 모두 상대적으로 되어 있는 것도 모든 피조물이 이성적 상대적 관계에 의하여 만나든지 분리되든지, 서로 존재하여 다음으로 창조되도록 구도가 짜여 있음을 발견했습니다.

하나님께서 이 모든 것에 하나하나 간섭하시고 당신이 창조하신 사물이 계승되고 변이되어 다양하고 무궁무진하게 생명과 기능과 형상이 새롭게 나타나게 하신 것입니다. 그리고 이것은 하나님 자신 안에 있는 사물에 대한 놀라운 지혜로 이 세상에 있는 모든 만물과 인간을 창조하셨는데, 이 중 인간만이 하나님을 이해하고 기억하고 알 수 있는 영적 존재로 창조되었던 것입니다. 인간세상에서 창조라고 하는 발명은 사실 위와 같은 하나님의 지혜를 조금 찾아내어 변화시킨 것에 지나지 않음을 증언합니다.

다음은 일선 교육현장에서 가르치는 발명교육의 원리입니다.

발명의 기본원리(10가지)

1. 더하기 : 두 가지 이상의 물건을 더하여 새로운 기능의 보다 편리하고 유익한 물건을 만들면 발명이다.
   예) 지우개 달린 연필, 시계 겸용 라디오.

2. 빼기 : 세상에는 빼서 좋아지는 것도 있다. 이것이 발명이다. 빼 내되 모양이 나빠지거나 기능이 떨어지면 안 된다.
   예) 추를 없앤 시계, 연통 없는 난로.

3. 모양 바꾸기 : 아름다운 모양도 발명의 일종으로 산업 재산권의 의장에 해당된다.
   예) 유선형 만년필.

4. 반대로 생각하기 : 모양, 크기, 방향, 수, 성질 등 무엇이든 반대 로 생각하여 만든다.
   예) 벙어리장갑(양말에서), 공중에서 도는 팽이.

5. 용도 바꾸기 : 물건의 용도를 바꾸면 발명이 된다.
   예) 전등 → 살균 램프, 초음파 펜.

6. 남의 아이디어를 빌리기 : 남의 아이디어를 빌려서 새로운 발명 을 하며 그것은 산업 재산권의 실용신안이다. 이때 무엇인가 더 한다는 점에서 새로운 가치가 있다.
   예) 먹이를 먹으러 들어가면 나오지 못하는 쥐틀 → 바퀴벌레 잡는 틀.

7. 크게 하고, 작게 하기 : 무엇인가 부가하면? 겹치면? 크게 과장 하면? 압축하면? 소형으로 하면? 가볍게 하면? 등.
   예) 드라이버 라이트, 접는 우산 등.

8. 폐품 이용하기 : 폐품은 그대로 사용하면 중고품이고, 개선하면 발명품이다. 더 할 것은 없는가? 뺄 것은 없는가? 모양을 바꿔볼 필요성은 없는가? 용도를 바꿔볼 필요성은 없는가? 등등.
예) 석탄의 폐품인 타르(Tar)→아니린 채취.
버린 동물의 가죽→가죽 장갑, 지갑 등.

9. 재료 바꾸기 : 재료를 바꿈으로써 더욱 편리하고 유용해서 소비자의 사랑을 받을 수 있어야 한다.
예) 종이컵, 나무젓가락, 고무장갑, 가죽장갑.

10. 불가능한 발명은 피하기 : 발명은 꿈과 이상이 아니다. 반드시 실용적이어야 발명이다.

[신병학 : 충북교육연구 2004.12.]

또, By G.S. Altshuller(러시아 과학자- TRIZ 창안자)의 40가지 창의적인 발명원리를 소개하여 하나님의 수동적 창조원리에 해당됨을 증거합니다.

1. 분할
   1) 물체를 개개의 부분으로 나눈다.
   2) 물체를 용이하게 분해할 수 있도록 한다.
   3) 물체의 분열이나 분열의 정도를 증가시킨다.

2. 제거

1) 물체의 간섭 부분 또는 특성을 분리한다. 혹은 물체의 필요한 부분 또는 특성만을 선택한다.

3. 국부적인 품질 변경

1) 물체의 균질한 구성을 불균질한 구성으로 변경한다. 균질한 외부환경 혹은 내부 영향을 불균질한 것으로 변경한다.

2) 물체의 각 부분을 그 물체의 동작에 최적한 조건 하에서 기능하도록 한다.

3) 물체의 각 부분이 각각 다른 유용한 기능을 수행하도록 한다.

4. 비대칭성

1) 물체의 대칭한 형태를 비대칭하게 변경한다.

2) 물체가 비대칭인 경우는 비대칭의 정도를 증가시킨다.

5. 조합

1) 동일 혹은 유사한 물체를 보다 밀접하게 정리한다. 혹은 조합시킨다.

동일 혹은 유사한 부분을 조립하여 병렬동작을 수행하도록 한다.

2) 작업을 인접 또는 병행시킨다. 동일 시간 내로 정리한다.

6. 범용성

1) 부품이나 물체에 복수의 기능을 갖게 하고, 다른 부품의 필요성을 없게 한다.

7. 포개 넣은 인형

1) 물체를 다른 물체 속에 넣고, 그 물체를 다시 다른 물체 속에 넣는다.

2) 어떤 부품이 다른 부품의 공동(空洞)속을 통과하도록 한다.

8. 균형

1) 다른 물체와 조합시켜 끌어 올리는 것으로 물체의 무게를 경감한다.

2) 공기력, 유체력, 부력, 기타의 힘을 이용하여 환경과 상호 작용시켜, 물체의 무게를 경감한다.

9. 선취(先取)의 반작용

1) 유용한 효과와 유해한 영향을 동시에 발휘하는 동작을 수행할 필요가 있는 경우는 유해한 영향을 감소시키기 위해 사전에 그 반작용을 발휘시켜 둔다.

2) 물체 중에 미리 응력을 발생시켜 두고 후에 발생하는 바람직하지 않은 동작응력과 상쇄시킨다.

10. 선취 작용

1) 물체에 대하여 필요한 변경의 일부 또는 모두를 사전에 행한다.

2) 가장 상태가 좋은 장소에서 미리 준비하여 동작의 수행에 불필요한 시간이 걸리지 않도록 한다.

11. 사전보호
   1) 긴급수단을 미리 준비하여 두고 물체의 비교적 낮은 신뢰성
      을 보충한다.

12. 등위성
   1) 중력장 중에서는 상하의 이동을 제한한다. 예를 들면 작업조
      건을 변화시켜 물체를 올리고 내릴 필요성을 제거한다.

13. 역(逆) 발상
   1) 문제의 해결에 이용하는 작용을 예를 들면 냉각하는 대신에
      가열하는 것처럼 반대로 한다.
   2) 가동부분이나 외부환경을 고정한다든지 고정부분을 가동한
      다든지 한다.

14. 곡면
   1) 직선상의 부품, 표면, 형태를 사용하는 대신에 곡선상의 것
      을 사용한다. 평탄한 표면을 구면으로 한다. 입방체 형상의
      부품을 구상의 구조로 한다.
   2) 롤러, 볼, 나선, 돔을 사용한다.
   3) 직선운동을 회전운동으로 바꾸고, 원심력을 이용한다.

15. 동력학
   1) 물체의 특성, 외부환경, 프로세스를 변경하고, 혹은 변경하도
      록 설계하여 최적으로 하든가 또는 최적의 작업조건을 찾는다.

2) 서로 상대적으로 운동하도록 물체를 부분으로 분할한다.

3) 물체 또는 프로세스가 유연하지 않거나 혹은 불변인 경우는 가동으로 하든가 또는 적응성을 높인다.

16. about원리

1) 지정된 해결법으로 100% 효과를 획득하는 것이 곤란한 때는 동일한 해결법으로 효과의 정도를 '약간 작게' 또는 '약간 크게' 한다. 이로써 문제를 상당히 용이하게 해결할 수 있다

17. 타 차원이행

1) 물체를 2차원 또는 차원 공간 내로 이동한다.

2) 물체를 기울인다든지 방향을 바꾼다든지 옆으로 향하게 둔다든지 한다.

3) 지정된 영역의 '반대'를 이용한다.

18. 기계적 진동

1) 물체를 진동시킨다.

2) 진동수를 초음파가 될 정도로 증대시킨다.

3) 물체의 공진진동을 이용한다.

4) 기계적 진동이 아닌 압전 진동을 사용한다.

5) 초음파 진동과 전자계진동을 조합시켜 사용한다.

19. 주기적 작용

1) 연속적인 동작 대신에 주기적 또는 진동적 작용을 이용한다.

2) 이전에 주기적인 동작을 또는 주기의 정도나 빈도를 변경한다.

3) 연속적인 동작 간의 일시정지를 이용하여 다른 동작을 수행한다.

20. 연속성

1) 작업을 연속적으로 수행한다. 물체의 모든 부분이 항상 최대 부하에서 동작하도록 한다.

2) 유휴상태 혹은 단속적인 동작이나 작업을 모두 제거한다.

21. 고속실행

1) 파괴적, 유해, 혹은 위험한 조작 등의 프로세스나 단계를 고속으로 실행한다.

22. 전화위복

1) 유해요인, 특히 환경이나 주위조건의 유해한 영향을 이용하여 유익한 효과를 획득한다.

2) 주된 유해 작용을 다른 유해 작용에 추가하여 서로 없애 문제를 해결한다.

3) 유해요인을 유해하지 않게 될 때까지 증대시킨다.

23. feed back

1) 앞의 상태를 조회한다든지 cross check하는 등의 feed back을 도입하여 프로세스나 작용을 개선한다.

2) 이전에 feed back이 이용하고 있는 경우는 그 정도나 영향도를 변경한다.

24. 중개
   1) 중간의 운반 물질 또는 중간 프로세스를 이용한다.
   2) 어떤 물체를 간단하게 제거할 수 있는 다른 물체와 일시적으로 조합시킨다.

25. 셀프서비스
   1) 보조적인 기능을 부가함으로써 물체가 셀프서비스를 행하도록 한다.
   2) 폐기자원, 폐기에너지, 폐기 물질을 이용한다.

26. 대체
   1) 이용하기 곤란하고, 고가이고 파손하기 쉬운 물체 대신에 단순하고 저가인 복사물을 이용한다.
   2) 물체 또는 프로세스를 광학적으로 복사한 것으로 치환한다.
   3) 가시광학적 복사가 이미 사용되고 있는 경우는 적외선 또는 자외선 복사물을 이용한다.

27. 고가인 장수명보다 저가인 단수명
   1) 수명 등 어떤 특성을 희생하고 고가인 물체를 다수의 저가인 물체로 치환한다.

28. 기계적 시스템 대체

　　1) 기계적 수단을 광학, 음향, 미각, 후각 등의 지각수단으로 치환한다.

　　2) 전계, 자계, 전자계를 이용하여 물체와 상호작용시킨다.

　　3) 고정 filed에서 가동 field로 구조화 되어 있지 않은 field에서 구조화된 field로 변경한다.

　　4) 강자성체와 같은 field에 의해 활성화 될 수 있는 입자와 field를 조합시킨다.

29. 유체 이용

　　1) 팽창, 액체충진, 작용, 정수압, 유체반응 등 물체의 고체부분이 아닌 기체 혹은 유체부분을 사용한다.

30. 박막 이용

　　1) 3차원 구조 대신에 유연한 껍질과 박막을 사용한다.

　　2) 유연한 껍질이나 박막을 사용하여 물체를 외부환경으로부터 보호한다.

31. 다공질 이용

　　1) 물체를 다공질로 한다. 혹은 다공질 요소를 추가, 삽입, 코팅한다.

　　2) 물체가 이미 다공질인 경우 가는 구멍을 사용하여 유용한 물질이나 기능을 도입한다.

32. 변색 이용

1) 물체의 색이나 외부환경을 변경한다.

2) 물체의 투명도나 외부환경을 변경한다.

33. 균질성

1) 물체를 동일재료, 또는 동일 특성을 가진 재료의 물체와 상호 작용시킨다.

34. 배제/재생

1) 기능을 완료한 물체의 부분을 용융, 증발 등에 의해 폐기, 배출한다. 또는 동작 중에 그 부분을 수정한다.

2) 그 반대로 동작 중에 물체의 소모부분을 직접 회복시킨다.

35. Parmeter 변경

1) 기체, 액체, 고체 등에 관한 물체의 물리적 상태를 변경한다.

2) 농도나 균일성을 변경한다.

3) 유연성의 정도를 변경한다.

4) 온도를 변경한다.

36. 상변화

1) 체적이 변화, 열의 손실이나 흡수 등, 상전이 상태 사이에 발생하는 현상을 이용한다.

37. 열팽창

  1) 재료의 열팽창이나 열 수축을 이용한다.

  2) 열팽창을 이용하고 있는 경우는 열팽창계수가 다른 복수의 재료를 사용한다.

38. 고농도산소 이용

  1) 통상의 공기를 고농도의 산소를 포함한 공기로 대체시킨다.

  2) 고농도의 산소를 포함한 공기를 순수한 산소로 대체시킨다.

  3) 공기나 산소에 전리방사선을 조사한다.

  4) 오존화 산소를 이용한다.

  5) 오존화 또는 이온화 산소를 오존으로 대체시킨다.

39. 불활성 분위기 이용

  1) 통상의 환경을 불활성한 환경으로 대체시킨다.

  2) 중성 부품이나 불활성 첨가제를 물체에 추가한다.

40. 복합재료

  1) 균일한 재료를 복합재료로 변경한다.

결국 인간의 발명은 하나님의 창조를 수동적으로 변화시킨 차원에 지나지 않은 변이현상이고, 하나님을 모르는 인간세상에 하나님의 진정한 창조능력을 알리는 것이 무엇보다 시급함을 뼈저리게 느꼈습니다. 그리고 인간들이 자신의 오만함을 스스로 자복함으로써 하나님을 경외하며 하나님을 믿을 때 인간세상은 훨씬 더 겸손해지고 하나님을 더 알고 믿어 가르침에 순종하여 행복하고 발전될 수 있음을 전합니다. 인간 교만, 그것이 바로 인간의 불행이요 죄이기 때문입니다.

바울은 '창세로부터 그의 보이지 아니하는 것들 곧 그의 영원하신 능력과 신성이 그 만드신 만물에 분명히 보여 알게 되나니 그러므로 저희가 핑계치 못할지니라.'(로마서 1장 20절)고 기록하였습니다.

하나님과 과학

과학은 하나님이 지으신 만물과 그 이치를 인간이 발견하여 결국 하나님의 진리를 증명하는 인간이 수고하고 노력하는 학문임을 간증하고자 합니다. 과학은 하나님이 지으신 보이는 것이든 보이지 않는 것이든 모두의 근원을 밝히고 원인을 밝히고 원리를 밝힘으로써 결국 하나님의 진리인 성경을 증거하는 인간노력의 시녀(侍女)임을 알리고자 합니다.

> 하나님이 지으신 그 모든 것을 보시니
> 보시기에 심히 좋았더라. 저녁이 되고 아침이
> 되니 이는 여섯째 날이니라. (창세기 1장 31절)

하나님은 모든 세계와 만물의 근원이며 시작이고 원인일 뿐 아니라, 무에서 유를 창조하신 우주와 세계의 주인이심을 확실하게 믿습니다. 또한 그 지으신 창조원리와 의미가 매우 아름답고 인간에게 아주 유익함을 인지합니다.

> 믿음으로 모든 세계가 하나님의 말씀으로 지어
> 진 줄을 우리가 아나니 보이는 것은 나타난 것으로
> 말미암아 된 것이 아니니라. (히브리서 11장 3절)

참진리 참소망

저의 믿는 바는 모든 세계가 하나님에 의해 창조된 사실을 깨닫게 해주고 있습니다. 또한 저의 믿음은 하나님과의 바른 관계, 즉 창조주와 피조물과의 심오하고도 의미 깊은 관계를 가져야 하며 그에 따라 올바른 세계관과 가치관을 형성케 해주고 있고, 제가 소망하는 보이지 않는 세계에 속한 것도 모두 하나님께서 지으신 것임을 볼 수 있도록 깨달음을 줍니다. 그것은 완전한 믿음에 근거하고, 혹여 불신의 생각이 들더라도 그 이유는 저의 믿음과 명철이 부족함을 원인으로 삼게 되었습니다.

> 창세로부터 그의 보이지 아니하는 것들 곧
> 그의 영원하신 능력과 신성이 그 만드신 만물에
> 분명히 보여 알게 되나니 그러므로 저희가
> 핑계치 못할지니라. (로마서 1장 20절)

　만물은 모두가 하나님의 능력과 신성(神性)으로 이루어진 결정체가 아님이 없음을 전제로 하며 이를 일체 부정하지 않습니다.

　아인슈타인도,
　'세상의 종교적 체험은 과학 연구의 배후에 있는 가장 강하고 가장 고결한 고무적인 힘이고, 모든 종교, 예술, 과학은 같은 가지에서 돋아난 가지들이며, 종교가 없는 과학은 절름발이이고 과학이 없는 종교는 장님이며, 넓은 범주에서의 과학은 자연세계에서 보편적 진리나 법칙의 발견을 목적으로 한 체계적 지식을 말한다.'
고 했습니다.

성경과 과학의 관계는 형이상학과 형이하학의 갈등관계로 보입니다. 성경이 너무나 초과학적이어서, 과학과 성경의 관계를 긴밀하게 올바로 인식하지 못했던 당시에는 과학으로 이해할 수 없었기 때문임을 알았습니다. 그 후 차츰 과학의 발달은 하나님의 진리를 점점 올바로 증거하여 오늘날 하나도 어긋나지 않고 있는 실정입니다. 즉 과학의 발달은 바로 하나님 진리를 증거하는 성과로 나타났음을 말씀드립니다.

천지만물을 지으신 분은 하나님이시므로 과학도 하나님이 창조하신 피조세계(被造世界)의 한 부분으로서 성경과 과학은 자연스럽게 잘 화합되어 있으며 하나님의 창조섭리 안에서 잘 조화를 이루고 있음을 알았습니다.

다음은 실제로 세계의 능력 있는 과학자들에 의해 증명된 하나님 진리의 많은 증거들입니다.

<혈액응고 과정>

처음으로 혈액의 응고에 관한 지식은 1935년에 Dam박사에 의해 Prothrombin이란 물질이 관여한다는 사실이 밝혀지면서 알려지기 시작했습니다. 상처를 입으면 혈소판에서 분비된 물질에 의해 응고효소인 트롬빈이란 물질이 Prothrombin의 활성화로 만들어지게 됩니다. 이 물질은 섬유질의 전구물질인 피브리노겐을 피브린으로 활성화하여 함께 응고하여 상처난 부위의 출혈을 중지시키며 상처를 아물게 하는 것입니다.

이후에 Scanzillo박사는 생후 3일된 아이의 Prothrombin농도는 성인의 30%에 불과하나 생후 팔일에는 성인의 110%로 최고치에 이르렀다가 이후 바로 성인과 같은 수준을 평생 유지한다는 사실을 밝혔습니다.

하나님께서 왜 난 지 팔일 만에 할례를 행하게 하셨는지 이해하게 된 것입니다. 그러면 왜 이런 번잡한 할례를 그 백성들에게 요구하셨을까요? 영적으로 할례는 하나님의 백성이 세상과 구별된 거룩한 백성임을 나타내는 예식입니다. 영적인 면뿐 아니라 할례는 신체에도 청결한 육체를 유지하도록 한다는 의학적 이점이 밝혀졌습니다. 유대인 여성에게는 자궁경부암이 다른 민족에 비교해 8.5% 낮은 것으로 알려져 있는데, 그 이유는 자궁경부암이 남성의 성기에 살고 있는 Mycobacterium smegmatis 라는 균이 전염되어 유발된다는 사실이 밝혀지면서 알게 되었습니다.

즉 유대인 남성은 어려서 할례를 받기 때문에 성기에 이 균이 많이 살고 있지 않기 때문이란 것입니다. 따라서 하나님의 가르침은 유대인을 번창하게 하신 생물과학의 하나인 것입니다.

<멘델의 법칙>

멘델은 1866년에 오늘날 우리가 알고 있는 우성의 법칙, 분리의 법칙이란 유전법칙을 발견했습니다. 그러나 과학자들은 이 놀라운 유전에 관한 창조의 진리를 이해하지 못하고 50년 가까이 사장해 놓았었습니다. 보라색의 꽃을 피우는 완두와 흰색의 완두를 교배하면 제 1대에선 보라색만 나오는데 그 이유는 보라색이 우성이요 흰색이 열성이기 때문입니다.

따라서 하나님께서는 우열의 법칙을 통해서 인간을 우수하게 만들어 가고 계심을 알았습니다.

<분리의 법칙>

그러나 열성인 흰색도 같은 열성인자와 만나면 발현이 되는데 제2대에선 우성과 열성이 3:1로 분리되어 나온다는 원리입니다. 20세기에 와서야 겨우 이해되기 시작한 이 이론이 3450년 진에 기록된 창세기에 언급되어 있습니다.

> "가라사대 네 눈을 들어 보라. 양 떼를 탄 숫양은
> 다 얼룩무늬 있는 것, 점 있는 것, 아롱진 것이니라.
> 라반이 네게 행한 모든 것을 내가 보았노라." (창세기 31:12)

> 야곱은 외삼촌이요 장인인 라반이 자기에게 주기로
> 약속한 아롱진 양, 점 있는 자, 검은 양을 열 번이나
> 약속을 바꾸고 고치면서 지키지 않지만 하나님께서
> 해치 못하게 하시고 빼앗아 주신 것을 꿈에 천사를
> 통해 깨닫게 됩니다. (창 30:32; 31:7-12).

위의 열성 형질을 갖고 있는 양을 따로 분리했지만 교배하는 숫양은 모두 얼룩무늬 있는 것, 점 있는 것, 아롱진 것이 되도록 하여 이런 열성 형질의 양이 많이 나오도록 하신 것입니다. 사람이 보기에는 하얀 양이지만 그 속에 숨어 있는 열성인자를 하나님이 보시고 주로 교배하도록 하셨던 것입니다.

참진리 참소망

'내 형질이 이루기 전에 주의 눈이 보셨으며
나를 위하여 정한 날이 하나도 되기 전에
주의 책에 다 기록이 되었나이다. (시편139:16)'

생명을 창조하시고 그 모든 형질을 기록하신 하나님이 이미 우리를 보시고 계시기 때문인 것입니다. 따라서 인간이든 동식물이든 모든 것은 하나님께서 다 뜻을 두신 피조물임을 알게 되었습니다. 특히 인간을 가장 귀하고 존중해야 함은 하나님이 우리 인간에게 생명의 주인이시고 하나님의 형상대로 우리 인간을 창조하셨기 때문입니다.

<Preformed Theory>

부모에게 있는 쌍꺼풀과 귀의 모양이 어떻게 자녀에게 유전될까요? 사람은 사람만 낳고 돼지는 돼지만 낳는 이유가 무엇일까요? 그 이유로 16세기까지 과학자들은 정자 속에 이미 다 형성된 작은 아이가 있는 것으로 설명해왔습니다. 이를 'Preformed Theory'라고 합니다. 그러나 19세기에 이르러 범유전자설이 제기되면서 온몸에 있는 세포가 정자와 난자를 만드는 생식세포에 특별한 정보를 주어 부모를 닮은 후손을 생산하는 것으로 믿게 되었습니다.

하나님의 십계명 중 부모에 관한 계명을 강조하시어 후대에 가르치신 이유를 알게 되었습니다. "네 부모를 공경하라 그리하면 네 하나님 나 여호와가 네게 준 땅에서 네 생명이 길리라." 이것은 부모님을 항상 존중하고 공경하라는 명령입니다. 그뿐만 아니라 부모의 정자, 난자가 자녀의 생명 인자이고, 육신을 통해 자녀의 출생도 교육도 양육도 역사하신다는 하나님의 깊은 뜻입니다.

<DNA 구조>

1953년에 DNA의 구조가 밝혀지면서 모든 정보는 ATCG 라는 네 종류의 염기의 배열순서에 따라 다른 종류의 아미노산이 결정되고 이들의 순서에 따라 만들어진 단백질에 의해 여러 형질이 결정되는 것입니다.

이 과정을 종합해 보면 DNA에 기록된 유전정보는 핵에서 정보 RNA에 모든 정보를 전달하여 세포질에서 리보솜에 의해 단백질을 합성하게 됩니다. 이렇게 하여 부모에게 있던 정보가 후손에게 DNA로 전달된 후 형질로 나타나게 되어 닮게 되는 것입니다.

'주께서 내 장부를 지으시며 나의 모태에서
나를 조직하셨나이다. (시편 139:13)'

이 말씀에서 장부(원어로 케라요츠)는 신장을 의미하며 모태에서 나의 모든 장기를 조직하셨다는 이 말씀에서 16세기까지 믿고 있던 Preformed Theory가 잘못된 것임을 알 수 있습니다. 즉 십계명의 부모를 공경하라는 가르침으로 귀결되는 이론입니다.

'내 형질이 이루기 전에 주의 눈이 보셨으며
나를 위하여 정한 날이 하나도 되기 전에
주의 책에 다 기록이 되었나이다. (시편 139:16)'

참진리 참소망

이 말씀에서 알 수 있는 것은 하나님께서 나를 모태에서 조직하시되 이미 기록된 정보대로 지으신다는 사실입니다. 현대생물학이 밝힌 대로 모든 정보는 DNA에 기록되어 있습니다.

<지구>

이제 성경에서 언급하고 있는 지구에 관한 몇 가지 사실들을 생각해 보도록 하겠습니다. 여러분들이 알고 있듯이 지구는 둥글게 생겼으며 허공에 떠서 태양주위를 돌고 있습니다. 과학이 이러한 사실을 언제부터 이해하기 시작했을까요? 오랫동안 과학자들은 지구는 평평하며, 태양이 지구주위를 도는 것으로 이해해 왔습니다.

그러나 1543년 코페르니쿠스가 지구는 둥글며, 태양주위를 돌고 있다는 지동설을 주장하게 되었지요. 이 진리를 뉴턴이 17~18세기에 두 물체는 물체를 이루고 있는 고유한 양, 즉 질량의 곱에 비례하며, 거리 제곱에 반비례하는 힘이 작용한다는 중력의 법칙으로 훌륭히 설명하기에 이르게 되었습니다. 그렇다면 성경은 과연 지구에 대해 어떻게 말하고 있을까요? 혹시 천동설에 관하여 이야기하고 있는 것은 아닐까요?

'너희가 알지 못하였느냐 너희가 듣지 못하였느냐 태초부터 너희에게 전하지 아니하였느냐 땅의 기초가 창조될 때부터 너희가 깨닫지 못하였느냐. 그는 땅 위 궁창에 앉으시나니 땅의 거민들은 메뚜기 같으니라. 그가 하늘을 차일 같이 펴셨으며 거할 천막같이 베푸셨고 (이사야 40:21-22)'

여기서 '땅 위 궁창' 할 때의 궁창은 원형의 모양을 의미합니다. 그래서 NIV 영어성경은 'above the circle of the earth'라고 번역하고 있습니다. 이 궁창은 잠언 9장 27절에서도 말씀하고 있습니다. 또한 욥기 26장 10절에는 '수면에 경계를 그으시니 빛과 어둠이 함께 끝나는 곳이니라.'라고 말씀하고 있는데 여기서 경계라는 말의 의미가 역시 원이라는 뜻입니다.

> '그는 북편 하늘을 허공에 펴시며 땅을 공간에
> 다시며 물을 빽빽한 구름에 싸시나 그 밑의
> 구름이 찢어지지 아니 하느니라. (욥기 26:7-8)'

이 말씀에서 우리는 과학자들이 18세기에 와서야 정확히 이해한 지구가 허공에 떠있다는 사실을 분명히 알 수 있습니다. '공간에 다시며' 하는 말은 허공에 떠워 놓으셨다는 말로 NIV영어 성경은 이 의미를 'suspends the earth over nothing'으로 표현하고 있습니다. 만유인력의 법칙과 같은 공식은 성경에 없지만, 지구에 대한 얼마나 정확한 표현인가? 이것을 히브리서 1장 3절은 만물을 하나님의 능력의 말씀으로 붙들고 계시다고 표현해 주고 있습니다.

<공기의 무게 발견>

욥기 28장 25절에 보시면 '바람(공기)의 경중을 정하시며, 물을 되어 분량을 정하시며' 등등 많은 놀라운 기록이 있습니다.

물리, 화학에 관한 많은 이야기가 나오는 중에 공기도 무게가 있다는 사실이 기록되어 있습니다.

　　　　　　　　　　　　　　　　　참진리 참소망

사람들은 몰랐습니다. '공기에 무슨 무게가 있겠나?' 하고 생각한 것이지요. 그런데 수 천 년이 지나 1640년에 이탈리아 과학자 토리첼리 박사가 공기의 무게(압력)를 재는 기계를 최초로 만들었습니다. 압력계라고 하지요. 그래서 재어 보았더니 1기압(대기의 무게로 인하여 대지의 표면에 생기는 압력)이 수은으로 치면 760mmHg로 나타났습니다. 그래서 토리첼리 박사가 이 단위를 자기 이름을 붙여 torr(토르)라고 하였습니다. 1600년대에 알게 된 사실을 성경은 이미 수 천 년 전에 밝히고 있는 것입니다. 이와 같이 그 당시의 과학보다 성경이 훨씬 앞서 있다는 사실을 보여주는 것입니다.

<대기의 순환>
17세기에 하틀리는 대기가 적도에서 상승한 기단이 양극으로 이동한다는 설을 발표하여 대기가 순환한다는 학설을 처음 주장했습니다. 이어 19세기에 코리올리와 페렐을 통해 북반구와 남반구에서의 반대 방향으로 휘어지는 대기의 움직임을 밝히게 되었습니다.

'바람은 남으로 불다가 북으로 돌이키며
이리 돌며 저리 돌아 불던 곳으로 돌아가고 (전도서 1:6)'

이러한 대기의 순환을 이미 말씀하고 있는 것을 찾아 볼 수 있습니다. 성경은 공기만 순환하는 것이 아니라 물도 순환하고 있음을 말씀하고 있습니다.

'모든 강물은 다 바다로 흐르되 바다를
채우지 못하며 어느 곳으로 흐르든지
그리로 연하여 흐르느니라. (전도서 1:7)'

이 말씀에서 언급하고 있는 물이 순환하고 있음을 보여주고 있
습니다.

<해로의 발견>
시편 8편 8절에 보면 '공중의 새와 바다의 어족과 해로에 다니는
것이니이다.'
라고 기록되어 있어서, 바다에는 '해로'라는 것이 있다는 것을 보여
주고 있습니다.

미국 해양학의 아버지 마태 마우리 박사라는 신앙이 좋은 분이
있었습니다. 이분이 병에 걸려 장기간 누워 있을 때, 그의 아들이
성경을 읽어 드리곤 했는데, 마우리 박사는 이 시편 구절을 듣다
가 큰 충격을 받고 영감을 받아서 '내가 해양에 대해서는 잘 알고
있다고 자부하는데 해로라는 것이 있다는 말은 처음 들어보았다.
그런데 성경이 그렇게 말을 하니, 병이 나으면 한 번 조사해 보아
야겠다.'라고 생각하게 되었습니다.

그리고 병이 낫자 바다에 가서 연구를 한 끝에 세계 최초로 해
로를 발견하게 되었고, 그 결과 세계 최초로 해양지도를 만들게
된 것입니다. 마우리 박사의 고향인 미국 버지니아 주의 리치몬드
시에는 마우리 박사의 묘가 있는데, 거기에는 기념비문이 있습니
다. 그 비문에 이렇게 쓰여 있습니다.

참진리 참소망

'해양학의 아버지 마태 마우리는 시편 8편 8절을 읽고 해로가 있음을 깨달아 최초의 해양지도를 만들었다.'

성경이 비과학적이고 무식한 책이 아닙니다. 앞서가는 과학자를 더 앞서가게 하는, 그 시대로 보아서는 초과학적인 책임을 보여주는 한 예가 되는 것입니다. 즉 과학은 성경을 증명하고 봉사하는 시녀인 셈입니다.

<바다 밑 샘의 발견>

욥기 38장 16절에 보시면 '네가 바다근원에 들어갔었느냐' 는 말이 있습니다.

'바다근원'이란 영어성경으로 보시면 'springs of the see', 즉 바다 밑에 있는 샘이라는 뜻입니다. 바다 밑에 샘이 있다는 것을 네가 보았느냐고 물으시는 것입니다. 바다가 통째로 물인데 그 밑에 샘이 어디 있겠습니까? 이렇게 생각했는데요, 1960년에 sound navigation ranging(SON) 연구에 의해 바다 속에 샘물이 있다는 사실을 증명하였고, 조금 세월이 지나 1973년에 심해 잠수함을 만듦으로써 바다 속에 샘이 있음을 촬영하는 데 성공하였습니다. 불과 40여 년 전입니다. 그러나 성경은 몇 천 년 전에 이미 이와 같은 사실을 밝히고 있습니다.

<인류의 어머니인 하와>

성경은 인류의 기원, 유전학에 대해서도 놀라운 기록을 남기고 있습니다. 흔히 인류는 황하문명, 메소포타미아 문명, 이집트 문명 등 여러 가지 문명으로 각각 시작하였고, 모든 것이 따로따로 시작하였다고 알고 있었습니다. 그런데 근래에 와서 미국 워싱턴 대학의 과학자들이 '인류의 조상이 과연 각각 발생하고 문명이 각각 시작하였을까'에 대한 의문을 가지고 유전공학적인 조사를 실시하게 되었습니다.

그것이 가능하게 된 이유는 바로 미토콘드리아 때문입니다. 세포 속에는 핵이 있고, 핵 안에는 사람이 사는 데 필요한 유전정보가 들어 있습니다. DNA라는 형태로 들어 있는데, 핵 안에만 있는 것이 아니고, 핵 바깥에 그러니까 세포질 내에 에너지를 만드는 공장인 미토콘드리아 안에도 독자적인 DNA가 따로 있습니다.

'mitocondrial DNA'라고 하는데요, 그 미토콘드리아 DNA를 이용해서 인류의 조상을 조사할 수 있게 된 것입니다.

왜냐하면 사람이 처음 만들어질 때 모든 것이 엄마 아빠가 반반씩 기여를 하는데 미토콘드리아만은 엄마에게서만 받습니다. 이렇게 보면 사람을 만드는 데는 엄마의 역할이 더 크다 할 수 있지요. 그렇게 해서 사람들의 이 미토콘드리아의 특징을 조사해 올라가면 모계혈통을 조사해 올라가 볼 수 있게 되는 것이지요.

우리 엄마의 엄마의 엄마가 어디서 왔을까? 하는 것을 과학자들이 조사해 보았습니다. 여러 사람의 DNA를 받아 가지고, 특수한 제한 효소들을 이용해 잘라 가지고 각 DNA의 특징들을 비교해 보았습니다. 염색된 DNA가 300mm 정도 되는 자외선을 받아서 분홍색의 형광을 발하게 되어 분석할 수 있게 됩니다. 그래서 흑인이건, 동양인이건, 백인이건 관계없이 '모든 인류의 여자 조상은 단 한 사람으로부터 유래한 것이다' 하는 것을 미토콘드리아 DNA 조사를 통해 증명하게 된 것입니다.

그 당시에 대단한 발견이라 하여 연구자들이 상을 받게 되었습니다. 워싱턴 주립대학에 많은 학자들이 모인 가운데 시상식이 거행되었습니다. '성경만 보았으면 될 걸…' DNA를 뽑아 많은 고생 끝에 발견한 사실은 무엇입니까? '모든 여자의 조상은 한 사람이다.' 하는 것이지요. 이것은 성경에 그대로 쓰여 있습니다.

창세기 3장 20절에 보시면 '아담이 그 여자의 이름을 하와라 하였으니 하와는 모든 산자의 어미가 되었음이더라.'

모든 사람들은 하와의 자손입니다. 그러다가 인류는 노아의 홍수 때 다 죽고 노아의 아내와 그 세 며느리로부터 오게 된 것인데, 이들도 결국은 하와의 자손이지요. 이렇게 성경은 예전부터 하와는 한 명이었음을 명확히 보여주고 있습니다.

<토끼의 되새김질>

성경은 식생활에 대해서도 놀라운 이야기들을 하고 있습니다. 특히 레위기 11장에 식생활과 건강에 대해서 잘 말해 주고 있습니다. 그런데 성경이 동물에 대해서도 놀라운 묘사를 하고 있습니다. 레위기 11장 6절에 보시면 광야생활을 하던 유대백성들이 토끼를 보더니 먹고 싶었겠지요. 그래서 모세에게 물었습니다. 그래서 모세는 하나님께 기도를 했겠지요. 모세는 하나님의 응답대로 대답을 했습니다.

'먹지 마라, 왜냐하면 되새김질을 해야 하고, 발굽이 갈라진 동물 즉 유재류(遊在類) 동물이라야 먹기에 좋은 동물이다. 그런데 토끼는 되새김질은 하기 때문에 합격이지만, 발굽은 안 갈라져 있기 때문에 하나님 보시기에 부정하다. 그래서 먹지 마라'

그런데 문제는 무엇인가 하면, 토끼는 동물학계에서 새김질을 하지 않는 동물로 알려져 있습니다. 그러나 하나님의 말씀은 토끼가 새김질을 한다고 하셨거든요. 먹느냐 마느냐 하는 적나라한 순간에 이 부분을 다르게 깨달을 수 있는 것이 아니잖아요? 큰일 난 겁니다. 모든 과학자들과 모든 농부들이 토끼는 새김질 안 해요 하는데, 하나님의 말씀은 토끼가 새김질을 한다고 하였으니까요. 그래서 톰슨 성경에서는 주석을 달 때, '토끼는 새김질을 안 하는데, 평소에 입을 오물오물하니까, 모세가 오해하였을 것이다.' 한 것입니다. 모세가 헷갈릴 사람이 아닙니다.

독일의 프랑크푸르트의 유명한 동물학자인 그리지맥 박사라는 분이 있었습니다. 프랑크푸르트 동물원 원장도 하시고요, 유명한 동물학자인데, 이 분이 신앙심이 좋은 분이었습니다. 토끼 때문에 큰 일 났네, 하다가 성경에서 말씀하셨으니까, 말씀을 신뢰하고, 내가 직접 연구해 보고, 결론을 내리자 한 것입니다. 모든 선입견을 버리고, 아침부터 밤까지 열심히 연구하고 관찰을 해 보았더니, 놀랍게도 먹이를 주고 옆에 앉았을 때는 절대 되새김질을 안 하던 토끼들이, 모든 사람들이 집에 들어가 잠이 든 시간인 밤 12시에서 새벽 3시 사이에 캄캄한 토끼굴에서 혼자 몰래 되새김질을 한다는 사실을 처음으로 발견하게 되었습니다.

이 되새김질에는 특수한 물질이 필요한데, 그것이 토끼똥입니다. 토끼는 두 가지 똥을 누는데, 하나는 진짜 똥이고요, 다른 하나는 되새김질에 필요한 특수 약품입니다. 그래서 토끼를 깨끗하게 키운다고 똥을 다 치워버리면 영양결핍으로 토끼 생명이 위태롭습니다. 소화불량으로 죽지요. 만일 성경이 말하지 않았다면, 모두들 토끼가 되새김질을 하는 사실을 인정하지 않았을 것입니다.

<전구의 원리>

전구는 진공 또는 소량의 질소나 아르곤가스를 봉입한 유리구 내에 필라멘트라는 저항선을 넣고 전류를 흘려 가열하여 2,000 ℃ 이상의 고온에서 온도방사를 일으켜 발광하는 빛의 기구입니다.

인류 문명은 빛으로부터 시작되어 빛과 더불어 진화하였습니다. 성경의 창세기에 '태초에 빛이 있었다'고 기록되어 있듯 빛은 생명의 근원으로 여겨졌습니다.

춘추전국시대 진의 차윤과 손강은 가난하여 기름을 살 돈이 없었습니다. 그들의 책을 비추던 빛은 반딧불(螢)과 눈(雪)이었습니다. 여기에서 형설의 공이 생긴 것입니다.

빛의 역사는 1879년 전환점을 맞게 됩니다. 그 해 미국 뉴저지주의 허름한 연구실에서 에디슨은 필라멘트에 전기를 흘려보내 빛을 만드는 데 성공합니다. 21세기에 접어든 지금 인류는 전혀 새로운 빛을 경험하고 있습니다. 바로 LED입니다.

하나님의 창조원리는 단순하고 고정되어 있지 않습니다. 즉 그 창조원리가 무궁무진하게 변화, 발전하도록 되어 있습니다. 진화론도 그 중의 하나입니다. 그리하여 인류는 이를 진화라고 하는데, 실은 하나님의 유연성 있는 창조원리 아래에 들어 있는 무궁한 조화에 지나지 않습니다.

LED(Light Emitting Diode : 발광 다이오드)는 전기신호를 보내면 빛을 발하는 반도체의 일종입니다. 기존 조명과 비교할 경우 LED

가 갖는 특성은 혁신적입니다. 이론상으로 약 1600만개의 색을 낼 수 있는데, 이는 육안으로 인식 가능한 모든 색입니다. 1mm도 안 되는 광원을 모아 빛을 만들므로 다양한 디자인이 가능합니다.

LED는 또한 환경 친화적입니다. 백열등, 형광등과 달리 수은을 사용하지 않기 때문에 세계적인 유해물질 규제 움직임에도 끄떡없습니다. 수명도 길어 하루 12시간을 켠다고 가정하면, 최장 22년간을 교체 없이 사용할 수 있습니다.

이러한 특성들은 산업적 가능성으로 연결됩니다. 휴대폰을 비롯한 가전제품, 교통신호 등에 사용되더니, 점차 가정용 조명, 자동차, 의료기기 등으로 확산되고 있습니다. 미국의 시장조사업체인 스트래터지스 언리미티드(Strategies Unlimited)는 2015년 LED 세계시장 규모가 1000억 달러에 달해 현재 휴대폰 시장규모에 육박할 것으로 내다봤습니다.

LED가 갖는 최대의 장점은 전기를 덜 소비한다는 데 있습니다. 백열등은 전기에너지의 5%, 형광등은 40%만을 빛으로 바꾸고, 나머지는 열로 버립니다. 반면, LED는 90%까지를 빛으로 바꿉니다.

그 기본적인 원리는 접촉점이 3,400도로 높은 텅스텐 철사를 2중 코일모양으로 감은 필라멘트라고 불리는 발광체에 전류를 보내면 줄열이 발생합니다.

700도 정도면 적색이지만, 2,000도를 초과하면 모든 색을 갖춘 광선이 되는 것을 이용해 약 3,000도로 가열해 발광시키는 것입니다.

전구 속에는 불활성 가스이나 아르곤가스가 보입되어 있는데 이것은 텅스텐이 고온이 됐을 때 증발을 방지하기 위해, 텅스텐과 화합하지 않는 아르곤가스로 압력을 가하는 것입니다.

이렇게 모든 빛은 하나님의 지으신 바에 따라 이 세상의 빛이 되고 있음을 증언합니다.

<하늘의 별>

지금부터 약 3400년 전에 기록된 창세기 22장 17절과 예레미야 33장 22절에 보면 하늘의 별은 바다 옆 백사장의 모래와 같이 셀 수 없이 많다고 기록되어 있습니다.

그러나 20세기 초까지만 해도 대부분의 사람들은 하늘의 별은 수천 개 정도에 불과하며 성경이 틀렸다고 주장하였습니다. 그런데 근래에 와서 천체망원경이 발달하면서 하늘의 별은 엄청나게 많으며, 우리가 살고 있는 은하계(Galaxy)만 해도 별이 1000억 개나 되며, 우주에는 이러한 은하계가 1000억 개 이상이나 존재한다는 사실이 밝혀졌습니다.

결국 성경말씀 그대로 하늘의 별은 1000억 곱하기 1000억 개나 되는, 셀 수 없이 많다는 사실이 증명된 것입니다.

<황소자리별과 오리온자리별>

욥기 38장 31절에 보면 하나님이 욥에게,

"네가 묘성(황소자리의 별)을 매어 떨기(성단) 되게 하겠느냐? 삼성(오리온자리 별)의 띠를 풀겠느냐?"

라고 하시면서 인간능력의 제한성을 지적하시고 하나님은 할 수 있다는 말씀을 하셨습니다. 그런데 근래까지만 해도 묘성인 황소자리의 별은 아무 관계없이 흩어져 있는 별이며, 삼성의 오리온 별자리는 요지부동의 띠 모양이라고 생각하여서 성경이 틀렸다고 주장하였습니다. 그러나 현대천문학의 발달로 인하여 묘성은 떨기 별(성단)이라는 사실이 밝혀졌고, 오리온자리별의 허리띠인 삼성 은 지구에서 볼 때만 허리띠 모양이었고, 실제로는 우주공간에 뚝 뚝 떨어져있는(풀려 있는) 아무 관계없는 별이라는 사실이 밝혀졌습 니다.

창세기만큼이나 오래전에 기록된 성경이 20세기에 와서야 밝혀 진 것입니다.

<지구의 위치>

고대인들은 거대한 거북이 등이나 여신의 허리 위에 지구가 얹 혀 있다고 생각해왔습니다.

그러나 욥기 26장 7절에 보면 하나님이

"땅(Earth=지구)을 공간(Space, Nothing=우주공간)에 다시며"

라고 하여, 지구는 우주공간에 떠 있다는 사실을 가르쳐주고 있습 니다.

과학적으로는 근래에 와서야 밝혀진 사실을 성경은 지금부터 수 천 년 전에 이미 정확하게 기록하고 있는 것입니다.

참진리 참소망

<운석>

운석의 존재가 수천 년 전에 기록된 여호수아서 10장 11절에 보면

"여호와께서 하늘에서 큰 덩이우박(GreatStone)을 아세가에 이르기까지 내리게 하시매"

라고 기록되어 있습니다. 여기서 '덩이우박(Great Stone)'은 운석을 뜻하는 것으로서, 성경은 과학적 기록보다 수천 년 앞서서 운석의 존재를 보여주고 있는 것입니다.

<질량과 에너지>

아인슈타인 박사에 의해 밝혀진, 현대과학의 대단히 중요한 발견 중의 하나가 '질량과 에너지는 근본적으로 동등하다'는 사실입니다.

즉 물질은 실제로는 에너지의 한 형태이며, 원자에너지로 알려져 있는 에너지 형태의 표출입니다. 우주의 물질은 궁극적으로 물질적인 것이 아니며, '나타나지 않은' 그 무엇으로 구성되어 있습니다.

그런데 지금부터 1900년 전에 기록된 성경기록인 히브리서 11장 3절을 보면,

'믿음으로 모든 세계(world-time)가 하나님의 말씀으로 지어진 줄을 우리가 아나니 보이는 것은 나타난 것으로 말미암아 된 것이 아니니라.'

라고 되어 있습니다. 성경은 공간과 질량과 시간의 연속체로서의 우주를 설명하고 있으며, 우주의 물질적 본질이 하나님의 말씀이라는 무한한 에너지의 근원으로부터 나오는 능력에 의해 창조되고 지탱되고 있음을 말하고 있습니다. 성경은 아인슈타인이 상대

성 이론을 발표하기 1900년 전에 이미 물질의 근본을 정확히 과학적으로 기록하였던 것입니다.

<에너지 보존법칙과 질량불변의 법칙>

현대과학에 있어서 모든 물질과학의 절대적인 기초 법칙으로서 에너지 보존의 법칙과 질량불변의 법칙이 있습니다.

에너지 보존의 법칙이란 "폐쇄된 체계 안에서 에너지의 한 형태가 다른 형태로 변화할 때, 에너지의 총량은 변하지 않는다."는 법칙이며, 질량불변의 법칙이란 "모든 물질은 그 크기와 상태와 형태에 있어서는 변할 수 있어도, 그 총질량은 변하지 않는다."는 법칙입니다.

이러한 법칙들이 의미하는 바는 한결같습니다. 즉, 물질 및 에너지의 창조나 파괴는 물질세계의 그 어느 곳에서도 완전히 이루어질 수 없음을 뜻합니다. 성경은 수천 년 동안 창조가 더 이상 진행 중에 있지 않으며, 현존하는 체계는 단지 태초에 있은 하나님에 의한 창조의 결과일 뿐이라는 위대한 진리를 가르쳐왔습니다.

"천지와 만물이 다 이루니라. 하나님의 지으시던 일이 일곱째 날이 이를 때에 마치니" (창세기 2장 1-2절; 기록연대=기원전 1446년경).

성경기록은 에너지 보존의 법칙과 정확히 일치하고 있습니다.

<엔트로피 증가법칙>

역시 모든 물질과학의 절대적인 기초 법칙으로서 무질서 증가의 법칙(엔트로피 증가의 법칙)이 있습니다. 무질서 증가의 법칙이란 "폐쇄된 체계 안에서 에너지의 총량은 변하지 않으나, 그 에너지가 가지고 있던 효용성과 유용성의 양은 언제나 줄어들어서, 에너지의 질이 계속 저하된다."는 법칙입니다. 무질서 증가 법칙의 의미는,

"지구의 거의 모든 에너지는 태양으로부터 오는데, 언젠가 태양은 에너지가 완전히 소진되어 버릴 것이며, 지구상의 모든 활동도 끝나게 된다. 즉, 우주는 나이를 먹어가고 있으며, 낡아가고 퇴락해 가고 있으며, 궁극적인 물질적 죽음을 향해 냉혹하게 달려가고 있다."

는 것을 보여줍니다. 그런데 지금부터 수천 년 전에 기록된 구약성경 시편 102편 25~27절을 보면,

"주께서 옛적에 땅의 기초를 두셨사오며 하늘도 주의 손으로 지으신 바니이다. 천지는 없어지려니와 주는 영존하시겠고, 그것들(天地)은 다 옷같이 낡으리니 의복같이 바꾸시면 바뀌려니와, 주는 여상하시고 주의 년대는 무궁하리이다."

라고 기록되어 있습니다. 성경의 기록은 무질서 증가의 법칙과 정확히 일치하고 있습니다.

<워싱턴 대통령의 죽음 원인>

미국 초대 대통령인 조지 워싱턴 장군은 왜 죽었을까? 늙어 죽었을까? 병들어 죽었을까? 아니면 암살당했을까?

미국 버지니아 의학월보에 조지 워싱턴 장군의 사망과정이 상세히 기록되어 있습니다. "1799년 12월 12일, 눈비 내리는 추운 날 오전 10시부터 오후 3시까지 장군은 습관대로 말을 타고 농장을 돌았다. 13일 날 장군은 목이 아픔을 호소하며 집안에서 쉬었다. 14일 새벽 3시에 장군은 열이 심하게 났으며, 그날 낮에 농장관리

인이 와서 많은 피를 뽑았다. 밤 11시에 제임스 크레 박사와 다른 두 명의 의사가 와서 두 번에 걸쳐 많은 피를 뽑아내었으며, 증세의 호전이 없어서 또다시 피를 뽑았다. 마지막으로 피가 천천히 나오며 피가 진해지는 것을 볼 수 있었다. 그리고 장군은 사망하였다."

워싱턴 장군은 추운 날 말을 타다가 심한 감기몸살이 걸렸는데 그 당시의 무지하던 의학지식에 의하여 몸속에 나쁜 피가 많아서 병이 난 것으로 간주하여 여러 번에 걸쳐 많은 피를 뽑아낸 결과 나중에는 나올 피가 없어서 피가 나오다가 굳어질 정도가 되었고, 워싱턴 장군은 출혈에 의한 쇼크로 죽게 된 것입니다. 요즘에 와서 생각하면 참으로 어처구니없는 일이었습니다. 워싱턴은 의학적 무지 때문에 살해당한 것이나 마찬가지였습니다.

그런데 죽어가는 워싱턴 장군의 머리맡에는 성경책 한 권이 놓여 있었습니다. 그 성경책 레위기 17장 11절과 14절에는 다음과 같이 기록되어 있습니다.

"육체의 생명은 피에 있음이라… 모든 생물은 그 피가 생명과 일체라… 모든 육체의 생명은 그 피인즉…"

성경은 인간의 생명은 피에 있으며 피를 뽑으면 죽는다는 분명한 의학적 사실을 기록하고 있습니다. 비록 워싱턴 시대의 의학수준이 저급했다 하더라도, 성경이 초자연적인 하나님의 말씀이라는 믿음만 있었어도 늙은 장군을 그토록 안타깝게 죽게 하지는 않았을 것입니다. 무지와 불신앙, 이 두 가지가 미국 독립의 영웅을 죽인 것입니다.

참진리 참소망

<천체의 법칙과 케플러>

성경은 '우주에는 정밀한 법칙이 있다.'고 말하고 있습니다. 지금으로부터 3400년 전에 기록된 욥기 38장 32절에도 나오고 다른 곳에도 나옵니다.

"열두 궁성을 때를 따라 이끌어 내겠느냐? 북두성과 그 속한 별을 인도하겠느냐? 네가 하늘의 법도를 아느냐?"

3400년 전 무지하던 시절에 욥과 다른 친구들이 서로 잘났다고 나설 때, 보고 계시던 하나님께서 하나님의 지혜가 얼마나 놀라운지 아느냐고 하면서 하나님의 지식을 열거하신 구절들이 38장, 39장, 40장에 걸쳐 나옵니다.

이 말을 진실 그대로 믿고 받아들인 과학자가 바로 천문학의 아버지 요하네스 케플러입니다. 케플러는 하나님을 믿는 사람이었습니다. 케플러뿐만 아니라 수많은 훌륭한 과학자들이 기독교인이었고, 그 중에서도 아주 독실한 기독교도들이었음을 우리는 알아야 합니다. 케플러는 이렇게 생각했습니다.

"우주는 우연적인 폭발의 산물이 아니고, 창조주의 뛰어난 설계에 의해 만들어졌음이 틀림없다. 그러므로 우주는 논리적인 방식에 의해 작동하고 있을 것이다. 그 논리적인 방식을 내가 한 번 찾아 봐야겠다."

하고는 열심히 연구하였습니다. 케플러는 본래 수학자였습니다. 원래는 신학자가 되고 싶었지만, 수학을 응용해서 천문학을 하고 천문학을 통해 많은 업적을 남겨 하나님께 영광을 돌리게 되었지요.

케플러는 하나님이 우주를 만드시고 운행하실 것이라고 생각하고 우주를 면밀하게 조사한 결과 행성운동에 관한 법칙, 즉 '케플러의 제1법칙, 제2법칙 및 제3법칙'을 발견하게 되었습니다. 이로써 그 당시 이전의 천문학을 완전히 바꾸어 놓았고, 지금도 이 케플러의 법칙은 그대로 쓰이고 있습니다.

태양을 중심으로 지구가 타원운동을 한다든지 움직이는 속도는 면적과 비례한다든지 하는 하늘의 법도를 정확히 밝혀 낸 것입니다.

<태양의 운행>

성경이 비과학적이고 무지한 책이라고 심하게 비난을 받은 여러 가지 이유가 있었지만 대표적인 것이 이것입니다. 시편 19편 6절에 보시면,

"태양은 하늘 이 끝에서 나와 하늘 저 끝까지 운행함이여, 태양의 온기에서 피하여 숨은 자가 없도다."

이 말씀을 가지고 태양이 왔다 갔다 한다 하여 중세의 가톨릭교회에서는 천동설을 주장하였습니다. 그런데 코페르니쿠스나 갈릴레오가 보니까 그게 아니었습니다. 지구가 왔다 갔다 하는데, 상대적 운동으로 태양이 움직이는 것처럼 보일 뿐이라 하여, 지동설을 주장하였습니다. 그러다가 재판에 들어갔고, 할 수 없이 천동설을 인정한 뒤에 재판정에서 나오면서 "그래도 지구는 돈다."고 말했다는 유명한 이야기가 있습니다. 세월이 지나서 지구가 돈다는 것이 밝혀졌습니다. 그래서 당시 사람들은 성경은 지성인이 믿을 것이 못된다고 생각하게 되었습니다. 도매금으로 다 넘어갔지요.

과연 그럴까요? 그렇지 않습니다. 왜냐하면 현재 최첨단 우주과학자들인 나사의 과학자들도 우주 비행을 할 때, 모든 계산을 (사

실은 우주선이 날아가고 있지만) 우주선은 정지해 있고 다른 모든 별들이 우주선 주위를 다니고 있다는 상대적 운동으로 계산하여 우주선을 쏘아 올리고 있습니다.

그뿐 아니라 최근에 와서 놀라운 사실이 발견되었습니다. 은하계 자체가 맹렬한 속도로 회전하면서 움직이고 있으며, 태양은 태양계 모든 별들을 데리고 시속 약 백만 km의 속도로 (로케트 속도의 백배나 되는 엄청나게 빠른 속도로) 하늘 이 끝에서 하늘 저 끝까지 운행하고 있다는 사실이 밝혀지게 되었습니다. 옛날에는 천동설만 주장하다가 지구가 돈다는 사실을 알고 지동설을 주장하였지만 이들은 한 부분만 알고 있는 것이었습니다.

그러므로 성경 그대로 받아들여도 됩니다. 천동설은 바로 지동설인 것입니다.

<뉴턴의 우주관>

미분, 적분법의 발견을 위시하여, 만유인력의 법칙, 즉 사과 떨어지는 것을 보고 출세한 인물이 있지요. 바로 아이작 뉴턴입니다. 영국의 케임브리지의 천재라고 불리었고, 광학과 천문학에 대한 굉장한 지식을 가졌던 사람입니다.

이 사람도 독실한 기독교 신자였습니다. 그는 그의 유명한 저서 프린키피아에 우주에 대해서 이렇게 정의를 내리고 있습니다.

"천체는 태양, 행성, 혜성 등으로 매우 아름답게 이루어져 있는데, 이것은 지성을 갖춘 강력한 통치자의 의도와 통일적 제어가 있기 때문에 존재하게 된 것이라고 말할 수밖에 없다. 지극한 하나님은 영원, 무궁, 완전하신 분이시다."

이것은 기도문이 아닙니다. 프린키피아라는 그 당시 최첨단 과학 책의 내용입니다. 이 분이 천체에 대해서 잘 알고 있습니다. 우주는 우연히 뻥 터진 것이 아니고 지혜를 가진 자가 설계해서 만들었다는 것입니다. 재미있는 일화가 있습니다.

뉴턴이 천체에 대한 모형을 정교하게 만들어 놓고, 그 집에 방문하는 지식인들에게 보여 주었다고 하는데, 그들이 "야 이거 잘 만들었는데, 누가 만들었지요?" 하고 물으면 뉴턴은 계속해서 "우연히, 저절로 생겼지"라고 대답했답니다. 손님들이 "농담하지 말고 만든 사람을 가르쳐 줘." 하고 자꾸 다그치자 그제야 뉴턴은

"모형에 불과한 이것도 반드시 누군가가 만들었을 것이라고 생각하면서, 어째서 이 모형에 대한 진품인 천체는 우연히 생겼다고 말하느냐? 천체야말로 정말 지혜로운 자가 만든 것이 아니냐?"

고 되묻고는 창조주 하나님을 소개했다고 합니다. 이 이야기는 널리 알려진 이야기입니다.

<전기통신의 예고>
욥기 38장 35절에 보시면,

"네가 번개를 보내어 가게 하되 그것으로 네게 우리가 여기 있나이다 하게 하겠느냐?"

라고 되어 있는데, 여기서 번개는 전기 통신 같은 것을 뜻합니다. 그 당시 봉화불이나 흔들던 시절에 하나님께서 휴대폰에 대해 이야기를 했으니, 그 당시 사람들이 이해했겠습니까?

성경은 다음과 같이 말하고 있습니다.

"하나님의 미련한 것이 사람보다 지혜 있고
하나님의 약한 것이 사람보다 강하니라."

<물질· 빛· 에너지>

"태초에 말씀이 계시니라 이 말씀이 하나님과
함께 계셨으니 이 말씀은 곧 하나님이시니라
그가 태초에 하나님과 함께 계셨고 만물이
그로 말미암아 지은 바 되었으니 지은 것이
하나도 그가 없이는 된 것이 없느니라.
그 안에 생명이 있었으니 이 생명은 사람들의 빛이라···
말씀이 육신이 되어 우리 가운데 거하시매
우리가 그 영광을 보니
아버지의 독생자의 영광이요
은혜와 진리가 충만하더라" (요한복음 1:1-4, 14)

인류의 역사는 에너지 확보를 위한 역사였다고 해도 과장된 표현은 아닐 것입니다. 인간은 육체의 활동에 필요한 음식 에너지와 생활에 필요한 비음식 에너지가 있어야 살아갈 수 있습니다. 이와 같이 인류가 생활해 가는 데 있어서 무엇보다도 필요한 것이 에너지이므로, 이 에너지는 개인이나 가정, 또는 한 국가의 부의 척도가 되어 왔습니다.

원시 시대에는 힘(에너지)이 센 사람, 그 다음은 노예를 많이 가진 지주(인력은 곧 에너지이다)가 강자였습니다. 그리고 많은 산림 자원이나 석탄 자원을 가지고 산업혁명을 일으킨 나라가 강대국이었으며, 근대에는 석유 자원을 많이 가졌거나 동시에 이 에너지를 효율적으로 이용할 줄 아는 공업국이 바로 강대국이었던 것입니다. 그러면 이 에너지는 무엇이며, 어디에서부터 온 것일까?

물리학적 측면에서 볼 때 에너지는 물질계(우주)의 가장 작은 기본 입자이며, 물질계는 이 에너지로부터 다음과 같은 과정을 통해 생성되었습니다.

에너지 → 소립자 → 원자 → 분자 → 물질계(우주)

*에너지~물리량, 즉 물체가 일할 수 있는 능력의 양.

*소립자(素粒子)~기체 안에서도 가라앉지 않는 작은 알갱이인 극미립자(極微粒子)라고도 함. 광양자, 전자, 양성자, 중성자, 중간자, 중성미자, 양전자 등을 통틀어 일컬음.

*원자(原子)~물질의 기본 구성단위인 입자.

*분자(分子)~각 물질의 화학적 성질을 가진 최소단위 입자.

*물질(物質)~자연계를 구성하는 요소의 하나로 공간의 일부를 차지하고 고유한 양인 질량을 가지는 물체.

참진리 참소망

실제로 빛이 상호 작용해서 전자와 양전자가 생성되며(빛→전자+양전자), 원자력에서는 원자가 파괴되어 물질이 에너지로 변합니다. 우주는 태초에 이러한 에너지에 의해서 소립자, 원자, 분자 그리고 이것들이 혼합되어 형성된 것입니다.

이러한 우주에 질서를 주신 것이 창조자의 생각, 곧 말씀이십니다. "그 능력의 말씀으로 만물을 붙드시며…"(히브리서 1:13)라고 하신 만물을 붙드시는 힘, 곧 지표 부근의 물체를 중심 방향으로 끌어당기는 중력에 의해서 물질계에 숨겨져 있던(더 정확하게는 물질이 곧 에너지이다) 에너지가 다시 생성되어 우리에게 공급되는 것입니다.

태양의 생성에 대하여 한 번 생각해 봅시다.

제일 처음 우주 공간에는 가장 가벼운 원소인 수소가 가득 차게 (전 우주의 70%) 되었으며, 여기에 만물을 붙드시는 힘, 곧 물체가 서로를 끌어당기는 만유인력이 작용함으로써 수소는 한 곳으로 모이게 되었습니다. 그러자 그 중심부에는 높은 압력(약 4천억 기압)이 생기게 되었으며, 이 압력에 의해서 2천만 도라는 엄청난 열이 발생하게 된 것입니다. 이 높은 압력과 온도가 수소 기체를 헬륨 기체로 바꾸면서 엄청난 열과 빛을 만들어 내는 것입니다. 이 원리가 곧 수소 폭탄의 원리입니다. 이렇게 하여 생긴 빛은 태양으로부터 지구까지 전해지며, 이 빛은 탄소 동화 작용을 통해서 식물에 저장됩니다.

인간이나 동물이 식물을 섭취하는 것은 바로 그 속에 저장된 태양 에너지를 취하는 것이며, 또한 그 힘으로써 활동하고 살아간다고 합니다. 인간의 또 하나의 약한 모습은 태양 에너지를 직접 취하여 육체 활동에 이용할 수 없다는 점에서도 발견할 수 있습니다.

결국 이렇게 생긴 빛은 하나님의 말씀, 곧 에너지이며, 이 에너지가 바로 능력인 것입니다. 다시 말해서 하나님의 말씀은 창조의 능력이십니다. 이러한 하나님의 말씀은 우주의 시작이며, 그 근본이고 또한 우주(물질계) 그 자체이십니다.

그러므로 이러한 하나님의 말씀의 능력에 의해서 예수님께서 육신을 가지고(요1:4) 지상에 오신 것은 지극히 당연한 일인 것입니다.

<빛과 생명>

인류의 생활에 필요한 활동 에너지(음식, 비음식)는 모두 태양으로부터 우리에게 전달됩니다. 태양은 X-광선(X선)에서 라디오파(전자기파)에 이르기까지 광범위한 파장의 여러 가지 에너지를 방출하는데, 이 에너지들은 40%가 가시광선(可視光線)의 형태로, 50%가 가시광선보다 파장이 긴 광선인 적외선(赤外線), 약 10%가 가시광선의 바깥쪽에 나타나는 전자파인 자외선(紫外線)의 형태로 전달되며 그 외에 생명체에 대단히 치명적인 우주선(프라스마 곧 양자)과 전자파도 동시에 방출합니다. 태양의 핵융합 반응에서 생기는 고에너지의 막대한 양전자와 전자가 고속상태에서 충돌하고 소멸되면서 고에너지의 빛을 만드는데, 이 반응은 가역 반응이라고 합니다.

현재 지구상의 40억 인구가 하루에 소비하는 총 에너지(2.0× 1014Kcal per day)는 태양에서 지구에 전달되는 에너지(3.6× 1018Kcal per day)의 약 20,000분의 1에 불과하다고 합니다. 태양으로부터 생성·전달되는 여러 가지 빛 중에서 가시광선과 적외선을 제외한 나머지 모든 빛은 고에너지로 인간을 포함한 모든 생명체에 대단히 유독하기 때문에 이러한 빛들이 제거되지 않으면 지구상에 생명체의 존재는 불가능하다는 것이지요. 오늘날 지구상의 많은 동식물의 존재는 분명히 이러한 불필요한 빛이 제거되어 있음을 말해줍니다.

"바다가 그 모태에서 터져 나올 때에 문으로 그것을 가둔 자가 누구냐 그때에 내가 구름으로 그 옷을 만들고 흑암으로 그 강보를 만들고 한계를 정하여 문빗장을 지르고 이르기를 네가 여기까지 오고 더 넘어가지 못하리니 네 높은 파도가 여기서 그칠지니라 하였노라 " (욥기 38:8-11)

하나님께서는 욥기에서 언급한 강보를 만들어 지구상의 생명체가 무서운 광선으로부터 보호받게 하셨습니다. 물리적으로 지구 주위에는 두 종류의 강보(보호막)가 있다고 합니다.

첫째로, 소위 반 알렌 벨트(Van Allen Radiation Belt)라고 하는 방사능 벨트가 있는데, 이것은 지구 중심에 있는 지자기에 의해서 형성된 지장에, 태양으로부터 날아오는 대단히 위험한 고에너지의 전기적인 성질을 가진 입자(우주선 곧 양자, 전자파 등)들이 모두 걸려서 생긴 것입니다.

둘째로는, 성층권 위에 있는 놀랍게도 얇은 오존층입니다. 실제로 20m 두께밖에 되지 않는 너무나도 얇은 오존층에 의해서 99%의 자외선이 차단되며, 이로 인해서 지구상의 모든 생명체가 보호되고 있다는 사실은 참 놀랄 만합니다. 그러나 불행하게도 오늘날 공업의 발달은 대기를 오염시키고 있습니다.

특히 불소 화합물 계통의 대기 오염은 오존층을 파괴함으로써 빛마저 오염시키는 결과가 됩니다. 이러한 오존층이 파괴됨으로써 지구표면은 필요 이상의 자외선을 받게 되는데, 이 자외선은 유전인자(DNA)를 이루고 있는 아미노산에 쉽게 흡수됩니다. 그 결과 유전인자 및 조직들이 파괴되어 피부암을 유발시키고, 식물에서는 탄소동화작용의 원인이 되는 엽록소에 쉽게 흡수되어 이들을 파괴함으로써 식물의 성장을 불가능하게 합니다. 인류는 인류의 생존을 위해서 하나님께서 만들어 주신 강보, 곧 오존층을 파괴하는 어떤 공해도 막지 않으면 안 됩니다. 그러나 아직까지는 여기에 대한 방안이 없어 참으로 안타까울 뿐이며, 이것은 어쩌면 성경 말씀을 이루어 가는 것인지도 모릅니다. 아니 하나님의 진리를 어기는 것이 하나님으로부터 재앙을 받는 것이 아니라 인류 스스로 재앙을 만들어 가는 것임을 고백합니다.

<무한한 창조자이신 하나님과 유한한 우주>

"태초에 말씀이 계시니라 이 말씀이 하나님과
함께 계셨으니 이 말씀은 곧 하나님이시니라
그가 태초에 하나님과 함께 계셨고 만물이
로 말미암아 지은 바 되었으니 지은 것이 하나도
그가 없이는 된 것이 없느니라" (요한복음 1:1-3)

참진리 참소망

신비한 우주, 이 거대한 우주는 무한한 것일까 아니면 유한한 것일까? 인류의 역사가 시작된 이래 오늘날까지 많은 철학자, 수학자 그리고 천문학자들은 수없이 많은 하늘의 별들을 보고, 이 우주가 어떻게 생성되었으며, 이 생성된 우주는 과연 끝이 있는 것일까 혹은 없는 것일까 하는 것이 최대의 관심사였습니다.

우주가 유한한가 무한한가 하는 논쟁은 인류 역사상 가장 긴 논쟁 중의 하나였을 것입니다. 아인슈타인의 일반 상대성 이론(1915), 즉 "물질이 존재하는 시공간은 휘게 되고(curvature of space), 이 휘는 성질 때문에 중력(만유인력)장이 생긴다."는 주장이 끝없는 논쟁에서 우리에게 우주가 유한하다는 해답을 주었습니다. 동시에 오직 창조자 하나님만이 무한하다는 결론을 내릴 수 있게 되었습니다. 만일 이러한 이론이 발표되어 실증되지 않았다면 성경 중의 우주 창조설은 인정될 수가 없었습니다. 왜냐하면 무한한 우주의 창조는 있을 수 없기 때문입니다.

> "옛적에 선지자들로 여러 부분과 여러 모양으로
> 우리 조상들에게 말씀하신 하나님이 모든 날
> 마지막에 아들로 우리에게 말씀하셨으니
> 이 아들을 만유의 후사로 세우시고
> 또 저로 말미암아 모든 세계를 지으셨느니라
> 이는 하나님의 영광의 광채시요
> 그 본체의 형상이시라 그의 능력의 말씀으로
> 만물을 붙드시며 죄를 정결케 하는 일을 하시고 높은
> 곳에 계신 위엄의 우편에 앉으셨느니라" (히브리서 1:1-3)

사람들은 성경을 통해서 하나님을 발견하기 전까지는, 우주에는 어떤 대 질서(Super natural law, 초자연 법칙)가 있어서 이것이 우주를 통제하고 있을 것이라고 막연하게 생각했으며, 아마도 이것이 바로 중력, 즉 만유인력이 아닐까 하는 정도로 생각했었습니다.

왜냐하면, 중력은 물질계에서 가장 큰 힘(에너지)이기 때문입니다. 그런데 놀랍게도 히브리서 1장 중 능력의 말씀으로 만물을 붙드신다는 성경 말씀이 이런 모든 궁금증을 풀어 주었습니다. 왜냐하면 우주를 붙들고 있는 이 엄청나게 큰 힘을 통제하는 존재(혹은 어떤 초자연 법칙)가 있어야만 그를 통해서 이 우주가 질서를 유지할 수 있고 존재할 수 있기 때문입니다.

약 150억 년이라는 우주의 긴 역사 동안 이 거대한 우주 가운데에 수많은 별들의 끊임없는 운동과, 그러한 운동에 필요한 에너지는 무엇이며, 누가 이 질서정연한 운동을 관장하고 있을까 하는 의문은 위 성경 말씀(창조자의 능력의 말씀)에 의해서만이 그 설명이 가능합니다.

오늘날 인류의 생활에 가장 필요한 것은 여러 형태의 에너지(음식, 석유 등등)인데, 학문적으로 이 에너지는 대략 4가지의 종류, 즉 중력(gravity), 빛(electromagnetic), 강력(strong force), 약력(weak force)으로 분리할 수 있습니다. 이 에너지 중에서 우주를 붙들고 있는 중력이라는 힘이 얼마나 큰지를 한번 비교해 보기로 하지요.

지구상에 존재하는 동식물, 석유, 석탄의 총 에너지를 합하면 3×10의 19승(3조의 천만 배) 킬로칼로리입니다. 중력이라는 새 에너지의 개념은 어떠한 엄청난 밀도의 물체가 존재할 것이라는 예언을 하게 되었고 그것을 추적한 결과 블랙홀이라는 초밀도(2×10

의 14승g/㎖, 즉 부피 1㎖ 의 무게가 2억 톤)의 존재를 발견하게 되었습니다.

그 결과 시간과 공간이라는 것을 어떠한 고정적인 것으로 생각했던 일반적 시공 개념이 완전히 무너졌습니다.

그리고 새로운 개념의 시공간 연속성, 다시 말해서 시간과 공간은 별개일 수가 없으며 또한 시공간은 그 자체만으로 존재할 수가 없고 물질이나 빛(힘)의 존재에 의해서만이 규제된다는 사실, 더 나아가서는 유한한 우주의 개념을 입증하게 되었던 것입니다.

<만유인력의 본체>

현재 태양, 지구, 달이 우주공간에 왜 떠 있는지에 대한 가장 근본적인 원리를 현대물리학으로도 설명을 못하고 있습니다. 그저 만유인력 등으로 떠 있겠지 하지만 만유인력의 실체가 무엇인지는 현대과학으로도 모르고 있습니다. 진정으로는 지구가 우주공간에 왜 떠 있는지 모르는 것입니다.

그런데 비과학적이라고 인식되어 온 성경에 오히려 그 대답이 있습니다. 지금부터 약 1900년 전에 기록된 신약성경 히브리서(1:3)에 보면,

"예수님은 하나님의 영광의 광채시요 그 본체의 형상이라 그의 능력의 말씀으로 만물을 붙드시며"

라고 기록되어 있습니다. 만물은 태양도 달도 지구도 다 포함하는 것입니다. 세상 모든 만물을 우주공간에 붙들고 있는 힘은 바로 하나님의 말씀이라고 하는 특별한 에너지, 이성을 갖춘 에너지라는 것입니다. 그러니 신을 인정하지 않는 과학에서 아무리 연구

를 한들 알 방법이 없다는 것입니다. 정답을 빼놓고는 답을 쓸 수 없는 것과 같습니다. 그래서 무신론자이고 비기독교인인 세계적인 천문학자 로버트 제스트로 같은 과학자도 다음과 똑같은 고백을 하였습니다.

"과학자들이 수많은 연구를 통해 어느 이론의 배경쯤 접근을 해 보면 이미 그 자리에는 예선부터 와서 앉아 있는 이들이 있는데, 그들에게 누구냐고 물으면 그들은 신학자들이라고 대답한다."

과학자가 어마어마한 연구를 통해 지식의 정상에 올라와 보면 이미 그 자리에는 신학자들이 와 있다는 것입니다. 과학의 궁극이 신학과 만난다는 것을 그 분도 인정한 것이지요.

<아인슈타인의 상대성 이론>

20세기 물리학의 가장 위대한 발견 중의 하나는 아인슈타인 박사의 상대성이론입니다. 이것을 간단히 표현하면 $E=MC2$에서 E는 에너지이고 M은 질량이고 C는 빛의 속도인데, 결국 에너지와 질량(보이는 세상)은 같은 개념이라는 것입니다. 에너지는 질량으로, 질량은 에너지로 바뀔 수 있다는 놀라운 발견을 한 것이지요. 이는 20세기의 최고의 발견이지만, 그게 과연 20세기에 처음 발견된 이야기인가 하면, 그렇지 않습니다.

아인슈타인이 그런 말을 하기 1800년 전에 이미 성경은 이런 말을 하고 있습니다.

히브리서 11장 3절에,

참진리 참소망

"믿음으로 모든 세계가 하나님의 말씀으로 지어진 줄을 우리가 아나니 보이는 것은 나타난 것으로 말미암아 된 것이 아니니라"고 하였습니다. 성경에서 이 세상, 우주, 만물이라는 것은 공간과 시간과 질량의 연속체로서의 세상이라는 것을 말하면서, 보이는 것 즉 질량, 물질의 세계는 사실은 물질 자체가 근본적 모습이 아니라, 보이지 않는 원자 에너지라고 하는 에너지의 특수한 표현 중의 하나라는 것을 보여 줍니다.

현대 물리학도 그렇게 봅니다. 사실은 보이지 않는 에너지의 세계의 특수한 표현 중의 하나가 보이는 것이므로 보이는 것이 영원한 것이 아니라 보이지 않는 것이 진짜라는 것을 알게 해 줍니다. 불교에서도 그 내용을 잘 깨닫고 있는 것 같습니다. 반야심경에 '색즉시공(色卽是空)'이요 '공즉시색(空卽是色)'이라는 말로 에너지와 물질의 관계를 표현하고 있습니다.

이와 같이 성경은 천 몇 백 년이나 앞서 아인슈타인의 원리를 표현하고 있으니, 그 당시 사람들에게는 도저히 이해가 되지 않는 말이었으며, 윤리도덕 교과서 정도로밖에는 이해되지 않았던 것이지요. 이와 같이 성경에는 초과학적인 표현이 많습니다.

<아인슈타인의 고백>

아인슈타인도 그렇습니다. 그도 유태인이었지만 무신론자였습니다. 여호와 하나님 안 믿고 하다가 노년에 접어들어서 다시 하나님을 믿게 되었습니다. 평생에 발견한 자기의 수많은 지식을 통하여 하나님과 멀어진 것이 아니라 가까워지게 된 것이지요. 이것은 그의 말년에 한 말입니다.

"나는 이러저러한 과학적 현상이나 스펙트럼에는 관심이 없다. 평생 해봤으니까. 나는 하나님에 대해서 알고 싶을 뿐이다. 나는 하나님이 어떻게 세상을 창조하셨는지를 알고 싶다. 나머지는 사소한 일이다."

즉, "나는 창조과학의 강의를 듣고 싶다." 이런 뜻입니다.

<천체의 법칙>

성경은 '우주에는 정밀한 법칙이 있다.'고 말하고 있습니다. 지금으로부터 3400년 전에 기록된 욥기 38장 32절에도 나오고 다른 곳에도 나옵니다. "열두 궁성을 때를 따라 이끌어 내겠느냐? 북두성과 그 속한 별을 인도하겠느냐? 네가 하늘의 법도를 아느냐?" 3400년 전 무지하던 시절에 욥과 다른 친구들이 서로 잘났다고 나설 때, 보고 계시던 하나님께서 하나님의 지혜가 얼마나 놀라운지 아느냐고 하면서 하나님의 지식을 열거하신 구절들이 38장, 39장, 40장에 걸쳐 나옵니다. 공룡이야기도 그렇고, 천지창조의 놀라운 이야기들을 하셨습니다.

<콜린스 박사의 인생역정>

2000년 6월 말, 인간의 과학사에 큰 획을 긋는 일이 일어났습니다. 인간의 유전자를 구성하고 있는 핵산의 배열상태를 전부 밝혀낸 것입니다. 물론 대부분의 매스컴은 이 업적의 가치에 대해서 약간 과장된 표현을 하기는 합니다만 분명히 위대한 업적임에는 틀림없습니다.

참진리 참소망

아래 글은 2000년 6월 27일 MBC TV의 "영생의 기로에 선 인간"이라는 논평의 일부입니다.

인간의 유전자 게놈지도 초안이 공개됐습니다.
전 세계 18개국 350개 연구소에서 지난 10년간 진행된
게놈프로젝트 1단계가 완료된 것입니다.
클린튼 미국 대통령은 "우리는 신이 인간의 생명을 창조
하면서 사용한 '언어'를 배우기 시작했다"고 선언했습니다.
… (중략) …
이번 게놈 연구를 주도한 프랜시스 콜린스의 인
생 역정은 그래서 주목할 만합니다. 그는 원래 무신
론자였지만 게놈 연구 중에 신앙인으로 변했습니다.

〈이상 창조과학〉에서 발췌

이상의 세계 과학자들이 증거한 모든 이론들이 바로 하나님의 진리를 뒷받침하고 있음을 보였습니다. 그 밖에 과학으로 밝혀지는 모든 삼라만상의 현상들도 위에 증거한 하나님의 섭리가 내재하고 있음을 추리할 수 있었습니다. 믿음의 반석이 더욱 탄탄해졌습니다. 이 세상과 우주, 그리고 왜 우리가 사는가를 이해하는 해답이 바로 하나님의 창조를 통한 사랑의 은혜임을 깨닫게 됩니다.

7년마다 주님께서 찾아오신 이유

저에게 7년은 주님과 아주 중요한 인연의 숫자였습니다. 그리고 7년은 의미 깊은 비밀이 숨겨져 있었습니다.

제가 7살 때 처음으로 시골 고향의 아랫집에 사는 친구를 통해 주님이 찾아오셨습니다. 그 친구가 저의 손을 이끌고 자기 집으로 갔습니다. 그 당시 농촌에서는 매우 구하기 어렵고 귀한 전도용 컬러 책자를 한 장 한 장 넘기면서 예수님의 행적을 설명해 주었습니다. 끔찍할 정도로 처절하게 십자가에 달려 죽으신 모습을 보여 주면서 '나의 죄를 위해서 대신 죽으셨다.'는 말을 듣기는 했지만 도무지 이해가 되지를 않았습니다.

그 후 7년이 지난 중학교 1학년 때 주님은 '벤허'라는 영화를 통해 저에게 찾아 오셨습니다. 서구에서 처음 한국에 상륙한 영화를 보면서 장장 3시간 동안 펼쳐지는 로마시대의 살벌한 전투장면과는 대조적으로 매우 온유하시면서 신비하고 선하신 주님의 모습이 저의 가슴 깊숙한 곳에 인상 깊게 새겨졌습니다. 그때부터 저의 가슴과 영혼에는 주님께서 깊이 들어와 계시기 시작했습니다.

또 7년이 지난 대학 1학년 때, 7년 전에 감상했던 영화 벤허가 다시 공주 호서극장에서 상영되었습니다. 과거에 보았던 영화가 잘 이해가 되지 않았으므로, 다시 깊이 음미하고 감상하여 스토리를 온전히 이해할 수 있었습니다.

제가 교회에 처음 출석하여 주님께 나아 온 것은 지금으로부터 30년 전 40세 때였습니다. 7년 동안 최재경 장로님이 저를 꾸준히 인도했는데, 시간이 7년이나 길게 걸린 이유는 제가 대학원 석사과정, 박사과정을 거치는 동안 세상의 학문에 심취했었던 관계로 시간의 여유가 없었기 때문이었습니다. 또한 저 자신도 모르게 어떤 영의 힘이 저의 발길을 최장로의 앞으로 인도하여 교회에 출석하게 되었던 것입니다. 교회에 나온 첫날부터 성령의 은혜를 매우 많이 받아 즐겁고 기쁘게 2년 동안 교회에 열심히 출석하였습니다.

　제가 예산장로교회에 2년 간 다니다가 교회에 출석하지 않은 이유는 목사님의 설교가 저에게 설득력 있게 다가오지 않았고, 일부 전도사들의 교인을 대하는 권위주의적인 태도가 불손하게 보였으며, 헌금을 예민하게 따지며 매미채 같이 생긴 봉헌자루로 내미는 것이 불결하게 느껴졌기 때문이었습니다. 그 후 7년의 세월이 흐른 뒤 다시 장로교회에 출석하게 되어 지금까지 교회에 출석하고 있는 실정입니다.

　허수복 담임목사님이 별세한 후 여러 장로님들이 새벽기도 설교 현장을 직접 방문하여 설교의 능력이 좋은 김종신 목사님을 초빙하여 다시 교회에 출석하게 되었습니다. 교회가 내실 있게 효율적으로 잘 운영되고 있고, 헌금함으로 봉헌제도가 깨끗하게 개선되었으며, 교역자들의 친절한 태도 등등으로 저희 장로교회는 매우 좋아져 출석에 자긍심을 갖고 있습니다.

　저에게 남겨진 문제는 이 7년이라는 숫자가 무엇을 뜻하는지를 알아야 하는 것이었습니다.

일곱은 '완성'을 나타낸다고 합니다. 성경에 있는 숫자 〈7〉의 의미는 성경에서 온전함을 나타내는데 흔히 사용되고, 일을 완성시키는 것과 관련하여 사용되는 경우도 있다고 합니다. 또는 하나님이 정하시거나 허용하신 사물의 온전한 주기를 가리킬 수 있다고도 합니다.

여호와께서는 창조의 날 6일 동안 땅과 관련된 당신의 일을 완료하고 나서 7일째 되는 날에 쉬시고 7일로 이루어진 주로부터 7년을 7회 반복한 뒤에 오는 희년(禧年 - 교회력상 새해인 성탄절)에 이르기까지 전체 안식 마련을 위한 모형을 세우셨다고 합니다.

그러나 저 개인에게 일어났던 일과의 관계에서는 모두 합당하게 잘 이해가 되지 않았습니다. 7은 3이라는 하늘의 완전수(삼신-성부, 성자, 성령)와 4라는 지상의 완전수(동서남북, 봄여름가을겨울)가 합쳐진 수임을 알았을 때 비로소 7의 의미를 알 수 있었습니다. 7은 하늘과 땅, 그리고 모든 시간과 모든 공간이신 우주 그 자체요 시작과 끝인 알파와 오메가 되시는 바로 주님 자신을 뜻하는 숫자였습니다.

옛 사람들은 하늘과 지상이 합쳐지면 복이 온다고 믿고 7을 성스러운 수로 숭배했습니다. 성스러운 주님의 은총을 어렴풋이나마 영의 힘으로 깨달았기 때문이었습니다. 주님 자신이 은총이었고 은총과 복만을 알고 주님을 몰랐기에 숫자만을 숭배했던 것입니다.

7은 하늘과 땅의 권세를 모두 지니신 완전하고 세상과 우주에 충만하신 하나님이시며 인간이신 동시에 우주 그 자체되시는 그리스도를 뜻함을 깨달았습니다.

그러므로 하나님은 인간의 생사화복 그 자체를 다스리시며 하나님의 이법에 위배될 때 인간 스스로 불행을 자초함도 알 수 있었습니다. 인류가 가장 행복하고 태어나서 올바로 사는 인생관과 세계관 모두를 예수님으로부터 찾아야 함을 뒤늦게 알았습니다.

과거와 현재와 미래에
실존하시는 예수님

몇 년 전 예산장로교회 중고등부 연합예배에서 '역사 속에 실존하시는 예수님'에 관하여 증거해 달라는 세미나를 정찬문 목사로부터 위촉받아 특강을 실시했습니다.

사실 저 자신도 예수님의 실재를 확신하는 데 좀 자신이 없었습니다. 그러나 이번 계기로 인하여 예수님이 세간에서 떠도는 비사실 인물, 신화적 허구인물로 오해받는 모순인식을 말끔히 씻어버릴 수 있었습니다.

그에 따라 저의 믿음이 더욱 확고해졌고, 예수님은 신이시며 사람을 너무나도 사랑하시기 위해 인간의 형상으로 33년 동안 이 세상에 오시어 구원을 완성시키신 후에 다시 원래의 영으로 되돌아가신 하나님이심을 확실하게 깨닫게 되었습니다.

그리고 과거와 현재와 미래에 영원히 저희와 함께 하심을 알았고, 이 세상을 사랑의 손길로 다스리시며 주관하심을 자신 있게 간증합니다.

다음의 특강자료로 예수님께서 인간 역사 속에 실재하심과 미래의 섭리를 간증합니다.

▶올바른 이해를 위해서

-예수님은 사람의 형상이지만 신본주의 차원에서 신으로 이해해야 마땅합니다.

-신이신 예수님이 사람의 아들이라 자칭하심은 인간차원으로 낮아져 인간의 아들, 오빠, 형, 친구, 스승, 선생, 이웃 등으로 사람 속에 섞여 인간을 가까이에서 사랑하시기 위한 인간 세상에 오신 친근함으로 인식해야 합니다.

-인터넷에서 예수님을 민족 신화 속의 신처럼 허구적 가상 인물이라 함은, 초인간적 존재인 실제 권능의 신으로 인식하지 않고, 사람처럼 기적을 이루기가 불가능한 존재로 인본주의 차원에서 인식한 오류입니다.

-때문에 예수님은 인간의 형상으로 나타났다고 해서 인간으로 이해하지 말고 신으로 이해해야 올바릅니다.

-결국 예수님은 우리가 사는 이 세상에 실제로 우리를 구원하시기 위해 오셨음을 역사가 입증합니다.

<신과 민족신>

*신 : 초자연적, 초인간적 실제의 위력과 가치를 지닌 숭앙대상입니다. 인간과 자연과 관련 없이 태고부터 스스로 있는 존재입니다. 여호와(예수) 입니다.

*민족신 : 각 민족이 현실생활에서 삶의 소망으로 추구해온 이상화된 민족공통의 마음의 결정체입니다. 민족 신화의 신은 그 민족의 마음의 형상일 뿐입니다. 심리학자 융의 집단무의식의 원형일 뿐입니다. 민족신은 신이 아닙니다. 인간의 마음입니다.

예를 들면,

O 한국의 환웅(홍익인간-널리 인간을 이롭게 함, 부와 귀)-가난과 지배
적 존재로부터 받는 삶의 부조리를 극복하고자 했던 세속의
부귀영화는 재물과 명예와 권력입니다. 가치관이 결여된 권력
과 재물의 추구에서 지금도 많은 비리와 비극을 초래하고 있
습니다(고위층들의 비리와 불행이 빈번). 4명 중 1명이 치는 고스
톱에서 '돈이 최고다'-한국인의 마음이 형성하고 있는 우상인
돈과 부귀영화의 민족신 모습입니다.

O 일본의 신무(팔굉일우)-제국주의, 침략주의로 뻗어간 일본인의
의식구조입니다. 팔방을 덮어 자기집으로 삼는 논리는 부조
리한 섬생활의 공간을 확장하기 위한 꿈입니다. 만민과 만물
은 창조주로부터 부여받은 생명의 은총과 삶의 즐거움을 자
유롭게 민족을 이루면서 집단의 문화를 형성하며 민족의 특
성에 맞게 삶을 누려야 하는 게 창조섭리입니다. 이에 어긋나
는 인간본위의 소유욕은 모순의 결과로 원자폭탄을 투하 받
았습니다.

O 중국의 반고(천지만물의 주체)-인본주체의식의 신화적 황당한
모순이고, 반고가 답답해 도끼를 휘둘러 알이 깨지면서 천지
가 열렸다는 의식구조입니다. 가볍고 청렴한 것은 하늘이, 무
겁고 혼탁한 것들은 땅이 되고, 반고는 더욱 커져 9만 리나 되
고 오늘날 중국이 되었습니다. 반고가 죽을 때 호흡은 풍운,

목소리는 천둥, 두 눈은 해와 달, 사지와 몸은 5개의 높은 산, 혈액은 강줄기, 혈관은 길, 근육은 비옥한 경작지, 머리와 수염은 하늘의 수많은 별, 피부와 솜털은 화초와 수목, 정수는 진주와 옥, 땀방울은 단비와 우로가 되어 반고가 천지만물의 시초가 되었다고 합니다.

창조는 무에서 유를 만들어 내는 원리인데, 이미 있던 알에서 현상세계가 생겼다는 인식과 창조의 과정이 황당하여 창조원리에 모순됩니다.

O러시아의 스바로기치(불)- 동토의 나라에서 불이 중요하지만 인간보다 못한 물질을 신으로 인식한 모순입니다.

O그리스의 우라누스, 크로노스, 제우스, 아프로디테 등(투쟁, 사랑과 질투, 삶과 죽음의 철학) - 인본주의 신관은 인간을 신으로 섬기는 진리의 모순입니다.

O로마의 아이네스 누미토르, 로물루스, 레무로스 등등(투쟁과 권력-인본주의 신관의 모순, 신본주의 가치관인 창조의 뜻은 행복과 번영을 다 함께 자유롭게 누리는 것인 데 이에 위배됩니다.)

민족신은 모순이 나타나고, 민족마다 삶의 현장에서 꿈꾸어온 여러 종류의 생각이므로 다신들의 양상이고 민족마다 다르며 사람의 마음이므로 참된 신이 될 수 없습니다.

참된 신은 인간을 뛰어넘는 능력과 가르침의 진리가 입증되어야 합니다. 인간차원의 4대 성인 예수, 공자, 소크라테스, 석가 등에서 병을 치료하는 신유(神癒)의 효력이 수천 년이 지나도록 입증되는 신은 예수님뿐입니다.

<성경의 사실성>

▶성경의 사실을 증거하는 고고학

말 그대로 수많은 고고학적 발견들이 성경에 제시된 진리를 확인해줍니다. 성경의 가르침을 뒤집는 발견은 단 하나도 없었습니다. 그러므로 성경은 정확한 역사입니다. 따라서 성경의 이야기는 허구가 아닌 진실입니다.

최고의 고고학자 글루엑 : "고고학적 발견이 성경 사실에 위배된 적이 없다"

  ○ Halley's bible handbook: 112가지 고고학적 발견 사례 소개
  ○ Unger's bible handbook: 96가지 사례 소개

예를 들면,
에덴동산 -고고학은 이미 오래 전에 메소포타미아의 티그리스-유프라테스 낮은 계곡이 세계 문명의 발상지인 것을 확인했습니다.

참진리 참소망

인간의 타락 - 창 3:1-24, 많은 비히브리 문화에 이 기록이 있습니다.(바벨론서판, 앗수르 고소, 이집트 도서관 등)

노아방주의 발견 - 창 8:1-4, 아라랏 산 정상에서 발견되었습니다.
1970.3.4 조선일보 : 프랑스 탐험가 나바라가 아라랏 산의 빙하시대를 정복하고 그곳에 있던 배를 면밀히 조사하여 책으로 발표한 기사와 배의 파편을 찍은 사진을 보도했습니다.

바벨탑 - 창 11:1-9, 20개 이상의 ziggurat이라 불리는 고대 신전탑이 메소포타미아에서 발굴됨, 기원전 약 500년전 그리스 역사가 헤로도투스는 이 높이가 210미터 이상이라고 기술, 이중 90미터는 남아있음을 제시했습니다.

아브라함 - 그의 출생지 창 11:27-31,
세계적 고고학자 울리(C.L. Wooley)가 1922-34년에 갈대아 우르(Ur)지방을 발굴하였습니다. 아브라함 당시 이곳은 상업과 종교의 중심지로서 그 영광을 찬란하게 나타내고 있던 때였습니다.

에볼라 유적 - 1964년 북시리아에서 발견된 1만 7천여 개의 서판들이 고대 에블라(기원전 2250년경, 아브라함 200년 전)의 유적지에서 발굴됨. 서판에서 발견된 사람 이름들이 창세기에 나오는 이름과 거의 동일합니다.

쐐기문자와 고대성경의 기록 - 쐐기문자의 기록 발견으로 인하여 성경의 확실성이 더 높아져, 진흙을 빚어 인간을 창조하는 이야기, 대홍수를 피해 방주를 만드는 이야기, 이스라엘의 왕들이 관련된 전쟁 이야기 등 구약성서에 등장하는 여러 사건들은 쐐기문자라고 불리는 메소포타미아의 문자로 기록된 토판문서의 해독을 통해 그 역사성이 차례로 확인됐습니다. 고대문명의 발상지인 메소포타미아는 그리스어로 '강 사이의 지역'이라는 뜻으로 대부분 티그리스강과 유프라테스강 사이인 오늘날의 이라크에 속하는 지역입니다. 바로 이곳이 유대인의 조상이 된 아브라함이 살았던 메소포타미아입니다. 이곳에선 인류 최초의 문자인 수메르어가 점토판에 새겨져 오늘날까지 전해지고 있기도 합니다.

소돔과 고모라성 발굴 - 창 18~19장, 윌리암 알브라이트는 사해 동남부 지역에서 B.C.2500년부터 2000년 사이로 추정되는 기간에 쓰인 상당히 많은 유물을 찾아냈습니다. 그것을 보면 한 때 상당히 많은 사람이 살다가 B.C.2000년경에 무슨 이유에서인지 갑자기 끊어진 것이 증명되고 있습니다. 그것은 지진과 폭발이 있었다는 것을 입증합니다.

이러한 고고학의 증거가 200여 가지 이상 발굴되어 진실이 입증됨에 따라 앞으로의 발굴도 성경이 진실임을 추정할 수 있습니다.

▶신약의 증거

*1, 2세기의 파피루스나 비문

-예수가 그리스도교의 지도자와 창시자로 적힘.
-그리스도교의 놀랄 만큼 빠른 성장에 대해 언급됨.

*사도행전과 복음서
-언급된 모든 도시와 읍들이 발굴되어 성경의 내용이 완벽하게
 사실임을 입증했음
-가버나움에 예수께서 설교하시던 회당의 유적이 잘 보존됨
-사도행전의 다이아나의 작은 상들이 그리스 도시들에서 발굴됨
-사도행전 17장의 "알지 못하는 신에게" 바쳐진 한 제단이 발견됨

　성경역사를 확증하는 엄청난 증거들과 함께 오늘날 성경의 어느
한 곳에도 오류가 있다는 확실한 고고학적 증거가 존재하지 않는
것은 매우 중요합니다.
　성경이 하나님의 말씀, 즉 진리이기 때문입니다.

*지금까지 발견된 성경 고고학적 자료들은
-성경의 역사적 진실성에 의심의 여지가 없다는 것을 증거합니다.

예)여리고 성벽은 성경에 기록된 그대로 완전히 무너진 채로 발
　 견됨
예)나사렛은 1세기 카이사리아 회당에 그 이름이 새겨져 있음
예)사도 베드로의 집은 가버나움에서 그 유적이 발견됨
예)대제사장 가야바의 유골은 한 납골함에서 발견됨
예)본디오 빌라도를 언급하는 비문이 발견되기도 했음

*이외에도 신약·구약성경의 역사적 사실성을 입증하는 무수한 고고학적 증거들을 통해서
-어떠한 고고학적 발견물로도 성경을 반박하지 못했고, 또한 앞으로도 그러할 것임을 추정할 수 있습니다.
-성경은 정확한 역사적 문서로도 그 가치가 인정될 수 있으므로
-성경에 나오는 예수님의 실제행적은 사실로 인정될 수밖에 없습니다.

<예수는 실제적 인물>

▶예수의 활동무대를 통한 실제 증거

*성경에 따라서
-베들레헴에서 태어남
-육신의 양친은 어머니 마리아와 아버지 요셉
-아버지 요셉의 고향인 나사렛에서 자람
-3년에 걸친 복음전파의 기간
-열두 제자들 모두가 팔레스타인 사람들이었고, 예수님도 팔레스타인에서 살았음을 알 수 있습니다.
-갈릴리 호숫가 앞에 있는 가버나움은 예수님의 고향
-유적지 입구에는 '예수님의 마을(Town of jesus)'이라는 간판 있음
-'예수님의 회당'이라는 팻말 등을 통해 예수님이 실존하였음을 알 수 있습니다.

*활동을 통한 예수님의 실제 행적

-(막1장21절-28절, 누가복음 4장 31절-38절) 가버나움 회당에서 깨끗하지 못한 영을 가진 사람을 고치심

-(마태8장5절-13절)백부장의 종을 고치신 이야기와 관련해 백부장이 지은 것으로 시사됨

-(요한복음 6장16절-59절)이 회당은 5000명을 먹이신 이후의 사건과 설교를 하신 곳으로 알려짐.

-(막2장1-12절)가버나움에서 예수님은 중풍병자를 고치셨고

-(막9장 33-37절)참으로 위대한 것에 관해 가르치셨고

-(마태17장 24-27절)반 세겔의 세금을 지불하신 곳이기도 합니다.

-(요한복음 4장 46절-54절)여기에서 예수님은 왕의 신하의 병든 사람을 고치셨습니다.

-가버나움은 예수님의 전도의 중심지 3년의 공생애 중 2년을 지낸 곳.

-(마태11장 23절, 누가복음 10장 15절) 가버나움은 권능을 보면서도 믿지 않고 회개하지 않아 예수님의 정죄를 받았던 도성 중의 하나입니다. 지금도 폐허로 남아 있다고 가이드는 증언합니다.

▶역사적 자료를 통해 예수에 대해 상당한 확실성이 제시됨

-예수는 대략 기원전 7년부터 30년까지 팔레스타인 땅에서 살았습니다.

-예수는 로마 제국의 황제 아우구스투스(기원전 63년-기원후 14년) 때 탄생하였고(눅 2:1 참조),

-티베리우스 황제(기원후 14년-37년) 사이에 활동하였습니다.
-(눅13:32)예수가 '여우'라고 부른 헤롯은 당시 갈릴리의 분봉왕이
  었습니다.(기원전 4 년-기원후 39년, 눅 3:1 참조).

이는 모두 사실로 입증되었습니다.

<로마의 역사가 방증하는 예수님의 실존>

▶기독교가 로마제국의 대안으로 등장하게 된 사실과 이유를 통
  해서 예수님의 실존을 알 수 있습니다.
▶인간에게 제시한 참된 하나님의 뜻과 가르침의 힘으로 로마를
  멸하고 교황청을 공인하게 하신 역사의 사례는 예수님의 실제
  권능을 역사가 증거하는 바입니다.

*기독교의 만민평등사상 - 곧 하나님의 인간에 대한 진리를 말
해 줍니다.
- 기독교의 하나님 앞에서는 황제도 노예도 모두 평등하다는 사
  상이 사람들의 마음을 사로잡았습니다.
*기독교의 사랑, 헌신의 정신
- 하나님은 귀천에 관계없이 모든 사람들을 사랑하신다. 이러한
  하나님의 진리가 많은 사람을 추종하게 했습니다.
*기독교의 평화사상
- 예수님은 칼과 창 대신 사랑을 통하여 이 땅에 평화를 이룩하
  신다는 가르침이 사람들의 마음을 사로잡았습니다. 자연현상

참진리 참소망

에 임재하시는 하나님의 사랑과 만물을 생존케 하시는 은혜의 섭리가 곧 인간사회에도 적용된 삶의 진리를 증거한 경우입니다.

*기독교의 페미니즘정신(여성권리 확장주의)
- 하나님 앞에서는 남성도 여성도 똑같은 인격과 권리를 가지고
- 똑같이 사랑 받기 위해 태어난 존재라는 사실이 기독교가 여성들에게 급속히 전파되는 계기가 되었습니다.

▶기독교에 대한 로마의 탄압은 예수님이 역사속의 실존이심을 증거함.

-예수님을 구세주로 믿는 사람들을 사자밥으로 탄압했고, 십자가처형을 실시했습니다. 그 이유는 예수님의 위대한 진리가 로마의 민족신과 로마제국의 권위를 능가하기 때문이었습니다.
-기독교를 배교하는 사람들은 살려 주는 등의 치졸한 유화책을 함께 사용
-네로황제를 비롯하여 10명의 황제가 기독교를 적극적으로 탄압
-네로황제(로마54)부터 디오클레티아우스황제(로마305)년까지 약 250년간 잔인한 피의 압제가 자행됨
-이 기간 동안 약 300만 명의 기독교인이 순교하였습니다.
-예수를 목격했다고 증언한 사람까지도 죽였습니다.

▶결국 기독교가 로마제국을 압제하고 멸절시켰습니다. 이는 실제 역사 속의 사건입니다. 기독교는 곧 예수님의 행적을 대변합니다.

-계속된 탄압에도 불구하고 기독교인의 숫자는 꾸준히 증가
-기독교인이 로마제국의 엘리트에서부터 전 계층으로 퍼짐
-더 이상 기독교를 탄압 시에는 로마제국이 분열될 양상에 이르자
-313년 콘스탄티누스 대제가 기독교를 국교로 공인했습니다.
-로마에 있던 '캐톨릭'은 정식명칭을 '로마 카톨릭'으로 사용함
-한편 로마의 붕괴와는 반대로 기독교는 세계로 꾸준히 전파되었습니다.

위와 같은 역사의 사례는 예수님의 위대한 진리의 능력이 오만하고 모순되어 우매해진 인간의 사상을 멸한 증거입니다.

<예수 그리스도의 기록에 관한 역사적 증거>

▶고대역사가들의 증언

*1세기 로마 고대 역사가 타시투스
-티베리우스 황제 시절, 본디오 빌라도에게 핍박 받았던 사람들을 미신에 사로잡힌 "크리스천"(크라이스트에서 파생) 으로 부름

*하드리안 제국의 비서인 수토니우스
-1세기에 생존했던 크레스토스 (혹은 크리스트-기독교인)라는 사람을 언급(Annals 15.44).

*가장 유명한 유대 역사가 플레비우스 조세푸스

-저서에서 야고보를 "그리스도 예수의 형제"라고 언급
-예수의 지혜, 공적, 예언 성취, 예수의 십자가 처형과 부활증언 기록

"예수라는 한 지혜로운 자가 있다. 그를 사람으로 보는 것이 위법이 아니라면 말이다. 그는 놀랄만한 공적을 세웠다 …그는 다름아닌 그리스도였다…그는 삼일째 부활해서 사람들 앞에 나타났다. 예언가들이 예언한 대로 말이다. 게다가 일 만개의 다른 놀랄만한 그리스도에 관련한 일들대로 말이다."

또 다른 번역서를 보면 "그 당시 예수라 불리는 지혜로운 자가 있었다. 그의 선행은 그를 덕이 높은 자로 손색없게 했다. 많은 유대인들과 이방인들이 그의 제자가 되었다. 빌라도가 예수를 사형에 처했으나, 그의 제자들은 제자도를 저버리지 않았다. 그들은 예수가 십자가 사형 삼일 후에 그들 앞에 나타나신 후 그 분이 살아나셨음을 알렸다. 이런 것을 보았을 때, 그는 아마 메시야, 선지자들이 서술했던 바로 그 기적이었던 것 같다."

*율리우스 아프리카누스
-그리스도의 십자가형 후에 있었던 어두움을 논했음(Extant Writings, 18).

*Pliny the Younger
-편지 10:96에서 초기 기독인들의 예배 관례상 예수를 하나님으로 찬양한 사실 기록

-당시 있었던 애찬식과 성찬식을 언급

*바빌론의 탈무드 (산헤드린 43a)
-예수의 십자가형이 유월절 전날 이루어졌다는 것
-그리스도가 마법을 부렸던 자로 고소되었다는 것
-유대인들이 배교하도록 고무되었다는 사실을 기록

*2세기경의 기독 작가인 사모사타의 루시안
-예수가 기독인들의 경배를 받았고,
-그들에게 새로운 가르침을 주었고,
-그들을 위해 십자가에 매달렸다고 기록
-예수의 가르침은 신자들 간의 형제애, 거듭남의 중요성,
-다른 신들을 부인하는 것의 중요성을 제시
-그리스도인들은 예수의 가르침을 따라 살고,
 자신들을 불멸하는 존재로 여기고,
 죽음을 전혀 두려워하지 않고,
 자발적인 자기 헌신,
 그리고 물질적 풍요를 포기한 자들로 기록하고 있음.

*마라 바 세라피온
-예수를 현명하고 덕 있는 자로 여겨야 한다고 강조했음.
-많은 자들이 예수를 이스라엘의 왕으로 여겼고,
-유대인들에 의해 죽임을 당했고,
-제자들에게 가르친 그대로 살았던 사람이었다고 말했음.

참진리 참소망

*영지주의적인 글들

-The Gospel of Truth

-The Apocryphon of John

-The Gospel of Thomas

-The Treatise on Resurrection

을 통해서도 예수에 대한 언급을 볼 수 있음.

▶ 비기독교인의 문헌과 자료에 언급된 역사 속의 예수

  기독교인이 아닌 사람들을 통하여 역사 속의 예수에 대한 문헌적인 기록이 있다면, 더 이상 역사 속에 실재했던 예수를 부정할 수 없습니다.

*초기에 쓰인 비기독교적인 글들

-(조세푸스 문서) 예수는 그리스도로 불렸고

-(타시투스 문서) 마술을 행했고, 이스라엘을 새로운 가르침으로 이끌었고,

-(바빌론 탈무드) 이스라엘을 위해 유다에서 유월절 날 죽임을 당했다.

-(엘리자) 자신이 하나님 되시며 본래의 위치로 돌아갈 것을 주장하셨다고 기록.

-(Pliny the Younger) 또한 이 사실은 그의 제자들이 그를 신으로 숭배한 것을 보면 알 수 있다.

*타키루스
-1세기의 로마 역사학자
-그리스도와 그리스도인에 대한 기록이 언급
-네로황제의 화재사건에 대한 역사적인 기록

*요세푸스(주후37-100년)는 유대인 역사가
-로마정부를 위하여 일하였음
-두 권의 유명한 저술 유대전쟁사(주후 77-78년)와 유대인상고사(
주후94년경)
-신구약 성경이 지닌 역사적 성격을 구체적으로 확증하여 주는
많은 저술을 남김
-예수의 지혜, 놀라운 공적, 진정한 진리의 스승, 부활의 사실 언급

*탈루스
-주후 52년경에 저술활동
-다른 작가들에 의하여 탈루스의 글이 인용되어져 왔음
-율리우스 아프리카누스라는 작가가 탈루스의 글을 인용
-그리스도가 십자가에 못 박혔을 때에 지진과 어두움의 현상에
대해 묘사

*유대인의 탈무드
-주후70-200년 사이에 기록된 중에서 예수의 기록이 있음
-가장 중요한 사본으로는 산헤드린 43A
-40일전부터 유대종교지도자들이 예수를 죽이려고 했던 사실

참진리 참소망

-유월절에 십자가에 달려 죽임을 당한 예수가 정확히 기록

*마라 바 - 세라피온
-시리아인으로 1세기 후반에 그의 아들 세라피온에게 편지
-편지의 내용에 예수가 언급되어 있음
"그들의 현명한 왕을 죽여 유대인들이 얻은 게 무엇이냐? 바로 그 후에 그들의 나라는 멸망하였느니라."(대영박물관 시리아사본 추가본)

*젊은 폴리니
-로마의 저술가이며 행정가
-주후 112년에 트라얀 황제에게 보내는 서신에서 초기 기독교인
 이 그리스도에 예배하였음을 언급

*코란
-이슬람교의 경전에서도 발견됨
-예수를 "이사 이븐 마리암(Isa ibn Maryam)"이라고 기록, 그 의미
 는 "마리아의 아들 예수"라는 뜻
-또 예수를 "알 마시(Al-Masih)"라고 기록, 그것은 메시야라는 뜻
-예수의 신성을 부정하고 있지만, 예수라는 역사적 인물에 대한
 실존을 결코 부정하지 않음
-코란과 회교전승 문헌에는 예수에 대한 글이 상당히 많음
-예수가 메시아임을 분명히 기록
-하나님의 아들이 아니라고 언급

*유대인 랍비들의 문서

-"예수 벤 판데라"(Jesus Ben Pantera)라는 인물이 등장

-헬라어에서 "동정녀"라는 단어는 "판테라스"(Panteras)

-동정녀의 아들이 헬라어로는 예수 밴 판테라스(Jesus Ben Pan-
teras)가 됨

*팔레스타인 총독 빌라도가 가이사 황제에게 보낸 보고서

(報告書)

메시아 시대(예수님이 인간의 몸으로 이 땅에 오셔서 활동하시던 시대)
에 법정에서 만들어진 공문서로서, 현재 터키의 성소피아 사원에
소장되어 있습니다. 매우 긴 편지인데 예수님과의 관련부분만 소
개하겠습니다.

「로마」의 황제, 「디베료· 가이사」 각하에게

-당시 유대인들에게서 느낀 골치 아픈 상황

-빌라도의 총독정치에 대한 불안과 근심

-로마제도가 장기간 건재하기에 우려되는 점

-갈릴리 청년 예수에 대한 조사결과와 좋은 인상 느낌

-예수 설교의 탁월함

-예수와의 회동과 대화, 카리스마적 설교 지양 권면 및 예수의
  종교와 가치 소개

-유대인들의 예수 모함

참진리 참소망

-예수의 부활이 사실임을 보고했음

각하께 문안드립니다. 제가 다스리는 지역에서 최근 수년 동안에 일어난 사건은 너무나 독특한 일이어서 시간이 흐름에 따라 우리나라의 운명까지 변하게 할지도 모르는 일이기 때문에, 저는 사건이 일어난 대로 각하께 소상히 알려 드리고자 합니다. 왜냐하면 최근에 발생한 사건은 모든 다른 신(神)들과는 조화될 수 없는 일처럼 보이기 때문입니다. 저는 「발레리우스·플라슈스」를 계승하여 유대 총독이 된 날을 저주하고 싶을 정도입니다. 부임한 이래로 제 생활은 불안과 근심의 연속이었습니다.

「예루살렘」에 도착하자마자 저는 직위를 인수하고 큰 연회(宴會)를 베풀 것을 명하고 「갈릴리」의 영주(領主)들과 대제사장, 그리고 그의 부하직원들을 초청하였습니다. 그런데 정해진 시간이 되어도 아무도 나타나지 않았습니다. 저는 이 사실을 저와 제가 속하고 있는 정부 전체에 대한 일종의 모욕으로 간주하였습니다.

며칠 후 대제사장이 저를 방문하였습니다.

그의 거동(擧動)은 엄숙(嚴肅)하였으나 외식(外飾)에 가득 찬 것이었습니다. 그는 그들의 종교가, 그와 그의 추종자들에게 「로마」사람들과 자리를 같이하는 것이라든지 먹는 것이라든지 마시는 것을 금지한다고 변명하였습니다. 그러나 그러한 변명은 신앙심이 깊은 체하는 것에 불과하다는 것을 그의 안색으로도 알 수 있었습니다. 나는 그의 변명을 받아들이는 것이 정략(政略)이라고 생각했습니다만, 그 순간부터 피정복자는 정복자를 적(敵)으로 간주하고 있다는 사실을 확신하게 되었으며, 「로마」인들에게 이 나라의 제사장들을 요주의(要注意)할 것을 경고해 주어야겠다고 생각했던 것입니다. 그들은 자신의 벼슬과 호사스러운 생활을 위해서는 그들의 어머니라도 배신할 자들입니다. 제가 통치하는 모든 도시 가운데 「예루살렘」은 가장 다스리기 힘든 도시라고 여겨집니다. 백성들은 매우 거칠어서, 저 자신 순간순간마다 폭동(暴動)의 두려움 속에서 살아왔습니다. 저는 폭동을 진압할 만한 군대를 거느리고 있지 않습니다. 단지 저의 지휘 하에 한 명의 백부장(百夫長)과 그가 거느린 군대가 있을 뿐입니다. 그리하여 저는, 사기의 통치지역을 방어할 만한 충분한 군대를 거느리고 있다고 알려온 「시리아」의 사령관(司令官)에게 증원군을 요청하였습니다. 우리들이 이미 획득한 영토를 방어하는 일을 등한히 한다면, 우리 제국의 확장을 꾀하는 지나친 욕심은 결국 우리 정부 전체의 붕괴(崩壞)를 초래케 하는 원인이 되지 않을까 하는 두려운 생각이 듭니다.

저는 가능한 한, 대중들을 가까이하지 않았습니다. 그것은 그들 제사장들이 폭도들에게 어떠한 영향력을 행사할지도 모르기 때문이었습니다. 그러나 저는 될 수 있는 대로 백성들의 마음과 입장을 탐지하려고 노력하였던 것입니다.

제 귀에 들려온 여러 가지 소문들 중에 특별히 제 주의를 집중시킨 사건이 한 가지 있었습니다. 그것은 한 젊은 청년이 「갈릴리」 지방에 나타나, 그를 보내신 하나님의 이름으로 새로운 법을 고귀한 열정으로 가르치고 있다는 것이었습니다. 처음에는 그의 목적하는 바가 민중을 선동하여 「로마」 제국에 대항하고자 하는 것이 아닌가 하고 생각해 보았습니다만 제 근심은 곧 걷히게 되었습니다.

「나사렛」 예수는 유대인보다는 오히려 「로마」인에게 더 친근하게 말을 하였습니다. 어느 날 저는 큰 군중이 모여 있는 「실로」라는 곳을 지나다가, 군중에 둘러싸인 젊은이가 나무에 기대어 선 채로 군중을 향하여 조용하게 연설하고 있는 것을 목격하게 되었습니다. 그가 예수라고 누군가가 일러주었습니다.

그는 그의 연설을 듣고 있는 군중과 현저한 차이를 보여 주고 있어서 저는 그를 쉽게 알아볼 수 있었습니다.

그는 30세 가량으로 보였습니다. 저는 지금까지 그렇게도 마음을 잡아끄는 평온한 얼굴을 본 일이 결코 없었습니다. 예수와, 그의 말을 경청하고 있는 저 검은 턱수염과 황갈색의 안색을 가진 무리들과를 어떻게 대조할 수 있겠습니까? 제가 온 것이 예수에게 방해가 되게 하지 않으려고 저는 계속 걸었으나 제 부관(副官)에게는 군중 속에 들어가 그가 무슨 말을 하는지 들어보라고 지시하였습니다. 제 부관의 이름은 「만류스」로서 그는 「카타린」을 잡으려고 「에투루리아」에 주둔한 적이 있는 공작대장의 손자입니다.

「만류스」는 「유대」 지방에 오랫동안 거주한 고로 「히브리」 말을 잘 알고 있었습니다. 그는 저에게 충성하여 저의 신임을 받고 있었습니다.

총독청에 들어서자 저는 먼저와 있는 「만류스」를 발견하였으며 그는 「실로」에서 예수가 한 말을 저에게 들려주었습니다. 제가 읽어본 어떤 철학자의 작품에서도 예수의 말에 비교될 만한 것은 읽어본 적이 없는 것 같았습니다. 「예루살렘」에서 흔히 볼 수 있는 반항적인 유대인 중 한 사람이 「가이사」에게 세(稅)를 바치는 것이 옳은 것인가라고 그에게 물었을 때, 그는 대답하기를 "「가이사」의 것은 「가이사」에게, 하나님의 것은 하나님에게 바치라"고 하였다는 것입니다.

제가 그렇게 많은 자유를 그 「나사렛」 젊은이에게 허용한 것은 이와 같은 그의 지혜로운 말 때문이었습니다. 저에게는 그를 체포하여 「본디오」로 추방시킬 수 있는 권한이 있었습니다.

그러나 만일 그렇게 하였다면 그것은 「로마」 정부가 사람을 다루어 왔던 지금까지의 관례와는 상반되는 일이 되었을 것입니다. 이 젊은이는 선동적이거나 반항적인 사람은 아니었습니다. 저는 예수 자신도 눈치 채지 못할 정도로 은밀하게 보호의 손길을 그에게 뻗쳐 주었습니다. 그는 자유롭게 행동하였고 말하였으며, 사람들을 모아서 연설하거나 또 제자를 선택하는 일에 있어서 어떠한 관청의 제재(制裁)도 받지 않았던 것입니다.

제가 생각하기로는 우리 조상의 종교는 예수의 종교로 대치될 것이며, 이 숭고한 관용의 종교는 「로마」 제국을 허망하게 붕괴시킬 것입니다. 그리고 가련한 저는 유대인의 말을 빌자면 하나님의 섭리요, 우리의 말대로 하자면 운명의 도구로 쓰여 질 것입니다.

예수에게 허용된 무제한의 자유는 가난한 사람들이 아니라 부유하고 권세 있는 유대인들을 자극하였습니다. 예수가 후자들에게 가혹하게 대한 것은 사실이지만 제가 그 「나사렛」 젊은이의 자유를 제한하지 않은 것은 정략적인 이유에서였습니다.

"서기관과 바리새인들이여," 그는 그들을 향하여 말하였습니다." 독사의 자식들아, 너희들은 회칠한 무덤 같으니 겉으로는 아름답게 보이나 그 안에는 죽음이 가득하다." 또 한번은 부자가 많은 헌금을 내고 뽐내는 것을 보고 한탄하며, 가난한 자의 한 푼이 하나님의 목전(目前)에서는 더욱 빛나는 것이라고 그들에게 말하였습니다. 예수의 오만한 언동(言動)에 대한 항의가 날마다 총독청에 줄을 이어 들어왔습니다.

참진리 참소망

저는 예수에게 어떤 불행한 일이 닥치게 될지도 모른다는 정보를 입수하였습니다. 「예루살렘」에서는, 선지자로 불리는 자들에게 돌을 던지는 일이 처음 있는 일은 아니었으며, 예수에 대한 진정서가 「가이사」에게 제출되기도 하였습니다. 그러나 제가 한 처사는 원로인에게 재가를 받은 것이었으며, 「파르티안」 전쟁이 끝나면 저에게 중원군을 보내주기로 약속되어 있었던 것입니다.

폭동을 진압하기에는 우리의 군사력이 너무도 허약한 고로, 저는 힘없이 물러섬으로써 총독청의 체면을 손상시키는 것보다는 차라리 조용히 성(城)의 평온을 되찾는 방안을 강구하기로 하였습니다. 저는 예수에게 글을 써 보내어 총독청에서 한번 만날 것을 청하였습니다. 예수가 왔습니다. 황제께서는 제가 「로마」인의 피에 서반아(西班牙)의 피가 섞여 흐르는 혈통을 지닌 사람으로서, 두려움 따위의 유약한 감정은 모르는 사람임을 잘 아실 것입니다.

그 「나사렛」 사람이 모습을 나타냈을 때 저는 저의 접견실에서 거닐고 있었습니다. 그런데 갑자기 제 다리는 쇳덩이로 된 손으로 대리석 바닥에 붙여놓은 것처럼 꼼짝할 수가 없었으며, 그 나사렛 젊은이는 아무렇지도 않게 조용히 서 있는데도 저는 마치 형사범(刑事犯)처럼 사지(四肢)를 떨고 있었던 것입니다.

비록 그는 한 마디의 말도 하지 않았으나 제 앞에까지 다가와 서는 것만으로도 "내가 여기 왔나이다."라고 말하는 것 같았습니다. 한참 동안 저는 이 비범한 사람을 존경과 두려움으로 응시하였습니다. 그는 모든 신(神)들과 영웅의 형상을 그린 수많은 화가들이 아직 그려내지 못한 유형(類型)의 사람이었습니다. 그럼에도 불구하고 저는 너무나 두렵고 떨려서 그에게 접근할 수가 없었습니다.

"예수여," 하고 드디어 저는 말문을 열었습니다.

"「나사렛」 예수여, 지난 3년 동안 나는 그대에게 연설할 수 있는 자유를 허락하였소. 그러나 이 일에 대하여 나는 조금도 후회가 없소. 그대의 말은 현인(賢人)의 말이오. 나는 그대가 「소크라테스」나 「플라톤」을 읽어보았는지 모르겠지만, 내가 알기에는 그대의 설교는 다른 철학자들의 그것을 능가하며 난순하고도 장엄한 것 같습니다. 이에 대해서는 황제께서도 알고 계시며, 그를 허락한 것을 스스로도 기쁘게 생각하고 있소. 그러나 나는 그대의 설교가 강력하고도 원한 깊은 적대자를 만들고 있음을 알려 드려야겠소. 이것은 놀라운 사실이 아니오. 「소크라테스」에게도 대적이 있었으며 결국에는 그들의 증오의 희생물이 되었다오. 그대의 경우는 그대의 설교가 그들에게 매우 가혹하다는 것과, 내가 그대에게 자유를 허락한 것으로 그들이 나를 반대한다는 것 때문에 설상가상으로 시끄러워지고 있소. 그들은 「로마」 정부가 그들에게 허용한 작은 권리마저도 나와 그대가 손을 잡고 그들로부터 빼앗으려 한다면서 고소까지 하고 있소. 내가 그대에게 지금 말하려고 하는 것은 명령이 아니라 부탁으로서, 이제부터는 그대가 설교할 때에 좀 더 신중하고 온화한 말로 하며, 그들을 고려하여 대적의 자존심을 상하게 함으로써 그들이 어리석은 군중들을 충동질하여 그대를 대적하지 않도록 하고 또 나로 하여금 법의 도구 노릇을 하지 않도록 해 달라는 것이오."

그 「나사렛」 사람은 조용히 입을 열었습니다.

"땅의 군주여, 그대의 말은 참된 지식에서 나온 말이 아닙니다.

참진리 참소망

격류(激流)를 명하여 산골짜기에 머물러 있으라고 말해 보십시오. 그러면 계곡의 나무들은 뿌리째 뽑혀 버릴 것입니다. 그 급류는 자연과 창조주의 법칙에 순종한다고 그대에게 답변할 것입니다. 하나님 한 분만이 그 급류가 어디로 흘러가는지 알고 계십니다. 진실로 그대에게 이르노니 「샤론」의 장미가 피기 전에 정의의 피가 엎질러질 것입니다."

"당신의 피는 엎질러지지 않을 것이오." 하고 저는 깊은 감동을 받고 대답하였습니다.

"당신의 지혜는 「로마」 정부에 의하여 허용된 자유를 남용하는 거칠고 오만한 모든 「바리새」인보다 더욱 값진 것이오. 그들은 「가이사」에 대한 음모를 꾸미며, 「가이사」는 폭군으로서 그들의 멸망을 도모하고 있다는 말로 무식한 자들을 충동하여 황제의 관대하심을 공포로 조작시키고 있소. 오만무례하고 철면피 같은 인간들이오! 그들은 악한 계획을 도모하기 위해서 때로는 양의 가죽을 쓰는 「티베르」 강의 여우임을 그들 자신은 모르고 있소. 나의 총독 관저는 밤낮을 불문하고 그대에게 도피처로 제공될 것이오."

예수는 관심 없다는 듯이 머리를 저으며, 근엄하고 숭엄(崇嚴)한 미소를 띠면서 말하였습니다.

"때가 이르면 그때는 땅 위나 땅 아래 어느 곳에도 인자를 위한 도피처는 없을 것입니다. 의(義)의 도피처는 저기에 있습니다." 라면서 하늘을 가리키는 것이었습니다.

"선지자들의 책에 기록된 말씀은 성취되어야 할 것입니다."

"젊은이여," 하고 저는 부드러운 말투로 말했습니다.

"그대는 나의 요청을 명(命)으로 받아들여야 할 것이오. 나의 통치하에 있는 지방의 안전이 그것을 요구하고 있소. 당신은 설교할 때 좀 더 온건한 태도를 취하도록 하여야 할 것이오. 나의 명을 어기지 않도록 하시오. 그렇지 않으면 결과가 어떠할 지를 그대도 잘 알 것이오. 와 주어서 고맙소. 잘 가시오."

"땅의 군주여," 하고 예수가 입을 열었습니다.

"나는 이 세상에 전쟁을 일으키려고 온 것이 아니라 평화와 사랑과 자비를 주려고 왔습니다. 나는 「가이사·아구스도」가 「로마」세계에 평화를 주던 바로 그 날에 태어났습니다. 핍박은 나에게서 오는 것이 아닙니다. 나는 다른 사람으로부터의 핍박을 예상하고 있으며, 나에게 길을 보여주신 내 아버지의 뜻에 순종하여 그 핍박을 잘 감수하게 될 것입니다. 그러므로 그대의 세상적인 사려분별(思慮分別)과 지각을 삼가십시오. 성막에 희생 제물을 잡아놓는 것은 그대의 권력에 속한 것은 아닙니다."

이와 같은 말을 한 후 그는 투명한 영혼처럼 접견실 휘장 뒤로 사라져 갔습니다. 저는 그 젊은이 앞에서 어찌할 바를 모르던 중압감에 해방되어 안도의 한숨을 쉬었습니다.

예수를 대적하는 자들은 그 당시 「갈릴리」 지방을 다스리고 있던 「헤롯」에게 편지를 써서 그 「나사렛」 사람에 대한 원한을 풀어 달라고 하였습니다. 만일 「헤롯」이 그의 성격대로 하였다면 그는 예수를 당장 잡아 사형에 처했을 것입니다. 그러나 그는 비록 왕의 위엄을 자랑하고 있음에도 불구하고 중의원에 대한 그의 영향이 무시당할지도 모르는 행동을 범하는 데 주저하였으며 또 저처럼 예수를 두려워하고 있습니다.

그러나 「로마」의 관리로서 한 유대인 때문에 겁을 집어먹는다는 것은 있을 수 없는 일이었습니다. 일전에 「헤롯」은 총독청으로 저를 방문하였으며 얼마간 가벼운 대화를 나눈 후, 떠날 즈음에 「나사렛」 사람에 대한 제 견해가 어떠한지를 물었습니다. 저는 대답하기를 예수는 가끔 위대한 민족이 드물게 배출해 내는 위대한 철인 중의 한사람으로 그의 교훈은 결코 처벌받을 만한 것이 아니므로 「로마」 정부는 그 자신의 행동으로 정당화하고 있는 언론의 자유를 그에게 허용하기로 하였다고 말했습니다. 「헤롯」은 음흉하게 웃어 보이면서 마지못해 하는 투로 인사하고는 떠났습니다.

유대인의 큰 축제가 다가오고 있었으며 백성의 여론은 유월절 의식(儀式)에서 항상 감정을 표명하는 일반 백성의 환희에 편승하고 있었습니다. 「예루살렘」 성은 그 「나사렛」 사람의 죽음을 시끄럽게 요구하는 소란한 군중들로 술렁이고 있었습니다. 제가 파견한 밀사(密使)는 성전의 금전이 군중들을 동원하는 데 사용되고 있다고 전해 왔습니다. 위험은 점점 더 가중되었으며 한 「로마」의 백부장은 멸시와 모욕을 당했습니다. 저는 「시리아」의 사령관에게 편지를 보내어 100명의 보병과 될 수 있는 대로 많은 기병을 보내 달라고 요청하였으나 그는 거절하였습니다. 저는 반역하는 성(城) 한가운데서 얼마 되지도 않는 정병(精兵)들과 함께 외톨박이가 된 것 같았으며 폭동을 진압하기에 너무 약한 탓으로 제가 할 수 있는 일이란 그들을 너그럽게 대해 주는 수밖에는 별다른 도리가 없었던 것입니다.

그들은 예수를 붙들고 있었으며 선동적인 폭도들은 총독청에 대하여는 조금도 두려움 없이 그들의 상전(上典)의 명령만 믿고 있었으며, 제가 그들의 요구가 무엇인지를 말해 보라고 눈짓을 했을 때 그들은 "그를 십자가에 못 박으소서! 십자가에 못 박으소서!"라고 고래고래 고함치기를 계속하였습니다.

그때는 세력 있는 세 당이 예수를 대적하기 위해 일심동체가 되었습니다. 첫째로 「헤롯」당과 「사두게」파로서 그들의 선동적인 행동은 두 가지의 동기-즉 그들은 「나사렛」사람을 미워하였으며 「로마」의 속박을 참을 수가 없었습니다-에서 나온 것 같았습니다. 「로마」황제의 형상이 새겨진 기(旗)를 가지고 거룩한 성에 들어왔다는 것 때문에 저를 결코 용서할 수 없다고 말하였습니다. 비록 제가 어떤 치명적인 죄를 범하였다고 해도 신성모독죄보다는 덜 흉악하다는 것입니다.

또 다른 불만의 씨가 그들의 가슴속에 사무쳐 있었습니다. 저는 성전의 은금(銀金) 일부를 공공건물을 건축하는 데 사용하자고 제안하였습니다. 그러나 제 제안은 무시당하였습니다. 「바리새」인들은 공공연하게 예수의 대적임을 자처하고 다니는 자들입니다. 그들은 정부 같은 것은 아랑곳하지도 않는 자들로서 그 「나사렛」사람이 지난 3년 동안 그가 가는 곳마다 「바리새」인들을 혹독하게 질책한 것에 대하여 끔찍한 원한을 품고 있었습니다. 그들만의 힘으로 행동하기에는 너무도 두렵고 약하다는 것을 알고 「헤롯」당과 「사두게」파와의 불화를 이용하였던 것입니다. 이들 세 당 외에도 저는 언제나 소요에 끼어들기 잘 하며 무질서와 혼란을 일으키는 데는 한몫을 잘 담당하는 분별없고 야비한 군중들과 싸우지 않으면 안 되었습니다.

예수는 대제사장 앞으로 끌려와 사형으로 정죄되었습니다. 대제사장 「가야바」가 중재(仲裁)를 부탁해 온 때가 바로 그때였습니

참진리 참소망

다. 그는 예수의 유죄판결을 확인한 후 처형해 줄 것을 요구하였습니다.

나는 그에게 예수는 「갈릴리」 사람이요 그 사건은 「헤롯」의 관할 지역에서 일어난 일이니 거기로 보내라고 명(命)을 내렸습니다. 교활한 그 영주는 겸양을 표시하는 척하면서 「가이사」의 대리자인 저의 명령을 거절하고 그 사람의 운명을 제 손에 위탁하였습니다. 곧 저의 관저는 포위된 성보(城保)의 형세를 띠었고 매순간마다 불만에 가득 찬 터질 듯한 군중들은 그 수가 증가되었습니다. 「예루살렘」은 「나사렛」 산지(山地)에서 몰려온 군중들로 넘쳤으며 전 유대인들이 모두 「예루살렘」으로 쏟아져 들어오는 것 같았습니다.

저는 장래의 운명을 내다본다는 「까울」 지방의 여자를 아내로 두고 있습니다. 아내는 제 발치에 엎드려 몸을 맡기고 울면서 말하였습니다.

"조심하십시오. 조심하십시오. 저 사람에게 손대지 마십시오. 그는 거룩하신 분입니다. 어제 밤, 저는 환상 중에서 그를 보았습니다. 그는 물 위로 걸어가고 있었습니다. 그는 또 바람의 날개를 타고 날아다니고 있었습니다. 보세요. 「기드론」 골짜기는 피로 물들어 붉게 흐르고 있었고 「가이사」의 조상(彫像)은 대량학살로 가득 차 있었습니다. 중간 기둥들은 퇴락하였고 태양은 무덤 속의 제녀(齊女)처럼 슬픔 속에 면사포로 가리고 있었습니다. 오! 「빌라도」여, 악(惡)이 당신을 기다리고 있습니다. 만일 당신이 당신의 아내인 제 애원을 듣지 않으신다면 「로마」 중의원이 받을 저주가 두렵고 「가이사」가 당할 괴로움이 두렵습니다."

이때는 이미 몰려온 군중들의 무게로 층층대의 대리석 계단이

삐걱거렸습니다. 그들은 그 「나사렛」 사람을 다시 저에게 데리고 왔습니다. 저는 위병들의 호위를 받으며 재판하는 장소로 나아가서 엄격한 어조로 그들의 요구가 무엇인지 물었습니다.

"그 「나사렛」 사람의 죽음이요." 하고 그들은 대답하였습니다.

"무슨 죄 때문인가?"

"그는 참람한 말을 하였습니다. 하나님을 모독하고 성전의 황폐를 예언하였으며 그 자신 하나님의 아들이라고 하면서 유대인의 왕, 「메시야」라고 주장하였습니다."

"「로마」의 법은," 라고 저는 말하였습니다. "그러한 죄는 사형에 처하지 않는다."

"그를 십자가에 못 박으시오! 그를 십자가에 못 박으시오!" 냉혹한 폭도들이 소리 질렀습니다. 분노한 폭도들의 고함소리는 관저의 기초까지 흔들어 놓았습니다.

군중 속에는 오직 한 사람만이 침착하게 조용히 서 있었습니다. 그 「나사렛」 사람이었습니다. 무자비한 핍박자들로부터 예수를 보호하려고 여러 번 시도하였으나 헛수고로 돌아가고 저는 마침내 그 순간 예수의 생명을 구원할 수 있는 유일한 것으로 생각된 방법을 취하기로 하였습니다. 즉 이러한 명절에는 죄수 한 사람을 놓아주는 것이 그들의 관례였으므로 저는 예수를 자유롭게 놓아 소위 그들이 일컫는 속죄 염소로 삼자고 제안하였습니다. 그러나 그들은 예수를 십자가에 못 박아야 한다고 고집하는 것이었습니다.

그리하여 저는 그들에게 형사재판에서 유죄 판결을 내리기 위하여서는 하루를 온전히 금식하지 않고서는 판결을 내릴 수 없다는 그들 자신의 법을 들어, 앞뒤가 맞지 않는 그들의 주장의 모순성을 지적하였습니다.

뿐만 아니라 유죄 선고는 「산헤드린」의 동의를 얻어 의장의 서명을 받아야 하며 또 어떠한 범죄자일지라도 형의 확정 선고를 받은 당일에는 그 형의 집행을 할 수 없으며 다음 날에 집행한다 할지라도 집행 전에 「산헤드린」이 전 경과를 검토해 보아야 하며 또 그들의 법에 따라서 한 사람이 기(旗)를 가지고 재판정 문에 서있는 동안 다른 사람은 말을 타고 좀 떨어진 곳에서 범죄자의 이름과 죄명과 증인의 이름을 소리 높이 외쳐, 혹시 누가 그를 변호할 사람이 있을지 여부를 알아봐야 하며, 형 집행 도중 범인이 세 번 뒤를 돌아보아서 새로운 사실로 자신에게 유리한 변호를 할 권리가 있다는 것을 그들에게 깨우쳐 주었습니다.

저는 이러한 구실을 말해 줌으로써 그들이 두려운 마음으로 복종하기를 바랐으나 여전히 그들은 "그를 십자가에 못 박으소서! 그를 십자가에 못 박으소서!"라고 소리 질렀습니다.

저는 그들의 마음을 충족시켜 줄 생각에서 예수를 채찍질하라고 명령하였습니다. 그러나 그것은 군중의 분노를 증가시켰을 뿐이었습니다. 저는 대야를 가져오라고 하여 소란스러운 군중 앞에서 제 손을 씻음으로써 「나사렛」 예수를 죽음에 내어 주는 데 대해서는 아무런 책임도 없다는 것을 보여주었습니다만 그것도 허사였습니다. 이 철면피 같은 군중들이 갈구하는 것은 바로 예수의 생명이었던 것입니다.

저는 가끔 시민폭동에서 노도한 군중을 목격하여 왔으나 이번처럼 격렬한 폭동은 본 적이 없었습니다. 마치 지옥의 모든 유령들이 「예루살렘」으로 모여든 것과 같았다고밖에는 표현할 수가 없었습니다.

 군중들은 걸어 다닌다기보다는 갑자기 땅에서 불쑥불쑥 솟아나는 것 같았으며 총독 청사의 입구에서부터 「시온」 산까지 이르는 군중들은 넘실거리는 파도를 따라 움직이는 소용돌이처럼 보였고, 「판노니아」의 공회소의 소동이나 폭동에서도 결코 들어 볼 수 없는 가지가지의 해괴한 소리를 지르며 모여들었습니다.

 겨울날 황혼 무렵처럼 날이 어두워지자, 저 위대한 「줄리어스·시저」가 죽었을 때처럼 적막하였습니다.

 마치 3월 보름날 같았습니다. 모반을 일삼는 이 성을 위임받은 통치자로서, 저는 접견실 기둥에 기대어 서서 그 죄 없는 「나사렛」 젊은이를 처형하려고 끌고 다니는 어두컴컴한 지옥의 악마 같은 저들의 무서운 계략을 꺾을 방안을 생각하고 있었습니다. 제 주위의 모든 것이 황량하게 보였습니다.

 「예루살렘」은 그 주민들을 「게모니카」로 가는 장례(葬禮)문을 통하여 모두 토하여 냈습니다.

 황막하고 쓸쓸한 분위기가 제 주위를 둘러싸고 있었습니다. 저의 위병들은 기병과 백부장이 가세한 가운데 무력에 의한 질서유지에 전력을 기울였습니다. 저는 홀로 남았으며, 그때 잠깐 동안 지나간 그 순간은 마치 저 자신이 꿈속에서 살고 있는 것 같았습니다. 바람결을 타고 「골고다」에서 들려오는 큰 부르짖음 소리는 일찍이 인간의 귀로는 들어본 적이 없는 고통의 소리를 발하고 있었습니다.

 검은 구름이 성전 꼭대기 위에 드리워졌으며 마치 면사포를 가린 것처럼 「예루살렘」을 덮고 있었습니다.

참진리 참소망

하늘과 땅에 나타난 징조들은 너무도 두려운 것이었습니다.

마치 「디오누시오」가 "창조주가 고통을 당하고 있든지 우주가 떨어져 나가고 있든지 둘 중의 하나다"라고 크게 소리 질렀듯이 말입니다.

이러한 가공할 자연현상이 일어나는 동안 애굽에는 무서운 지진이 일어났으며, 모든 사람들은 두려움으로 떨고 있었으며 미신에 사로잡힌 유대인들은 거의 죽음의 공포에 직면해 있었습니다.

「안디옥」 사람인 나이 많고 학식이 풍부한 「빌도살」이라는 한 유대인은 이 지진소동이 있은 후 시체로 발견되었습니다. 그가 놀라서 죽었는지 아니면 슬픔으로 죽었는지는 알 수 없었으나 그는 그 「나사렛」 사람의 절친한 친구였습니다.

그날 밤 첫 시간이 되기 전에 저는 외투를 걸치고 성안으로 들어가 「골고다」로 향하는 문으로 가 보았습니다. 그 제물은 죽어 있었습니다. 군중들은 아직도 흥분하고 있었으나 실상은 침울하여, 말없이 절망에 빠진 상태로 집에 돌아가고 있었습니다. 그들이 목격한 사실은 그들을 공포와 양심의 가책으로 몰아넣었던 것입니다. 저는 또 저의 적은 「로마」 병정의 일단이 슬픔에 잠긴 채 지나가는 것을 보았으며 기수(旗手)는 슬픔의 표시로서 독수리표 깃발로 얼굴을 가리고 지나가고 있었습니다.

또 병정의 일부는 무엇인가 혼잣말을 하면서 지나갔지만 저는 무슨 말인지 알아들을 수가 없었습니다.

어떤 사람들은 신(神)들의 뜻을 좇는 「로마」인들을 당황케 하는 기적들에 대하여 자세히 이야기하고 있었습니다. 가끔 한 무리의 남녀들이 걸음을 멈추고는 되돌아서서 움직이지도 않고 어떤 새로운 경이(驚異)를 기대하는 마음으로 「갈보리」 언덕을 바라보고 있었습니다.

저는 허탈한 마음과 슬픔에 차서 총독 청에 돌아왔습니다.

그 「나사렛」 사람의 피가 아직 얼룩져 있는 계단을 오르다가 저는 문득 한 늙은이가 무엇을 탄원하는 듯한 태도로 서있는 것과 그 노인 뒤에서 몇 명의 「로마」 사람들이 눈물을 지으면서 서 있는 것을 보았습니다.

그는 내 발 앞에 몸을 굽히고 크게 통곡하였습니다. 늙은 노인이 울고 있는 것을 보니 마음이 아팠으며, 비록 외국사람이기는 하지만, 함께 있는 「로마」 사람과 같이 제 마음은 슬픔으로 어찌할 바를 몰랐습니다.

그리고 실제로 그 날 제가 본 많은 사람들의 눈에는 눈물이 글썽이고 있는 듯이 보였습니다.

저는 그렇게 격한 감정을 가져본 체험이 없었습니다. 예수를 반역하여 판 사람들이나 그렇게도 반대 증언을 하고 "그를 십자가에 못 박으십시오. 그의 피 값을 우리에게 돌리시오." 하고 큰소리 쳤던 무리들은 비겁한 똥개같이 쑥 들어가 버려, 그들의 이빨을 식초로 씻은 듯 시침을 떼고 있었습니다.

제가 들은 대로 예수가 죽은 후에 부활하리라는 그의 가르침이 사실이라면 이 가르침은 많은 군중 가운데서 실현될 것이라고 저는 확신하고 있습니다.

"영감님," 저는 감정을 억제하고 그 노인에게 물었습니다. "당신은 누구시며 바라는 요구가 무엇입니까?"

참진리 참소망

"저는 「아리마데」 요셉이라고 합니다." 하고 노인은 대답하였습니다. "저는 「나사렛」 예수를 장사 지내고 싶습니다. 그것을 허락해 달라고 당신 앞에 무릎 꿇었습니다."

"당신 소원대로 하십시오." 하고 저는 대답하였습니다.

그리고 동시에 저의 부관 「만류스」에게 명하여 병정 몇 사람을 대동하고 가서 매장하는 것을 감독하고 불경스러운 일이 일어나지 않도록 하라고 지시하였습니다.

며칠 후 그의 무덤은 비어 있었으며, 그의 제자들은 각처로 다니면서 예수가 자신이 말한 대로 죽은 사람들 가운데서 다시 살아나셨다고 전파했습니다.

이 사건은 예수를 십자가에 못 박았던 사건보다 더 혼란을 일으켰습니다. 이 사실에 대해서 확실히 말할 수 없지만 어느 정도 제 나름대로 조사를 해 보았습니다. 황제께서도 「헤롯」을 시켜 조사하여 보시면 저에게 잘못이 있는지 여부를 알 수 있을 것입니다. 요셉은 자신의 묘실에 예수를 매장하였습니다.

그가 예수의 부활을 예상했는지 아니면 또 다른 묘실을 준비하려던 것인지는 저도 알 수 없었습니다.

예수가 매장된 다음날 제사장 한 사람이 총독 청으로 와서 제게 말하기를 예수의 제자들이 그의 시체를 훔쳐 숨긴 후 그가 생전에 예언한 대로 살아난 것처럼 꾸미려고 한다고 하였습니다.

저는 그 제사장을 친위대장인 「말커스」에게 보내어 무덤을 지키기에 충분한 수대로 병정을 데리고 가서 배치하라고 한 후, 만일 무슨 사건이 발생한다면 그들의 책임이지 「로마」 정부의 책임이 아니라고 하였습니다.

무덤이 비어있다는 사실이 알려지자 큰 흥분이 일어났으며 저는 더 큰 근심에 싸이게 되었습니다.

저는 「이슬람」이라는 사람을 보내어 자초지종을 조사하게 하였는데 그는 제가 다음과 같은 상황을 연상할 수 있도록 자세히 말하여 주었습니다. 사람들은 그 무덤 위에서 부드럽고 아름다운 빛을 보았다고 하였습니다.

처음에 그는 여자들이 그들의 풍속내로 예수에게 빌라드릴 향유를 가지고 왔는가 하고 추측하였습니다.

그러나 곧 그는 여자들이 파수꾼을 통과할 수 없으리라는 데 생각이 미쳤습니다.

이러한 여러 생각이 그의 마음에 스쳐가는 동안 이상하게도 온 주위가 환하고 밝게 비취고 거기에 이미 죽었던 많은 사람들이 그들의 수의(壽衣)를 입은 채로 서 있는 것 같았다고 하였습니다.

그들 모두가 말로는 다 표현할 수 없는 기쁨에 충만하여 환호하는 듯하다 동시에 그 주위와 위로부터 그가 들어 본 적이 없는 아름다운 음악이 들려왔으며 온 누리에 하나님을 찬양하는 소리가 가득차고 넘친 것 같았다고 합니다. 이런 것을 보고 듣는 동안 땅은 기고 헤엄치는 것 같았고 그는 토할 것 같고 힘이 없어 일어설 수가 없었다고 하였습니다. 대지는 그 아래에서 헤엄치는 듯하여 그의 감각은 마비되고 그는 무슨 일이 일어나는지 알 수 없었다는 것입니다.

정신이 돌아왔을 때 어떻게 되었느냐고 물었더니 그는 얼굴을 땅에 대고 엎드려 있었다고 하였습니다. 저는 그의 현기증이 잠에서 깨어나 너무 갑자기 일어나므로 흔히 있는 것 같은 그런 경우

참진리 참소망

가 아니었는가 물었습니다. 그는 말하기를 잠든 것이 아니라, 마치 임무 수행 중에 잠을 잤기 때문에 사형 선고를 받아 죽는 경우와 같았다고 하였습니다. 또 말하기를 병정들은 서로 교대로 잠을 잤다고 하였습니다.

그러면 그 광경은 얼마 동안이나 계속되었는지 물었습니다. 그는 대답하기를 확실하게는 모르지만 약 한 시간쯤 되지 않았나 짐작한다고 하였습니다. 또 정신이 돌아온 후 그 무덤에 가보았느냐고 물었으나 못 갔다고 대답하였고 그 이유는 교체병이 오자마자 그들이 숙소로 가는 것을 두려워했기 때문이라고 했습니다. 그러면 제사장들에게 질문을 당하였느냐고 물었더니 그렇다는 것이었습니다.

그 내용인즉 제사장은 밤에 일어난 사건이 지진이었으며 파수꾼들이 모두 잠들었을 때 제자들이 예수의 시체를 훔쳐간 것이라고 말한다면 그에게 돈을 주겠다고 하였다는 것이었습니다. 그러나 그는 거기서 한 사람의 제자도 보지 못하였으며 시체가 없어졌다는 사실도 모르고 있었으며 누군가의 말을 듣고 후에 알았다는 것이었습니다.

저는 그가 같이 대화한 제사장들의 예수에 대한 견해가 어떠하냐고 물어 보았습니다.

그는 대답하기를 제사장이 더러는 예수는 남자도 사람도 아니며 「마리아」의 아들도 아닐 뿐더러 「베들레헴」 처녀의 몸에서 탄생된 그 사람이 아니라고 말하였다고 대답했습니다.

제가 생각하기로는 만일 유대인의 주장이 사실이라면 다음과 같은 결론을 지을 수 있을 것 같습니다.

왜냐하면 마치 진흙이 토기장이의 손에 있듯이 모든 것이 그 사람의 손에 있다는 사실이 그를 따르는 자들이나 배척자들에 의하여 알려지고 증거된 것처럼 그 모든 사실이 그 사람의 생애와 조화되기 때문입니다.

그는 물을 포도주로 만들 수 있었습니다.

그는 바다를 잠들게 하고 폭풍을 멈추게 하고 고기를 잡아 그 입에서 은전을 얻어낼 수 있었던 분입니다.

만일 모든 유대인들이 증거하는 것처럼 그가 했다고 하는 많은 일들을 그가 할 수 있었다(눅13:32)면 그를 대적하게 했던 그의 모든 주장은 사실일 수밖에 없다고 저는 감히 말씀드립니다.

그는 범죄함으로, 어떤 법을 어김으로써 또 누구를 그릇되게 함으로써 비난을 산 적은 없었습니다.

이 모든 사실은 - 그를 지지하였던 사람뿐 아니라 그를 대항하였던 수많은 사람들까지도 인정하고 있습니다.

십자가 옆에서 「말커스」가 말한 것처럼 나는 진실로 이 사람은 하나님의 아들이었다고 말하고 싶습니다.

각하여, 이것은 제가 할 수 있는 한 사실대로 기록한 것입니다.

이번 사건에 있어서 「안티파터」가 제게 관한 여러 가지 가혹한 평을 하였다고 들었으므로 황제께서 사건의 전모를 아신 후 제가 취한 행동에 대하여 바른 판단을 내려 주시도록 자세히 쓰느라고 많은 애를 썼습니다.

각하의 건승(健勝)을 빕니다. 저는 각하의 가장 충실한 신하입니다.
                                                    - 폰티우스 필라투스

참진리 참소망

*결론적으로
-예수 그리스도에 대한 역사적 사실 증거는 세속적인 자료나 성경 역사적 자료 양쪽 방면에서 모두 풍성하게 찾을 수 있습니다.
-예수의 실존에 대한 가장 큰 증거는 1세기에 실제로 존재했던 수천 명의 기독교인들과 열두 사도들이 예수 그리스도에 대한 믿음으로 말미암아 순교했다는 사실입니다.
-사람은 진리를 위해 자기의 목숨을 버릴 수는 있겠지만, 거짓을 위해서 죽을 수 있는 사람은 없기 때문에 더욱 예수님 존재의 사실성을 뒷받침해줍니다.

〈지금도 살아 역사하시는 예수님의 분신〉

▶성령(보혜사)

주님은 부활 승천하시기 전에 이렇게 말씀하셨습니다.
"내가 너희에게 실상을 말하노니 내가 떠나가는 것이 너희에게 유익이라 내가 떠나가지 아니하면 보혜사가 너희에게로 오시지 아니할 것이요 가면 내가 그를 너희에게로 보내리니"(요16:7)
"내가 아버지께 구하겠으니 그가 또 다른 보혜사를 너희에게 주사 영원토록 너희와 함께 있게 하리니" (요14:16)
이 사실들은 지금도 성령님께서 예수님의 분신으로 우리 곁에서 역사하고 있으면서 교회를 유지시키고 있으므로 위 약속을 굳게 믿으며 마음을 새롭게 하고 주님을 더욱 바라보아야 합니다.

▶예수님이 지금도 실존하시는 증거

-수많은 사람들의 체험 간증이 지금도 살아 우리를 도우시는 예
　수님을 증언합니다.
-신유(神癒), 성령세례, 변화의 기적 등등은 살아계시는 예수님의
　증거입니다.
-기독교의 영향력으로 세계가 변화되어 바람직하게 유지되고 있
　음이 예수님의 살아 역사하심을 입증합니다. 예수님께서 로마
　제국이나 일본제국을 멸하여 위기에서 세상을 구원하셨듯이.
-미래에도 살아계시는 예수님을 알 수 있었습니다.

　볼지어다. 내가 세상 끝날까지 너희와 항상 함께 있으리라. (마태
복음 28:20)

　　　　　　　　　　　　　　　　　　　　　참진리 참소망

사랑과 율법

하나님의 인간에 대한 사랑은 그 어떤 사랑보다도 지극히 크고 넓고 깊으심을 알고 있습니다. 그리고 하나님 당신의 원하시는 바에 따라 인간이 고귀하고도 거룩할 수 있도록 모세가 율법을 가르쳤음도 알고 있습니다.

문제는 모세와 예수님과의 차이가 드러남을 알았을 때 진정한 하나님의 뜻이 무엇인가를 깨닫게 되었습니다.

율법은 모세로 말미암아 주신 것이요 은혜와 진리는 예수 그리스도로 말미암아 온 것이라(요 1:17).

율법은 모세로 말미암아 유대 민족에게 주신 것이며 복음은 은혜와 진리로 오신 예수로 말미암아 유대인이나 이방인이나 구별 없이 모든 믿는 자에게 구원을 주시는 하나님의 능력이라 하였습니다. 과연 율법과 복음의 차이가 얼마나 다른가를 말씀을 통해 상고하고자 합니다.

1. 형체의 차이(히10:1, 마5:17)

모세가 전하는 율법은 불완전하였음(롬3:20, 히10:1, 7:18-19)

예수님이 전하신 복음은 완전함(롬10:4, 마5:17, 히12:2, 10:9-10, 14)

복음은 율법의 완성임(롬1:16, 고전1:24, 마5:17, 딤후3:16-17)

2. 요구의 차이(롬3:20, 13:10)

모세의 율법은 정죄만 하였음(요5:45, 롬3:19-20, 갈3:10-11)

예수님의 복음은 죄를 사하여 주심(갈4:4-5, 엡1:7, 롬1:6, 5:8)

주님의 사랑은 율법의 완성임(요3:16, 요일4:10, 롬5:8, 13:10)

3. 보상의 차이(고전15:56, 롬6:23)

모세의 율법은 사망에 이르게 함(고전15:56, 롬7:5, 6:20-21)

예수님의 복음은 생명에 이르게 함(요6:23, 14:6, 롬1:17, 6:22)

복음은 우리에게 영원한 생명을 주심(롬6:23, 8:1-2, 히5:8-9)

즉 모세의 율법도 보다 많은 인간을 위해 꼭 있어야 하는 윤리
요 질서요 진리의 덕목임은 사실입니다. 하지만 율법대로 저촉되
는 모든 사람을 처형하면 이 세상에 살아남는 자가 누구이겠습니
까? 죄 없는 자, 즉 처형당하지 않는 자가 누구이겠습니까? 없습니
다. 때문에 율법만으로는 부족하기에 인간을 사랑하시는 하나님께
서는 율법의 한계를 복음으로 완성하시어 온전한 인간 사랑을 베
풀었음을 알았습니다.

때문에 온전하신 진리이시고 영원하신 사랑이시고 생명이시고
빛이신 예수님이신 것입니다. 하나님 차원입니다. 진정으로 이 세
상 다할 때까지 알파와 오메가 되시는 주님이십니다.

위와 같이 불완전한 율법에서 건져 복음으로 온전케 하심으로
사망에서 영생으로 인도하신 예수 그리스도의 크신 은혜가 모세
와의 다른 차이였습니다.

하나님의 무한한 사랑에 항상 감사하는 참다운 믿음의 소유자가 되어야 하는 이유를 새삼 깨달았습니다. 하나님께서 바로 완전한 사랑, 온전한 진리, 영원한 생명에 계심을 깨우치게 되었기 때문입니다.

인간이 선악과를 따 먹은 결과로 인해 항상 죄성(罪性)을 지니고 살 수밖에 없는 운명을 지닌 존재이므로 늘 불완전하고 늘 죄에 저촉될 것이지만 길이요 진리요 생명이신 예수님만 믿고 따르면 만사가 다 해결되는 우리 인생임을 알았습니다.

전에 법을 깨닫지 못할 때에는 내가 살았더니
계명이 이르매 죄는 살아나고 나는 죽었도다.
생명에 이르게 할 그 계명이 도리어
사망에 이르게 하는 것이 되었도다. (로마서 7:9, 10)

영생의 생수

저는 교회에 출석하면서 영생에 관하여 많은 관심을 가졌습니다.

성경이 말씀하고 있는 영생의 의미를 바로 하나님과 실제적으로 관계를 회복하는 것이 영생이라고 생각했습니다.

대표적인 예를 든다면 예수님만이 사람의 형상을 입고 영생의 천국에 들어갈 수 있어 성령으로 영원히 살고 있는 표본이 된다고 믿어 왔습니다.

따라서 주님께서 우리의 심령에 주인이 되시고 왕이 되셔서 이 제는 주님께 순종하는 삶을 살게 될 때, 즉 우리도 예수님과 일체 가 되어질 때 예수님의 나라에서 예수님처럼 영생할 수 있다고 생 각했습니다.

그러나 우리는 막10:21-22절에 나오는 부자처럼 우리 안에 주님 보다 더 사랑하는 그것을 버리려 하지 않는 것이 사실입니다. 주님 보다 세상을 더 사랑하고 주님보다 정욕을 더 사랑합니다.

중요한 것은 이것을 버리지 아니하면 하나님과의 참된 관계가 회 복되지 않아 참된 생명 속에 들어갈 수가 없다고 예수님으로부터 가르침을 받았습니다.

영생을 얻을 수 없는 이유는 참된 믿음이 없기 때문으로 알고 있습니다. 참으로 하나님의 나라를 경험할 수 없고, 참으로 그날 에 또한 하나님의 나라를 유업으로 받을 수 없음도 압니다. 그러 므로 신구약의 성경은 한결같이 예수님의 가르침을 온전히 받기 위해 회개하라고 말씀하고 있습니다.

참된 생명, 영생, 믿음, 천국을 소유하려면 주님보다 더 사랑하는 모든 것들을 철저히 회개하고 버리고 오직 주님만을 사모하여야 한다고 믿습니다. 오직 그의 나라와 그의 의를 간구하고 또 간구할 때 그런 자에게 주님은 참된 영생을 허락하여 주실 것이라 믿습니다.

그러면 무엇이 영생천국에 들어가는 천국입장권인가를 생각해 보았습니다. 그것은 크게 <진리와 믿음과 소망>이라고 믿게 되었습니다.

하나님이 진리이시고 진리가 곧 영원히 죽지 않는 생명이고 알파와 오메가가 되시기 때문입니다. 진리는 죄가 없는 빛임을 압니다. 결코 어떠한 경우에도 죄가 없고 빛을 잃지 않고 퇴색되지 않는 진리는 생명력이 영원합니다. 하나님이 거룩하시므로 하늘백성으로서 우리도 거룩해야 함을 깨닫습니다. 하나님, 즉 진리는 영이므로 영은 이 세상의 그 어떠한 권세라도 결박할 수 없는 생명의 힘이 있음을 죽음의 권세도 진리의 생명힘을 결박할 수 없음을 예수님으로부터 체험했습니다. 때문에 영원히 죽지 않는 생명력임을 알고 있습니다. 하나님의 능력은 진리이기에 사람을 흙으로 지으시고 코에 생기를 불어 넣으시어 생령이 되었다고 합니다(창세기 2:7).

이러한 진리를 놓치지 않고 굳게 잡을 수 있는 힘이 바로 믿음이라고 생각합니다. 아무리 뛰어난 인간이라고 해도 인간의 두뇌와 의지가 하나님의 능력을 능가할 수 없음을 잘 압니다. 때문에 하나님과 일체가 되면서 하나님 차원의 영생천국으로부터 추락하지 않기 위해서는 절대 믿음이 필수 요소임을 깨달았습니다. 그리하여 너를 버리고 나를 따르라고 예수님께서 가르치셨음을 이해했습니다.

하나님은 영생의 존재요, 마귀는 죽음의 존재라고 성경에서는 가르치고 있습니다. 태초에 인류의 첫 조상, 아담과 하와는 하나님의 형상을 입고 있었던 고로 영생의 존재였습니다(창세기 1:27).

하지만 하나님의 진리 말씀을 어기고 마귀인 뱀의 유혹에 넘어가 선악과를 따 먹은 결과 그 후손들 모두가 죽을 수밖에 없는 운명을 물려받게 된 것입니다. 이것을 원죄(原罪)라 했습니다.

인류의 첫 조상 아담과 하와가 원래 끝없는 행복을 누리면서 영원히 살던 존재였지만 슬픔과 고통과 불행 속에서도 죽지 않으려고 애쓰고 기를 쓰며 살다가 끝내 죽고 마는 것이 인간 후손들의 현실입니다. 즉 마귀의 노예가 되었기 때문입니다. 마귀는 죄의 노예입니다. 참으로 비극이라 아니 할 수 없습니다.

우리 인간은 영육으로 이루어져 있습니다. 육신의 작용인 피와 영의 작용인 생각이 서로 상호 작용을 하고 있습니다. 아담과 하와가 마귀의 악한 마음에게 점령당하는 순간, 하나님의 영생피에서 마귀의 죽음피로 변하게 되었지요. 이 사건으로 말미암아, 아담과 하와는 결국 죽게 되었던 것입니다. 그러나 여기서 그 반대 작용도 생각해 볼 수 있습니다.

아담과 하와의 피가 마귀의 악한 마음을 먹음으로 인해 죽을 피로 변했다면, 하나님의 선한 마음을 먹음으로 인해 마귀의 피도 역시 죽지 않는 하나님의 피로 바뀔 수 있다고 생각할 수 있습니다. 성경에서도 육신의 피가 생명이라고 가르칩니다.(레위기17:11)

그러므로 예수님께서 십자가의 보혈로 더러워진 우리의 죄(피)를

참진리 참소망

깨끗이 닦아 주셨던 것입니다. 마귀의 피를 깨끗이 씻으시고 하나님의 맑은 피로 변화시켜 주셨음을 알았습니다. 사람의 마음이 하나님의 마음으로 바뀌면 혼탁한 마귀의 피가 하나님의 피로 바뀔 수 있겠지요. 죄성이 깃든 마귀피에서 죄사함 받은 하나님의 깨끗한 피로 바뀌면 몸도 하나님의 몸으로 바뀌게 되어 거듭나는 비밀, 부활의 비밀, 영생의 비밀이 이루어짐을 알았습니다.

사람은 마음을 새롭게 함으로써 변화됨으로(로마서 12:2), 마음이 변하면 피가 바뀌고 몸의 세포가 새롭게 바뀌고 살과 뼈와 온 몸이 새롭게 창조된다고 했습니다(고린도후서 5:17).

피와 마음이 서로 통하기 때문입니다. 남편을 진심으로 사랑하고 있는 부인은 반드시 그 아빠를 닮은 아기를 낳고, 자기 생각만 하고 자기 자신만 좋아 하는 부인은 반드시 그 엄마를 닮은 아기를 낳는다고 합니다. 또한 임신한 부인이 다른 남자를 사랑하게 되면, 이상한 아기를 낳게 된다고 합니다. 예를 들어, 어떤 영화배우의 열광적인 팬이라면 반드시 그 영화배우를 닮은 아기가 나오게 되어 있다고 합니다.

카나리아 새의 노래를 주관하고 있는 뇌세포의 수가 노래를 가장 신나게 하는 봄에 가장 밀도가 높고 노래를 하지 않는 겨울에는 그 수가 얼마 되지 않는다는 사실을 밝혀내었다고 합니다.(최영식 박사 - 한국 뇌 연구원 책임 연구원)

이러한 카나리아 연구를 토대로 사람의 뇌세포도 하루에 약 20,000개 정도가 생멸(生滅)하고 있다는 학설을 발표했습니다. 처음에는 이 학설이 인정받지 못하였으나, 결국 사실로 판명이 되어 지금은 널리 알려지게 되었습니다. 그 팀은 또한, 필요한 뇌세포가 새롭게 조성되며 쓸모없는 세포는 죽는다는 학설도 발표했습니다.

이러한 학설은 몸과 마음이 하나라는 사실을 증거하고 있으며 몸을 구성하는 세포들이 마음먹기에 따라 새롭게 조성된다는 사실을 증거하고 있습니다. 진리는 죄가 사해진 하나님의 피요 이 피를 굳게 잡고 죄에 빠지지 않는 힘이 믿음입니다. 오직 하늘나라만을 향한 소망은 영원한 나라를 길이 가져올 것입니다.

이러한 진리와 믿음을 굳게 지니고 영생에 대한 소망을 가질 때 영생 천국이 이루어짐을 알았습니다. 소망은 시간과 공간을 가까이 당기는 힘이 있음을 압니다.

즉 영생의 마음에 영생이 있으므로 영생의 소망에 영생이 있음을 추론했습니다.

성경의 증거에서도 하나님은 영생의 하나님이요, 생명의 영(靈)이요, 영원한 왕이라(예레미아 10:10)고 했습니다. 오직 하나님만이 죽지 않는 존재요, 영원히 사는 존재이다(로마서 6:16)고 했습니다.

그러므로 사람이 하나님을 따라 그의 의(義)와 진리의 거룩함으로 다시 거듭나면(에베소 4:24) 영원히 죽지 않는 존재가 되고 오직 의인(義人)만이 영생할 수 있다(에스겔 18:9)고 했습니다.

하나님은 생명의 영(靈)이요, 그의 마음은 선한 마음이고 그는 영원히 죽지 않는 존재가 되고 그가 바로 의인(義人)이며 의인(義人)은 선한 마음의 대가로 영원히 살 수 있다(마태복음 25:46)고 했습니다.

한편, 영원한 생명의 힘은 생명과일에서 나온다고 했습니다. 성경에도 누구든지 생명과일을 먹기만 하면 영원히 죽지 아니한다(창세기 3:22)고 했습니다.

그러므로 선한 마음과 생명과일이 같은 것이고 성경은 영적(靈的)인 책이므로, 생명과일은 영적(靈的)인 과일을 상징하며 영적(靈的)인 과일은 곧 영(靈)을 말한다고 합니다. 생명과일과 선한 마음은 똑 같이 하나이고, 생명과일이 곧 하나님의 마음이요, 하나님의 마음이 곧 생명과일이 되는 것입니다.

때문에 영생의 생수가 곧 하나님의 말씀과 가르침인 성경이고 이것이 곧 진리이고, 이를 놓치지 않기 위해 굳센 믿음으로 하루하루 영생에 대한 소망을 갖고 살아갈 때, 영생은 우리 앞에 가까이 다가옴을 확신할 수 있었습니다. 예수님께서 하신 말씀, "내가 길이요 진리요 생명이니라"에서 예수님에 대한 믿음이 곧 생명이요 진리가 곧 생명이 되며 사탄과 죽음을 이기는 영생의 길임을 확신할 수 있었습니다.

태풍, 화산, 지진도
하나님의 은혜입니다

창조주 하나님께서는 지구 내부 6,000km에 6,000도나 되는 내핵을 형성시키시어 지구가 얼지 않고 열이 확산되어 온기를 유지하고 생명체가 살 수 있도록 이루어 주셨습니다. 또 지구의 내부 온도를 밖으로 순환시키면서 생명의 별을 유지하기 위해서 창조주 하나님께서는 온도의 순환을 지표면으로 분출시키도록 설정하셨습니다. 이에 따라 나타나는 현상이 바로 태풍과 화산이 되는 것이지요.

태풍과 화산은 지구 전체의 생명상태를 유지하기 위한 하나님의 크나큰 계획이심을 알았습니다. 지구 전체가 용광로가 되어 폭발하고 모든 생물들이 타서 없어지는 것보다 일부 지역에 태풍을 일으켜 열에너지를 골고루 순환시키고, 화산을 폭발케 하여 지구의 온도를 적정하게 조절하고 유지하는 하나님의 더 큰 섭리 앞에 저는 하나님의 크신 은혜를 깨달으며 숙연해졌습니다.

하나님께서는 지구의 대륙을 축구공처럼 조각으로 이어 대륙끼리 서로의 견인력으로 유지하며 바다에 빠져 함몰하지 않도록 땅과 바다를 창조하셨습니다. 지진현상도 지구의 땅인 대륙이 제각기 깨지고 파괴되어 바다 속으로 침몰하지 않고 모든 생물이 살 수 있는 육지를 견고하게 지키시며, 유지하고 조절하여 주실 때 나타나는 현상으로 지구가 바다 속으로 빠지지 않게 하시는 큰 은혜임을 깨달았습니다.

문제는 이러한 하나님의 근본적인 은혜를 사람들이 어떻게 알고 대처하느냐가 피조물이 창조주를 대하는 참된 윤리와 올바른 태도라고 생각합니다.

태풍이 발생한다고 불평하고 화산이 폭발한다고 두려워하고 지진이 발생한다고 하늘이 우리를 버렸다고 절망해서는 안 됨을 알았습니다.

지구를 운영하시는 하나님의 더 큰 은혜의 권능을 인식하여 우리 인간이 미리 대처하는 건축기술이나 과학기술을 끊임없이 개발하여 피해가 없는 인류생활을 하는 것이 가장 현명한 방법임을 간증합니다.

은혜의 바다에서
즐겁게 노닐다

하나님은 한국인을
천손(天孫)으로 만드셨습니다

그 민족의 신화는 그 민족의 마음입니다. 그 민족이 살아오면서 꿈꾸고 바라던 현실과 이상을 다리 놓는 이야기입니다. 때문에 민족 신화에 대한 해석과 이해는 민족의 마음판에 새겨놓은 창조주의 택하신 배려로 이해될 수밖에 없습니다.

따라서 단군신화에 대해 은혜롭게 이해하는 길은 한국인의 마음판에 새기신 하나님의 뜻을 아는 것입니다.

한국 역사적 존재성에 대한 이해를 가장 구체적으로 알 수 있는 신화는 여러 건국신화 중에서 단군신화가 가장 자세하고 구체적입니다. 단군신화에서 환인, 환웅, 단군의 세계(世系)가 뚜렷이 부각되고 있는 점은 한국인이 고귀한 근원적 존재가치를 하늘에 있는 신의 혈통에 연결시켜 찾도록 의식의 구조를 형성시켜 주셨던 것입니다.

여호와 하나님 성부와 아들인 성자 예수님의 세계(世系)처럼 하늘의 신인 옥황상제 환인과 그 아들 환웅으로부터 한국인 역사의 시조인 단군성조가 태어나도록 이루어진 신화구조입니다.

삶이나 존재이유에 관한 자긍심뿐 아니라 인간이 받는 은혜나 민족창조도 하늘에 있는 신관으로부터 이어받게 하셨습니다. 이러한 이유 때문에 약소민족이었지만 한국인은 대내외적으로 숱한 역사의 시련을 겪으면서도 인간으로서의 차원 높은 민족성을 지니며 거룩한 삶의 질을 유지하고 형성시켜 고귀한 종교민족이라는 평가를 타민족으로부터 평가 받고 있음을 알 수 있었습니다.

환웅이 '인간세상을 탐냈다'는 점은 신이 인간에 대한 한없는 관심과 사랑이라는 점에서 매우 은혜가 큽니다. 예수님이 하늘의 보좌를 버리시고 인간 세상에 내려와 인간을 죄에서 구원하시고 천국으로 인도하시는 구조와 대동소이합니다.

창조주 하나님은 만물의 영장으로서 한국인에 대한 고귀한 민족관(民族觀)을 한국인이 스스로 가질 수 있게 의식구조를 미리 형성케 하셨던 것입니다. 스스로 수천 년의 고난을 거치는 동안에도 역사적 삶에서 로마나 일본이나 몽고, 독일, 페르시아, 그리스 민족처럼 인간을 살육하는 영웅의 오만한 모순에 빠지지 않게 인도하셨던 것입니다. 타 민족을 압박하고 무자비하게 살육하는 저급한 짐승 차원이 아니라 존귀한 민족차원에서 결코 격하되지 않는 인간을 사랑하고 존귀하게 여기는 휴머니즘적 삶의 길을 인도하셨던 것입니다. 이는 한국인이 살아온 역사과정 속에서 타 민족에 비해 가장 높이 칭송받을 수 있는 근거를 제시하고 있습니다.

신단수(神檀樹)와 신시(神市)의 분위기도 고대 한국인의 마음을 평화의 광장으로 이루어지게 짜 놓으셨습니다. 신단수와 신시는 한국인 마음 상태의 판입니다. 창조주 여호와 하나님, 즉 평화의 왕이신 예수님은 모든 민족 중 한국인을 으뜸가는 평화민족으로 만드셨습니다.

신단수 아래에는 인간이 되고 싶은 한 마리의 곰과 호랑이 한 마리가 기도를 드리면서 한 번도 으르렁거리면서 싸우거나 투쟁했다는 흔적이 전혀 없습니다. 한국인의 정신세계는 그 만큼 평화를 추구했다는 증거입니다. 네미 호숫가의 거울같이 맑은 그리스, 로마인들의 신화에 기록된 영혼은 투쟁과 죽임의 피로 얼룩져 있습니다. 이 부분에 비하여 신시의 광장은 매우 수준이 높고 평화롭고 거룩하여 유치한 삶의 차원을 극복했습니다.

생명의 주인과 생명의 신에 대해 보답하는 보은(報恩)의 길은 삶의 방식에서 다른 생명에 대한 사랑과 이해와 존중으로써만이 그 은혜를 보답할 수 있다고 봅니다. 서로 죽이며 싸움이 아니라 살육과 투쟁이 아니라 창조주의 아름답고 사랑하는 뜻을 따라 사는 평화의 삶이 올바른 방식임을 성경에서 가르치고 있습니다.

미개한 시대를 거치는 동안에 역사 속에 모순되게 살았던 교훈을 통해서 인류사에 지탄의 대상이 되고 있는 민족도 많이 있습니다. 지금도 민족의 자존심이 많이 구겨지는 평가를 받으며 회개를 요구 받고 있습니다. 지난날 다른 민족의 조상이 잘못 살았던 역사적 삶의 자취를 뉘우치며 시정하는 위정자들의 회개하는 노력도 많이 보이고 있습니다.

하지만 한국인의 평화 지향적 삶과 인간 존중과 인간 가치에 대한 외경의 삶의 자세는 타 민족으로부터 귀감이 되고 있음을 부인할 수 없습니다. 신시는 가장 평화로운 광장으로 모든 민족뿐 아니라 모든 만물과 민족의 본이 되고 있는 정신세계의 가치공간이 아닐 수 없음을 알았습니다. 삶의 방식에서 평화 이상의 가치는 찾을 수 없기 때문이다. 평화의 삶, 그것은 삶의 방식에서 절대가치이기 때문입니다.

하나님은 한국인의 인간관에 관하여 영웅이 아니라 성자(聖者)로 삼으셨습니다. 호랑이가 아니라 곰의 길을 택하도록 하셨습니다. 삶의 유형에는 크게 두 가지로 나눌 수 있습니다. 하나는 도덕적 성자적 인간형이고 다른 하나는 활동적 개척적 영웅형입니다. 여기에 장단점이 모두 있을 수 있습니다.

도덕적 인간은 본능을 극복함으로써 예의나 휴머니즘으로 삶을 승화시켜 가는 성자형 부류이고 개척적 인간은 자기중심적 가치체계에 뿌리를 내리고 남을 밀침으로써 자신의 삶을 확장 또는 형성해 가는 제국주의적 전쟁 영웅형 부류입니다. 숱한 인류의 역사과정에 나타나고 있는 교훈은 인간에 대한 존중 그 이상을 뛰어넘을 수 있는 가치관이 없습니다. 이 세상에서 평화와 인간 존중은 절대 가치관으로서 다른 가치관이 더 이상 높이 평가 받을 수 없습니다.

징기즈칸의 실크로드나 나폴레옹의 황무지 개척도, 그리고 타민족의 생명을 너무나도 무자비하게 희생시킨 히틀러의 광신적 민족의식도, 가을에 추수하는 이삭처럼 인간의 생명을 베고 다닌 로마제국이나 사람의 목을 무 밑동 자르듯이 베고 다닌 일본의 제국주의 등은 후세에 세세토록 역사의 심판대에서 고통을 받고 있습니다. 공(功)을 앞세우기보다는 인간에 대한 생명을 너무나도 경시했음을 피할 수 없습니다. 피해 받은 민족들은 잊지 않고 있습니다. 시간이 흐를수록 지탄의 소리는 더욱 높아가고 있습니다. 그러한 민족의 후손들이 자존심 상하며 아직도 좌절의 고통을 겪고 있습니다.

생명의 창조주를 올바로 이해하지 못하면 인류의 구원은 기대하기 어렵다고 봅니다. 생명주(生命主)에 관한 최대의 보답은 모든 생명을 긍정적으로 누리면서 자연이든 동물이든 식물이든 인간이든 생명을 후대에 이어나갈 수 있는 길 이외에는 다른 길이 없을 것입니다. 자신의 생명을 귀하게 여기는 출발점에서 본 타인에 대한 생명 존중은 예수님의 '네 이웃을 네 몸과 같이 사랑하라'는 교훈과 진리의 가르침으로 다가옵니다.

한국인이 인고의 과정에서 우매한 곰과 같은 역사적 삶을 살아온 인고의 방식에 대한 비판의 목소리도 있습니다. 하지만 인류의 삶에서 인류를 사랑하고 구원(救援)하는 삶의 방법면에서 그 이상으로 가치평가를 높이 받을 수 있는 삶은 휴머니즘밖에 다른 길이 없다고 이해됩니다. 왜냐하면 곰의 인고의식은 인류를 사랑하고 도덕을 수련하는 숭고한 인간의 길을 걷기 위한 피나는 도덕적 수련의 과정이었기 때문입니다. 한국인은 역사 속에서 빛이 더욱 찬란히 빛난다고 동양 최초의 노벨 수상자 인도의 타고르도 이미 예언했습니다. 하나님께서 당신 자신의 길처럼 만드셨기에 한국인은, 곰의 인간형을 택했지만 실은 곰같이 미련하지 않고 참으로 지혜롭고 가치있고 위대합니다. 할렐루야, 한국인 만세!!!

하나님은 보통사람을 통해
크게 은혜를 베푸십니다

사람을 이 세상에 창조하신 이유는 하나님께서 누구에게든 모두 하나님의 깊으신 뜻이 있기 때문임을 말씀드립니다. 저는 평범하고 잘난 것 하나 없는 보통사람입니다. 그러나 하나님께서는 평범한 사람도 택하여 크게 은혜를 베푸심을 증언합니다. 하나님은 인간을 통해 당신의 뜻을 역사(役事)하심을 말씀드립니다.

저의 이름은 이호주(李虎周)입니다. 그리고 제가 태어나게 하셨고 이 세상에서 무엇을 해야 하는가를 조상을 통해 계시하셨음을 알려 드립니다.

조상으로부터 부여받은 이름에는 제가 이 세상에서 해야 할 일을 하나님께서 태몽으로 계시하여 주셨음을 알게 되었습니다. 이(李)는 성이고 본관은 전주입니다. 주(周)는 하(夏), 은(殷), 주(周), 용(鎔) 등으로 이어지는 세계(世系)의 돌림자입니다. 전주이씨 덕천군 자손에 계승되는 대(代)의 돌림자입니다. 제 이름의 특성에 부여된 호(虎)는 동양에서 백수(百獸)의 왕으로 호칭되는 호랑이의 모양을 나타낸 상형문자입니다.

태몽은 시간과 공간이 서로 교차되어 회전하는 세계인 4차원에서 현실의 공간세계인 지금 이 세상 3차원으로 바뀔 때 한 컷을 보여주는 태아의 일시적인 장면이라고 합니다. 또한 태몽을 기독교에서는 주님의 뜻이라고 해석합니다. 태몽을 꾸는 이유는 태몽은 아이 잉태와 출산에 관한 것을 예지하며 태몽을 통해 그 사람의 운명, 재능, 성격, 직업 등을 알 수 있다고 합니다. 또 태몽은 그 아기의 일생 동안에 있을 두드러진 운세, 업적, 공로에 관해서 예지하는 데 그 목적이 있다고 합니다.

제가 태어나던 날 아침에 중조할아버지께서는 꿈을 꾸던 중 저의 집에서 커다란 암호랑이 한 마리가 나와 집의 뒷동산으로 올라가고 있었다고 합니다. 꿈속에서 몰래 창호지를 손가락으로 뚫고 바라보시던 중조할아버지는 뒤를 돌아보던 호랑이의 섬광처럼 빛나는 눈동자와 눈빛이 마주쳤습니다. 너무나 소스라치게 놀라 할아버지는 잠에서 깨어나 앉아 계시는데 조금 후 제가 태어났다는 소식을 들었습니다.

태몽를 통해 창조주께서 보여 주신 대로 할아버지는 아버지께 명하여 범호(虎)자를 넣어 이름을 짓게 하셨고, 그 후 할머니와 어머니로부터 저의 출생담을 전해 듣게 되었습니다.

호랑이는 동양에서 산중왕 또는 백수의 왕으로 상징되지만 인간 세상에서는 태아의 의지가 왕의 영향력과 힘으로 나타남을 상징합니다. 28세에 예산고등학교 교사로 재직하면서 제가 담당했던 충효교육을 통해 박정희 대통령과 깊은 인연으로 이어지게 하여 하나님께서는 당신의 의지를 저의 글을 통해 대통령의 국정에 반영하는 계기를 만드셨던 것입니다.

지금으로부터 42년 전 1978년 당시 저는 28세로 경력 2년째의 젊은 교사였습니다. 제가 맡고 있던 충효교육은 박정희 대통령이 매우 중시하였습니다. 뒤처져 있던 한국의 경제발전과 산업부흥을 위해 매우 힘썼습니다. 인적자원의 개발과 참여를 통해 국정목표의 실현을 의도했고 대통령의 국정지도방침에 따른 국민교육의 초점으로 충효교육도 맞추어져 있었습니다.

예산고등학교 백승탁 교장은 학생예절수칙 5가지를 설정하여 학교충효교육을 실시하고 있었습니다. 대통령에게 학교 새마을 교육사업의 성과를 보고하던 중 충효교육의 공과도 곁들여 보고하기 위해 충효교육 담당교사인 저에게 학생예절수칙에 관한 교육내용의 글을 구상하여 집필하도록 했습니다. 당시의 학생예절수칙 내용은 다음과 같이 기억합니다.

학생예절수칙

1. 나는 웃어른을 지극히 공경하고 인사를 잘 합니다.
2. 나는 부모님께 감사하며 진심으로 효성을 다 합니다.
③ 나는 나를 소중하게 여기며 나의 발전을 위해 열심히 노력합니다.
4. 나는 형제를 극진히 사랑하며 이웃을 위해 봉사합니다.
5. 나는 사회와 국가를 위해 있는 힘을 다 바칩니다.

③의 원문자 표기는 학생(나)이 주체가 되어야 하는 충효교육의 실천자입니다.

저는 제 나름대로의 신앙관, 즉 개인토테미즘을 지니던 중 이제 제가 해야 할 일이 목전에 다가왔음을 깨달았습니다. 그리고 저에게 주어진 사명, 왜 암호랑이로 저에게 태몽의 계시를 보여 주셨던

가를 직감했습니다. 암호랑이는 남성적인 투쟁이나 전쟁영웅의 성격이 아니라 여성적인 사랑과 덕을 펼치는 성자형(聖者形)에 가깝습니다. 말하자면 예수님의 인간형과도 가깝습니다. 계시의 내용을 하나님께서 의도하시는 예수님과 같은 성자적인 '인간사랑'을 통한 국민행복으로 이어져야 한다고 이해했습니다.

그리하여 글의 주제를 예덕학원(禮德學園)의 두 교육이념, 즉 윤리와 질서의식인 "예(禮)"와 사랑의 덕목인 '덕(德)'을 주제로 설정하여 집필했습니다. 웃어른 공경은 일반적인 경로사상뿐 아니라 특별히 나라의 가장 큰 어르신인 대통령의 국정이념을 덕치의 길을 통한 경제발전과 신화 계승으로도 가치관을 연결시켰습니다. 부모 공경과 형제우애, 자기발전노력, 이웃사랑실천, 국가에 충성, 민족 동포애 등으로 엮어 200자 원고지 30매에 걸쳐 써 내려갔습니다.

즉 웃어른을 공경해야 하는 이유를 한국인의 슬기가 가장 빛나던 신라시대의 설화에서 찾았습니다. 임금의 후보자 박노례와 석탈해의 이야기는 떡을 입에 물었다가 나온 이빨자국이 많은 박노례가 왕이 되었다는 내용입니다.

이빨의 금인 임금의 어원은 닛금, 니사금, 임금 등으로 변천했습니다. 즉 이(齒)의 금이 많은 박노례가 임금이 되었는데 이가 많다는 뜻을 짐승에게는 물어뜯는 잔인성의 정도를 뜻하지만 인간에게는 나이테의 연륜처럼 쌓이는 덕(德)이 많다는 의미로 해석하여 제시하였습니다. 사람의 나이를 연치(年齒)라고 하며 이빨이 많음은 곧 나이가 많다는 뜻이고 사람에 대한 사랑과 이해심, 즉 덕과 사랑이 많다는 의미로 상징성을 해석하여 제시했습니다.

웃어른 중, 특히 대통령을 공경해야 하는 이유는 진정으로 인생

경험이 많아 덕이 많이 쌓인 때문이고 결국 가장 크고 넓은 예수님의 사랑과 연결시켰습니다. 또 실로 정치를 잘한 임금은 덕으로 다스렸음을 이조시대 왕의 사후 평가 내용 호칭에서 종(宗)을 평화시대와 덕치, 조(祖)를 내란시대의 철권정치와 공(功) 등으로 대조하였습니다. 정치를 잘한 임금은 조보다 종으로 높이 평가 받았다고 기록했고 세종대왕의 덕치를 본으로 제시했습니다.

그 후 하나님께서는 박정희 대통령의 마음을 완전히 변화시키시어 손에서 철권정치의 칼을 놓게 하셨습니다. 명화 '벤허'에서 분노와 복수의 증오심에 불타던 벤허가 십자가에 달린 예수님을 보고 온 후 문둥병에 걸린 어머니와 누이동생을 돌보던 사랑하던 하녀 에스더의 가슴에 머리를 묻으며 고백하던 말이 떠오릅니다.

"그 분이 내손에서 칼을 빼았었어."

하나님께서는 저의 글 내용을 통해 철권독재 통치로 인해 국민이 고통 받는 이유를 왜 예수님처럼 '나의 아픔'으로 견디어야 하는지를 하나님의 십자가 사역을 들어 글의 내용으로 제시하게 하셨던 것입니다. 하나님께서는 현대 물질문명 속에서 무엇보다 가장 귀중한 것은 인간의 생명임도 제시하여 대통령이 승복하도록 하셨습니다. 물리적 힘이 아니라 사랑만이 진정으로 남의 마음을 승복시켜 이길 수 있는 영원한 승리임도 제시했습니다.

한편 박정희 대통령은 경제대통령이라고 할 정도로 경제발전에 바탕을 두어 국력신장에 힘썼습니다. 집권당인 공화당의 상징인 황소를 한국단군신화에 나타난 인간관과 연계시켰습니다.

현대의 신화를 만들어 가는 공화당의 이념을 충효교육으로 연결하여 제시했습니다. 두 짐승-호랑이와 곰에서 한국인이 택한 곰의 상징원형을 내면으로 힘을 간직한 성자(聖者)의 윤리로, 한국인이 버린 호랑이를 전쟁에 능한 영웅(英雄)의 투쟁 능력으로 대조시켰습니다. 소의 문화가 곰의 문화를 이어가 성군의 길을 가게 하시는 하나님의 섭리도 우연의 일치가 아니었습니다.

진정한 한국의 영웅 이순신 장군, 악의 침략자 일본해군을 25전 25승으로 승리한 단순한 전쟁에만 능한 영웅이 아니라 민족을 죽는 순간까지 지키던 사랑의 영웅이었습니다. 비록 어리석은 선조임금이라도 그에게는 어진 양처럼 순종했던 덕망 있는 성웅(聖雄) 이순신 장군을 진정한 한국인의 인간관으로 제시했습니다. 단순한 영웅이 아니라 성웅으로 칭송 받는 이유를 제시했습니다. 또한 가장 크고 가장 깊은 사랑과 덕을 가르치고 실천하신 예수님을 〈왕중왕(王中王)〉, 왕 중에서 가장 으뜸가는 왕, 즉 영원한 세상의 왕이 되심도 근거로 들었습니다.

곰의 문화는 성자의 인간관으로 맥이 연결되는 소의 문화로 이어지게 논리를 전개했습니다. 소가 춘원(春園) 이광수의 우덕송(牛德頌)처럼 덕이 있으며 일을 많이 하여 농촌경제에 중차대한 역할을 하는가 하면 그 무거운 짐을 끌고 역사의 가파른 고개쯤은 거뜬히 넘어서는 평화와 산업의 능력적 존재, 역사적 존재로서 부각시켰습니다. 전쟁준비에만 광분하고 있는 북한 김일성과 대조하여 평화의 경제건설에 주력하는 대통령의 국정 가치관을 높이 평가했습니다.

이와 같은 내용을 보고받은 박정희 대통령은 너무나도 감동하여 밤 12시에 백승탁 교장을 청와대로 불러 저에 대해서 많은 것을 물었었고 그 이튿날 제가 보고 있던 한국일보 첫 면에 좋은 글을 쓰고 있음을 칭찬했고 저의 글 내용에서 받은 감동을 알렸습니다. 학교충효교육에도 감동을 많이 받아 새마을 협동장을 백교장에게 수여했고 예덕수련교육에도 더욱 충실히 하도록 '예덕수련협동관' 건립 지원금 1500만원도 하사하였던 것입니다.

그 결과 대통령의 국정에 반영된 정치 덕목의 변화를 몇 가지 예를 들면 다음과 같았습니다.

*인정과 의리에 넘치는 복지국가 건설 선포
*충효교육에서 예(禮)교육을 보충하여 '충효예' 국민교육 실시
*질서의식을 예교육을 통한 국민교육으로 정신질서, 환경질서, 행동질서 실시
*철권정치에서 덕치정치로 학생 소요사태의 무력진압 완화
*청와대 행정 간부들에게 백성을 사랑하는 덕치행정 제시 하달
*한국 최초 의료보험제도 신설로 환자에 의료혜택 부여하는 인간사랑 실천
*예비고사(고등학생 50% 진학자격 탈락제도) 폐지와 학력고사제도(누구나 대학진학 기회 부여) 실시
*각 대학의 학생인구와 교수인원 대폭 증원 및 대학 강의실 대폭 증설
*여자대학의 남녀공학 실시(예 : 수도여자사범대학을 세종대로 개편)
*현대 물질문명 속에서도 가장 소중한 것은 인간의 생명(어록에 등재)
*임마! 내가 황소당 총재야(덕치정치, 경제정치 중시하는 어록 등재)

참진리 참소망

*나의 행동은 후세의 사가가 평가해줄 것 등 역사적 안목에서의 선정정치
*대구사범 시절의 여자 제자들과 사랑의 손길을 나누며 생활하는 인간사랑 홍보
*내가 대구사범 출신이라서 그런 게 아니라 아무리 나이가 어린 20~30대 교사라도 나는 님자를 꼭 붙인다는 교사 존중의 국가행정 실시
*한국정신문화원 건립으로 한국문화 계발과 발전연구 보급실시
*지역행사에서 교육자에 대한 최우선 공경과 우대 정치 실시
*강아지(해피)와 즐기는 가정의 행복한 모습으로 자녀의 하루를 위해 가정의 행복을 가꾸는 아버지의 생활모습 홍보 (부모사랑의 글 내용에 따름)
*권력층 생활에서 서민의 사랑으로 전이 ('원래 서민이던 나 서민의 인정 속에서 생을 마치기를 바란다'는 고백)

이 모두가 하나님의 인간 사랑의 섭리에 힘입어 정치의 가치관이 변화된 당시 박정희 대통령을 통한 한국역사의 단면이었음을 증언합니다.

"우리의 싸우는 무기는 육신에 속한 것이 아니요 오직 어떤 견고한 진도 무너뜨리는 하나님의 능력이라 모든 이론을 무너뜨리며"
(고린도후서 10:4)

육신의 죽음도
극복해 주신 하나님

하나님은 죄악된 인간을 구원하시고 영생으로도 인도하심을 알고 있습니다. 마음에 죄가 없을 때 평안과 기쁨이 찾아옴도 경험했습니다. 죄가 없을 때 십자가에 달린다 해도 떳떳하고 마음이 평화로우며 오히려 죄인을 긍휼히 여기게 되는 예수님의 넓으신 자비하심도 실제로 느꼈습니다.

예수님께서 십자가에 매달려 있을 때 옆에 달린 도둑으로부터 구원을 요청 받으시면서 '너는 오늘 나와 함께 낙원에 있으리라.'고 하신 말씀이 떠오릅니다.

영혼만 구원하시고 육신의 죽음은 허용하셨을까? 저는 육신의 죽음이 따를 때 누구나 실감나지 않는 구원이라고 생각했습니다. 진정으로 영생을 주신 사랑의 하나님이시라면 육신의 죽음도 구원하시리라고 생각했습니다. 앉은뱅이를 고치고 죽은 나사로를 살리신 하나님을 떠올렸습니다. 그리고 몇 달 간 기도하며 육신도 구원하여 영생으로 인도해달라고 외쳤습니다.

2~3개월 동안 줄곧 새벽에 육신의 죽음을 극복해달라고 기도하는 중에 문득 저에게 '사랑의 혈맥'이 환상의 다섯 글자로 떠올랐습니다. 하나님께서는 당신 자신을 너무나도 사랑하셨기에 사랑만으로는 만족할 수 없으시어 하나님 형상대로 인간을 창조하신 것이 하나님의 창조 이유로 압니다. 그리고 창조원리는 바로 생명이 끊

어지지 않고 대를 이어가도록 하신 생명의 계승 섭리임도 깨달았습니다. 개체의 몸속에서 생명인자를 만들고 머물러 존재하게 하시며 부모의 육신에서 나오는 생명인자가 자손의 생명으로 이어지게 하셨음을 알았을 때 제 육신의 죽음도 극복할 수 있었습니다.

하나님은 나에게 영안을 열어 주시어 무럭무럭 자라고 있는 자식들의 모습에서, 그 살과 뼈와 피에서 제 생명이 끊어지지 않고 이어지고 있는 또 다른 나의 모습을 볼 수 있었습니다. 그 능력은 진정으로 자식을 나의 몸으로 사랑하는 자만이 볼 수 있는 영안이어야 함도 알았습니다. 하나님께 저는 기도했습니다.

"감사합니다. 영혼의 생명뿐 아니라 육신의 생명까지 구원하신 그 크신 사랑에 한량없이 기쁩니다. 하나님께서 주신 사랑의 자손이 제 개인 소유가 아니라 하나님께서 저를 사랑하시듯이 태어나게 하신 사랑의 자손임을 알고 저도 하나님을 섬기고 사랑함 같이 후손들을 잘 양육하고 가르치겠습니다."

나폴레옹이 러시아를 침공했을 때 프랑스 군에게 육신이 찢겨 죽은 여인이 있었습니다. 품속에서는 자신의 생명의 분신인 어린 간난 자식이 보호되고 있었습니다. 얼마 전에 중국에서 지진이 일어났고 건물 더미에 묻혀 죽어가던 어머니가 품에 간난 아이를 보호하며 자기의 휴대폰에 문자메시지 - '사랑하는 나의 보배야, 만약 네가 살아남으면 꼭 기억해다오. 엄마가 널 사랑했다고.'를 남기고 숨을 거둔 사실은 만인에게 어머니의 사랑을 큰 감동으로 울리고 있습니다.

이와 같은 현상은 지금도 도처 곳곳에서 흔히 찾아볼 수 있습니다. 강물에 빠진 자식을 구하고 익사한 어느 부모의 이야기라든지, 자동차에 치어 죽어가면서 자식을 살려 낸 부모의 이야기는 순간적으로 자녀의 생명을 통해 자신의 생명의 연장을 위한 〈나〉의 무의식으로부터 튀어나온 행동이었음을 증언합니다. 자식을 자신의 생명과 동일시하여 인식한 본능행위가 아니고서는 생명을 바치면서 구조할 수는 없으리라 믿습니다. 자식과 후손은 나의 육신의 생명, 그 자체로 하나님께서 사랑의 인연을 맺어주셨음을 고백합니다.

효경의 효교육에서 신체발부(身體髮膚)는 부모로부터 받은 것이므로 훼손하지 않음이 효의 첫걸음이라고 한 이유도 부모의 육신과 자식의 육신이 동일시되는 교육임을 알았습니다. 이조시대 자손을 낳지 못하여 대를 잇지 못하면 시댁에서 칠거지악으로 지탄받고 쫓겨나던 며느리들의 이야기도 이해되었습니다. 가문의 생명을 이을 자격이 없음은 용서 받을 수 없었던 지난 역사의 한 단면이었습니다.

부모의 자식 사랑이나 자식의 효행은 본질적으로 공동생명체로서의 상호보존행위에서 우러난 사랑과 윤리 행위임을 압니다. 결국은 부모나 자식의 생명을 사랑하신 하나님의 창조원리가 피조물인 인간에게 본능적으로 서로의 생명을 지키도록 짐 지워 주셨음을 깨달았습니다.

하나님께서 우리 육신의 생명을 사랑의 사슬로 잇게 하시는 섭리를 모르는 사람들에게 알려 드립니다. 자신의 육신의 생명이 꺼져가는 안타까움만을 아쉬워하며 헛소리를 내며 죽지 말라고 알립니다.

자식들의 모습에서 나의 생명이 끊어지지 않고 이어가는 또 다른 나의 생명을 봅니다. 하나님의 생명 사랑에 감사드리며 평안히 눈을 감을 수 있는 마음의 여유가 생겼습니다. 아멘.

아내의 병을 고치신 하나님

몇 년 전부터 제가 새벽기도에 참석하여 하나님께 기도드리면서 하루의 삶을 시작하는 신앙생활을 해왔습니다. 죽음과도 같던 절망상황에서 구원을 받은 은총에 대한 보답으로 신실한 신앙생활을 하며 저의 남은 일생을 하나님의 영광과 진리를 위해 바칠 것을 다짐하며 하나님께 약속 드렸습니다.

그러던 중 한 달 전부터 나태해지기 시작했고 새벽기도에 참석하지 못했습니다. 하루하루 아침잠을 충분히 잘 수는 있었습니다. 그러나 왠지 모르게 저의 정신은 혼탁해지는 것 같았고 무엇인가 하나님께 죄스러운 느낌이 들어 마음이 불안해지기 시작했습니다.

새벽기도에 참석하지 않은 지 20여일 후 갑자기 아내의 머리가 아프기 시작했습니다. 머리를 바늘로 찌르는 것 같은 통증이 자주 일어나고 머리 한쪽에 감각이 없어지면서 등과 팔다리가 저리고 굳어지는 증세가 시간이 갈수록 심했습니다.

원래 성질이 예민하고 까다롭고 고집이 센 아내인지라 신경성 질환이 나타난 줄로 알고 마음의 안정을 찾으라고 격려의 말만 해주었습니다. 하지만 병세의 차도는 가시지 않았고 더욱 통증은 견딜 수 없도록 심해 갔습니다. 과로하면 가끔씩 나타나는 현상이라서 편히 쉬면 증세가 가라앉는다고 아내가 말했습니다.

그러나 이번에는 상태가 이전과는 달리 심각했습니다. 차도가 전혀 없었습니다. 그러던 중 마침 휴토(休土)날에 일찍 천안 단국

대 병원을 찾아 가정의학과에서 진료를 받고 약을 조제해 왔습니다. 뇌에 심각한 현상은 아니고 잡무나 스트레스, 신경성의 원인으로 처방을 받았습니다. 하루 이틀 약을 복용했지만 회복되는 듯하다가 새벽이 되면 다시 증세가 재발하고 호전되는 기미가 보이지 않았습니다.

사태의 위급함을 깨닫고 하나님께 구원을 요청해야 하겠다는 마음이 갑자기 떠올라 새벽기도에 다시 참석했습니다. 새벽기도에 참석하여 성실히 신앙생활을 하겠다고 하나님께 다짐했던 지난날의 약속을 지키지 못한 잘못과 아내에게 제가 충동적으로 충격을 주었던 과거의 잘못을 고백했습니다. 하나님께 제 생명과 같은 아내의 병을 고쳐 주시어 저의 가정을 구원하시고, 신실한 믿음을 지닌 아내가 다시 성실히 신앙생활을 할 수 있도록 도와 달라고 부르짖으며 간절히 깊이 기도했습니다.

그리고 그날 출근하는 아내를 바라보며 건강을 걱정하였지만 하나님께 기도드렸기에 한 가닥 믿음을 지니며 희망을 가졌습니다.

'전능하신 하나님께서 나의 기도에 반드시 응답해 주실 것이다.'

직장에서 돌아온 아내에게 차도가 있느냐고 물었더니 병이 완쾌되었다고 했습니다. 저의 기도에 응답해 주신 하나님께 진실로 진실로 감사를 드렸습니다.

실로 기적 같은 일이 아닐 수가 없는 일이었습니다. 저는 이번 일을 계기로 하여 살아계신 하나님의 존재를 다시 확신했습니다. 할렐루야!

등산을 통해 주신 하나님 은혜

저에게는 당뇨병이 50세에 발생했습니다. 당뇨가 높아짐에 따라 혈압도 올라 눈의 실핏줄이 몇 번 터진 적도 있었습니다. 당의 수치가 약을 복용해도 공복에 160~200, 식후 두 시간 후에도 290으로 위험수위를 넘었고 안정 수치인 120/200이하로 떨어지지 않았습니다. 침묵의 살인자인 당을 제압하지 못하면, 혈관을 통해 몸의 각 조직 속으로 들어가 건강을 지켜주는 에너지 포도당이 혈관으로 들어가지 못하고 오줌으로 빠져 나오는 병입니다. 몸의 기관들이 힘과 기능을 잃고 고장이 나서 결국은 합병증으로 신체가 파괴되어 죽게 된다고 합니다.

공설운동장에서 하루에 20바퀴(8km) 걷기운동을 했지만 효과가 나타나지 않았습니다. 의사의 권유로 등산을 시작했지만 너무 힘들고 지루하여 견디기 어려운 상황이었습니다. 저는 문득 하나님과 함께 하면 도와주실 것이라는 생각이 들었습니다.

그리하여 방철구 집사님이 운영하는 재성사에서 카세트를 마련하여 복음성가를 들으면서 등산을 시작했습니다. 복음성가를 듣고 산에 오르면 그토록 지루하고 힘들던 산타기가 전혀 힘이 들지 않았습니다. 오히려 등산이 즐겁고 복음성가의 은혜로운 육성에 젖어 힘이 솟았습니다. 매일 3시간씩 향교, 관모산 정상, 헬기장, 깔딱고개, 육각정을 거쳐 즐겁게 등산을 하면서 저의 당수치는 안정 수위를 되찾고 또한 산에서 느끼는 자연의 은혜도 체험했습니다.

세상의 홍진(紅塵)에서 벗어나 산에서 느끼는 솔향기와 수목향, 새소리와 산들바람 등은 하나님께서 애당초 창조하신 죄악에 물들지 않은 원시의 에덴동산과도 같이 은혜로웠습니다.

비온 후 산에서 하늘을 향해 솟아오르는 수증기의 숱한 상승 줄기는 그야말로 천국으로 승천하는 영혼들이 모습을 나타내는 한 폭의 살아 움직이는 장면이었습니다. 아침나절에 바다를 이루면서 산허리와 계곡을 휘감고 도는 안개의 모습은 하나님의 신비로운 영이 수면에 흐르며 창조하신 천지의 수채화였습니다.

산들 산들 불어오는 바람 소리에서 하나님의 인자하신 음성을 들었고, 가파른 능선을 타고 내릴 때 저에게 더욱 많은 운동량을 부여해 주시어 치유하시는 하나님의 신묘하신 신유의 기적도 체험했습니다. 새들의 지저귐 소리에서는 생명의 삶을 환호하며 기뻐하는 찬양 소리를 들었습니다. 수많은 수목들을 보면서 만물을 창조하신 사랑의 은혜를 받았습니다. 아침 햇살과 아름답게 비낀 노을에서 빛의 뒤엉켜 나오는 고통을 통해 이루어지게 하시는 아름다운 색채도 보았습니다. 맑고 신선한 공기는 나의 육신의 장기를 더욱 활발히 건강하게 움직이게 하는 백약보다도 훨씬 효험이 많았습니다. 산 정상에서 내려다보는 세상 모습에서 지구를 나의 품 안에 안을 수 있는 호연지기를 넓혀 주셨습니다. 속세에 물든 세상으로 내려가고 싶은 마음을 사라지게 했습니다. 영원히 산사람으로 하나님과 가장 가까이 살고 싶은 마음을 갖게 하셨습니다.

산에서 제가 보고 느낀 모습을 하나님이 섭리하시는 영안으로 열어 주셨습니다. 이 모두 하나님께서 주시는 은혜에 감사하며 산

위의 벤치에서 감사 기도를 드렸습니다. 그리고 자연을 대하는 저의 마음은 단순한 사물로서의 자연의 아름다움이 아니라 지상과 공중에 운행하는 하나님의 영의 모습임을 이해하는 쪽으로 변화되어 갔습니다. 그리고 성경에 있는 구절처럼 험한 계곡이나 산골짜기를 가도 하나님께서는 나를 보호하여 그 무엇도 해치지 못하리라는 신앙심이 더욱 굳어갔습니다.

> 태산을 넘어 험곡에 가도 빛 가운데로 걸어가면
> 주께서 항상 지키시기로 약속한 말씀 변치 않네.
> 하늘의 영광 하늘의 영광 나의 맘속에 차고도 넘쳐
> 할렐루야를 힘차게 불러 영원히 주를 찬양하리.

아무리 어려운 상황에 처하더라도 누구든지 하나님과 함께 하면 쉽게 어려움을 해결해 주심을 증언합니다.

참진리 참소망

하나님과 비

성경에서 하나님은 우주를 창조하셨고, 그 중 하나님의 형상대로 당신의 사랑의 분신인 인간을 창조하시기 위해 생명의 별, 즉 지구를 만드셨다고 적혀 있습니다.

그리고 인간이 살 수 있도록 이 지구에 생명을 만드셨습니다. 그 생명의 근원은 바로 물임을 알고 있습니다. 물(H_2O)은 수소분자 2개와 산소분자 1개로 이루어져 있고, 이들은 공기를 구성하는 분자이기도 합니다. 또 공기로 숨을 쉬지 않으면 5분도 견디지 못하고 모든 생명체가 죽는 것도 알고 있습니다.

제가 어릴 적부터 농촌에서 자랐기 때문에 하늘에서 내리는 비는 농사에 절대적인 역할을 함도 알고 있습니다.

농사는 천하의 대본(大本)이던 이조시대에도 비가 오지 않으면 제왕이 산정에 올라가 비가 올 때까지 몇 달 동안 내려오지 않은 채 목숨을 걸고 하늘에 기우제를 드렸습니다. 또 비가 너무 많이 오면 '이 놈의 하늘이 구멍이 났나?' 하고 투덜거리던 농부들의 걱정소리도 기억납니다. 축대가 무너지고 산사태가 나서 불평불만을 늘어놓던 사람들의 모습도 생생하게 떠오릅니다.

그러나 하나님의 창조원리를 믿게 되고 나서부터 이 모든 것들은 부질없는 인간본위의 넋두리에 지나지 않음을 알았습니다. 오히려 하나님께 감사드려야 함을 증언합니다.

하나님께서 지구의 생명을 보전하시기 위해 무궁무진한 조화를 부리시어 물이 따뜻한 온도에 따라 기화되어 수증기가 됩니다. 어느 정도 낮아지면 비가 되었다가 온도가 차가워지게 하여 눈, 서리, 얼음, 우박 등으로 변화의 과정을 거치면서 지구의 땅속에서부터 공중에까지 맴돌며 아름답고도 신비한 모습으로 지구의 생명을 지켜 주심을 깨달았습니다.

인간이 존재하는 지구에만 비가 내리는데 반해 달, 화성, 목성, 금성, 토성 등에는 비가 내리지 않아 인간이 살 수 없고 또한 사람이 살 수 있는 적정한 온도나 숨 쉴 수 있는 공기도 없음을 알았을 때 수천 년 전에 쓰인 성경의 내용은 과연 하나님의 영감으로 적힌 영원한 진리임을 알았습니다.

비가 많이 오든 적게 오든, 해일과 풍랑이 세건 잔잔하건, 지진과 화산이 잦든지 뜸하든지, 지구의 자연은 하나님께서 섭리하시는 하나님의 은혜임을 알았습니다. 또한 자연을 섭리하시는 생명의 법칙을 어기면 죄를 짓게 되어 인간에게 화가 닥치고, 그 자연의 이법에 순종할 때 인간에게 영원한 행복도 보장될 수 있음을 알았습니다. 하나님의 위대하신 섭리를 절대적으로 믿고 하나님의 다스림을 잘 지키며 살 수 있도록 인간의 생활문제와 환경을 미리 대비하고 하나님의 섭리에 적응하도록 개선하는 것이 가장 현명한 길임을 증거합니다.

고려시대 문(文)과 정(政)을 한 손에 잡고 뒤흔든 고려의 대인(大人) 이규보(李奎報)도 그의 문집인 동국이상국집(東國李相國集)에서 온실을 만들었다가 '동면해야 할 채소가 겨울에 자람을 보고 하늘의 질서를 어겨 하늘에 크나큰 죄가 됨을 깨닫고 온실을 부쉈다'는 기록이 있습니다.

자연현상은 모두가 하나님의 거룩하시고 깊으신 섭리요 은총이요 저에게 감사와 찬양의 대상임을 고백합니다.

청개구리 울음소리에 대한
오해와 진실

여름철이 되면 비가 올 때 특히 청개구리의 울음소리가 자주 들립니다.

청개구리의 울음에 관한 우화를 국민교과서에서는 불효자의 울음에 비유하여 인간 윤리의 효교육을 깨우치기 위해 게재했습니다.

부모 생전에 너무나도 불효막심한 패륜행위를 일삼았던 청개구리. 오른 쪽으로 가라면 왼쪽으로 가고, 심부름 시키면 놀러 다니고, 일을 도와 달라고 하면 쿨쿨 잠이나 잤습니다.

청개구리 설화에는 옛날에 어미 청개구리와 여러 마리의 새끼 청개구리가 살았습니다. 불효 청개구리 새끼들은 어미 청개구리의 말을 순종하지 않고, 오히려 늘 반대로 행했습니다. 오른쪽으로 가라 하면 왼쪽으로 가고, 이것을 하라 하면 저것을 하고, 하라 하면 하지 않고, 하지 말라 하면 하였습니다. 어미 청개구리가 나이가 많아 죽게 되었습니다. 그래서 어미 청개구리는 깊이 생각하고 궁리한 끝에, 새끼들을 모아 놓고 자기가 죽으면 개천가에 묻어달라고 유언을 남기고 죽었습니다. 새끼 청개구리들이 늘 반대로 행동했기에, 개천가에 묻으라고 하면 산에 묻을 것으로 어미 청개구리는 생각했던 것입니다.

어미가 죽자 새끼들이 모여서 '개골' '개골' '개골' 하면서 슬프게

참진리 참소망

울었습니다. 제일 큰 형이 동생들에게 말했습니다.

"우리가 못나서 어머니가 살아 계실 때에 늘 말을 듣지 않고 불순종하였으나, 어머니의 유언마저 불순종하겠느냐? 속죄하는 뜻으로 어머니의 유언대로 어머니를 개천가에 묻도록 하자."

그래서 청개구리 새끼들이 회개하고 어미 청개구리의 뜻대로 개천가에 묻었습니다. 그리고 비가 오면 홍수가 나서 어미 청개구리의 무덤이 떠내려갈까 걱정이 되어, 모두 '개굴' '개굴' 하고 운다고 합니다.

빗방울이 떨어지면 어김없이 다함께 슬프게 울어대는 청개구리의 우는 이야기는 우리에게 많은 교훈을 준다고 생각합니다.

하지만 개구리는 허파로는 완전하게 숨을 쉴 수 없어서 살갗으로도 숨을 쉽니다. 그리고 살갗에 습기가 있으면 숨 쉬는 데 도움이 됩니다. 그래서 개구리는 비가 오려고 하면 습기 때문에 기운이 나고 기분도 상쾌해져 즐겁게 노래하는 것인데, 사람들은 개구리가 엄마의 말을 듣지 않아 슬퍼서 우는 것으로 부정적인 울음소리를 이야기로 만들었습니다.

또한 비는 창조주 하나님께서 은혜의 별인 지구에 생명을 유지하기 위해 내리는 고마운 액체입니다. 하나님께서는 지구에 수소와 산소를 만드셨습니다. 물분자(H_2O)는 수소원자 두 개와 산소원자 하나가 결합할 때 생성되어 생명의 원천이 되고 있습니다. 또한 물을 온도에 따라서 달라지게 하여 각양각색으로 변화무쌍하게 조화를 부리십니다. 온도의 낮고 높음에 따라 물을 수증기, 구름, 무지개, 이슬, 비, 서리, 성에, 우박, 눈, 얼음 등으로 변하게 조화를 부리셨습니다.

따라서 비가 내리는 것은 지구에 매우 중요하고 길한 현상입니다. 이를 감지한 청개구리는 매우 기뻐서 즐겁게 소리 내며 생명을 구가하는 행위입니다. 하나님께 생명의 감사를 드리는 찬양가라고 할 수 있습니다.

길한 것을 흉한 것으로 변질시킨 인간의 설화는 일찍이 하나님을 영접한 서양에는 없고 보수적이고 하나님을 알지 못하던 동양에만 나타납니다.

하나님께서 길조로 창조하신 까치의 울음처럼 청개구리의 울음에 관한 설화의 모티브도 이제는 바꾸어져야 할 필요성이 있음을 간증합니다. 하나님께서 창조한 피조물을 인간의 본위로 각색시킬 때 자칫 모순에 빠져 결국은 죄 짓는 행위라고 할 수 있으니까요.

하나님의 피조물에도 하나님의 깊은 뜻이 담겨 있음을 알아야 하지 모든 피조물에 인간 본위의 뜻을 담아서는 안 된다는 결론에 도달했습니다.

예수를 믿고
주님의 사람이 되어야 하는 이유

　제가 교회 새가족부에서 봉사한 지 12년이 넘었습니다. 봉사하면서 어떻게 하면 교회에 출석하는 새가족을 한 명이라도 더 신앙생활에 정착시킬 수 있을까?를 고심했습니다. 또한 세상 사람들에게 어떻게 하면 효율적으로 교회로 전도할 수 있을까?를 연구도 해보았습니다. 그 결과 나의 신앙생활을 전도 방법으로 간증하며 다음과 같이 안내 자료로 활용하게 되었습니다.

　다방면으로 생각한 끝에 삶의 방식과 삶의 가치와 행복의 척도를 세상의 삶과 신앙 생활하는 교회의 천국 생활로 대조해 제시했습니다. 제가 지금까지 살아오면서 체험한 세상 사람의 삶과 교회 신앙인들의 생활을 비교, 대조하면서 새신자들이 스스로 깨달아 선택하도록 아래와 같이 도표, 예수 믿고 주님의 사람이 되어야 하는 이유를 작성하여 제공했습니다.

비교 교회	은혜의 덕목	이전의 상태 (세상의 삶)	☆새로운 상태 (교회, 천국생활)
◆주님의 축복	정신과 마음	음란, 투기, 미움, 살인의지, 멸시천대, 교만, 사기, 이기심 등 악한 죄성(罪性)이 항상 떠나지 않고 잔재함.	정신과 마음에 악함과 죄가 깨끗이 사(赦)해져 평강하고 기쁨 가득한 천국의 영혼이 형성됨.
	삶의 행복	주로 세상의 가치인 물질과 명예, 부귀영화에만 집착하는 불완전한 한시적(限時的) 행복.	영적인 평강이 채워지고 새로운 희락(喜樂)이 생겨나서 진정한 기쁨과 즐거움이 충만한 완전한 행복
	진리의 기준	정치, 경제, 교육, 사회 등 복잡다단하고 골치 아픈 세상의 난제(難題)에 맴돌고 계속 문제가 생겨 해결하기가 어려움.	상위가치인 하나님의 참진리 (성경의 가르침, 사랑) 안에서 하위가치인 세상의 모든 문제가 쉽게 이해되고 해결되는 천재성과 지혜가 획득됨.
	죽음의 문제	육신의 생명에만 집착하여 항상 불안, 초조하고, 인생의 유한함이 서럽고 허무함.	영적인 생명이 있음을 체험하고 확신하여 육신의 죽음이 극복되고 영생의 소망을 갖게 됨.

신앙생활을 하면서 예배를 드리고 찬양을 하고 죄사함 받은 성도들과 함께 생활하면서 목사님의 설교를 듣고 있노라면 차츰 나자신이 지상의 천국에 있음을 알려 주었습니다. 그러면서 주님께 대한 감사의 마음이 절로 나왔습니다. 주님으로부터 받은 축복이기 때문이었습니다. 마음은 죄에서 벗어나 항상 기뻤고 정신은 늘 근심 걱정 하나 없이 평강의 상태가 찾아옴도 주님의 축복을 통해 간증했습니다.

삶의 행복은 세상의 부귀영화에만 국한했던 지난날의 한시적(限時的)인 불완전성이 극복되어 영적인 행복까지 채워짐에 따라 그야말로 나의 몸과 마음에 가득한 진정한 행복으로 충만하여 절로절로 기쁨이 넘쳐 남을 알렸습니다.

진리의 문제도 하나님을 염두에 두고 답을 찾을 때 세상의 모든 문제가 쉽게 해결되는 지혜가 획득됨을 보였습니다.

죽음의 문제도 육신에만 국한했던 지난날의 유한함이 극복되어 영적인 생명을 통한 영생의 소망을 갖게 되었음을 고백했습니다.

이 모든 은혜와 축복이 주님께서 주심을 새가족들에게 제시했습니다.

그리고 이러한 축복을 받는 신앙생활의 자세도 아래의 도표와 같이 보였습니다.

비교 교회	은혜의 덕목	이전의 상태 (세상의 삶)	☆새로운 상태 (교회, 천국생활)
◆축복을 받는 자세	마음가짐	부족하고 교만한 인간본위의 판단과 모순으로 오류가 생겨 진정한 진리가 가려지는 불확실하고 모순된 마음상태.	인간의 모든 죄를 혼자 감당하시고 사(赦)하신 하나님(예수님)의 십자가 사랑과 가르침이 절대진리와 절대가치 됨을 이해하고 존중하여 겸손해지고 믿음이 깊어짐.
	하나님과 나	내 생명의 주인이 누구이고 태어난 목적이 어디에 있으며 어떻게 살아야 하는지 모르는 무지(無知)의 상태.	내 생명이 창조된 이유가 부모의 육신을 통한 하나님의 사랑 때문임을 알고 하늘의 시민으로 승화되어 긍정과 기쁨으로 변화되는 낙천적인 인생관.
	소망의 문제	세상에서 받은 상한 마음이나 절망의 상태가 해결되지 못하고 더욱 깊어져 어두운 삶에 갇힘.	세상의 슬픔과 불행과 부조리가 인간들이 죄성을 지녔기 때문임을 알아 이해되고 달관되어 새로운 천국으로 소망이 지향됨에 따라 기쁨이 가득한 인생관이 형성됨.
	삶의 가치척도 비교	부귀영화의 세상가치에만 매달리어 피곤한 경쟁의 적대적(敵對的)인 세상살이.	부귀영화의 세상가치가 수단에 지나지 않으며 하나님과 인간을 최중시(最重視)하는 목적가치로 사용될 때 모순에 빠지지 않는 평강의 진리인, 천국인이 됨.
	가치관과 인생관	하나님을 모르는 상태이므로 죄성이 항상 잔재하는 인간에 대한 기대와 믿음에서 생기는 실망과 불신과 한계로 낙심(落心)함.	영원히 변치 않고 퇴색되지 않는 하나님의 진리와 사랑의 가르침으로 확고하고 올바른 믿음의 가치관과 인생관이 형성됨.
	가정의 축복	가정과 가족관계가 인간의 감정과 판단에 좌우되어 변화무쌍해지므로 수시로 변화되어 불안함.	온전히 하나님의 축복과 사랑과 가르침 안에 임하는 가정이 되기 때문에 항상 변치 않는 믿음과 절대적인 사랑으로 불변의 천국이 형성됨.

우선 마음 자세가 이전의 상태에서 새롭게 변화되어야 하고 늘 예수님을 모시고 살아야 하는 자세로 형성되어야 축복을 받는 자세임을 깨우쳤습니다.

하나님과 나와의 관계도 부모의 육신을 통한 하나님의 사랑과 창조 때문임을 궁극적으로 제시했습니다. 따라서 세상의 인생관도 자연히 하나님을 생명의 주인으로 알고 그 가르침을 따라 달리 세워져야 함을 알려 주었습니다.

소망의 문제도 죄성을 지닌 어두운 절망의 상태를 벗어나 죄가 사해지면 천국을 향하는 방향이 형성됨을 제시했습니다.

삶의 가치척도 문제도 부귀영화의 세상살이에만 혈안이 되어 집착하지 않고 하나님과 인간을 최중시하는 삶의 기준으로 설정될 때 모순과 죄에 빠지지 않는 진리의 평강인이 됨으로 수준을 높였습니다.

가치관과 인생관의 설정도 죄성을 지닌 인간에 대한 불확실한 믿음을 지양(止揚)하여 영원히 변치 않는 진리의 하나님을 따라 형성되어짐으로 인도했습니다.

가정의 축복도 인간인 부부의 자력에 의존하면 감정에 편승되어 불안해지므로 하나님을 향한 변치 않는 믿음과 불변의 사랑에 의지할 때 흔들리지 않는 천국가정이 이루어짐을 간증했습니다.

그렇게 함으로써 삶이 변화되어 아래와 같은 행복이 찾아옴도 안내했습니다.

비교 \ 교회	은혜의 덕목	이전의 상태 (세상의 삶)	☆새로운 상태 (교회, 천국생활)
◆삶의 변화	삶의 태도	매일 발생하는 죄성(罪性)을 지닌 세상의 범죄현상과 문제에 접하여 마음과 정신이 혼탁해져 죄의 덫에 걸리기 쉬움.	죄사(罪赦)함을 받아 영혼에 죄의 그림자가 사라져 마음과 행동이 맑고 평안함. 다른 가치보다 하나님과 인간을 최중시하여 세상의 죄목록에 걸리지 않음.
	행복 지수	부귀영화, 명예, 경쟁, 성취에 고단한 잠시 동안의 유한한 행복수치.	세상가치 이외에 영적(靈的) 가치와 즐거움이 채워지는 영원하고 포괄적인 행복수치.
	자긍심	잡스럽고 저속하고 불안한 세상에 속한 환경인에 국한됨.	진정한 진리와 하늘의 가치를 지닌 행실이 성스럽고 거룩하고 빛나고 깨끗한 천국인과 믿음의 백성으로 승화됨.

　죄의 문제가 해결되지 못한 채 늘 TV나 언론에서 보도되는 뉴스와 정보에 접하여 범죄로 인한 혼탁한 세상의 분위기에 젖게 됨에 따라 발생하는 죄의 유혹과 덫에 걸리기 쉬운 삶의 태도를 경계했습니다. 하지만 죄사함을 받았을 때 정신이 맑아지고 판단이 올바르고 굳게 세워져 하나님의 가르침만 믿게 되고 죄에 걸리지 않는 평강한 삶의 태도가 저절로 형성됨을 알렸습니다.

　세상의 행복가치에만 매달리며 놓치지 않으려고 안간 힘을 쓰다 보면 고단한 유한성으로 인해 행복지수도 낮지만, 영적 가치가 더 채워지면 기쁨과 영원성으로 인해 훨씬 더 포괄성이 있어 행복지수가 높아짐을 알려 주었습니다.

　잡스럽고 불안한 세상인에서 승화되어 자긍심을 갖고 사는 성스럽고 거룩하고 빛나고 깨끗한 천국인이 됨으로 인격을 수련시켰습니다.

　제가 도표를 작성하여 새가족들에게 알리는 목적은 우리 교회에 잘 정착하여 신앙생활을 은혜롭게 할 수 있도록 하기 위해서입니다. 또 세상 사람들에게는 세상의 삶보다 교회의 신앙생활을 스스로 판단하여 선택할 수 있도록 자료로 제공하기 위함에 있습니다.

실제로 우리 교회의 상황을 거짓 없이 알려 줄 때 새신자들이 보고서 스스로 판단하고 삶의 방식과 질을 평가하여 정착할 수 있기 때문인 것이지요. 교회의 출석과 정착은 강요가 일절 없이 완전히 자유에 맡기기 때문에 모든 정착의 문제는 스스로 결정하게 되어 있습니다.

비교 교회	은혜 의 덕목	이전의 상태 (세상의 삶)	☆새로운 상태 (교회, 천국생활)
◆우리 교회(예 산장로 교회)의 소개	지도 자	세상의 권력자는 남의 위에서 자기를 절대화, 복종시키는 경향이 짙으므로 인권존중이 결여되어 교만한 결함이 생기기 쉬움.	하나님의 진리를 배우고 실천하는 교회의 지도자는 겸손하여 모순에 빠지지 않고 낮은 자세로 인간가치를 가장 높이고 섬기며 존중함.
	제약 조건	세상살이는 모든 규례와 법에 의해 질서가 유지되고 이를 어기면 돌이킬 수 없이 처벌받음.	교회는 율법보다 하나님을 최우선하여 인간에 대한 사랑과 자유와 평화를 가장 신성한 덕목으로 귀하게 여겨 끝없이 용서하고 비방하지 않고 격려함.
	교인 들	세상 사람은 부귀와 명예, 권력, 재물, 지위 등의 척도에 따라 대인관계를 가름하고 구별함.	모범된 교인들은 세상의 가치를 전혀 내색하지 않고 하나님 사랑 안에서 형제자매를 평등하게 중시하고 우주보다도 더 소중히 사람을 가장 귀하게 여김.

따라서 교회의 조직체와 세상의 조직체를 비교할 때 살고 싶은 세상을 선택하도록 알려 주는 것입니다.

위와 같이 우리 교회의 실상과 성도들의 성품을 정보 제공함에 따라 그 영향을 받은 새가족의 정착률은 매우 높은 편입니다. 일반 교회의 새가족 정착률이 15~20%인데 우리교회는 75%를 유지하고 있습니다.

제가 100일 동안 경기도 의왕에 있는 다사랑병원에 입원해 있는 동안 새가족 편지를 보내지 못하였습니다. 3개월 동안에 겨우 3명 정도의 정착인원이었습니다. 깜짝 놀라 전도사님한테 물었지만 사실이었습니다.

퇴원하여 그 동안 보내지 못한 새가족 편지를 출석교인에게 다시 보내기 시작하자 점점 정착인원이 증가하여 2018년도에 우리 교회에 처음 출석한 65명 중 총 50명이 정착하여 교회에 출석하여 예배를 드리고 있습니다. 75%의 정착률을 회복하였습니다.

이러한 간증으로 제가 말씀드리고자 하는 바는 전도도 선교도 하나님을 통해 상대방의 마음의 문을 열어 주는 것이 가장 중요함을 깨달았습니다.

하나님을 자세히 소개하고 하나님의 가르침을 올바로 알리고 설명하고 하나님의 나라인 교회의 특성을 알려 주고, 하나님의 백성인 교인의 성품을 소개하면 이에 따라 점점 새롭게 변화된 교인들이 직접 신앙생활을 체험할 때 온전히 마음을 열고 정착하게 됨을 알았습니다. 하나님과 그의 나라, 하나님의 사랑과 권능, 하나님께서 이루시는 원래의 세상, 하나님의 구원과 은혜 등 하나님에 관한 모든 것을 가능한 한 많이 소개하고 자세히 알려 줄 때 새신자들의 마음이 열림을 알았습니다.

선교와 전도는 인도자가 신앙생활을 간증하여 하나님을 알릴 때 큰 결실을 거둘 수 있음을 증언합니다.

믿음의 반석 위에
굳게 서다

하나님 존재에 대한
확신

정말 하나님께서 존재하고 계신가? 하나님이 있는가? 없는가?

신앙생활을 하면서도 가끔 교인들과 대화할 때 듣는 '하나님이 어디 있느냐, 없다'하는 의심의 소리를 듣곤 했습니다.

사실 저도 처음에는 하나님에 대한 믿음이 생기지 않았고 영안이 열리지 못했을 당시, 그리고 진정한 진리가 무엇인지 잘 알지 못하고 저 자신이 인간교육만 배우고 알고 생각한 그 당시, 저뿐만 아니라 누구에게나 이 의문은 있었을 것입니다.

그러나 곰곰이 생각한 끝에 하나님께서는 태양의 운행으로 시간을 만드시고 창조능력으로 공간을 만드시어 이미 모든 것을 예비하신다는 사실을 알고 시간과 공간에 관한 이해를 통해 믿음의 확신이 서게 되었습니다.

서울이나 뉴욕이나 동경 등 대도시에서 수많은 차들이 왕래하며 충돌하지 않고 도시의 교통질서가 유지되는 이유는 무엇일까? 우연히 이루어지는 것이 아니고 반드시 신호등이 조종되어서 가능한 필연의 원리가 배후에 있음을 쉽게 유추할 수 있었습니다. 이 신호등은 질서의 체제를 꽉 붙들고 유지하며 이 신호에 따라 운전할 때 도시의 교통이 충돌하지 않고 교통공간이 파괴되지 않고 질서가 이루어짐을 압니다.

우주의 공간이 유지되려면 백사장의 모래알보다도 더 많은 별들이 충돌하지 않고 운행하도록 주관하는 배후의 섭리가 있어야 하고, 이 주관자가 바로 하나님 되심을 알 수 있었습니다. 이러한 현상은 우연히 이루어지지 않고 반드시 절대자가 존재하여 조종하는 필연의 현상이어야 가능함을 깨달았습니다.

비단 우주뿐만 아니라 인간사회가 유지되려면 인간윤리와 가정윤리와 언어와 행동의 진실한 윤리 등이 있어야 함도 알았습니다. 이는 모두 하나님께서 우리 인간들을 위해 성경에서 가르치시는 내용임을 알았습니다. 그리고 학교교육이나 사회교육 등도 모두 하나님의 가르침을 인간사회에 적용하고 구체화하여 사회가 유지됨을 알았습니다.

시간도 봄, 여름, 가을, 겨울 등 계절의 변화와 낮과 밤의 교차, 그리고 과거와 현재와 미래의 진행, 동식물의 태어남과 자람과 결실과 죽음으로 인하여 모든 것을 순조롭게 지구를 유지하시는 하나님의 이법을 알았습니다.

동양의 성인 공자에게 제자들이

'스승님은 하늘의 태양과 달과 같이 거룩하십니다.'

고 하였을 때 공자님도 밤하늘의 별을 가리키면서

'아니다. 사시가 오고가며 별들이 운행하는 섭리 앞에서 나는 아무 할 말이 없구나.'

하면서 하나님의 존재를 인정하며 머리를 숙였습니다.

알파와 오메가가 되시는 하나님은 오래 전부터 계셨고, 지금도 계시어 인간과 우주를 주관하시고, 영원히 이 세상과 우주가 다할 때까지 앞으로도 계시는 하나님을 확신했습니다.

하나님의 정확성

하나님은 매우 정확한 분이심을 증언합니다.

언젠가 영롱한 밤하늘의 별을 보면서 천체와 우주를 헤아려 보았습니다. 수효가 얼마인가를 알 수 없는 무수한 별들이 돌고 돌며 충돌하지 않게 운행하시는 하나님의 섭리, 낮과 밤을 어김없이 교차되게 하시며 활동과 휴식을 마련해 주시는 정확성, 사계절이 번갈아 오고가며 만물이 태어나고 성숙한 후 결실을 거두게 하시는 주관의 순리 등 모두가 자연현상을 통해 하나님은 정확한 분이심을 알았습니다.

대학 재학시절에 공주 금강의 둔덕을 거닐며 하교할 때 친구가 들려 준 말이 생각납니다. 아프리카에서 식량이 없어 수많은 검은 어린 아이들까지 짐승처럼 살다가 굶어 죽어가는 '몬도가네'란 영화를 보고 저에게 했던 말이 지금도 기억납니다.

'신이 있다고 말할 수 없다. 신이 있다면 인간이 그토록 비참할 수가 없기 때문이다.'

고 하는 말을 들려주었습니다. 당시 저는 하나님을 잘 알지 못했기 때문에 아무런 답변도 하지 못했고 친구의 말에 그냥 수긍만 했습니다.

그러나 하나님을 알고부터 이러한 인간의 모든 문제는 모든 것을 하나님으로부터 배우지 않고 하나님을 외면한 무지로부터 비롯된 비극임을 알았고 회개하는 마음이 들었습니다.

정확하게 만물을 주관하시는 하나님을 제대로 알지 못한 채 인간의 본능대로 출산하고 인구정책을 실시한 미개의 상태, 그리고 국가경제정책이 인구의 출생과 죽음에 따라 정확히 식량의 생산과 수요를 마련하지 못한 주먹구구식 국가정책에서 불행이 비롯되었기 때문이었습니다.

비단 과거의 몬도가네 현상에 국한된 문제만이 아님을 증언합니다. 오늘날 한국인이 고령화되면서 수급을 정확하게 관리하지 못해 발생하는 연금문제, 자동차의 무절제한 생산과 남용으로 인하여 자연환경의 생태계 오염과 질서의 막힘, 지구환경의 건전한 생태를 깨트리는 공해와 지구 온난화 현상 등 이 모든 문제는 인간 본위의 무절제하고 부정확한 행위로 인하여 하나님께서 마련하신 섭리에 거슬리고 위배된 결과로 초래되는 인간의 비극임을 증언합니다.

우리 인간이 보다 행복하려면, 인간사 모든 면, 즉 정치, 경제, 사회, 교육. 윤리, 문화와 문명생활 등에 걸쳐 하나님의 정확한 주관과 섭리를 적용할 때 가장 잘 운영되리라 믿습니다. 개인이나 민족이나 하나님으로부터 정확성과 운영의 묘를 인류가 잘 배우고 이해하고 실천하여 생활에 적용할 때 행복한 삶, 선진문화의 국가가 가능하다는 것을 하나님께서는 묵시하고 있음을 알았습니다.

참진리 참소망

참된 신앙의 결

몇 년 전 송구영신 예배에서 저는 저의 신앙을 점검하며 반성하는 계기를 접했습니다. 그리고 참된 신앙의 길을 어떻게 걸어 가야 하는가를 체험했습니다.

신년예배 교독문에서

너희는 이전 일을 기억하지 말며 옛날 일을 생각하지 말라
보라 내가 새 일을 행하리니 이제 나타낼 것이라
너희는 유혹의 욕심을 따라 썩어져 가는 구습을 따르는 옛 사람을 벗어 버리고 오직 너희의 심령이 새롭게 되어 하나님을 따라 의와 진리의 거룩함으로 지으심을 받은 새 사람을 입으라
누구든지 그리스도 안에 있으면 새로운 피조물이라

하나님께서 주신 이 말씀은 해가 바뀔 때마다 받아보았지만 형식적으로 읽었습니다. 그러나 그때 신년예배에서는 위의 교독문 내용이 저의 마음을 꽉 사로잡고 놓아 주지를 않았습니다. 그리고 저의 눈길이 다른 곳으로 가지 못하도록 붙들었습니다. 하나님의 가르침이 저의 마음에 새롭게 각인(刻印)되기 시작했습니다.

저는 위의 말씀에서 버려야 할 것이 이전 일, 옛날 일, 유혹의 욕심, 구습, 옛 사람이고, 새로 취해야 할 것이 새로운 심령, 하나님

을 따름, 의와 진리의 거룩함으로 지어진 새 사람임을 새롭게 깨달았습니다.

그리고 구체적으로 실천해야 하는 일이 지난 한 해 저의 삶을 반성하고 시정해야 하는 마음자세와 생활방식임을 알았습니다.

지금까지 몇 년 동안 교회에 출석하여 예배는 드렸지만 진정한 신앙인이라고 칭찬받을 만한 정도는 못되는 수준이었습니다. 세상 사람에서 천국백성으로 많은 변화가 있어야 하는데 그다지 많은 변화는 가져오지를 못했습니다.

사람에게는 누구나 두 자아(自我)가 있다고 심리학자들은 말합니다. 나의 마음 깊이 자리 잡고 있는 무의식적 자아와 나의 감각과 지각 위에서 나를 조종하고 인도하는 의식적 자아입니다. 그리하여 저에게 있던 옛 사람을 버리고 새로운 사람으로 지음 받으라는 하나님 말씀을 제대로 이해하고 실천해야 하는 의식을 깨달았습니다. 옛 사람에게 깊이 자리 잡고 있던 무의식의 산물들, 증오, 욕심, 고집, 세상지향성, 악의 요소, 정욕, 근심과 걱정, 더러움, 유혹, 불의, 비진리 등등의 마음과 행동을 버리라는 느낌을 받았습니다. 그리고 청결, 의, 진리, 거룩함, 선의 요소, 기쁨과 평강, 하나님을 향한 중심기둥 확립, 용서, 사랑, 천국 지향성, 거룩함 등을 철저히 지닌 새로운 사람으로 다시 형성되어 행동해야 함을 알았습니다. 교회에 다니면서 세상의 가치에 미련을 두는 한 결코 천국의 차원으로 오르지 못함도 절실히 깨달았습니다. 교회에 다니면서 세상에 물들 때 진정한 교인이 되지 못함도 알았습니다. 세상과 벗하면 하나님과 원수가 된다(야고보서 4장 4-10절)는 성경 말씀

　　　　　　　　　　　　　　　　　　참진리 참소망

도 이해가 갔습니다.

참된 신앙의 길은 세상을 벗어나 하늘의 질서에 따라 끊임없이 변화되어 가는 길임을 실감했습니다. 시시각각으로 날로 달로 해마다 변화하며 거듭나는 신앙이 참된 믿음의 길임을 체험했습니다.

인간은 한꺼번에 완전할 수 없음을 압니다. 하나님께서 창조하신 우주가 어떤 것인지 인류는 아직도 정확히 측정하지 못하고 있습니다. 하나님은 우주처럼 인류에게 무한한 능력도 주셨음을 압니다. 우리 인간의 뇌에 무한한 능력을 주셨음을 압니다. 하나님께 받은 능력의 1/100,000도 사용하지 못하고 죽는 것이 인간의 일생이라고 뇌를 연구하는 과학자들은 말하고 있습니다. 그만큼 끝없이 변화하고 거듭나는 길이 하나님을 아는 신앙의 길임을 간증합니다.

하나님을 향한 변화는 저의 일생동안 끝없이 계속되어야 하는 길임을 알았습니다. 그 변화의 거듭나는 길이 참된 신앙의 길임을 깨달았습니다.

해피엔딩(happy ending)과
하나님의 축복

성경에서 사람에게 가르치는 하나님 말씀의 일관된 주제는 악인의 편에 서지 말고 선(善)의 길을 가라는 가르침입니다. 또한 절망과 불행, 슬픔을 극복하여 소망과 행복, 기쁨의 차원으로 구원하시는 하나님께 굳센 믿음을 지니도록 강조하십니다.

한국인의 마음에 하나님께서 내리신 축복은 평화와 믿음과 사랑을 지니며 오랫동안 살아오도록 하셨습니다. 수천 년 동안 하나님께서 비단에 수를 놓은 아름다운 국토인 금수강산에서 인정 많고 훈훈한 영혼을 가꾸며 살도록 하셨습니다. 온갖 고난에는 굳센 믿음으로 극복하는 신앙의 힘을 길러 주셨고, 기독교의 복음을 받아 욱일승천(旭日昇天)의 기세로 전파시키며, 오늘날 빛나는 한국으로 세상에서 매우 각광받게 하셨습니다.

특히 고대(古代)에는, 아직 기독교의 복음이 상륙하지 않던 시대이었더라도 한국인의 의식구조에 하나님의 구원을 맞이할 수 있는 정신의 원형을 예비하여 주셨습니다. 그것은 권선징악과 해피엔딩으로 큰 맥을 형성하여 한국 고전소설의 주제가 단순하면서도 천편일률적으로 일관하고 있었기 때문입니다. 거의 모든 작품에서 악인이 징계를 받고 선량한 주인공이 절망을 극복하여 행복한 결말로 매듭짓는 작품의 주제입니다. 어떻게 보면 매우 단순한 구조이기 때문에 작품 구성 체제나 전개과정의 수법에서 문학성이 낮다는 비난을 문학평론가들로부터 받아온 게 사실입니다. 국문학 연구자들로부터 너무나도 천편일률적이고 단순하다고 지탄 받아온 게 사실입니다.

그러나 하나님을 알고부터 저는, 이러한 인간차원에서 경시된 우리 고전작품이 너무나도 위대한 작품임을 깨달았습니다. 하나님의 가르침과 역사하심을 담고 있는 가치가 풍부한 고전임을 알게 되었습니다.

고난을 극복하고 정절부인으로 사랑을 성취한 춘향, 인당수에 몸을 던지고 죽음을 극복하며 효행을 이룩하여 황후가 된 심청, 여러 가지 장애를 극복하고 혼사에 성공하는 금방울, 이조 시대 김시습의 한국 최초 소설인 금오신화(金鰲新話)의 주인공들이 현실에서 만난(萬難)을 극복하고 시공을 초월하여 사랑을 이루는 모티브, 계모의 악행을 응징하며 다시 살아나는 콩쥐, 충효를 이루며 악인을 징계하는 창선감의록, 도인의 선약을 얻어 용왕을 살리고 충성을 완수하는 별주부전, 서얼의 차별을 극복하여 인간 사랑의 승리를 이루고 이상국을 형성하는 홍길동 기타 등등. 모든 고전작품들이 당시 유교나 불교나 도교 또는 여러 사상이나 덕목이 배후에 있었지만 시공을 초월하는 한국인의 정신의 원형은 권선징악과 해피엔딩으로 일관되게 구원받고 있었습니다. 그 당시의 다른 종교 영향은 일관성이 적었습니다. 간혹 구운몽처럼 불교소설이 몇 편 보이지만 고전소설 전체의 일관된 주제가 불교가 되지는 못했습니다. 성경의 구원과 권선징악은 어디까지나 인간에 대한 한없는 긍정과 사랑이었습니다. 하나님의 인도하심과 구원하심이 주제 내용이었습니다.

한국인은 한(恨)이 많은 민족이라고 합니다. 지배자, 이민족(異民族), 가난의 고통, 삶의 제도의 불합리 등등으로 인해 수백 수천 번을 미치도록 살아야만 했던 고난의 삶이었습니다. 그러나 한국인에게 주신 하나님의 지혜는 구원하시는 믿음이었습니다. 슬퍼도 억울해도 가난해도 그 부정의식을 그대로 받아들이지 않고 행복을 향하라는 하나님 묵시(黙示)의 가르침은 현실의 불행을 구원의 차원으로 승화시키라는 화학적 연금술의 지혜를 조상들에게 주셨습니다. 고대 조상들이 추던 어깨춤은 죽음을, 슬픔을, 억울함과 가난과 고통을 극복하고 기쁨과 행복으로, 구원과 영원으로, 만족과 푸짐함으로 승화시켜 간 훌륭한 지혜의 춤입니다. 우리 조상들에게만 부여하신 하나님 고유의 지혜요 인도하심이요 삶의 지표였습니다. 하나님은 어떠한 경우에도 우리 한국인을 부정하지 않는 사랑의 극치이셨습니다.

저는 이러한 고전작품들을 통해, 옛적부터 한국인은, 선악과를 따 먹어 죄성이 깃든 일부 악인이 고난을 주더라도, 이를 잘 극복하여 선으로 구원받는 가치관으로 승화시켜 갔음을 증거합니다. 이는 또한 우연의 일치가 아니라 하나님께서 한국인의 마음 판에 당신의 뜻을 옛날부터 깊이 새기고 가꾸어 주셨기 때문임을 증언합니다. 때문에 한국에 기독교가 선교된 지 130여년밖에 안 되었어도 그토록 세계에서 유래를 찾아 볼 수 없을 정도로 복음의 전파가 왕성하게 일어났는지도 이해할 수 있었습니다.

창조주는 피조물을 특수하게 하시며 어떠한 경우에도 인간에 대한 사랑과 구원을 부정하지 않으시기 때문입니다.

인간의 원죄를 적나라하게 작품화하여 인간 비극의 처절함과 갈등전개의 기술을 중시하여 구원보다는 모순과 불합리를 돋보인 명작이 셰익스피어의 대표작 4대 비극입니다. 기술과 전개수법만 무엇보다 높이 평가하던 다른 문학도나 연구자와는 달리, 우리 고전작품에 일관되게 나타난 선함과 구원의 주제는 제가 한국고전에서 발견한 믿음의 새로운 보석이었습니다.

비단 셰익스피어의 작품에 국한하지 않고 다른 세계 명작들에서도 죄의 문제를 다루었을 뿐, 한국고전에서는 찾을 수 있는 굵직하고 순수한 구원과 선행의 주제는 거의 찾아 볼 수 없었습니다.

<죄의 문제를 다룬 세기의 천재와 작품들>

*괴테(IQ 210~230) - 파우스트 : 선령인 파우스트와 악령인 메피스트펠리스의 대결로 끊임없이 선령(善靈)을 향해 노력할 때 구원을 받을 수 있다는 주제의 희곡임.

*셰익스피어(IQ 190~230) - 4대비극(햄릿 맥배드 리어왕 오셀로) : 모든 비극이 원죄로 인한 인간의 악령에 의해 생기니 죄를 이기자는 반증의 희곡 주제임.

*가와바다 야스나리 - 설국 : 설국(雪國)의 아름다운 서정에도 불구하고 인간의 양심에 따라 잘못된 길을 가면 고독과 허무에 의해 비극으로 끝나니 그 무엇인가에 의지하여 구원을 받자는 반증의 소설 주제임.

*미우라 아야코 - 빙점(氷點) : 액체를 냉각시켜 고체로 상태변화

가 일어나기 시작할 때의 온도가 빙점임. 어는 점, 즉 삶의 길과 죽음의 길에서 타락을 극복하고 구원의 삶을 인도하고 있음. 이 작가는 일본에서 보기 드문 개신교 신자이다. 그래서 소설의 주제도 대부분 타락과 구원을 강조하고 있다. 아야코가 고백하기를,

"만일 내게 성경이 없었고 알지 못했다면 지금쯤 어떤 생활을 하고 있었을까 생각해 본다. 성경에 비춰본 내 자신이 너무나 보잘 것 없고 상처뿐이며 추악한 것이다. 그처럼 추악하고 상처뿐인 나를 용서해주시고 사랑하며 받아주신 예수님의 사랑을 작품에서 그려내기 위해 노력할 것이다."

라고 했다. 그의 고백대로 그의 작품에는 복음을 증거하는 내용이 많다. 그래서 그의 문학은 "복음 증명의 문학"으로 불린다.

*톨스토이 - 부활 : 죽음의 나락으로 빠져가던 카추샤를 양심의 회개를 통해 구원하는 인간 심리의 역정을 그린 선한 영으로 인도하는 작품임.

*도스토예프스키 - 카라마조프 가의 형제들 : 인간은 빵만으로 살 수 없다는 그리스도의 가르침을 통해 신과 구원의 문제를 다룬 작품.

*단테 - 신곡(神曲) : 지옥과 천국의 갈림길에서 신앙을 통해 천

참진리 참소망

국으로 향하자는 주제의 작품.

*죄와 벌 - 기독교 신앙 작가 도스토예프스키의 작품으로 사회
의 도덕률을 넘어서는 강인한 인간의 존재를 믿는다. 전당포 노
파를 살해한 주인공과 그러한 그를 사랑을 통해 정신적 구원으
로 이끄는 여주인공을 중심으로 전개되고 있다. 비윤리적인 현
실과 그 현실을 타개하기 위한 또 다른 비윤리적 행위의 중첩
속에서 무엇을 죄라고 부를 수 있으며, 그러한 죄를 어떻게 벌해
야 하는가에 대한 근본적인 윤리 문제를 제기하고 있다.

간증탑을 쌓게 하신
하나님

제가 건강이 좋지 않아서 등산을 시작한 것이 2007년도 8월부터였습니다. 금오산으로 등산을 하면서 하나님의 복음성가와 자연을 통하여 하나님의 은혜를 매우 많이 받았고, 또한 건강도 좋아졌습니다.

특히 등산을 하면서 저의 마음에는 인간 세상에서 혼탁하게 찌들려 있던 제 인생의 잡스러운 자취가 깔끔히 씻어졌고, 죄 많고 더러웠던 속세에서의 홍진(紅塵)도 매우 많이 털어졌습니다. 그 이유는 복음성가에서 울려 나오는 찬양의 은혜를 많이 받고 하나님을 깊이 이해하게 되었기 때문입니다. 그리고 한 걸음 더 나아가 전혀 오염되지 않은 자연현상을 통해 하나님을 알 수 있는 새로운 눈이 열렸기 때문입니다. 그 눈은 바로 하나님을 차츰 또렷이 바라볼 수 있게 하여 준 영안(靈眼)이었습니다.

"창세로부터 그의 보이지 아니하는 것들 곧 그의 영원하신 능력과 신성이 그 만드신 만물에 분명히 보여 알게 되나니 그러므로 저희가 핑계치 못할지니라" (로마서 1장 20절)

자연을 바라볼 때 저는 하나님으로부터 창조된 모든 것이 하나님 안에 있는 생각, 특성 모두를 지니고 있음을 발견했습니다. 하나님 자신이 가지고 계시는 아름다운 신미(神美)를 보았습니다. 하나님 자신이 아름다우시므로 하나님께서 이 세상에 있는 인간부터 땅에 있는 돌까지, 정도의 차이는 있지만 하나님의 아름다움이 묻어나게 하셨던 것입니다. 사물이 아름답기 위해서는 처음 창조되었을 때의 아름다움을 많이 갖고 있어야 하는데, 그것은 오로지 선악과를 따 먹지 않은 자연에 아름다움이 많이 보존되어 있었습니다.

태양을 통하여 만물이 활동하고 생명을 영위하게 하여 주는 삶의 은혜, 안개와 노을로 자연의 미술을 보여주시는 미학의 은혜, 초목과 꽃들로 하여금 생명의 기쁨과 아름다움을 보여주시는 사랑의 은혜, 연골이 깨져 달리지 않고도 운동효과를 충분히 낼 수 있도록 가파른 등산로를 만들어 주신 건강의 은혜, 숱한 돌들이 보잘 것 없이 많이 널려 있지만 그 돌들을 모으면 타산지석(他山之石)의 도움이 될 수 있음을 가르쳐 주신 수양(修養)의 은혜, 산 정상에서 세상을 내려다 볼 때 마음이 넓어지고 보다 더 큰 뜻을 품을 수 있게 하여 주신 호연지기(浩然之氣)의 은혜, 귓가를 스치는 산들바람으로 사랑의 메시지를 전해 주시는 말씀의 은혜, 수많은 새들의 지저귀는 소리로 들려주시는 찬양의 은혜, 깜깜한 밤중에도 달빛을 뿌리시어 길을 안내하면서 은은한 아름다움을 선사하시는 인도의 은혜, 사시를 오고가게 하면서 영원히 만물의 생명이 끊어지지 않도록 하여 주신 영생의 은혜 등등 이루 다 열거할 수가 없을 정도로 모두가 하나님의 사랑과 은혜가 아닌 것이 없었습니다.

저는,

'이토록 많은 은혜를 받고서 건강의 즐거움과 은혜의 기쁨을 누리기만 하면 되는 것인가?'

하고 자문했습니다. 그때 문득 제 앞에 커다란 돌탑 둘이 나타났습니다. 금오정(金烏亭)에서 헬기장을 향하여 내려가다 만난 탑이었습니다. 하나님에게 대항하는 인간의 오만을 상징하는 바벨탑처럼 높지는 않았지만, 보잘 것 없이 버려진 작은 돌들을 모아 정성을 들여 쌓아 올린 사람의 키 높이 정도의 돌탑이었습니다. 그 돌탑을 쌓아 올린 목적은 꾸준히 등산을 하여 이 탑처럼 건강의 성과를 올릴 수 있도록 예산군청에서 군민 건강을 위해 정성을 모아 준 배려라고 생각했습니다. 하지만 1년 후 저는 다시 알았습니다. 그것은 예산군청에서 베풀어 준 것이 아니라 합덕에 살면서 등산을 오곤 하던 어느 이름 모를 고귀하고 뜻이 깊은 분이 마음과 뜻을 모아 세워주신 상징의 탑임을 알았습니다. 그 분은 하나님께서 저에게 보내신 메시지의 사자였음을 문득 깨달았습니다.

그리하여 저는 또 다른 눈으로 그 탑을 보았습니다. 비록 보잘 것 없는 돌들이지만 저에게는 매우 많은 뜻을 시사(示唆)하여 주었습니다. 하나님께서 만물의 질서를 만드실 때 각각의 사물을 다르게 만드셨지만 서로 어우러질 때 아름답게 보이도록 하셨음을 알았습니다. 하나님이 각 사람을 다르게 만드셨고, 서로 어우러질 때 더욱 아름답고 저 사람이 나와 다르기 때문에 내가 독특한 아름다움을 지닐 수 있음을 알고 있습니다. 그 존재가 하나님께서 두신 자리에 있고 다른 것들과 어울릴 때 존재들은 서로로 하여금 진정으로 아름답게 하심도 알았습니다. 그때 제 앞의 돌탑에서 하

　　　　　　　　　　　　　　　　　　　　　　참진리 참소망

나님께서 마련해 주신 아름다움을 발견했습니다.

저는 하나님으로부터 사랑과 은혜를 받기만 하여서는 안됨을 깨닫게 되었습니다. 하나님을 향한 초월적인 사랑은 하나님을 그리워하고 하나님을 사랑하고 하나님과 합치하려는 마음의 움직임이어야 하고 보은의 도리를 다해야 한다고 생각했습니다.

만물 안에서 하나님의 자연적 아름다움을 보게 되고, 인간에서는 육체라는 자연적 아름다움, 그리고 그보다 더 우월한 영혼과 정신 안에 있는 도덕적 아름다움을 보게 되었습니다. 제가 비록 변변치 않은 재주를 가졌지만 하나님을 향한 보은의 도리를 위해 노력하게 되면 도덕적 아름다움으로 기쁘게 받아주시리라 믿고 하나님의 역사하심과 진리를 증거하는 간증탑을 쌓게 된 것입니다.

변변치 않은 돌들이 차곡차곡 쌓여 여러 의미를 보여 주듯이, 변변치 않은 저의 간증이 정성을 모아 하나하나 쌓아지면 하나님께 제가 받은 은혜를 보답해 드릴 수 있으리라 믿습니다. 간증들이 서로 어우러질 때 돌탑처럼 무게를 지니고 아름다움을 띨 수 있을 뿐만 아니라 심중(深重)한 의미도 함축할 수 있음을 저의 영안이 말해 주었습니다.

'보잘 것 없는 피조물 너의 영광이 아니라 위대하신 하나님의 영광을 위해서 하라. 그리고 그 위대하신 빛을 조금이라도 발하라.' 하고 말씀하심을 늘 느끼고 있습니다.

"하나님이 그 지으신 모든 것을 보시니 보시기에 심히 좋았더라. 저녁이 되며 아침이 되니 이는 여섯째 날이니라." (창1:31)

행복편지

-인생수업(엘리자베스 퀴블러 로스, 데이비드 케슬러 저)을 읽고, 치유의 독후감

사랑하는 제자 영수에게

너를 가르친 지도 어언 30년이 다 되어가는구나. 그동안 삶의 소용돌이 속에서 많은 우여곡절을 겪었다는 소식을 들었단다. 죽음과도 같은 극한상황에 처했었다는 소식도 전해 들었다. 스승으로서 제자의 불행을 알고 가만히 있을 수 없어서 편지를 띄운다. 그러나 아직도 인생은 살아야 할 날이 많이 남아 있고, 보다 행복한 삶을 위해 배워야 할 것들이 네 앞에 놓인 과제라고 생각한다. 불행을 극복하고 행복하기를 기원한다.

우선 너 자신을 찾아 삶의 자세를 새롭게 세우도록 하라고 충언을 보낸다. 너 자신의 순수한 자기존재를 찾아라.

내 인생은 나만이 지니고 있는 고유한 가치란다. 네 인생을 행복하게 하든 또는 불행하게 하든 선택의 자유는 바로 너 자신에게 달려 있단다. 인생에서 배워야 할 가장 중요한 것은 창조주 하나님께서 주신 자기의 내면에 있는 훌륭하고 좋은 점을 찾아내어 누리며 사는 것이다. 주변 환경이나 가진 것, 모습, 지나온 발자취 등등 너의 바깥 것에서 벗어나라. 삶의 아름다움을 만드는데 필요

참진리 참소망

한 모든 조건을 너 자신이 이미 충분히 받았음을 알아다오. 너 자신 속에 있는 그 고유한 삶의 권리를 꺼내어 일상의 삶에 꽃피우라. 그리고 자기 자신의 가슴에 귀 기울이는 법을 배우도록 해라. 때로는 최악의 상황에 직면했을 때 너 자신이 가진 최상의 것을 발견하도록 해라. 그런 배움을 통해 네 인생은 에너지를 얻고 행복하고 가치 있는 삶이 된단다. 진정한 자아는 가장 순수하고 완전하여 어둠 속에서 너를 인도하는 불빛과 같음을 알아 다오.

그리하면 너 자신과 남을 사랑하게 된단다.

사랑은 누구에게나 가장 행복한 삶의 기쁨이란다. 또한 인간관계의 본질이고, 행복의 근원이다. 우리 안에 살면서 우리를 연결해 주는 에너지이기도 하다. 네가 남을 사랑한다면 너의 마음은 즐거움으로 충만해지고 사랑받는 사람한테서 변화를 보게 될 것이다. 마침내 상대방의 가슴이 열리는 것을 보게 될 것이다. 사랑은 너의 삶을 굳세고 즐겁고 유익하고 빛나게 해 줄 것이다.

인간관계를 위해 그 사랑의 문을 열어라.

사람과의 관계에서 활짝 너의 문을 열고 다른 사람이 자유롭게 지나다니게 해라. 그때 너는 남과의 관계에서 너 자신이 얼마나 외롭지 않고 하루하루가 기쁜지를 경험하게 될 것이다. 너의 생활이 얼마나 풍부하고 삶의 보람으로 가득 차는지를 느낄 것이다. 대중 속에서 너의 존재가 얼마나 중요한가를 알 수 있을 것이다. 인간관계는 상호작용이란다. 너의 존재가치가 남에게 중요하게 되면 남들도 역시 너에게 아주 중요한 존재로 가까이 다가올 것이기 때문이다.

옛 유대 격언에 '많은 결혼식에 가서 춤을 추면 많은 장례식에 가서 울게 된다.'는 말이 있다. 인생을 기쁨과 슬픔으로 섞어서 짜

라. 비 온 뒤에 땅은 더욱 굳어지고 부러진 뼈가 나중에 더욱 튼튼해진다는 진리를 알아라. 일생을 살다보면 고통 속에 절망하는 때가 많이 있단다. 그러나 인생은 고통 없이 삶이 변화될 수 없고 성장도 할 수 없단다. 기쁨만 있는 인생은 그만큼 폭과 깊이가 좁고 나약하게 마련이다. 고통의 경험을 통해 너는 성장하고 결국 더 강해지고, 더 온전한 존재가 된다. 고통은 쓰지만 인생에는 보약처럼 유익하다. 괴테도 모든 색채의 아름다움은 빛의 고통이라고 했단다. 빛의 고통 속에서 모든 아름다운 색채가 이루어는 과정을 너의 삶 속에 적용하기 바란다.

그리하여 너의 진정한 힘을 깨우쳐 다오.

누구든 자신에게는 힘으로 가득 차 있단다. 너의 고귀한 내면에서 힘이 솟아 나오게 해라. 씨앗은 꽃으로 피어나고, 날마다 태양은 하늘을 가로지른다. 고통 속에 성장한 너의 인생은 남을 이해하고 용서할 수 있어 아름답게 된단다. 그에 따라 남으로부터 용서받아 인생의 나무가 힘차고 크게 자라는 법이다. 이 용서하는 법을 배울 때 진정으로 너는 모든 비방과 죄악으로부터 자유로워져 하루하루가 후회 없고 기쁘며 즐겁단다.

이것이 행복의 지름길이다. 네가 행복할 때 다른 사람, 고통 받는 사람들에게 줄 수 있는 행복이 더 많음을 기억해라. 네가 충분히 가지고 있다면, 부족한 사람의 입장에서 행동하지는 않을 것이기 때문이다. 실제로 행복한 사람은 가장 덜 자기중심적인 사람이다. 그들은 불행한 사람들보다 더 자발적으로 자신의 시간을 내주고, 다른 사람을 도우며, 더 친절하고, 더 많이 사랑하고, 용서하고, 배려한다. 불행은 이기적인 행동을 낳는 반면에, 행복은 주는

참진리 참소망

능력을 더 키워 준단다.

진정한 행복은 어떤 사건의 결과가 아니며, 환경에 좌우되지 않는다. 너의 행복을 결정하는 것은 주위에서 일어나는 일이 아니라 바로 너 자신이 지니고 있는 고유의 힘이다.

너를 남과 비교하지 말라.

비교는 불행으로 가는 지름길이다. 몸매, 가진 것, 현재를 과거나 미래와 비교하지도 말아라. 비교는 두려움으로 안내하기 때문이다. 무엇보다 너 자신, 그리고 현재의 삶을 가장 소중히 여기라. 인간은 완전할 수 없기 때문에 모두를 다 가질 수가 없고 그것을 다 갖고 싶은 욕망은 채워지지 않는 공허감으로 결국은 허망함만 낳는다. 이 허망이 바로 두려움이다. 이 두려움이 바로 불행의 씨앗이다. 자신의 모습을 타인과 비교하지 말고 있는 그대로 '나는 아무 문제없고 지금의 내가 가장 좋다.'고 여기는 데서 주어진 행복은 찾아오게 마련이다.

오랫동안 불행했던 이유를 80대 중반의 패트리샤라는 여성도 '내가 오랫동안 불행했던 이유는 내 기분을 좋지 않게 만든 것을 선택했기 때문이었어요. 마침내 난 내 삶을 만족하게 하는 법을 배웠어요. 자신에게 좋은 느낌을 갖게 하는 것, 다른 사람에게 좋은 느낌을 갖게 하는 것, 스스로 자랑스럽게 여기고 오래 지속될 수 있는 것을 선택하는 겁니다. 그러면 당신은 사랑과 삶과 행복을 선택하게 될 거예요. 그만큼 간단할 거예요.' 라고 고백했다.

마지막으로 너의 인생시계가 몇 시인가를 묻기 바란다.

삶은 시간이 지배한다. 사람은 시간에 의해 살고, 시간 속에서 살아가고 있고, 시간 속에서 생을 마친다. 너의 인생시계는 새로워져야 한다. 변화는 지금까지의 익숙했던 상황에 작별을 고하고, 새롭고 낯선 상황을 받아들이는 것이다. 너에게 변화되어야 할 이유가 바로 행복을 위해서란다. 너의 영혼이 치유되어야 하니까. 변화는 편견으로부터 벗어나는 것이고, 그것이 곧 자유다. 자유는 창조주 하나님께서 너에게 주신 매우 값진 선물이란다. 너의 영혼은 자유의 풀밭에서 한없이 뛰놀고 싱그러워져야 한다. 너의 영혼은 '자유는 생명'이라고 리빙프리(living free)를 즐겁게 노래 불러야 한다. 어제의 내가 반드시 지금의 나는 아니라는 사실을 깨닫는 데 크나큰 자유가 있단다. 더 이상 과거에 매일 필요가 없다. 지금 이 순간을 사는 것이 상대방과 자신을 진정으로 바라보는 참삶의 자세이다. 지금 이 순간을 살지 않으면 진정한 행복을 발견할 수도 없다.

자유는 사랑을 부르는 파수꾼이다. 자유는 모든 것을 긍정으로 변화시키고 부정을 소멸하는 지혜다. 모든 긍정적인 감정은 사랑으로부터 생겨나고 모든 부정적인 감정은 두려움으로부터 나온다. 사랑에서는 행복, 만족, 기쁨, 평화가, 두려움에서는 분노, 미움, 걱정, 죄의식이 나온다. 둘 중 어느 하나를 결정해야 하고, 그곳에 중립지대란 존재하지 않는다. 진정한 자유는 가장 두려운 일들을 대담하게 해 내는 데서 성취할 수 있단다. 두려움에 붙들리지 않고 크게 한 걸음 내딛는 순간 삶을 새로 발견하게 되는 법이다.

네가 이 세상에 살고 사랑하고 웃음을 주기 위해 태어났음을 명심해라. 누구나 살 권리가 있지만 문제는 어떻게 사는가를 실천하느냐에 따라 인생철학의 해답이 내려지기 때문이다.

　너는 너의 훌륭함을 기억하고 또한 우리의 소중함과 경이로움을 서로에게 일깨워 주기 위해 이 세상에 왔음을 깨닫도록 해라. 남은 생을 기쁘고 즐겁고 보람 있게 살기 시작하거라.

　그리고 지금 너는 그들을, 고통 받고 있는 사람들을 보러 가거라. 그들을 새로워진 너처럼 만들어 주기 위해서.

　이 자유, 사랑, 행복, 기쁨, 힘을 주시는 분이 바로 예수님이란다. 부디 예수님을 영접하라. 예수님을 영접하는 순간부터 너의 인생은 천국인생으로 승화된단다.

천국의 조건

몇 년 전 사순절(四旬節 Lent)의 마지막 1주일은 거룩한 걷기 묵상(Labyrinth)으로 영성훈련을 체험했습니다.

새벽기도회를 통하여 주님께서 40일 동안 금식하시면서 수난 받으신 고행의 과정을 느끼고 십자가 고난과 부활의 기쁨을 몸소 겪었습니다. 거룩한 걷기를 하면서 주님의 행적을 다시 한 번 새롭게 깊이 체험했습니다. 100m의 통로와 막다른 골목이 어지럽게 얽혀 있는 미로(迷路)를 걸으면서 삶의 자세를 반성하고 주님의 십자가 사역을 몸소 직접 느끼는 과정이었습니다. 걷는 동안 내면의 고요를 유지하며 머릿속의 잡념들을 차단하고, 주님을 향해 마음과 가슴을 활짝 열고 나의 생각들을 완전히 내려놓았습니다.

그리고 십자가가 세워져 있는 중앙에 왔었을 때였습니다. 사람의 아들로 오셔서 쇳조각이 달린 채찍을 맞고 나의 죄를 사하시기 위해 육신에 못이 박힌 채 6시간 동안 십자가에 매달리시며 고통당하시는 장면을 떠올렸습니다. 그 처절한 고통의 의미는 무엇 때문일까? 우리 인간들의 죄 때문이고 구체적으로 나의 죄 때문이라는, 나의 죽음을 대신 죽으신 속죄양 역할을 직접 행하신 예수님이라는 생각이 들었을 때 저의 마음이 매우 무거웠고 더욱 죄책감이 들었습니다.

나의 죄를 사하시기 위해 십자가에 박히신 당시의 체험을 실제로 생생하게 느끼자, 나 때문에 고통을 당하시며 죽으셨다고 느끼자, 그리고 십자가에 달리시며 고통당하시는 주님의 모습을 생생하게 떠올리자, 저의 몸이 뜨거워지기 시작했고 눈에서 뜨거운 눈물이 흐르기 시작했습니다. 그리고 저의 몸에서 죄의 파편들이 빠져나와 십자가를 향해 날아가기 시작했습니다. 그것은 제가 지니고 있던 죄의 목록이 새겨진 파편들이었습니다. 그 죄의 목록이 선명히 보이지는 않았지만 바울이 지적했듯이 인간이면 누구나 지니고 있을 악한 생각 - 음란, 도둑질, 살인, 폭력, 증오, 간음, 탐욕, 악독, 패륜, 속임, 음탕, 질투, 비방, 교만함, 우매함, 포악함 등등으로 인하여 생기는 죄목들일 것으로 추정하고 있습니다. 이 모든 죄의 파편들이 십자가에 박히며 사라진 이유는, 주님께서 저의 영혼을 살리시고 구원하시기 위해 제가 지니고 있던 죄를 뿌리 뽑아 십자가에서 소멸하셨기 때문이었습니다. 나의 죄를 사하는 십자가의 권능을 비로소 체험했습니다.

십자가가 아니고서는 죄를 사할 수 있는 권능이 없음을 알았습니다. 그리고 죄는 악에서 싹트고 악이 가시지 않은 상태로는 선의 경지인 천국에 들어갈 수 없음을 절감했습니다. 주님께서 십자가에 달리시어 저의 죄를 사하고 천국으로 인도하시기 위한 은혜의 다리를 놓아 주셨음을 알았을 때 십자가가 천국으로 들어가는 유일한 관문이 됨을 알 수 있었습니다.

그 후 저의 마음에는 검게 드리워 있던 먹구름이 활짝 걷힌 것처럼 개운해졌고 평안해졌습니다. 그리고 십자가에 더욱 의지하고자 하는 마음이 생겼습니다.

모든 것을 십자가에 맡겨야 하겠다는 결심이 생겼습니다. 그리고 죄를 짓지 않고 살자고 저 자신에게 스스로 다짐했습니다. 인간은 판단력도 부족하고 의지력도 약하기 때문에 본의 아니게 죄에 빠져 실족하게 마련이므로 죄에 빠지지 않기 위해서는 항상 주님의 십자가를 바라보면서 의지해야 함을 분명히 알았습니다.

그리고 주님께서 흘리신 보혈의 피가 헛되지 않기 위해서는 죄가 없는 삶을 하루하루 살아야 하겠고, 그럼으로써 주님께서 인도하신 천국으로 갈 수 있고, 또 그 유일한 길이 십자가로 통하는 삶임을 깨달을 수 있었습니다.

"내가 그리스도와 함께 십자가에 못 박혔나니
그런즉 이제는 내가 사는 것이 아니요
오직 내 안에 그리스도께서
사시는 것이라" (갈라디아서2:20)

부활의 진실

이 간증의 글을 쓸 때까지 제가 교회에 10여 년 동안 출석은 하였지만 성경에 담겨 있는 주님의 행적이나 말씀을 온전히 믿는 데에는 많은 시간이 걸렸습니다. 의심 많은 도마처럼 제가 직접 실증하지 못한 성경내용에는 믿음이 가지 않았기 때문입니다.

그러다 지난 중·고등부 연합예배에서 실시한 강설자료를 준비하던 중 퍼뜩 저의 뇌리를 스친 영감은 지금까지 이해가 되지 않았던 문제를 시원하게 해결해 주었습니다. 예수님을 인간의 형상으로 바라보고 사람으로만 이해했던 피상적인 인식을 극복하고 인간이 아니라 〈신〉으로 바라보아야 한다는 영안(靈眼)이 열렸기 때문이었습니다. 신이신 예수님이 인자, 즉 사람의 아들이라 자칭하심은 인간의 아들, 오빠, 형, 친구, 스승, 선생, 이웃 등으로 사람 속에 섞여 인간을 가까이에서 보다 깊이 사랑하시기 위한 친근함으로 인식해야 했습니다. 예수님에 관한 정체성을 올바로 깨닫지 못한 저의 믿음을 회개했습니다.

예수님의 부활에 관한 의심의 원인은 부활에 관한 성경의 내용을 증거할 만한 근거를 찾지 못한 데에 있었습니다.

부활의 의심을 해결할 수 있는 근거는 다름 아닌 예수님의 정체성(正體性)을 올바로 파악하는 데 있었습니다. 변하지 않는 예수님 존재의 본질이 인간이 아니라 〈신〉이심을 깨달아야 했습니다.

형상이 인간이라고 해서 우리 사람과 같은 차원으로 예수님을 동등하게 인식할 때 성경 전체에 대한 이해의 통로나 예수님이 행하신 기적에 대해서 믿음의 문이 모두 막혀 버렸습니다. 예수님을 인본주의(人本主義) 차원이 아니라 신본주의(神本主義) 차원에서 이해할 때 성경의 모든 맥락과 예수님의 행적에 관한 사실이 허구가 아닌 진실로 믿어졌습니다. 옷을 입을 때 첫 단추를 잘못 꿰면 전체 모양이 엉망으로 흐트러지는 것과도 같았습니다.

인류가 수천 년 동안 살아오면서 일반화된 진실(대전제)과 특수사실(소전제)을 연관시켜 진리(결론)를 도출하는 방법에 연역추론(演繹推論)이 있습니다.

대전제 : 사람은(A) 기적을 일으키기가 어려운데(B)
소전제 : 예수는(C) 사람이다.(A)
결론 : 고로 예수는(C) 기적을 일으키기가 어렵다.(B)

대전제와 소전제의 중복내용(A)을 제거함으로써 새로운 특수진실(B+C)을 연관시켜 증명하는 추리방법입니다. 그러나 여기서 대전제와 소전제가 반드시 참(진실)일 때 결론이 참이 될 수 있습니다. 대전제와 소전제가 어느 하나라도 참이 아니면 결론은 진실이 될 수 없습니다.

제가 잘못 생각했던 것이 바로 예수님의 정체성이었습니다. 예수님을 신으로 이해해야 하는 것을 사람으로 이해했기 때문에 믿음이 온전하지 못했던 것입니다.

대전제 : 신은(A) 전지전능하여 부활할 수 있는데(B)

소전제 : 예수는(C) 사람이 아니라 신이다.(A)

결론 : 고로 예수는(C) 전지전능하여 부활할 수 있다.(B)

이러한 결론에 도달했을 때 구약에서 수천 년 전에 언급된 예수님의 탄생과 인간구원에 관한 예언도, 신약에서 기적을 일으킨 예수님의 행적도, 교회를 모두 허물어뜨려도 3일 만에 예수님의 몸 되신 교회를 다시 세우겠다는 부활의 기적도 의심이 풀려 온전히 진실로 이해할 수 있었습니다. 그리고 예수님은 전지전능하시고 신이 되시므로 부활이 진실이며 사실임을 증거하게 되었습니다.

예수님께서 3일 후에 다시 살아나신다고 했고, 십자가에 못 박히실 때 그토록 믿고 따르던 12제자가 모두 뿔뿔이 흩어졌다가 시름에 잠겨 있을 때 다시 나타나 부활을 증거하여 주심으로써 제자들이 온전한 믿음으로 순교까지 하면서 복음전파가 이루어지도록 하셨습니다. 또 승천하실 때 보내주신다고 약속하신 성령이 지금도 이 세상 곳곳에 신유(神癒)의 기적과 성령세례, 변화의 놀라움 등등 여러 이적(異蹟)을 일으키고 있다는 사실이 부활의 진실을 입증하는 근거가 됨을 알았습니다.

주님은 부활 승천하시기 전에 이렇게 말씀하셨습니다.

"내가 너희에게 실상을 말하노니 내가 떠나가는 것이 너희에게 유익이라 내가 떠나가지 아니하면 보혜사가 너희에게로 오시지 아니할 것이요 가면 내가 그를 너희에게로 보내리니" (요16:7)

예수님이 인간의 육신으로 이 세상에 남아서 구원을 하게 되면 다니는 곳이 한정되어 은혜의 폭이 좁아집니다. 이 세상 방방곡곡, 수많은 사람들에게 유익하도록 동시다발적(同時多發的)으로 햇빛처럼 은총을 내리시기 위해서는 예수님의 분신이 되는 성령을 널리 활용하심을 알 수 있었습니다. 육신의 예수님보다 성령이 더 넓고 큰 은총을 인류에게 많이 줄 수 있는 비결과 권능이었습니다.

"내가 아버지께 구하겠으니 그가 또 다른 보혜사를 너희에게 주사 영원토록 너희와 함께 있게 하리니" (요14:16)

부활의 예수님이 현재에도 미래에도 믿음의 제자들인 성도들에게 영원히 보혜사로 함께 하시고 있음이 자연스럽게 증거됩니다.

십자가의 죽음으로 인간의 모든 죄를 사하시고 3일 후 다시 살아나시어 구원을 완성하셨으면 이 세상에 더 이상 있을 필요가 없기에 우리들 곁을 떠나가시어 보혜사를 보내주셨음을 알 수 있었습니다.

성령의 은사가 실제로 우리에게 은총을 내리고 있는 사실이 바로 부활하신 주님, 그리고 예수님 당신 자신의 진실과 세상에 나타나는 모든 진리를 방증하고 대변해 주고 있음을 깨달았습니다.

참진리 참소망

행복한 인생관을 잘 정립합시다

사람은 누구나 자기한테 주어진 인생관을 잘 정립하고 살아갈 때 행복하고 보람되게 일생을 살 수 있습니다. 따라서 인생관에는 행복관과 가치관이 필수적으로 따라오게 됩니다. 사람은 한 평생을 살아갈 때 보다 행복하고 가치 있는 삶이어야 하기 때문입니다.

일반적으로 인생관이란 인생의 의미, 가치, 행복 등에 대한 전반적인 견해라고 합니다. 나는 어떻게 살아 가야 하는가, 바람직한 삶이란 무엇인가?와 같은 질문에 대한 자신의 생각이 표현되는 것으로 삶의 목적과 방향을 명확하게 설정할 수 있습니다.

하지만 개인의 인생관은 성격, 환경, 시대적 상황 등에 의해 크게 영향을 받습니다. 우리가 삶의 문제를 절실하게 의식하는 것은 개인적, 사회적으로 삶을 반성하게 하는 어떤 문제에 당면했을 때라고 볼 수 있죠. 이에 따라 여러 가지 인생관이 생길 수 있습니다. 비관론, 낙천론, 이상주의, 현실주의 등 각양각색입니다.

또 그것은 그 사람의 과거 체험·경험·교양·사회적인 지위·성격 등으로 형성되며, 그 사람의 판단이나 행동을 좌우하게 됩니다. 지각된 형태로서의 인생관은 종교나 문예·도덕·철학·자연과학 등을 통하여, 또는 현실을 직시하고 반성함으로써 형성됩니다.

〈철학 대사전〉에는 인생관을 다음과 같이 정의하고 있습니다.

「인생관이란 인생에 대한 전체적, 통일적, 직관적인 사고방식이다. 그러나 반드시 종교나 철학이어야 할 필요는 없지만 인생의 진실은 무엇이며 인생을 어떻게 살 것인가 등 근본적인 가치의 체험을 기초로 하기 때문에 그것은 자연철학이나 종교의 문제에 귀착된다. 따라서 염세관과 낙천관, 유물론과 유심론, 현실주의와 이상주의, 합리론과 경험론, 범신론과 유신론 등 철학상 종교상의 여러 경우를 각각 그 자신에 의한 인생관으로 내세우고 또한 그러한 인생관을 만들어 낸다.」

한편 〈교육학 사전〉에서는,
「인생의 의미나 목적 및 가치 등에 관한 포괄적인 생각으로서 삶의 근본에 관한 질문에 기초한 것이므로 자연철학이나 종교적 신앙의 문제로 귀착되는 경우가 많다. 염세주의와 낙천주의, 현세주의와 내세주의, 유물론과 유심론 등의 철학적, 종교적 사상은 각기 다른 인생관을 내세우고 있다.」
고 하였습니다.

위 두 이론 등은 인본주의 철학관에 입각하는 경우가 많기 때문에 여러 가지 모순에 귀결될 수 있습니다. 하지만 인본주의보다 신본주의에 의탁해지는 경우가 깊은 성찰을 통해 나옵니다. 성현의 경우 보통 사람보다 뛰어난 자각력을 지니기 때문입니다.
또 인간자신이 의식적이든 무의식적이든 간에 삶의 중요한 목적을 가지고 살아가는데 그것은 분명 어느 주의에 속해서 살아가고 있음을 말해주고 있습니다.

그러므로 나 자신이 어떤 인생관을 가지고서 살아가고 있느냐를 각성하는 것은 바로 나를 올바르게 이해하고 내 인생을 가치 있고 바람직하게 세우는 중요한 일입니다. 뿐만 아니라 타인의 이해에도 더없이 도움을 줍니다.

한 번뿐인 인생을 어떻게 살아가야 하는가에 대한 답은 스스로 찾아야 할 것입니다. 왜냐하면 누구에게나 한 사람한테는 하나의 인생만 주어졌기 때문입니다.

부모님이나 다른 사람의 의견을 참고는 하되 무조건 받아들이거나 그의 의견을 지나치게 의존하기보다는 스스로 깊이 생각해서 자신의 인생을 주체적으로 바라보는 눈을 가져야 하겠지요.

긍정적인 인생관은 우리는 살아가면서 좋은 일도 겪고, 나쁜 일도 겪지만, 나쁜 일이 닥쳤을 때에도 언젠가 좋은 일이 있기를 기대하면서 꾸준히 준비하고 노력한다면 우리는 성공의 기쁨을 맛볼 수 있을 것입니다.

도덕적인 인생관은 우리의 삶을 아름답게 수놓기 위해서는 무엇보다 도덕적인 가치를 소홀히 해서는 안 되겠지요.

다음의 사례 발표를 제시합니다.

행복한 사람과 불행한 사람의 차이

	행복한 사람	불행한 사람
기도할 때	남을 위해 기도하는 사람	자기만을 위해 기도한다.
남의 이야기 듣기	열심히 들어주는 사람	한 소리 또 하고 또 한다.

남의 칭찬	남의 칭찬을 자주 한다.	자기 자랑을 잘 한다.
일하기	일을 보람으로 아는 사람	일하기를 의무로 안다.
웃음	언제나 싱글벙글 잘 웃는 사람	언제나 투덜대기를 잘한다.
마음에 두기	평생 고마웠던 일만 마음에 둔다.	언제나 섭섭했던 일만 마음에 담는다.
남의 일	남이 잘 되는 것을 축복 위로한다.	남이 잘 되는 일을 배 아파한다.
행동과 말	행동으로 보여주는 사람	말로 보여주는 사람
자신과 남에게	자신에게 엄격하고 남에게 부드러운 사람	자기에게 후하고 남에게 가혹한 사람
음식 먹기	감사하는 마음으로 먹는 사람	불평·불만하며 먹는 사람
화장하기	마음까지 화장하는 사람	얼굴만 화장하는 사람
자신의 잘못 인정	자신의 잘못을 곧바로 인정하는 사람	자신의 잘못했다는 말을 절대 하지 않는다.
걸음 자세	가슴을 펴고 당당하게 걷는 사람	고개를 숙이고 걷는 사람
자기 학습	누구에게서나 배우려는 사람	자신이 만물박사라고 생각하는 사람
이유 찾기	잘된 이유를 찾는 사람	안 될 이유만을 찾는 사람
공사 관계	공과 사(私)가 분명한 사람	공과 사를 구분하지 못하는 사람
지식과 행동	아는 것이 적어도 행동으로 옮기는 사람	아는 것이 많아도 실천하지 못하는 사람
해야 할 일	해야 할 일이 많음을 긍지로 여기는 사람	할 일이 많음을 불만으로 여기는 사람

　　구체적으로 일상생활을 통한 삶의 자세에서 진정으로 행복하고 가치 있는 인생관이란 결국 성경에서 가르치고 있는 하나님의 말씀에 근거하고 있음을 증언합니다.

남을 위해 기도하는 사람, 남의 이야기를 잘 경청해 주는 사람, 남을 칭찬하는 사람, 남이 잘 되기를 축복해 주는 사람, 자신에게 엄격하고 남에게 부드러운 사람 등은 모두 한결같이 남을 사랑하는 사람이 아닐 수 없습니다. 사랑에는 온유함과 선함과 자비로움과 존중하고 아끼고 위해 주는 마음이 있어야 하며 대인관계나 평소의 삶에서 저절로 우러나올 때 더욱 세상의 빛이 됩니다.

자신의 잘못을 곧바로 인정하고 바로잡는 사람, 누구에게서나 배우려는 사람, 해야 할 일이 많음을 긍지로 여기는 사람은 항상 겸손하라는 하나님의 말씀을 받아들이는 자세이기도 하고 겸손할수록 더욱 발전의 계단이 차곡차곡 쌓이는 지혜가 많아집니다. 일하지 않으려면 먹지도 말라는 하나님의 가르침을 몸소 실천하는 사람이라고 보여집니다. 제아무리 능력이 뛰어나더라도 인간에게 부여하신 하나님의 두뇌 능력은 단 한 사람보다 여러 사람에게 많기 때문이지요. 아무리 천재라도 독선과 독재에 빠질 때 결국은 모순에 빠져 패망하게 되었지요. 특히 하나님께 겸손하며 일생동안 남과 함께 배우는 자세로 살아갈 때 하나님께서는 무궁무진한 능력의 은혜를 내리심을 알고 있습니다.

'항상 감사하고 기뻐하라'는 가르침을 염두에 두기 위해서는 사랑 받기 위해 태어난 특별한 존재임을 알아야 했습니다.

짜증과 불평불만보다 얼굴에서 언제나 싱글벙글 잘 웃는 웃음꽃이 피어나는 사람은 세상의 빛과 향기가 되고 있음도 느꼈습니다. 감사하는 마음으로 항상 생명의 음식을 주시는 하나님께 기도드리며 음식도 맛있게 먹을 것입니다.

하나님에 대한 믿음이 두터우면 언제나 섭섭했던 일보다 평생 고마웠던 일만 마음에 가득하여 어둠의 인생면을 떨쳐 내고 밝힐 수 있었습니다. 천국시민이라는 긍지, 세상 사람들이 알아주지 않아도 하나님께서 늘 나와 함께하신다는 믿음으로 살 때 걸음걸이는 위축되지 않고 당당했습니다.

실천이 없는 믿음은 죽은 믿음이라는 가르침을 거울삼아 말보다 행동이 앞서서 남으로부터 신임도 많이 받았습니다. 하는 일에서 늘 기쁘고 즐겁게 채워 주시는 하나님의 은혜로 능력자로서 인정도 많이 받았습니다.

'사람은 그 누구도 모른다. 그러나 머리털 하나까지도 하나님은 보고 계신다.'는 성경말씀이 앞설 때 매일 아침 거울을 보면서 마음까지도 화장을 하며 하루하루를 살았습니다. 때문에 죄에 저촉되지 않은 일생을 살았다고 고백합니다. 잘되는 이유는 하나님께서 인도하심에 있음을 알고 늘 겸손히 감사를 드렸습니다. 하나님께서는 공의로우시기 때문에 나 자신과 가정교육도 공(公)과 사(私)를 분명히 구분해서 가르쳤습니다.

결국 인생관을 정립할 때도 성경의 가르침을 토대로 할 때 보람되고 가치 있고 행복한 일생이 될 것임을 확신하며 간증을 드립니다.

내가 태어난 이유가 하나님으로부터 사랑 받기 위해서였고, 때문에 하나님의 가르침에 의지하며 살고 하나님을 위해서 살아야 하고, 하나님의 영광을 위해 행복하게 살아야 하고 등등을 생각했습니다. 하나님의 변치 않는 사랑과 진리의 가르침, 그리고 이 세상 사람들의 뇌리와 영혼을 꿰뚫어 바르게 인도하시는 통찰력은 사람들한테서는 찾을 수가 없었기 때문입니다.

참진리 참소망

인본주의가 아니라 하나님 본위의 가르침인 신본주의에 근거하여 하나님의 존재를 먼저 알고 그 가르침에 따라 인생 계획을 세우면 좋은 일생과 행복한 인생이 되리라 믿습니다.

기도편

기도는 하나님과의 호흡입니다. 즉 하나님과의 영적인 대화가 되는 셈이지요. 그런데 일반적으로 기도를 잘못한다고 지적 받는 이유는 기도가 하나님의 뜻에 준하여 이루어지지 않고 인간본위의 소망으로 드려지기 때문입니다.

인간본위의 기도는 응답 받기가 매우 어렵다고 합니다. 이 세상을 주관하시는 하나님을 인간이 이용하여 자기의 유익을 구하는 것을 어찌 하나님께서 용납하시겠습니까?

기도가 하나님 본위로 이루어질 때 하나님의 세상 경륜과 일치되면서 기도의 효력이 나타남을 실감할 것입니다.

여기의 기도편은 그러한 인간의 기복신앙을 극복하여 하나님 본위로 합치되는 신본주의 기도 자세로 최대한 드렸습니다.

하나님의 은혜를 감사드리고
소망을 빕니다

은사를 주심에
감사 드립니다

은혜의 달란트를 허락하신 하나님!

저희들이 날마다 새롭게 변화하여 받은 은사를 찾기 원합니다.

저희가 받은 은사를 하나님의 뜻에 따르도록 사용하라는 명령으로 받아들이게 하소서.

하나님께서 기뻐하시는 제자 되기 원합니다.

이로 인해 주님에 대한 진정한 믿음 위에서 저희들이 주님의 일을 올바로 감당할 때 주님의 몸 된 교회와 성도와 이웃을 섬김에도 저희들에게 각각의 은사가 빛을 발하게 됨을 믿사옵니다.

누구에게나 공평하게 은사를 주셨기에 저희들이 그 능력을 잘 찾아 그 은사로 주님과 성도와 이웃을 잘 섬기고자 합니다.

하나님께서는 너무나도 크고 깊으신 사랑을 주셨고 이루 헤아릴 수 없이 많고 다양한 은사를 주셨건만 저희들은 넋두리만 늘어놓고 찾지 않았습니다.

저희들의 몰지각한 지난날을 용서하소서.

늘 세상에 물들지 않고 예수님을 나의 주로 고백하며 받은 은사를 기뻐하게 하소서.

하나님께서 주신 은사를 더욱 잘 계발하여 하나님 나라를 위해 보다 효율적으로 잘 쓸 수 있게 인도하소서.

나날이 은혜 더하시는 예수그리스도의 이름으로 기도 드리옵나
이다.

아멘.

감사하는 마음 갖고
살게 하옵소서

사랑과 은혜가 한량없으신 하나님!

가을의 청명함을 베푸시고 저희들의 수고한 대가로 결실을 주심에 감사드립니다.

우리 주변에서 늘 접하는 것은 감사보다는 불평과 불만이 많습니다.

그 이유는 하나님 은혜를 먼저 생각하지 못하고 나의 욕구가 앞서기 때문이고, 하나님보다는 세상에 더 가깝게 살기 때문임을 알고 회개하나이다.

감사하는 생활로 천국의 삶을 살게 하시고 하나님 백성의 본분을 보이게 하옵소서.

> "그리스도의 평강이 너희 마음을 주장하게
> 하라 너희는 평강을 위하여 한 몸으로 부르심을
> 받았나니 너희는 또한 감사하는 자가 되라" (골3:15)

는 가르침을 저희 마음 판에 늘 새기어 봅니다.

아직도 남아 있는 저희들 죄성이 깨끗이 사해져 불평불만이 아니라 평강한 상태로 마음에 가득하여 하나님께 영광 돌리기 원합니다.

세상의 일보다 하나님의 관계가 돈독해져 평강의 상태가 임하고 감사하는 삶이 이루어지게 인도하옵소서.

"평안을 너희에게 끼치노니 곧 나의 평안을 너희에게 주노라 내가 너희에게 주는 것은 세상이 주는 것과 같지 아니 하니라 너희는 마음에 근심하지도 말고 두려워하지도 말라" (요14:27)

는 가르침 따라 마음 천국 이루며 감사가 절로 나오게 하옵소서.

평안을 위해 기도와 간구로 세상일에 흔들리지 않게 하옵소서.

모든 지각에 뛰어난 하나님의 평강이 그리스도 예수 안에서 우리 마음과 생각을 지키기를 바랍니다.

매일 되풀이되는 일상의 삶에서 살다 보면 자칫 하나님의 은혜를 잊어버리고, 저희 나름대로 삶의 방향과 목표를 잡고 나아갈 때, 그때마다 사탄과 마귀가 틈을 엿보고 저희를 실족케 하는 위기를 느낍니다.

부디 저희들이 하나님을 한 순간도 잊지 않고 감사하는 삶으로 온전히 지내도록 인도하옵소서.

우리에게 염려할 수밖에 없는 상황이 왔을 때 기도하게 하소서.

하나님께 아뢰는 기도가 감사함으로 마지막을 아름답게 장식하게 하소서.

하나님의 말씀이 우리 안에 충만케 하옵소서.

말씀을 단단히 붙잡고 세상일에 흔들리지 않게 하옵소서.

그리하여 세상원리를 따르지 않고 하나님의 진리를 따라 살며 세상의 장애를 모두 거두어 버리게 하옵소서.

우리의 정체성이 무엇인가를 알기 원합니다.

우리가 세상 사람과는 다르게 부름을 받은 백성들임을 깨닫기 원합니다.

그리스도의 이름을 부르며 살아가고 있는 우리의 삶은 더 이상 우리에게 속해 있지 않고 하나님의 손에 달려 있음을 깨닫기 원합니다.

우리가 실패할 것처럼 보여도 하나님은 우리를 결코 실패로 끝나지 않게 할 것이라는 믿음을 굳게 가지게 하십니다.

감사의 원천이 하나님이 주신 축복임을 깨닫는 영혼의 문이 열리게 하소서.

우리 주변의 삶 하나하나가 모두 하나님이 우리에게 허락하신 축복의 은혜임을 인정하나이다.

내가 불만스럽게 여기는 남편도 아내도 하나님이 주신 선물임을 이해하게 하소서.

공부를 못해도 자녀가 하나님이 주신 선물임을 압니다.

또 다른 나의 행복이 있음을 가족들로부터 찾으라는 지혜를 터득하게 하소서.

모두가 하나님이 나에게 주신 분복들임을 진심으로 고백합니다.

교회도 속해 있는 사랑방도 다 선물인 줄 압니다.

사람들의 후회하는 이유는 주로 뒤늦게 깨닫기 때문입니다.

후회하는 일생을 살면서 철이 늦게 드는 문제아가 되지 않기 원합니다.

인간의 한계를 극복하게 하소서.

우리 곁에 있는 것 하나하나가 하나님이 주신 선물임을 잘 알고 감사하게 하옵시고 우리 인간이 부정적으로 판단하지 않기 원합니다.

늘 감사하는 믿음으로 기쁘게 살기 원합니다.

저희 영혼을 주님께 온전히 맡기나이다.

다스리시어 두려움과 영혼의 형벌로부터 구원하여 주옵소서.

때마다 일마다 감사함으로부터 하나님께 구원 받는 체험을 날마다 실제로 깨닫기 원합니다.

저희들의 믿음, 더욱 견고하게 하시옵소서.

언제나 저희에게 감사가 되시는 예수 그리스도의 이름으로 기도 드리옵나이다.

아멘.

참진리 참소망

감사의 계절 되게
하옵소서

은혜와 감사의 하나님!

오늘도 주님께 예배드리게 하여 주시니 감사합니다.

저희들이 하나님께서 주신 은혜를 깊이 깨닫고, 진심으로 감사가 절로 나오는 은혜의 계절이 되게 깨우치소서.

저희들이 살고 있는 이 축복받은 지구, 생명의 환경을 하나님께서 저희의 삶을 위해 만들어 주셨음을 감사드립니다.

그 토양과 숨 쉴 수 있는 공기 속에서, 저희들의 생명이 이어가게 하여 주심을 알고 감사드립니다.

봄날 저희들이 들판과 농토에 뿌린 씨앗 위에, 여름철 주님께서 햇빛과 단비를 내려 주시어 자라게 하시니 감사드립니다.

온갖 식물이 숨 쉬며 결실이 영글고 탄소동화작용을 통하여 알곡의 열매를 익게 하시니 감사드립니다.

이 결실의 가을에 저희들이 하나님께서 주신 영광과 은혜를 먹을 수 있게 하여 주심을 절실히 인식하고 기쁨 속에 감사드립니다.

이 깊은 감사함 속에서 저희들의 마음과 생각과 온갖 지각에 성령이 찾아오시어, 감사하는 저희 몸과 영혼을 향기로운 제물로 받아 주옵소서.

감사의 원천이 되시는 예수 그리스도의 이름 받들어 기도합니다.

아멘.

하나님과 가까이 있게
하옵소서

예배를 통하여 저희를 진리와 축복으로 인도하시는 사랑의 하나님!

저희들이 하나님과 만날 수 있는 교제의 시간을 빠지지 않고 자주 갖게 하여 주시니 감사합니다.

하나님과 멀어져 저희의 심령과 육신의 틈 속에 솔개 같은 마귀가 침입하여 저희를 불행으로 몰고 가기를 원치 않사옵니다.

예배가 저희의 영혼을 피로 증표 삼게 하시고, 진심으로 마음과 육신을 약속으로 드리는 산제사로 삼게 하시옵소서.

예배의 실패가 신앙의 실패가 되게 하소서.

가장 중요한 예배를 최우선 삼아 하나님께로 나아갑니다.

그리하여 하나님에 대한 믿음으로 저희의 마음에 평강과 희락과 기쁨과 진리와 지혜의 능력이 항상 넘쳐나서 하늘나라의 백성으로 온전히 인정받는 자녀 되기 원합니다.

다윗처럼

"나의 힘이 되신 여호와여 내가 주를 사랑하나이다. 여호와는 나의 반석, 요새, 구원, 산성이시며 나를 건지시는 자"

라고 저희들도 고백합니다.

저희가 세상에 살지라도 하나님과 항상 가까이 있고 싶습니다.

참진리 참소망

세상을 가까이 하는 사람들은 하나님보다 물질과 세상 가치를 더욱 가까이 하는 줄 압니다.

황금만능주의가 팽배한 세상의 물질에 주목하지 말고 얼마 있다가 덧없이 사라질 재물에 연연하지 말고 하나님의 나라와 그 의를 구하는 데 열정 쏟게 하소서.

우리가 하나님의 말씀을 듣고 그 모든 명령을 지켜 행하면 세계 모든 민족 위에 뛰어나게 해 주실 것이라고 약속하신 말씀을 기억합니다.

저희가 하나님 말씀에 절대 순종하여 모든 민족 중에서도 가장 뛰어나게 하소서.

우리가 늘 깨어 근신하고 기도함으로써 마귀를 대적하게 하소서.

마귀의 시험과 올무에 걸려 넘어지지 않기 원합니다.

마음속으로 마귀가 침노하여 죄를 짓지 않게 하소서.

마음을 청결케 하여 마음의 죄를 깨끗이 씻으소서.

남의 이목 때문에 말과 행동만 조심하지 말고 먼저 생각과 마음으로 온갖 더러운 것들을 품지 않게 하소서.

하나님과 가까이 하고 동행할 때 복이 임함을 깨달음 주소서.

에녹처럼 이 땅에 살면서 300년 동안 하나님과 동행하는 축복을 누리기 원합니다.

숨을 곳 없는 사막에서 적들에게 쫓기는 신세였지만, 하나님이 다윗을 날개 아래 감추시고 눈동자 같이 지켜주셔서 죽을 위험에서 구해주셨음을 기억합니다.

"나의 힘이 되신 여호와여 내가 주를 사랑하나이다. 여호와는 나의 반석, 요새, 구원, 산성이시며 나를 건지시는 자"

라고 다윗처럼 하나님과 함께 살면서 고백하기 원합니다.

늘 저희들 곁 가까이에서 복의 근원이 되시는 예수 그리스도 이름 받들어 기도드리옵나이다.

아멘.

참진리 참소망

사순절에 드리는
기도

사순절에 주님, 저희들이 십자가를 향하여 마음을 엽니다.

십자가의 보혈로 죽을 수밖에 없던 저희를 살리신 그 은혜를 다시금 떠올립니다.

저희에 대한 사랑의 가치는 목숨보다도 귀하셨나이다.

저희에 대한 사랑의 힘은 죽음보다도 강하셨나이다.

주님께서는 죄인인 우리를 사랑하셨지만 거룩하신 하나님은 죄인인 우리와 함께 살 수 없으셨나이다.

때문에 우리를 깨끗하고 의로운 사람으로 거듭나기를 원하시어 주님이 선택하신 방법이 십자가에서 보혈의 피로 우리의 죄를 씻어 주심이었나이다.

주님께서 인간의 몸을 입고 태어나 우리에게 하나님의 마음과 사랑과 계획을 알려주셨나이다.

그리고 우리의 죄를 씻어주기 위하여 십자가에서 속죄의 제물이 되셨나이다.

내 죄악 때문에 내가 맞아야 할 채찍을 대신 맞으신 주님!

내가 메고 가야 할 십자가를 나 대신 짊어지시고 고통을 당하신 주님!

사순절의 고난 주간에 주님을 생각하면서, 저희들의 잘못을 반성하고 회개하오니 저희를 주님의 올바른 제자로 바로잡으소서.

내가 주님께 드릴 것은 나의 아픔과 나의 허물과 내 눈물밖에는 드릴 것이 없습니다.

주님의 사랑 주님의 아픔 주님의 눈물을 바쁜 삶 속에서도 기억하며 살게 하소서.

깨어 기도할 수 있도록 영혼에 힘을 주소서.

주님께서 나귀를 타시고 십자가에 달리시기 위해 예루살렘에 입성하실 때, 사람들은 자신의 옷을 땅에 깔고 종려나무가지를 흔들며 '호산나! 호산나!' 하며 반기고 외쳤습니다.

그러나 빌라도의 법정에 서실 때 다른 도둑과 강도를 풀어주고 주님을 십자가에 못 박으라고 외쳤습니다.

하지만 제자들과 이 세상 사람들로부터 받은 실망과 배신을 이기시고, 저희의 죄를 끝까지 감당하셨던 사랑의 주님!

그 이유를 지금 이 시간에 올바로 이해하고 회개하여, 주님에 대한 믿음이 더욱 바르고 견고하게 하소서.

무거운 십자가를 짊어지시고 채찍을 맞으면서 언덕을 힘겹게 오르시다가 쓰러지신 주님께 힘이 되어 주지 못하고 저희는 숨어버렸습니다.

오늘 이 시간에 저희가 주님께 드릴 수 있는 방법은 저희가 회개하고 주님께 영광 드림입니다.

말씀에 귀 기울이게 하시고 우리가 가진 가장 귀한 것으로 사랑을 고백하게 하소서.

사랑이 가장 귀함을 깨닫기 원합니다.

사순절에 다지는 저희들의 결심이 영원히 한결같게 하소서.

함께 어려움을 나누고 기도하게 하소서.

참진리 참소망

내가 져야 할 십자가를 끝까지 우리도 지고 가게 하소서.

저희들도 주님처럼 환난 중에 서게 하소서.

환난 중에 저희가 더욱 연단되며 그 결과는 주님께서 주시는 상급임을 기대합니다.

그리고 옳은 일을 위하여 기도하며 인내하게 하소서.

저희의 힘으로가 아니라 기도를 통해 주님과 동행하게 하시어 올바른 힘을 보태 주소서.

저희를 앞세우지 말고 주님과 동행하여 인내의 힘으로 굳건하도록 저희를 연단시키옵소서.

늘 저희의 안에 계시옵소서.

저희의 믿음이 결실을 거둘 수 있도록 저희가 소망을 갖기 원하옵나이다.

주님께서 부어 주시는 은혜의 소망을 직접 체험하며 사랑 받는 제자로 신앙의 열매를 맺게 하소서.

종국에 가서 반드시 주님의 사랑과 칭찬을 받는 제자가 되기 원합니다.

도중에 인내의 부족으로 시험에 빠져 주님의 사랑을 포기하고 받지 못하는 못난 제자 되지 않기를 원합니다.

주님, 우리를 평화의 도구로 써주소서.

미움이 있는 곳에 사랑을,

상처가 있는 곳에 용서를,

분열이 있는 곳에 화합이 있도록 하소서.

위로받기보다는 위로하고,

이해받기보다는 이해하고,
사랑받기보다는 사랑하게 하소서.

십자가의 보혈로 저희를 구원하신 사랑의 예수님 이름으로 기도
합니다.

아멘.

참진리 참소망

부활절에 드리는
기도

사망의 권세를 깨뜨리시고 원수를 이기시고 다시 살아나시어 부활승천하신 전능하신 주님!

다시 사신 주님을 찬송합니다.

새롭게 보이신 세상에서 축복 속에 손뼉 치며 기쁘게 예배합니다.

부활의 주님을 영원부터 영원에까지 찬양하는 복된 시간이 되게 하소서.

저희에게 소망을 주신 주님을 찬양하나이다.

저희에게 슬픔을 기쁨으로 주셨나이다.

불안하던 저희 마음을 평안하게 하셨습니다.

의심을 확신으로, 실패를 성공으로 되돌려 주셨습니다.

이 땅과 하늘에 주님을 떠나 생명으로 갈 수 있는 길은 주님 이외에 어디에도 없음을 우리에게 보여 주셨나이다.

주님의 부활로 인하여 영생을 누리게 되었나이다.

가장 큰 축복을 주시니 감사합니다.

새로운 마음으로 새로워진 세상은 참으로 아름다운 것임을 알게 하셨나이다.

오늘 천상의 종소리를 들으며 부활의 시간을 다시 기억합니다.

지난날 부활의 주님을 의심하였던 저희들의 불신을 용서하소서.

다시는 마귀의 유혹에 빠져서 주님을 부정하는 일이 없도록 저희들의 마음에 믿음의 확신을 견고하게 입히소서.

주님을 하나님의 아들로 알게 하소서.

주님을 통하여 하나님을 알 수 있게 하소서.

주님께서 부활승천하시면서 보내 주신 보혜사 성령을 통하여 지금도 살아 역사하시는 주님을 은혜롭게 느낍니다.

저희들이 부활의 믿음을 갖기가 이제는 쉽게 되었습니다.

언제나 성령님으로 저희와 함께 하시기 때문입니다.

2000년 전 베드로나 막달라 마리아나 다른 제자들처럼 저희는 부활하신 주님과 직접 만나지는 못했습니다.

하지만 이제는 막달라 마리아나 믿음을 증거하는 제자들처럼 저희도 주님의 부활을 알리기 위해 세상으로 달려 나가게 하소서.

저희들이 받은 부활의 은혜를 이웃에게 알리고 그들도 함께 기쁘게 체험하기를 원합니다.

성경이 변함없는 진리이고 또 주님께서 승천하시면서 보내주신다고 약속하신 주님의 보혜사 성령이 지금도 세상 방방곡곡에서 실제로 은혜를 뿌리고 있음을 봅니다.

저희가 믿음의 확신을 갖게 하소서.

믿음의 확신을 통하여 저희들이 그동안 지니던 슬픔과 고독과 외로움의 처지가 변화되기를 원합니다.

부활의 주님을 저희들 곁에 모시고 함께 살면서 위로와 평안과 기쁨과 소망을 다시 갖게 됩니다.

자신감을 잃고 있을 때 저희에게 찾아오시어 저희들의 심령을 회복시키시옵니다.

부활절에 저희의 믿음도 다시 살아나게 하소서.

참진리 참소망

부활절에 주님께 순종하는 저희의 마음이 활활 소생하게 하소서.

세상의 부정과 불의한 권력을 극복하고 정의와 사랑을 구현하는 힘이 파도 되어 힘차게 일게 하소서.

저희의 삶과 가정과 이웃이 용기와 희망과 성공과 축복을 다시 받으며 주님을 칭송하기 소원합니다.

사망 권세를 깨뜨리고 살아나시어 항상 저희 곁에서 도우시는 예수님 이름으로 기도합니다.

아멘.

추수 감사절에 드리는
기도

저희들에게 생명을 주시고 일용할 양식을 주심을 감사합니다.

하나님은 철 따라 햇빛과 비를 내리시어 곡식을 영글게 하십니다.

논과 밭에 황금빛으로 출렁이는 열매를 농부들이 한데 모으게 하심을 감사드립니다.

알알이 맺힌 열매를 이 땅과 이 백성에게 넉넉히 베푸신 자비하신 은혜를 감사드립니다.

하나님 아버지께 간청합니다.

우리 인생의 모든 날들도 아버지께 겸손하며 순종하는 발걸음으로 살아가게 하소서.

우리 삶의 앞에 나타나는 모든 자비하심을 우리가 감사하는 깨우침으로 받기를 원합니다.

감사하는 자비에 기대어 우리의 인생도 풍성한 결실을 거두게 하소서.

또한 좋은 환경을 마련하시어 행복한 삶을 누리게 하심을 감사합니다.

저희를 죄에서 구속하시어 영원한 나라로 인도하시고 저희가 영원토록 감사를 드리게 하시니 고맙습니다.

추수감사주일을 맞아 저희가 하나님께 깊이 감사드리면서 하나님의 은총을 생각하게 하는 기쁜 마음 주시니 더욱 감사드립니다.

믿음의 대상이 되시는 하나님,

저희가 매일 한 순간을 살더라도 오직 하나님에 대한 믿음 속에서 하나님의 존재와 역사하심을 결실로 증거 받아 절실히 깨닫고 살게 하소서.

그리하여 언제 어디서나 항상 하나님에 대한 감사의 마음이 저절로 우러나게 하여 주소서.

현재의 은혜만이 아니라 미래의 사랑과 은혜에 더 큰 소망 갖고 감사드리게 하소서.

저희가 하나님의 무궁하시고 전능하심에 믿음의 시각을 향하게 하소서.

부정과 고통과 불신보다 긍정과 행복을 믿음으로 승리하는 확신을 갖게 하여 주소서.

늘 저희가 감사드리는 예수 그리스도 이름으로 기도합니다.

아멘.

일상의 삶에서 받는
은혜의 기쁨

배시시 웃음 짓는 일상 속에 살며시 찾아오시는 하나님의 은혜에 감사드립니다.

생명의 별 지구를 가장 아름답게 창조하시어 넘치는 기쁨으로 삶을 만족하게 하신 이유가 저희를 사랑하시기 때문이었습니다.

지구에 산소와 공기를 만드시어 저희가 숨 쉬게 하신 이유도 저희의 생명을 살리시기 위한 목적이셨습니다.

3분만 산소와 공기가 없으면 모든 생명이 사라지는데 끝없이 공급해 주시는 이유로 하나님의 은혜를 깨닫게 되었습니다.

평범한 일상에서 늘 기쁨의 은혜에 미소 짓게 하시니 감사합니다.

봄을 주시어 가벼운 옷차림으로 생동하는 만물과 함께 희망의 새 삶을 열어 주시니 봄처녀 같이 가슴이 부풀고 설레웁니다.

여름에 뜨거운 햇살아래 만물에 힘을 주시고 벼락과 폭우 속에 성장의 은혜를 주심은 풍요롭게 살라 하심이니 감사가 절로 나옵니다.

가을에 제왕처럼 영광의 금빛을 띠우시고 결실을 가득히 채우심은 하나님이 복의 권능임을 보여 주심이었습니다.

겨울에 평화와 휴식의 시간을 내시어 생을 음미하며 삶의 철학을 하나님에게서 찾는 기회 얻었으니 고맙습니다.

그리고 순백의 백설로 저희들의 더럽혀진 허물을 깨끗이 덮으시고 영혼을 평강하게 하시니 감사합니다.

쌀쌀한 기온으로 저희들의 경거망동을 조절하시어 저희가 주님처럼 거룩하고 성스러운 백성 되라고 경계하시니 자랑스럽습니다.

사시가 오고가고 계절이 바뀌면서 낮과 밤의 교차 속에 별들의 운행을 보게 하심은 하나님의 섭리가 오직 신비로운 기쁨이었습니다.

범사에 감사하라 하심은 우리가 느끼고 살며 받고 누리는 일체의 은혜를 깨우치라는 고마운 가르침이었습니다.

저희가 낙심할 때 모든 문제와 해결을 우리 인간이 아니라 하나님한테서 찾게 하심은 주님의 은총이셨습니다.

저희들의 교만과 만용으로 상처 받고 넘어져도 용서를 하심은 다시 살리시어 하나님의 백성으로 돌리시기 위해 단련시키는 은혜였습니다.

하여 우리들도 하나님의 용서하심을 배워 서로 서로 이해하고 잘 살게 하라 하시는 생명의 말씀이었습니다.

일용할 양식을 주시어 먹고 마시는 은혜를 베푸심은 함께 사랑하고 나누는 생명의 소중함을 깨우치라는 밥상머리 교육이었습니다.

영혼을 담는 그릇이 육신이므로 궁극적으로 영생을 잘 이루기 위해 영혼으로 먹고 마시는 법도 가르치심을 주셨습니다.

저희에게 짝을 짓게 하시어 함께 살라 하심은 부족한 영혼과 육신이라도 둘이 하나 되어 온전케 하시고 오직 기쁘고 즐겁게 살며 외롭지 않게 베푸신 은혜였습니다.

서로 상극인 것처럼 보이지만 실은 서로 다른 짝이 합하여 더 큰 삶의 힘과 동력을 일으키는 동체를 만드시기 위한 하나님의 지혜였습니다.

하나로 된 둘의 몸에서 생겨나는 자식은 하나님께서 주신 선물이요 부모의 자랑이요 생명의 혈맥을 잇게 하시는 육신의 영생이었습니다.

하나님께서 저희를 사랑하시듯이 저희도 자식을 사랑함으로 운명체 사랑 속에 심어주신 하나님의 영광을 보았습니다.

이웃이 있게 하심으로 핏줄보다 삶이 더욱 중요함을 일깨우신 생활철학을 주셨습니다.

상부와 상조로 공동체를 이루게 하시어 이웃이 정답고 고맙고 힘이 되게 하셨습니다.

창세전에 저희를 택하시어 거룩한 백성으로 삼으신 은혜 속에 주님의 가르침과 지혜로 살아가게 하시니 감사합니다.

죄사함 받은 은혜로운 백성들과 함께 살아가게 하심은 더욱 크신 배려요 혜택이십니다.

바쁜 일상 속에서도 간과하기 쉬운 은혜를 잊지 않고 늘 기도 속에 주님과 함께 걸어가는 삶의 길을 열어 주시니 매우 감사드립니다.

늘 저희 곁에서 기쁨으로 함께 계시는 예수님 이름으로 기도합니다.

아멘.

참진리 참소망

세상의 성인보다 더 넓고 깊으신
주님의 사랑과 은혜를 찬미합니다

세상에서 그 어떤 인간 성인보다 더 넓고 깊으신 사랑과 진리를 베푸시는 주님!

그 한없으신 은혜에 감사드립니다.

괴로운 한 세상을 지나면서 저희들이 믿고 준행해야 할 진정한 지혜와 진리가 하나님의 말씀임을 다시 되새기고 그 가르침을 우리들의 마음판에 깊이 새기고 준행하게 하시옵소서.

먼저 '왜 괴로운 인생이어야 하는 가'를 묻게 하소서.

이 문제를 해결한 사람은 인간 세상에서 주님밖에 없음을 고백합니다.

주님의 가르침에서 해답을 찾기 원합니다.

죄를 잉태한 채 살아야 하는 저희 인간들이기에 사회를 이루고 민족과 국가를 이루며 한 평생을 세상에서 함께 살아가는 중에 문제가 생김이 죄인 된 운명 때문임을 먼저 우리 인간들이 알기 원합니다.

가장 먼저 우린 인간들이 이 죄를 해결하는 지혜로 삶을 시작하게 하소서.

아무리 선을 행하고 덕을 베풀고 양심을 실천할지라도 죄의 원천에서 흘러나오는 죄성(罪性)은 결국에는 모든 인간의 마음과 행실을 오염시키기 때문에 비극이 사라지지 않고 발생함을 저희들은 알게 되었습니다.

저희들이 한 세상 살아갈 때에 이 세상 그 누구의 주장과 말보다도 하나님의 가르침이 가장 근본 되시고 영원한 가치와 변치 않는 진리임을 고백합니다.

인간의 마음에 의지하여 선행을 하고 악을 짓지 않고 마음을 깨끗이 하라고 부처는 중생들에게 가르치고 있습니다.

죄성이 깃들고 있는 마음에 아무리 굳게 의지할지라도 결국은 헛수고가 됨을 압니다.

게송 183에서 가르치는 '모든 악을 짓지 않는 것, 선행을 닦는 것, 자신의 마음을 깨끗이 하는 것' 이것이 부처의 가르침의 한계임을 깨닫기 원합니다.

우리 인간의 영혼에 깊이 뿌리박힌 원죄는 주님의 십자가 보혈로만 깨끗해질 수 있음을 알게 하소서.

우리는 피조물이기에 아무리 스스로 수련하고 노력한다 할지라도 인간의 능력으로는 정화될 수 없는 원죄를 바로 알게 하소서.

창조주 하나님이 만드신 창조물이기에 피조물의 죄를 깨끗하게 되돌릴 수 있음은 하나님 뿐임을 깨닫고 주님의 십자가 앞으로 나오게 인도하시옵소서.

참진리 참소망

소크라테스의 가르침이 인간의 의지와 판단을 중시하라고 하여 결국은 하나님의 뜻으로 안내한 전도자였음을 알게 됩니다.

기원전 399년 부당한 죄상으로 피소된 소크라테스의 법정(法廷) 변론을 상기해 봅니다.

소크라테스에 대한 부당한 죄상의 중요한 원인이 된 것은 무지(無知)에 대한 지(知)의 가르침이었고 그 지성이 곧 하나님이신 신의 가르침을 역설했습니다.

사랑의 주님!

소크라테스가 주님을 알았던 현명함에 축복의 은혜 내려 주옵소서.

주님을 모르고 있던 아테네 사람들에게 '아무것도 모르면서 알고 있다.'고 지적하고 깨우친 전도자 소크라테스에게 바울 같은 은혜 내려 주옵소서.

그는 자기는 모르고 있다는 점에서 많은 사람들과 같으나 '주님을 모르고 있다는 사실을 알고 있다'고 주님을 의지하고 소개하며 알아야 한다고 고백했습니다.

주님을 아는 만큼 다른 사람에 비하여 얼마간은 지자(知者)일 것이라고 고백한 소크라테스의 양심을 칭찬해 주시옵소서.

나중에 이것이 "소크라테스가 첫째가는 현자(賢者)이다"라고 델포이의 신탁(神託)에 의해 해석 받았음도 입증되었나이다.

그리하여 소크라테스는 사람들에게 무지를 깨우치는 일이 신의 뜻에 좇는다고 생각하여 엄격한 대화를 통해서 사람의 억단(臆斷)의 꿈을 깨뜨려 나갔고 이것이 사람들의 앙심을 사게 되어 믿음을 지키기 위해 고난의 십자가를 스스로 졌습니다.

우리들은 신의 지(知)에 대해서는 무지와 다름없으므로, 그러면 그러할수록 진지(眞知)를 사랑하고 정신을 높이지 않으면 안 된다면서 신체나 재산보다 먼저 이 일에 마음을 써야 할 것이라고 주장한 소크라테스를 기억해 주옵소서.

이 하나님을 아는 진지(眞知)를 사랑하고 구하는 것, 이것이야말로 인간이 행복하게 사는 가장 큰 열쇠라고 주장한 소크라테스의 총명함에 박수를 보내 주옵소서.

제자들에게 깨우친 사과선택법으로 더 잘 선택하려 하지 말고, 아무리 많이 선택하려 하지 말고, 단 한 번의 선택법으로 주님을 안내한 소크라테스를 인정해 주옵소서.

하나님에 대한 지를 조금도 굽히지 않고 끝까지 주장하며 순교한 소크라테스의 선교사역에 밝은 빛 비춰주시기를 기원합니다.

인간중심의 인사상과 덕치주의를 강조한 공자의 가르침도, 실은 선악과를 따 먹어 죄성이 물든 인성에 의지하라는 한계이고, 나약한 피조물 인간의 의지에 기대한 얕은 이론에 지나지 않음을 깨닫습니다.

'인'은 사람과 사람이 공감하고, 서로 통하게 하는 '인간애'의 근원이기 때문에 모든 선행의 바탕이 된다는 공자의 가르침을 상기해 봅니다.

또 우리는 모두 사람이기 때문에 '사람다움'을 실현할 수 있다고 공자는 역설했습니다.

하지만 공자는 가장 뛰어난 제자 안회가 석 달을 '인'할 수 있고 다른 제자들은 하루나 한 달밖에 가지 못한다고 인간의 한계를 지

참진리 참소망

적해 주고 자기의 이론이 한계적임을 토로했습니다.

이렇게 볼 때 공자의 '인'은 매우 높은 경지의 도덕적 자각 상태, 심리 상태를 가리킨 말이라고 할 수 있어서 인간의 능력으로 자기 성취가 어려워 헛수고로 돌아가는 물거품 이론임을 고백합니다.

앞에서 끌어주고 밝혀 주고 뒤에서 밀어 주는 주님의 쉬운 가르침만이 부족한 저희 인간에게는 가능함을 고백합니다.

또 공자의 덕치주의도 먼저 죄성이 사함 받지 않고서는 불가능함을 알게 됩니다.

법령으로 강제하지 말고 덕으로 사람을 감화시키라고 하면서 윗사람의 인격을 정화시키라고 역설했지만 인간 마음의 죄성이 정화되는 근본 해결이 이루어지지 않은 실속 없는 이론, 구두선(口頭禪)에 지나지 않았음을 고백합니다.

덕은 강요하지 않아도 자연스레 상대방을 감화시킨다고 보았지만 인간 마음에 도사리고 있는 악한 영들이 사라지지 않은 상태는 밑 빠진 독에 아무리 깨끗한 물을 담아도 채워지지 않음을 알기 때문에 헛수고임을 깨닫습니다.

노나라의 대부 계강자가 도둑이 많다고 걱정을 하면서 공자에게 도움말을 청하자 공자의 다음과 같은 대답을 떠올려 봅니다.

"진정으로 당신이 도둑질을 원하지 않으면 백성들은 시켜도 하지 않을 것입니다."

공자의 주장은 백성들이 도둑질을 하지 않기를 원한다면 먼저 정치를 하는 지도자가 도둑질을 하지 말아야 한다는 뜻이었습니다.

백성들은 위정자의 모범에 따라 행동하기 때문이고, 또 공자는 모든 정치 문제는 통치자나 관리들의 인격에 달려 있다고 주장했지만 인간의 근본 인격이 정화되는 근본해결책이 없어 헛수고 이론으로 그쳤음을 알았습니다.

그 이유는 근본적으로 위정자의 죄성이 사해지지 않았기 때문임을 고백합니다.

이상적인 사회를 이루는 열쇠는 윗사람이 훌륭한 지도자냐 아니냐에 달려 있어서 공자와 제자들이 함께 토론하고 연습하고 수련한 주된 내용은 바로 '훌륭한 인격을 어떻게 기르고 이룰 수 있는가' 하는 것이었습니다.

하지만 모두 다 근본이 되는 죄의 문제가 해결되지 않은 사상누각 이론이었음을 알았습니다.

사람의 인격의 정화, 즉 죄사함의 은혜가 인간에게 내려지면 그러한 인간이 이루는 가정, 사회, 민족과 국가, 인류의 역사는 한결 더 평화롭고 양심으로 아름답게 수놓아짐을 세상의 성현들 가르침으로 반증 삼았습니다.

저희들 근본의 죄를 사하시고 바다보다도 깊으시고 하늘보다도 높으시고 죽음보다도 강하신 하나님의 사랑과 은혜를 찬미합니다.

영원히 변치 않는 진리의 가르침에 쉽게 인도 받고 은혜 입음에 머리가 숙연해집니다.

바라옵건대, 저희들이 매일 하나님에 대한 말씀과 찬송과 은혜에 감격의 눈물이 마르지 않게 하시옵소서.

저희들이 항상 감격의 눈물병을 간직하며 은혜를 가득히 담게 하시옵소서.

눈물병에 감사가 항상 충만하여 넘치게 하시옵소서.

참진리 참소망

그 눈물병의 액체로 매일 매일 우리의 영혼에 죄의 때가 끼지 않게 닦아 주소서.

저희들 인간의 모든 문제를 근본적으로 해결해 주시는 예수님 이름으로 기도합니다.

아멘.

이렇게 살게 하소서

은혜의 하나님!
저희를 창조하시고 생명 주심을 감사드립니다.
저희들이 살 수 있게 생명의 별을 만들어 주시니 감사합니다.
저희들이 살 수 있게 삶의 터전을 마련해 주시니 감사합니다.
저희들이 살 수 있게 이웃과 민족국가를 이루게 하시니 감사합니다.

매일 되풀이 되는 일상 속에서 이렇게 살게 하소서.

하나님께서 저희들에게 생명 주셨음을 알고 감사히 살게 하소서.
멀리 인간의 조상 아담과 이브를 만드시어 우리의 조상으로 하여금 사랑과 육신의 혈맥을 이어오게 하시고 부모를 통하여 나를 있게 하신 하나님의 사랑임을 알고 살게 하소서.
때문에 생명의 은혜가 하나님의 사랑에서 연유함을 알고 살게 하소서.
때문에 늘 하나님께서 나를 사랑하심을 알고 감사하며 살게 하소서.
부모의 수많은 생명인자에서 내가 태어나게 하심은 하나님께서 택하신 사랑을 받기 위함임을 알고 기쁘게 살게 하옵소서.

왜 살아야 하는가를 알고 이렇게 살게 하옵소서.

참진리 참소망

내가 사랑 받기 위해 태어났음을 알고 감사하며 기쁘고 즐겁게 살게 하소서.

이 세상에 내가 온 이유가 하나님의 사랑 속에 있고 하나님께서 나를 쓰시기 위해 태어났음을 알고 살게 하시옵소서.

우리의 뜻대로 막연하게 살지 않기 원합니다.

매일 매일 되풀이 되는 무의미한 일상이 되어 살지 않기 원합니다.

하나님께서 태어나게 하신 이유를 알고 감사히 살도록 깨달음 주소서.

사랑 받은 은혜를 알고 사랑의 빚진 자로 살게 하옵소서.

하나님께서 사랑하시기에 내가 살고 있음을 알게 하소서.

어떻게 살아야 하는가를 가르쳐 주시는 은혜의 하나님!

하나님으로부터 사랑 받고 태어났기에 하나님을 가장 사랑하게 하소서.

사랑이신 하나님을 본 받아 내가 하나님을 사랑하기 원합니다.

하나님께서 나를 사랑하셨듯이 저희도 가족과 이웃을 사랑하기 원합니다.

하나님께서 나를 사랑하셨듯이 저희도 민족과 인류를 사랑하게 하소서.

이 세상 모두가 서로 사랑하며 살라는 하나님의 뜻을 이루게 하소서.

삶의 초점이 생명의 주인이신 하나님을 향하며 이렇게 살게 하소서.

나의 생명을 창조하신 하나님임을 알고 살게 하시옵소서.

나의 생명의 주인이신 하나님의 말씀과 가르침에 절대 순종하며 살게 하옵소서.

나의 뜻대로 살지 않게 하옵고 인간의 뜻대로 살지 않게 하옵소서.

나와 만물을 창조하신 진리와 권능에 따라 살게 하옵소서.

이 세상 최고의 은혜이시고 최고의 진리이신 하나님의 가르침을 이어 받아 가장 모범되게 살게 하소서.

하나님의 은혜를 알지 못하는 피조물 인간들에게 널리 하나님 사랑을 알리며 살게 하소서.

하여 인류가 다 함께 모순에 빠져 불행하지 않고 행복하게 살게 되기 원하나이다.

우리가 우리의 처지를 비관하며 살지 않게 하소서.

일자리가 없다고 불평하지 않게 하소서.

감사는 행복의 지름길이요 불평은 불행의 지름길임을 알게 하소서.

욕심이 지나치면 일자리가 보이지 않음을 깨닫게 하소서.

우리의 능력이 부족하다고 자포자기하지 않게 하소서.

하나님께서는 누구에게나 적절한 달란트를 주셨음을 알고 자기의 달란트를 찾아 살게 하소서.

나의 눈이 세상의 잣대로 향하지 않게 하시고 하나님의 사랑과 권능을 바라보며 살게 하소서.

나의 귀가 세상의 소음에 혼탁되지 않게 하시고 하나님의 음성에 귀 기울이며 듣게 하소서.

나의 뇌가 세인(世人)들의 헤아림에 동요되지 않게 하시고 하나님의 판단에 맡겨지게 하소서.

저희들이 살 수 있게 삶의 터전을 마련해 주심을 감사하며 살게 하소서.
땅과 기온과 환경과 공기를 주심에 감사하며 살게 하소서.
때문에 우리의 간접 생명인 환경을 잘 보존하며 살게 하소서.
공기가 오염되어 미세먼지가 일지 않게 하소서.
우리의 생명을 돕는 동물과 식물을 잘 가꾸고 보존하며 살게 하소서.
우리의 삶의 터전인 자연을 잘 보존함이 우리의 생명을 지키는 지혜임을 알게 하소서.

저희들이 살 수 있게 이웃과 민족국가를 이루게 하시니 감사합니다.
하나님의 가르침대로 이웃 사랑하기를 내 몸처럼 사랑하게 하소서.
함께 사는 이웃은 가장 가까운 공동체임을 알고 소중히 여기게 하소서.
저희들이 같은 말을 사용하고 국가를 이루며 큰 삶을 영위하는 민족을 내몸처럼 서로 사랑하게 하소서.
우리 한국이 불행함을 알고 하나님께 자비를 구하게 하소서.
남북이 분단된 이유가 한국민족이 사랑이 부족하기 때문임을 알게 하소서.

남북이 분단된 이유가 한국민족이 작은 욕심에 집착하기 때문임을 알게 하소서.

우리 한민족이 크고 위대한 민족이 되게 하소서.

큰 민족을 이루려는 자긍심이 부족하여 분단되었음을 알고 통일에 힘쓰게 하소서.

주님의 사랑과 진리에 힘입어 두 민족이 위대한 하나가 되게 하소서.

사랑은 둘로 쪼개지는 것이 아니라 하나가 되어 민족의 교향곡이 우렁차게 울려 퍼지게 하소서.

우리 한국이 사랑의 큰 민족 이루게 하소서.

저희들이 예수님을 떠나지 않게 붙들어 주시옵소서.

하나님께서 창조하신 이 세상과 피조물 인간들이 창조주이신 하나님과 멀어질 때마다 불행했던 인류사를 거울삼아 회개하고 다시 바로잡게 하소서.

절대자이신 하나님의 가르침이기에 절대 의심하지 않고 온전히 믿으며 살게 하소서.

호기심을 갖고 반신반의하면서 하나님을 시험 대상으로 여기는 불신의 마음이 없게 하소서.

그리하여 저희들이 하나님과 예수님은 살아 역사하시고, 다시 살아나신 예수님을 믿어야 구원 받을 수 있음을 만민에게 전하게 하소서.

하나님의 원하시는 뜻대로 이 세상 사람들이 하나님을 바라보고 순종하면서 불행하게 살지 않게 하소서.

참진리 참소망

하나님의 뜻대로 저희가 살게 하시옵소서.

늘 하나님으로 오셔서 저희 곁에서 함께하시는 예수님 이름으로 기도합니다.

아멘.

성경을 주신 은혜에
감사합니다

전능하시고 무한한 사랑과 능력을 주시는 은혜의 하나님!

하나님의 가르침과 실제로 역사하심을 성경으로 보내 주시니 감사드립니다.

아득한 2000여 년 전에, 예수님이 이 세상에 오실 적에 하나님의 영감을 다양한 종들에게 주시어 그들로 하여금 성경을 완성하여 주심을 감사드립니다.

하나님의 가르침 성경 말씀이 우리 인간의 모든 삶의 문화인 예술, 문학, 법률, 정치, 교육, 철학, 경제, 사회, 윤리 등에 걸쳐 인류 역사상 가장 널리 알려지고 배부되고 뛰어난 영적 가르침으로 인도하신 은혜를 찬미합니다.

세상의 천재들과 지성의 박사들 모두 합쳐도 하나님의 성경의 진리를 능가하지 못함을 알게 하소서.

부족하고 우둔한 피조물 우리가 알지 못하는 하나님을 성경을 통해 알게 하시니 감사합니다.

가장 정직하고 진실하고 가장 정확하고 가장 변치 않는 거룩한 진리의 가르침 주심으로 우리의 앞길을 인도하시니 감사드립니다.

우리의 영혼을 소생시키시고 영안을 밝히시며 의로우신 가르침을 주시는 성경은 우리가 순금보다 더 사모하며 우리 입에 꿀과 송이꿀보다도 더 달콤하나이다.

참진리 참소망

우리가 떡으로만 살지 않고 하나님께서 성경으로 주시는 말씀으로 생명의 양식을 먹여 주시니 너무나도 배부르고 몸과 영혼이 튼튼합니다.

이 현실의 들판에서 우리가 행복하게 살 수 있도록 십계명으로 먼저 인도하시고 금기의 열매인 선악과를 따 먹어 불행해진 우리를 십자가 사랑과 영생 천국으로 성경을 통해 인도하시니 너무나도 감사드립니다.

은혜의 하나님!

하나님의 영감으로 1600년 동안에 걸쳐 기록한 66권 성경책을 우리 피조물 인간들이 모두 읽고 가르침 따라 살아 더 이상 불행하지 않기를 원합니다.

하나님께서 통치하시는 하나님의 정부가 피조물인 모든 인류를 연합시키고 악과 고통과 죽음에서 구원되기를 원하나이다.

자비하신 하나님!

긍휼을 베푸소서.

2800여개 언어로 50억 부 가량 인쇄되어 성경책이 인류에게 배부되었지만 아직도 매우 부족함을 회개합니다.

총인구 70억 명 중 20억 명이 아직도 하나님의 가르침을 거부하기 때문에 인간의 영혼 안에 자리 잡은 사탄의 악령이 인류를 불행으로 몰고 가고 있음을 고백합니다.

하지만 지금까지 지구에서 살았던 1050억 명 사람들이 멸하지 않고 지금까지 지내온 것은 하나님의 가르침 때문임을 알기에 은혜에 감사드립니다.

우리가 왜 고통을 겪는지,

우리가 죽으면 어떻게 되는지,

우리가 어떻게 하면 가정과 사회와 국가, 민족과 인류가 행복해지는지를 성경을 통해 해결하기 원합니다.

하늘이 땅보다도 높음 같이 하나님의 길은 우리 인간의 길보다 높으며 하나님의 생각은 우리 인간의 생각보다 높음을 알고 겸손해지기를 원하나이다.

나는 어디서 왔고,

어떻게 살아야 하고,

인생의 목적은 무엇이고 가장 중요한 문제가 무엇인가,

죽음 후에는 어떻게 되고,

어떻게 하면 죽지 않고 천국에 갈 수 있는가.

인생의 모든 문제가 성경을 통해 하나님으로부터 해답 받기를 원합니다.

세상이 왜 악으로 가득 차 있는가,

나는 왜 선한 일을 하지 않으면 양심의 가책을 받는가를

우리를 지으신 하나님께서 성경 말씀으로 알려 주시고 있나이다.

어떻게 해야 성공적인 결혼 생활을 할 수 있고,

배우자로부터 내가 구하는 것은 무엇인가,

어떻게 해야 내가 좋은 친구가 되고,

어떻게 해야 내가 좋은 부모가 되는가,

진정한 성공은 무엇이고, 그것을 달성하기 위해서는 내가 어떻게 해야 하는가,

어떻게 해야 내가 변할 수 있고,

삶에서 가장 중요한 문제는 무엇이고,

어떻게 해야 내가 후회 없는 삶을 살 수 있는가,

어떻게 해야 인생의 불공평한 상황과 나쁜 사건들을 성공적으로 다룰 수 있는가,

어떻게 하나님을 기쁘게 해드리고,

어떻게 용서를 받을 수 있는가를

인생의 중요한 문제를 다루는 성경의 지혜로부터 해결 받게 하소서.

성경을 읽고 저희들의 잘못이 시정되기를 원합니다.

기도에 힘써서 하나님의 가르침을 한 순간도 빠지지 않고 호흡하며 올바르게 교리를 알고 실천하기를 바랍니다.

우상에 빠져 죄 짓지 않고 교회에 절대적으로 참석하여 하나님을 기뻐하게 할 수 있게 하소서.

인간의 스승보다 더 나은 지혜를 주시어 내 삶에 안내인이 되신 하나님!

나의 영원하지 않은 삶이 더 이상 낭비되지 않게 하여 주소서.

내가 하나님을 잘 섬길 수 있도록 온전케 하소서.

나의 죄와 죄의 결과가 구원에 이르도록 안내하소서.

성경 말씀을 늘 묵상하고 가르침에 따라 순종하며 승리하는 삶이 되게 하소서.

말씀으로 내 삶 가운데 죄가 있으면 죄를 밝혀 주시고 제거하여 주소서.

우리가 살아가면서 직면하는 매우 힘든 문제들에 대해 최상의

조언을 주시옵소서.

수많은 사람들이 살아가면서 성경의 도움을 받아 신체적 감정적 스트레스를 줄이고 외부 압력에 잘 대처하며, 하나님에 대한 믿음으로 안정감을 누리고 미래에 대한 확실한 소망도 갖게 하소서.

별이 가득한 우주를 바라봅니다.

하나님께서 경륜하시는 우주의 위대하신 지혜와 권능을 음미합니다.

탐욕과 빈부 격차, 인종적 편견과 전쟁이 하나님의 다스리시는 권능으로 사라지기를 기도합니다.

하늘을 지배하는 법칙으로 이 땅의 모든 부조리가 사라지도록 통치해 주소서.

피조물 인간들이 진정한 통치자 되시는 하나님을 인생의 주인으로 영접하기를 기도합니다.

인간이 수고하는 과학은 우주를 지배하는 법칙을 수학 공식처럼 알려 주지만, 우주가 존재하는 이유와 정확한 지배를 받는 법칙의 배후에 존재하는 필연의 주재자는 설명하지 못함을 알고 있습니다.

과학은 하나님의 은혜와 권능과 지혜를 증거하는 시녀임을 고백하나이다.

시간과 공간을 뛰어넘어 항상 우리에게 임재하시며 우리 인생의 모든 문제에 해결사되시는 예수님 이름으로 기도하나이다.

아멘.

더욱 신실한 믿음을 위해
소망을 기원합니다

성령으로 가득한
믿음생활 하게 하소서

성령으로 오셔서 저희와 늘 함께 하시는 은혜의 하나님!

오곡백과가 황금빛으로 익어가는 가을의 결실처럼 저희들의 신앙도 풍성한 믿음으로 가득히 채우시니 감사드립니다.

저희들이 초대교회 선배 신앙인들처럼 항상 성령으로 충만하고 배우기를 원합니다.

주님께서 주시는 성령의 인도하심 따라 주님을 닮아 존귀하고 성숙된 그리스도인이 되어 날마다 저희 내부를 비우고 예수님의 마음으로 채우소서.

성령의 은혜로 기도가 힘차게 일어 이 땅에서도 하늘나라가 임하기를 비옵니다.

저희들이 받는 성령의 은혜로 매일 매일 새로워지고 거듭나게 하소서.

저희들이 주님께서 주시는 성령의 은혜 입어 찬양이 즐겁고 기도가 힘차고 진리의 빛이 더욱 밝게 드러남을 감사드립니다.

항상 성령 충만하여 이 세상에 연연하지 않고 내세의 소망이 더욱 가까이 다가오고 있음을 감사드립니다.

이 세상 다 지날 때까지 항상 즐겁고 기쁘게 주님과 동행하게 하소서.

주님께서 채워 주시는 성령 가득한 삶으로 불안과 공포와 슬픔과 미움 등 사탄의 세력도 침범치 못함을 감사드립니다.

악한 영이 침노할 때도 모두 물리치고 선한 영의 세계를 이루시는 성령님께서 늘 우리 곁에 함께 계심을 기뻐하나이다.

성령의 인도하심 따라 늘 겸손과 섬김과 희생으로 다투지 않기 원합니다.

경쟁하지 않으며 성도들과 하나되어 오직 하늘나라 건설에만 힘쓰고 형제자매를 내 몸처럼 사랑하는 법도 배우고 있습니다.

저희가 일상의 삶에서도 천국인으로 살고 있음을 기뻐하소서.

진정으로 섬김의 능력 있는 교회의 백성이 되고 싶습니다.

하나님께서는 우리 모두에게 사명을 주시고 이 땅에서 해야 할 일을 맡기시기 위해 우리를 택하신 줄 압니다.

그 중에서 가장 큰 복음사명을 전파하게 하소서.

하늘에서와 같이 이 땅에서도 하나님 아버지의 뜻이 임하시기를 원하나이다.

가슴에 성령의 불이 붙어 전도가 힘차게 일게 하소서.

존 웨슬리처럼 성령 받아 "세계는 나의 교구"라고 외치고 전도하기 원합니다.

디모데후서 4장 2절의

"너는 말씀을 전파하라 때를 얻든지 못 얻든지 항상 힘쓰라"

는 하나님의 뜻을 기쁘게 전하게 하시옵소서.

이 모든 간구함을 늘 성령으로 채우시는 예수 그리스도의 이름

으로 기도 드리옵나이다.

아멘.

성탄절에 드리는
기도

저희의 구원자 되시는 하나님!

저희를 긍휼히 여기시어 독생자 예수님을 보내 주셨음을 감사드립니다.

예수님의 구원능력에 힘입어 저희가 매일 죄 사함 받아 주님을 믿고 의지하며 소망을 갖고 기쁘고 평강하게 살고 있음에 더욱 감사드립니다.

성탄절을 맞아 저희들이 주님께 더욱 영광과 찬양 바치옵니다.

저희도 작은 예수 되기 원합니다.

항상 저희의 마음이 착하고 청결하여 세속에 물들지 않기 소망합니다.

모범된 하나님 자녀 되어 신비한 믿음이 영원히 변치 않고 한결같이 주님을 향하나이다.

이번 성탄절에는 저희가 주님을 이 세상 사람들에게 널리 알려 주님 앞으로 많은 사람들이 나아와 구원의 은총 받기 원합니다.

주님은 이 세상 무엇과도 바꿀 수 없는 고귀하고 은혜로운 존재이시기 때문입니다.

저희들은 늘 죄 사함 받은 은혜로 삶과 영혼에 항상 평강이 임하여 날마다 새 삶이 열리나이다.

참진리 참소망

진실로 주님 오심을 천군천사처럼 찬양하고 목자들처럼 구주 탄생을 축하드리옵나이다.

날로 새롭게 하시는 성령님께서 내년에는 더욱 많은 사람들과 동행하옵소서.

늘 저희와 함께 하시면서 구원하시는 예수님 이름으로 기도합니다.

아멘.

새해를 위한
기도

은혜와 자비가 한량없으신 하나님!

금년도 새해를 주시고 새로운 은총으로 인도해 주시니 감사합니다.

지난날 저희가 지은 죄가 있으면 진심으로 회개하게 하고, 새해에는 더 큰 축복 속에 믿음생활하기 원합니다.

날마다 달마다 해마다 옛사람을 벗어버리고 새 사람으로 입히시옵소서.

새해에는 우리가 더욱 마음이 청결하고 은혜롭고, 온유하고 겸손하여 사랑의 사도되고자 합니다.

하나님과 이웃을 사랑하고, 의롭고, 충성되어 하늘백성으로 본이 되기 원합니다.

세상 사람들에게도 저희가 평화와 축복의 은혜를 주는 통로가 되어 하나님께 귀히 쓰임 받을 수 있게 인도하소서.

개인적으로 가지고 있던 문제가 있으면 회개를 통하여 야곱과에서의 관계처럼 가로막힌 관계의 장벽을 허물어 녹여 주시고, 새로운 화평의 관계를 하나님과 사람사이에 맺게 하소서.

참진리 참소망

아무리 어려운 일일지라도 하나님을 섬기는 자세로 성도와 이웃을 섬기기를 소망합니다.

하나님의 제자로서, 사랑하는 자녀로서, 거룩한 천국백성으로서 모범이 되어 역할 십분 잘 수행하게 인도하소서.

이 모든 간구함을 해마다 우리와 함께하시는 예수 그리스도의 이름으로 기도 드리옵나이다.

아멘.

믿음 더욱 새롭게 하소서

새해를 주신 은혜의 하나님!

새롭게 허락하신 시간 속에서 우리의 신앙이 하나님께서 원하시는 새로운 믿음의 방향으로 향하게 하시니 감사합니다.

저희들의 부족한 믿음 때문에 주님의 말씀을 실천에 옮기지 못하였음을 고백합니다.

믿음의 간구는 산을 옮긴다고 하셨는데, 온 예산교회가 한 마음 한 뜻이 되어 우리가 살고 있는 예산 지역을 모두 품에 안고 기도하게 하옵소서.

그리하여 주님을 알지 못하는 이들이 주님 앞으로 나오게 하시고 잃어 버렸던 믿음도 회복되게 하옵소서.

성도들의 심령에 주님께서 주시는 생명수가 넘쳐나 기도하면서 더 큰 힘을 얻기 원합니다.

12년 간 혈루증을 앓다가 주님의 옷자락만 만져도 낳을 수 있다는 믿음으로 병 고침의 구원을 받은 여인처럼 저희들도 주님의 능력과 가르침을 온전히 믿고 주님 앞으로 다가가고자 합니다.

올해도 저희들을 흔들려는 사탄의 역사가 있더라도 믿음 더욱 새로워져 깨어 기도하여 이기기를 바랍니다.

또한 저희들이 감당할 수 없는 것은 주님께서 막아 주시고 도와 주심으로 승리하는 믿음의 백성 되게 하소서.

참진리 참소망

우리의 가정들이 든든히 서 가고, 우리 자녀들의 믿음이 나날이 새로워지는 성장의 역사를 이루기 원합니다.

올해에는 믿음 더욱 깊어 봉사하는 기쁨이 일고 섬기는 일을 통해 우리들의 삶도 더욱 윤택해지기 소망합니다.

부모, 형제, 친구, 친척, 남편, 아내, 자식들이 우리의 곁을 떠나도 주님은 영원히 저희들 곁에 있음을 믿습니다.

해와 달이 져도 주님의 진리와 권세는 우주의 공간에서 떨어지지 않고 영원히 존재함을 믿습니다.

며칠 후면 우리의 조상대대로 지켜오는 설 명절입니다.

온 가족이 한자리에 진정한 믿음으로 모여 예배드리기 원합니다.

하나님께서 저희들 가정에 조상과 부모님을 통하여 사랑의 사슬로 저희들이 있게 하시고, 또한 자녀들도 주심을 감사드립니다.

우리 모두 건강하게 하시고, 육신의 부모님에게도 잘못한 것들을 용서 받게 하소서.

새해부터는 부모님의 마음이 평안하여, 하나님의 사랑 안에서 기쁘게 살아가기를 소원합니다.

하늘의 자녀답게 더욱 굳센 믿음으로 이 땅에서 승리하게 하소서.

모든 가족이 주 안에서 화목하며 서로 사랑하는 명절 되고, 이웃을 돌아보며 친절한 인사와 베푸는 돌봄으로 사랑과 섬김을 보이고 칭찬 듣는 그리스도인 되게 하옵소서.

우리를 새로운 믿음으로 인도하시는 예수 그리스도 이름 받들어 기도 드리옵나이다.

아멘.

참진리 참소망

항상 하나님을
떠나지 않게 하옵소서

할렐루야!

저희의 영혼과 삶에 햇빛 되시는 주님!

하나님을 멀리하여 진리의 말씀대로 살지 못하고 세상 근심 걱정으로 늘 불안하던 지난날을 회개합니다.

발길은 주님을 따르지 못했고 마음은 세상의 유행과 풍습에 팔려 있던 지난날을 고백합니다.

욕망과 물질의 번영에만 매여 있던 눈길을 다시 하나님께로 돌립니다.

세상살이에 찌들어 무디어진 양심을 환히 닦으시고 욕망과 과로로 지친 육신에 성령으로 새로운 힘 채우소서.

저희를 긍휼히 여기시사 주님의 선하고 의로우신 영으로 채워주옵소서.

하나님의 품을 떠나지 않게 하시고 하나님을 외면한 채 세상의 헛된 것들을 찾아 방황치 않게 하소서.

나중에 뉘우치고 돌아온 탕자 되기를 원치 않사옵니다.

다시는 부질없는 불안과 깊은 의심에 사로잡히지 않기 소망합니다.

믿음이 부족한 탓임을 깨닫고 다시 하나님께로 향하게 하소서.

잘못된 길을 꾸짖어 주시고 하나님의 뜻에 합당한 길을 갈 수 있도록 인도해 주소서.

삶의 모든 영역에서 하나님의 뜻을 이루는 역사가 일어나게 하소서.

내 속에 있는 허물과 죄악을 회개하게 하시어 십자가의 사랑과 부활의 진실을 증거하는 진지한 주님의 자녀가 되게 하옵소서.

두 번 다시 연약하고 어리석은 저희들이 험한 세상을 사는 동안 이리 밀리고 저리 밀리는 가여운 자가 되지 않게 인도하소서.

하나님을 향한 삶의 방향을 잃지 않고 오늘도 굳건한 마음으로 인생의 길을 걸어갑니다.

아버지의 집을 떠나 먼 나라로 떠났던 탕자가 경험한 그 외로움과 배고픔을 안고 주님께 나와 저희들이 긍휼과 자비를 받기 원합니다.

인류사를 훑어보면 개인이든, 가족이든, 집단이든, 민족이든 하나님을 떠난 자들은 하나님도 그들을 떠났고 진정한 은혜와 축복이 사라져 갔음을 알고 있습니다.

그러나 아무리 어려운 상황에 처할지라도 하나님을 찾고 경배하며 가르침을 준행한 자들에게는 한없는 축복을 내려 은혜 베풀어 주심을 알고 있습니다.

지금도 핵무기만을 들썩거리면서 자신을 하나님처럼 우상화시키고 온갖 악행을 저지르는 어리석고 몰지각하고 유치한 민족 집단이 있습니다.

참진리 참소망

그들의 악행과 죄로 인해 한계가 점점 드러남을 깨닫고 회개하게 인도하여 주소서.

저희가 이 세상에서 하나님을 가장 믿고 다른 것을 원하거나 계획하지 않게 하옵소서.

그리스도가 우리 안에서 가장 존귀하게 되기를 원합니다.

그리스도를 섬겨 그분께 영광을 돌리는 것을 최고의 행복으로 여기며, 세상의 모든 것을 다 준다 해도 이 행복과 바꾸지 않기를 원합니다.

하나님을 저희 복의 근원으로 선택하고, 그분께 영광을 돌리기 위해 그리스도의 거룩함을 삶의 목적으로 삼기를 소망합니다.

다윗처럼

'내가 주의 법도를 택하였사오니 주의 손이 항상 나의 도움이 되게 하소서'

하고 고백합니다.

하나님의 교훈을 속박으로 여기지 않고 영원한 유업으로 받기를 원하나이다.

하나님, 이 시간 우리의 마음 깊은 곳을 들여다봅니다.

하나님을 향한 진정한 사랑의 마음이 있는지, 다른 무엇보다 하나님을 향한 뜨거운 열정이 있는지 현실을 직시합니다.

저희의 영이 거듭나지 아니한 채 하나님을 섬기려고 헛된 열심과 노력으로만 발버둥 쳤던 모습은 아닌지 반성의 거울을 닦습니다.

육신의 생각만으론 더 이상 하나님을 섬길 수 없음을 고백합니다.

거듭난 영으로 하나님을 섬길 수 있도록 은혜 부어주소서.

오늘날 기독교 국가 미국을 택하시어 그들의 믿음에 능력과 진리와 힘을 주시고 있음을 압니다.

102명 중의 생존자 52명으로 번창하게 하시어 이 세상을 다스림도 알고 있습니다.

전능하신 하나님!

저희들에게도 하나님을 올바로 알고 찾아 축복과 은혜 받기 원합니다.

항상 저희 곁에서 눈동자처럼 지켜 주시는 예수 그리스도 이름으로 기도 드리옵니다.

아멘.

참진리 참소망

주님의 권능을
깨닫게 하소서

전능하신 하나님!

하나님께서 모든 삶의 이치와 원리를 완전하게 만들어 주심을 감사드립니다.

저희들에게 불행이 닥칠 경우에는 그 이치와 섭리에서 멀어져 생겨난 죄악의 결과로 알고 있습니다.

그렇기 때문에 저희들이 하나님과 멀어진 거리가 존재한다면 다시 하나님께로 돌아오는 삶의 회개가 있게 하시고, 저희들의 잘못을 절실히 뉘우치게 하여 주소서.

주님을 찬송하게 하옵소서.

찬송이 있는 곳에 주님의 권능이 임재하여 승리하고 승리하는 곳에 기쁜 찬송이 더욱 우렁차게 울려나오게 하소서.

대양를 질러 이국을 진동시키고, 산맥을 달리는 찬송으로 다시 세상에서 성령의 붐이 일어나게 하옵소서.

옥에 갇힌 자가 어찌 문을 열며 매인 결박을 끊을 수 있겠습니까?

찬송할 때 하나님이 권능으로 옥문을 열어 주셨나이다.

"나를 믿는 사람은, 성경이 말한 바와 같이, 그의 배에서 생수가 강물처럼 흘러나올 것이다." (요7:38)

하신 말씀처럼 마른 뼈도 말씀을 들어 살아나게 하셨습니다.

말씀을 듣고 새 힘을 얻기 원합니다.

하나님의 자비와 은혜를 믿고 기다리는 소망을 갖습니다.

주님은 저희의 방패이시요, 저희를 돕는 분이시며, 저희의 영광스런 칼이심을 믿게 하소서.

기도의 맥이 뛰게 하소서.

어둠에서 빛이 비쳐오라고 말씀하신 하나님께서 저의 마음속에 당신의 빛을 비추어주소서.

그리스도의 얼굴에 빛나는 영광을 깨닫게 하소서.

이 엄청난 권능과 능력이 우리에게서 나오는 것이 아니라 하나님께로부터 드러남을 체험케 하소서.

이른 비와 늦은 비가 때를 따라 자연 속에 내리듯이 저희들 좋지 못한 삶의 환경과 상황에서도 반드시 은혜 주심을 믿나이다.

그리고 하나님께서 하시는 은혜와 축복과 권능의 큰일을 바라보며 용기와 기쁨과 믿음을 잃지 않기 원합니다.

힘든 상황이 계속될 때 믿음을 지키지 못하고 세상에서 해결책을 찾으려 했던 어리석음을 용서해 주소서.

이제는 주님의 깊고 선하신 뜻을 끝까지 신뢰하며 말씀에 이끌려 살게 하소서.

참진리 참소망

죽은 자도 살려 내시는 예수 그리스도 이름으로 기도 드리옵나이다.

아멘.

주님을 먼저 생각하는
삶이 되게 하소서

길이요 진리요 구원 되시는 주님!

저희들이 한 순간도 주님과 떨어져서 저희 마음대로 먼저 생각하고 행동하지 않기 원합니다.

주님, 저희 마음의 중심을 주님께 드립니다.

주님께서 한 순간도 우리 곁을 떠나지 마소서.

그래서 삶의 모든 순간마다 하나님을 경외하는 삶으로 드려지길 원합니다.

저희 마음을 주관하여 주시고 온전케 하소서.

늘 저희가 생각하고 행동하기 전에 주님을 먼저 생각하게 하소서.

주님의 가르침과 밝은 길이 무엇이고 어떻게 해야 하는 길인가를 알기 원합니다.

인생은 단순하지 않아서 어떤 때는 내가 원하지 않는 삶, 내가 원하지 않는 길을 걸어야 할 때가 있음을 압니다.

그때마다 주님, 우리의 머리에 오시옵소서.

인생은 긴 여행길임을 알고 있습니다.

우리가 인생의 계획을 세우거나 혹은 새로운 길을 모색할 때가 있지만 우리가 아무리 완벽한 계획을 세워도 전혀 예측하지 못했던 변수들이 일어남을 압니다.

참진리 참소망

"사람의 걸음은 여호와로 말미암나니 사람이 어
찌 자기의 길을 알 수 있으랴" (잠언 20:24)

모든 것은 하나님의 통치 아래 있음을 잊지 말게 하소서.
우리가 계획을 세워야 하지만 그것보다 더 중요한 것은 하나님
의 뜻을 먼저 아는 길입니다.

항상 분별력을 갖게 하소서.
분별력을 가질 때 하나님의 선하시고 기뻐하시고 온전하신 뜻이
무엇인지 알 수 있나이다.
구원의 축복을 받기 위해 어떻게 살아야 하는지도 알 수 있나
이다.
"내가 헛되이 수고하였으며 무익히 공연히 내 힘을 다하였도다"
(이사야49:4).
허무한 내 인생의 모습일지라도 하나님을 다시 찾게 하소서.
구원을 받았다는 것은 하나님의 섭리와 통치 속에 살게 된 기쁨
임을 깨닫습니다.

우리는 우연히 태어나 살다가 죽을 인생이 아니라 하나님의 영
원한 계획안에서 의미 있는 존재로 부름을 받았음을 알고 있나이
다.
"여호와의 계획은 영원히 서고 그의 생각은 대대에 이르리로다"
고 하신 성경 구절을 기억합니다.

깨어진 세상에 살고 있어도, 다른 사람들의 깨어진 모습을 볼 때도 그 사람의 잘못을 묻지 말고 어떻게 회복시키는 사람이 될 수 있을지를 주님께 묻게 하소서.

하나님께서 내가 이해하지 못하는 일을 하라고 하시고 내가 이해할 수 없는 길을 가라고 하실 때가 있는 줄 압니다.

그때에 하나님께 기도하며 묻게 하소서.

'하나님이 기뻐하실까?'
'하나님이 좋아하실까?'
'하나님이 싫어하실까?'
'하나님이 나를 칭찬하실까?'

이때마다 하나님이 먼저 생각나게 하소서.
어떤 일이 있어도 하나님이 먼저인 삶이 되게 하소서.

죄 많은 세상을 보면서 불안과 고통에 먼저 빠지지 않기 원합니다.

늘 주님을 먼저 알고 느끼고 볼 수 있어 평강하기 원합니다.

마음을 굳세게 하시어 평강과 지혜와 담대함이 생기게 하여 주소서.

주님의 가르침과 진리와 세상을 알게 하소서.

삶의 모든 순간 주님을 우선으로 생각하고, 주님과 함께하기를 원합니다.

참진리 참소망

세상의 바람과 환경에 휩쓸리지 말고 문제가 발생했을 때도 침착하게 주님을 바라보게 하여 험난한 이 세상도 순탄히 건너가게 하옵소서.

우리 삶에 늘 먼저이신 예수 그리스도 이름으로 기도합니다.

아멘.

성령으로
감화되게 하소서

언제 어디서나 보혜사 성령으로 은혜 주시는 하나님!

저희들이 성령 감화 받을 수 있도록 먼저 저희를 성결케 하사 예배드리기에 합당한 심령이 되게 닦아 주소서.

오랜 기간 동안 육신의 정욕과 안목의 정욕, 이생의 자랑에 취해 살아가던 저희 심령이, 성령님께서 허락하시는 새로운 능력으로 깨끗해져 새 사람 되기를 원합니다.

보혜사 성령님께서 저희와 함께하시어, 세상에 짓눌렸던 저희 심령에 생기를 소생케 하시고, 저희 육신에 새로운 에너지를 채우시어 거듭나게 하소서.

세상의 죄의 티끌에 묻히었던 저희 심령을 성령의 물로 깨끗이 씻으시고 성령의 불로 태워 환히 밝히소서.

우리의 이전 마음 비우고 새롭게 열어 주시어 겸손히 오직 성령님의 인도하심에 순종하며 따라가게 하소서.

우리가 시험을 이길 수 있도록 성령님을 넘치도록 받기 원합니다.

모든 시험을 넉넉히 이기고 정금 같이 순수한 백성 되어 주님의 거룩하심에 참예케 되기를 원하나이다.

모든 순간마다 모든 상황마다 성령님의 감화하심으로 차고 넘쳐 거룩한 삶으로 영생에 이르는 기쁨을 얻게 하소서.

사망에서 죽을 수밖에 없는 저희를 죄에서 구원하시어 이생에서 사는 동안 거룩하고 성스러운 하늘나라 백성으로 살다가 저 세상에서 천국의 영생으로 인도 받기 원하나이다.

늘 언제 어디서든지 성령님께서 부족한 저희와 함께하시어 저희들이 자신감 넘치는 하나님의 증인이 되게 하여 주소서.

이 세상에 속한 저희를 모두 버리기 원합니다.

성령으로 새로워진 저희들이 거듭나기 소망합니다.

성령의 체험을 실제로 느끼고 실생활에서 감격의 탄식이 우렁차게 울려 나오나이다.

기도로 하나님께 성령의 은혜 주심을 간구합니다.

오늘보다는 내일이, 내일보다는 모레가 더욱 성령으로 감동되고 변화되는 놀라운 경험을 깨닫습니다.

우리가 늘 성령 충만하여 모든 진리를 따라 상승케 되기를 원하나이다.

우리의 발걸음을 정화시키시고 우리의 마음을 이끄소서.

우리의 눈이 항상 주님을 바라봅니다.

우리의 귀는 늘 주님의 말씀에 귀 기울입니다.

우리의 입술로 늘 주님을 찬양합니다.

언제나 성령님으로 저희 곁에서 역사하시는 예수님 이름으로 기도합니다.

아멘.

질병을 치유해 주소서

전능하신 예수님!

지금 주님을 향해서 저희들이 마음을 열고 주님께 간절히 청하나이다.

저희가 오늘 주님의 사랑의 치유를 경험하고 알고자 하오니 도와주소서.

의사 되시는 우리 주 예수님이시여,

예수님의 보혈이 능력으로 함께하셔서 영혼의 답답함과 막힘을, 마음의 곤고함과 상처를, 몸의 질병을 예수 그리스도의 이름으로 치유받기 원합니다.

우리의 영혼이 주님 앞에 간절한 마음으로 무릎 꿇을 때, 성령으로 임재하사 악한 어둠의 영을 물리쳐 주소서.

빛 되신 주님의 영이 우리의 영혼에 함께하시므로, 막혔던 영안이 열리고 마음과 육신에 가득했던 상처가 위로함을 받으며 몸의 악한 질병이 깨끗이 치유되고 신체의 질서가 바로 잡히고 회복되는 하나님의 놀라운 은혜로 역사하심이 일어나게 하소서.

믿음의 기도는 병든 자를 구원하리니 주께서 우리를 일으키시리라 믿습니다.

주님의 말씀처럼 믿는 그대로 이루어지게 하시고, '기도 외에 다른 것으로는 이런 유가 나갈 수 없느니라'고 말씀하심처럼 성령 안에서 주님의 치유의 역사가 일어나게 하소서.

참진리 참소망

주님!

곤고한 영혼에 전능하신 주님의 능력으로 연약한 몸과 영혼을 만져주시어 살아서 역사하시는 주님의 권능의 손길을 느끼며 치유의 은혜를 입게 하소서.

주님이 성령으로 임재하실 때 어둠의 영이 물러감으로 병든 몸과 영혼이 치유될 줄 믿습니다.

주님이 성령으로 역사하실 때 약속하신 말씀 그대로 이루어질 줄 믿습니다.

믿음의 주님!

약속의 말씀 붙잡고 믿음으로 기도할 때에 믿는 그 믿음 그대로 이루어지게 하소서.

변함없는 사랑과 은혜로 함께하시는 주님을 믿습니다.

나쁜 세포는 제거되고 새로운 정상세포가 살아나게 하소서.

특별히 하나님께서 직접 만져 주소서.

예수님께서 성령의 손으로 직접 안수해 주시옵소서.

더 크게, 더 강하게 만지시고 치유의 영광 받으소서.

신유의 기적으로 우리를 치유하시는 예수님 이름으로 기도합니다.

아멘.

수요일 대표 기도문

지난 삼일 동안도 저희를 지키시고 인도하여 주신 하나님 은혜를 감사드리고 찬양합니다.

이 시간에, 그 동안 메마르고 거칠어진 우리의 상한 심령과 피곤하여 지친 저희들 육신에 성령의 은사를 내려 주시어 회개케 하시고 하늘의 지혜와 용기를 얻게 하옵소서.

성도의 가정을 위해 기도합니다.

교회에 출석하여 은혜 받은 기쁨과 사랑과 평강의 심령 그대로 가정이 이루어지게 하소서.

우울하고 약한 우리 가족들에게 기쁨을 주시고 힘을 주소서.

가정생활 속에 사랑과 기쁨과 찬송이 넘치게 하시고, 가정에 문제가 생길 때마다 주님의 십자가를 바라보게 하소서.

가정의 모든 문제를 십자가에 맡기고 인내하며 극복하기를 원합니다.

물질의 넉넉함을 주심과 동시에 신앙적으로 풍요하게 이웃을 위하여 봉사하며 돌보는 가정이 되게 하옵소서.

교회를 위하여 기도합니다.

교회의 지체 되는 성도들이 선하고 친절하고 인내심 많게 하시고, 분쟁과 다툼이 있는 곳에 평화가 빛나게 하옵소서.

성령 하나님 안에서 교회가 하나 되기 원하나이다.

각자 받은 사명과 맡은 직분을 따라 합력하여 선을 이루어 그리스도의 몸 된 교회를 온전히 세우게 하옵소서.

도마처럼 의심 많은 성도가 아니라, 희락과 사랑으로 주님의 아름다운 성품을 닮는 성숙한 성도가 되기 원합니다.

구역원이 드리는 찬송을 기쁘게 받으시옵고, 신령과 진정으로 드리는 예배를 받으시옵소서.

주님의 말씀을 널리 전할 증인의 사명도 완수하게 하소서.

목사님을 통하여 말씀이 전하여질 때에 능력을 더하여 주사, 말씀 가운데 놀라운 역사가 일어나게 하옵소서.

목사님을 통하여 풍성한 영의 생수를 내려 주시옵소서.

자비의 하나님!

민족과 국가를 위해 기도합니다.

이 저녁, 한국 강산 방방곡곡에서 주님의 이름으로 모여 말씀을 선포하고 기도하는 곳곳마다 우리 주님, 역사하시옵소서.

이 강산과 이 민족이 주님으로 인하여 사는 길을 찾도록 회개의 영을 부어 주시옵소서.

갈릴리 호수를 여행하시며 유대인과 이방인을 복음으로 하나가 되게 통일과 평등을 이루어 나아가신 예수님을 생각합니다.

둘로 쪼개진 강토와 갈라진 사람들의 마음이 예수님의 말씀과 몸짓을 닮아 하나가 되게 하옵소서.

평창 올림픽과 패럴림픽 장애인 올림픽을 통해, 그 동안 동토처럼 차디차고 쌀쌀하기만 했던 북녘의 동포들 마음이 차츰 녹으면서 따뜻한 역사의 바람이 불어오고 있습니다.

서로 죽이려고 으르렁대던 핵무기도 사라질 희망의 빛이 비치고 있습니다.

오직 민족과 모든 인류를 평강의 왕, 평화의 왕 되시는 주님의 따사로우신 가슴으로 안아 주시옵소서.

우리 인류에게 영원히 알파와 오메가 되시는 예수님 이름으로 기도하옵나이다.

아멘.

참진리 참소망

충남노회
헌금 기도

하나님 아버지!

오늘도 은혜와 사랑을 베풀어 주시어, 서산교회에서 거룩한 예배를 드리게 하시고 하나님의 진리와 사랑을 알게 하시니 감사드립니다.

더구나 하나님의 성스러운 자녀가 되어 좋은 가정을 가꾸고, 좋은 교회를 이루어 건강하게 신앙생활을 하게 하여 주시니 더 없는 감사를 드립니다.

이 시간 주님께서 저희에게 베풀어 주신 은혜와 축복에 힘입어 소중한 물질을 바치옵니다.

예물을 바칠 때 저희들의 몸과 마음도 바치옵니다.

이 예물이 하나님 보시기에 아름다운 향기의 예물이 되어서 우리의 기도와 헌금이 하나님께 기쁨을 드릴 수 있도록 열납 되기를 원하나이다.

적은 예물이지만 사용하는 그곳에 복음이 증거되게 하시옵고, 주님을 위하여 서산교회 모든 성도들과 저희 남선교회의 젊음과 열정을 불사르는 하나님의 자녀들이 다 되게 하시옵소서.

주님께 더 귀한 것을 드릴 수 있도록 저희들에게 더 큰 믿음을 허락하시어, 이 헌금이 교회와 하나님 나라를 확장하는 데 귀하게 쓰이게 해주시고, 헌금 드린 손길에 큰 은혜를 더하여 주옵소서.

서산교회 성도들과 저희 남선교회가 가진 기도의 소원을 들어주시고 은혜를 충만하게 해 주옵소서.

모여진 예물들이 주의 사업을 위해 쓰이는 곳곳마다 주의 영광이 나타나길 원하옵니다.

바쳐진 손길들을 기억하시어 그 손길과 그 가정들에 축복을 내리시고 생명력 있는 서산교회 성도가 되게 힘을 주옵소서.

또한 물질에 대한 청지기 사명을 잘 감당케 하시어 주님 사업에 오병이어의 능력으로 신비한 기적 나타나 주님 사업이 복되게 하옵소서.

이 세상 끝까지 복음으로 은혜 베푸시는 예수님의 이름으로 기도드립니다.

아멘!

삭개오처럼 변화된 삶으로
구원 주소서

이 감사의 계절에 주님으로부터 구원의 축복 받음을 찬미합니다.

삭개오처럼 저희들의 삶을 되돌아보고 주님 앞에 지난날의 무거운 짐을 모두 내려놓습니다.

그동안 저희들에게 딱지처럼 달라붙어 떨어지지 않던 영혼의 죄가 있으면 삭개오처럼 주님께서 즉시 사하여 주소서.

또 죄로부터 연유한 삶의 고독과 괴로움을 모두 주님 앞에 내려놓고 씻음 받기 원합니다.

세상으로부터 지탄받던 괴로움과 고독의 딱지가 주님 앞에서는 보람과 기쁨과 즐거움으로 바뀜을 믿나이다.

삭개오의 인생을 되돌아보면서 저희 믿음에 새로운 희망을 소망합니다.

식민지였던 이스라엘 백성으로부터 세금을 착취하여 로마에 상납하고 부자가 되었지만, 동족으로부터 배신자, 매국노로 늘 지탄받던 세리장 삭개오의 마음에 그늘지던 영혼과 삶의 내면을 조명해 봅니다.

동족으로부터 매국노, 배신자, 죄인으로 저주 받고 따돌림 당하던 삶의 질곡으로부터 벗어나고 싶었던 한 줄기 구원의 소망을 바라던 삭개오를 바라봅니다.

주님께서 지나가실 때 키가 작아 뽕나무 위로 올라가 주님을 보고 싶어 했던 삭개오의 사모하는 믿음을 저희도 열망합니다.

주님께서는 삭개오의 아픈 마음을 어루만지시고 구원하시기 위해 삭개오의 집에 머무셨습니다.

그리고 삭개오의 심령을 여시어

"내 소유의 절반을 가난한 자들에게 주고, 만일 누구의 것을 속여 빼앗은 일이 있으면 네 갑절이나 갚겠나이다"

하고 율법의 보상을 고백케 하여 기쁨과 감사가 충만한 삶으로 변화시켜 주셨습니다.

주님을 만난 후 삭개오가 인간의 욕과 저주를 받던 죄의 삶 아래에서 하나님의 법 아래로 돌아와 주님을 구원자로 영접한 양심선언을 깊이 경청합니다.

"오늘 구원이 이 집에 이르렀으니 이 사람도 아브라함의 자손임이로다"

하고 정죄하지 않은 주님의 은혜에 감사드립니다.

구원의 주님!

저희도 삭개오처럼, 주홍글씨의 헤스터 프린처럼 죄의 딱지를 떼어버리고 주님 안에서 새로운 사람이 되고 싶나이다.

저희들이 삭개오처럼 주님을 간절히 사모하는 열망과 구원 받고 싶은 소망을 갖기 원합니다.

우리를 죄에서 구원하시는 예수 그리스도 이름으로 기도합니다.

아멘.

참진리 참소망

육신의 정욕, 안목의 정욕, 이생의 자랑이 사라지게 하소서

오늘도 저희를 영원한 하늘나라 백성으로 인도하시는 하나님 은혜를 감사드립니다.

저희들이 걷고 있는 삶의 길에 예수님의 발자취를 밟고 저희들도 예수님처럼 영원한 생명을 누리며 살고 싶습니다.

100년도 못 사는 이 세상 인생에 안타까움을 느낍니다.

저희들이 먹지 말아야 할 선악과를 따 먹어 흐려진 마음 때문에 육신의 정욕과 안목의 정욕과 이생을 자랑하게 된 삶을 회개합니다.

하나님의 말씀과 가르침에 절대 순종하여 죄 없이 총명한 지혜를 갖고 올바른 판단을 하게 하소서.

저희들의 죄를 깨끗이 씻으신 십자가의 보혈만을 이 세상에서 가장 자랑하고 믿습니다.

저희들의 영혼과 육신과 행실이 예수님을 닮아가게 하시어 작은 예수인 저희들을 통하여 주님을 세상에 보이게 인도하시옵소서.

육신의 정욕, 안목의 정욕, 이생의 자랑은 마지막 날에 사라질 것임을 믿사옵니다.

허망한 것을 위하여 살지 않게 하소서.

"세상에 있는 모든 것이 육신의 정욕과
안목의 정욕과 이생의 자랑이니 다 아버지께로
좇아온 것이 아니요 세상으로 좇아온 것이라" (요2:16)

고 하신 가르침을 항상 마음에 새기게 하소서.

우리가 선악과를 따 먹고 타락한 세상에서 육신의 정욕을 일삼
게 되었음을 고백합니다.
하지만 저희를 너무나도 사랑하신 하나님께서 독생자 예수님을
보내시어 타락한 이 세상을 하나님께서 원래 창조하신 세계로 되
돌리고자 하심도 압니다.
하나님의 뜻을 따르는 영원한 백성 되게 인도하소서.

이 세상 지나면서 저희가 안목의 정욕, 육신의 정욕에 유혹되지
않게 하소서.
아무리 먹음직하고 보암직하고 탐스럽게 보이더라도 뱀의 유혹
에 넘어간 아담처럼 다시는 죄와 타락의 열매를 어리석게 따 먹지
않기 소망합니다.
세상의 부와 권력을 누리는 자들이 안목의 정욕에 노예가 되어
하루아침에 죄인으로 전락함을 보고 매우 안쓰러움을 느낍니다.

예수 그리스도께서 광야에서 마귀에게 시험받으시는 장면을 떠
올립니다.

참진리 참소망

주님께서는 광야에서 마귀의 유혹들을 말씀으로 물리치신 것처럼 우리도 오직 하나님의 능력과 말씀에 힘입어, 세상의 유혹을 극복하게 하소서.

저희들이 지닌 선한 본성을 하나님께서 창조하신 그대로 지키게 하소서.

죄가 스며든 악한 정욕으로 음행, 호색, 더러운 것, 우상숭배, 술수, 원수 맺음을 일삼는 어리석은 자가 되지 않기 소망합니다.

하나님께서 먹지 말라고 하신 것은 먹지 않고, 하지 말라고 하신 것은 하지 않기를 원하나이다.

하나님의 가르침에 절대 순종하기 원합니다.

먹으라고 하신 것만 먹고, 하라고 하신 것만 하게 하소서.

같이 있지 않아야 할 상대와 자리를 함께하여 죄가 되지 않기 바라나이다.

저희가 먹든지 마시든지 무엇을 하든지 다 하나님의 영광을 위하기 원합니다.

아무리 아름다운 물건이 가득한 집을 얻게 되어도 포도원과 감람나무를 얻게 되어도 하나님을 잊지 말라는 말씀을 기억합니다.

눈에 보이는 것을 하나님보다 더 소중히 여기지 않게 하소서.

우리의 죄성은 창조주보다 피조물을 더 섬기게 되어 생김을 압니다.

만물을 사랑하기보다 만물의 주인이신 하나님을 더욱 사랑하는 믿음의 상식을 갖게 하소서.

언제 어디서나 '하나님을 시험하지 말라'(신6:16)는 가르침으로 모든 유혹을 물리치게 하소서.

육신의 정욕, 안목의 정욕은 이생을 자랑하고 싶은 욕망인 줄 알게 하소서.

없을 때 소유하고 싶고, 소유하여 자랑하지 않게 하소서.

사람의 욕심은 끝이 없기에 탐심을 우상 숭배로 가르침 주셨음을 상기합니다.

예수님께서 당시 지도자들, 서기관들과 바리새인들을 책망하신 가장 큰 이유가 그들이 외식하기 때문이었음을 기억합니다.

외식(外飾)은 '겉치레'이고 곧 이생의 자랑이며 영원한 진리와 소망이 되지 못하여 죄에 걸림을 깨닫습니다.

사람에게 보이려고 나팔 불며 구제하지 말고, 사람에게 보여 자랑하려고 한복판에서 기도하지 않게 하소서.

"구하여도 받지 못함은 정욕으로 쓰려고 잘못 구함이니라"(약4:3) 하신 가르침을 기억하여 올바로 기도하게 하소서.

누구나 가지고 있는 육신의 정욕, 안목의 정욕, 이생의 자랑은 다 하나님께로부터 온 것이 아님을 알게 하소서.

그것은 우리의 타락으로 말미암은 죄의 본성에서 나오는 것임을 깨닫습니다.

결국 이 세상 마지막 날에 모두 사라질 것들, 육신과 안목의 정욕을 좇아 구하였던 모든 것이 사라짐을 알게 하소서.

자랑으로 삼던 '공든 탑'들이 모두 무너지고 심판날에 주님 앞에서 부끄럽지 않게 하소서.

오직 하나님의 뜻을 행하는 사람만이 영원히 거한다고 하신 가르침에 우리가 영원히 거하며 살게 하소서.

우리가 이 세대를 본받지 말고, 하나님의 선하시고 기뻐하시고 온전하신 뜻이 무엇인지 분별하면서 살아가는 거룩한 하늘나라 백성으로 살게 하소서.

우리를 하늘나라 백성으로 인도하시는 예수님 이름으로 기도합니다.

아멘.

응답 받는 기도가
되게 하소서

기도를 통하여 응답을 주시는 은혜의 하나님께 감사드립니다.

죄인인 저희들의 뜻이 아니라 '거룩하신 하나님의 뜻'에 따라 기도하는 총명한 자녀 되게 인도하소서.

저희들이 드리는 기도가 이 땅에 하나님의 능력을 가져오고 성도의 생활을 승리로 이끌며 마귀의 세력을 저지시키는 원동력이 되기 원하나이다.

예수님께서

"그러나 내 뜻대로 하지 마옵시고 아버지의 뜻대로 하옵소서"

하고 기도하신 것처럼 저희들도 하나님의 뜻 안에서 기도하기 원합니다.

하나님의 가르침과 뜻하시는 공의와 양심을 따라 기도하게 하시고 저희들의 사익(私益)과 불의의 탐심을 채우는 기도가 되지 않게 인도하소서.

기도하기 전에 먼저 다른 사람을 용서하기 원합니다.

아무리 적대관계에 있을지라도 용서하지 않으면 원수를 사랑하라는 하나님의 가르침에 어긋나 결국 응답 받지 못함을 압니다.

복수와 징계는 하나님의 뜻이 아니라 용서를 통한 구원이 영원

참진리 참소망

하신 하나님의 뜻임을 먼저 깊이 알기 원하나이다.

잘했어도 하나님의 자녀, 잘못했어도 하나님의 자녀 됨을 알고 한 사람의 생명이라도 우주보다 더 소중히 여기시는 하나님의 사랑을 따라 기도하게 하소서.

믿음으로 전적으로 하나님께 의지하며 뚜렷한 목적을 갖고 기도하게 하소서.

기도할 때 바라는 것은 이미 무엇이나 받은 줄로 믿습니다.

명석한 영혼의 빛 속에서 날카롭게 빛나는 눈으로 참된 응답을 찾게 하소서.

이미 받은 것이 무엇인지 나의 뜻이 아니라 하나님의 뜻으로 발견하게 하소서.

희미한 목적이 되지 않고 확신하는 대상을 알아차리게 하소서.

공의에 입각하여 양심에 올바르게 구하기 원합니다.

하나님의 명령을 지키며, 하나님 보시기에 기뻐하시는 일을 먼저 하고 기도하기 원합니다.

요한의 가르침대로 응답받는 기도의 조건이 "하나님의 목전에 기쁨이 되는 일을 행함"에 있음을 기억하게 하소서.

우리가 하나님을 불쾌하게 하면서 어찌 응답 받을 수 있겠사옵니까?

하나님께서 기뻐하시는 일이 무엇인지 먼저 파악한 후 기도하게 하소서.

예수님에게 하신 말씀처럼 "내가 기뻐하는 아들"이라고 인정받는 기도가 되게 하소서.

참된 진리에 거하며 선한 뜻으로 사리를 잘 분별하여 어리석은 자녀 되지 않기 원합니다.

늘 성경을 자주 읽어 하나님의 명령을 항상 기억하며 이에 준하여 기도하게 하소서.

저희들이 진정한 기도 드리기 원합니다.

하나님을 움직여 나 자신의 이기적인 뜻을 실현하기 위한 도구로서의 기도가 아니라, 우리 자신의 뜻을 하나님의 뜻에 맞추며, 하나님의 뜻이 이루어지도록 구하는 기도가 되게 하소서.

> "너희가 내 안에 거하고, 내 말들이
> 너희 안에 거하면, 너희가 원하는 것은
> 무엇이나 구하라.
> 그러면 너희에게 이루어지리라" (요 15:7)

는 말씀에 합당한 기도가 되게 하소서.

저희가 죄인이고 피조물이라도 하나님께서 자녀 삼으신 이유가 저희를 통하여 하나님의 뜻을 행하려 하심임을 깨닫고 하나님 뜻에 맞게 기도하기 원합니다.

때문에 저희가 하나님 안에 거하여 하나님과 하나가 된 후 기도하게 하소서.

저희가 드리는 기도가 하나님의 뜻이 되고 하나님의 뜻이 저희의 기도 속에 실현되게 하소서.

참진리 참소망

우리의 마음속에 하나님 말씀이 새겨져 있어야 구하는 것에 응답이 있음을 알고 성경읽기가 곧 기도응답의 지름길이 됨을 압니다.

우리에게 죄가 있을 때 하나님은 우리의 기도를 듣지 않으심을 알게 하소서.

"보라, 주의 손이 짧아서 구원하지 못하심도 아니요, 그의 귀가 둔하여 듣지 못하심도 아니라. 오직 너희 죄악들이 너희와 너희 하나님 사이를 나누었고, 너희 죄들이 그의 얼굴을 너희로부터 가렸기에, 그가 듣지 아니하심이라"(사 59:1-2).

하나님께 구하기 전에 먼저 우리의 죄를 스스로 판단하여 자백하게 하소서.

우리의 정욕에 쓰려고 기도하지 않게 하시고 두 마음을 품고 기도하지 않게 하소서.

용서하지 않는 마음, 원망함, 인색함, 가혹함은 기도의 응답을 막고 있음을 압니다.

날마다 기도의 장애를 부지런히 제거하기 소망합니다.

악한 영들과 세상풍조에 의해 훼방을 받는다는 사실을 알고 방해하는 세상일들에 시선과 마음을 빼앗기지 않기 원합니다.

우리들이 잘못된 가르침에 속아 헛된 기도를 하지 말고 하나님의 말씀이 가르쳐 주시는 기도의 조건들을 정확히 알아 구하는 것에 응답의 열매가 맺히는 기도가 되게 하소서.

우리에게 주님의 기도로 본을 보여 주신 예수님 이름으로 기도합니다. 아멘.

새롭게 살게 하소서

죽을 수밖에 없던 저희가 주님의 부활로 다시 살 수 있는 믿음 주시니 감사합니다.

씻지 못할 죄를 지었지만 십자가에서 죄를 사하시어 다시 살리시니 은혜를 감사드립니다.

저희들은 하나님께서 생명 주시는 사랑을 입어 죽지 않는 새 사람으로 다시 태어났음을 감사드립니다.

이전의 죄의 사슬을 끊고 부활하시어 저희가 죽음에서 다시 사는 소망을 갖게 되었고, 죄 씻음 받아 다시 태어났기에 저희가 세상에서 가장 모범된 삶으로 살도록 인도하셨습니다.

저희에게 다시금 새롭게 살아가야 할 길을 인도하시는 하나님!

저희 인생에 알파와 오메가 되심을 영원히 잊지 않사옵니다.

하나님을 아는 삶을 살게 하시어 거룩한 은혜 주심에 감사합니다.

저희들 안에 주님께서 사시어 역사하시니 감사합니다.

사망권세를 이기시고 부활하신 주님처럼,

저희들도 더 이상 죄의 덫에 걸리지 않는 천국의 백성으로 영원히 살게 하소서.

저희도 주님 안에서 영원히 살기 원하나이다.

주님께서 마련해 주신 하늘의 거처에서 저희의 영혼이 함께 거

참진리 참소망

하게 받아 주소서.

나의 계명을 지키는 자라야 나를 사랑하는 자니, 나를 사랑하는 자는 내 아버지께 사랑을 받을 것이요, 나도 그를 사랑하여 그에게 나를 나타내리라"(요14:21)

하신 약속 주심을 감사드립니다.

사랑의 주님!

주님을 진정으로 사랑하는 자에게 주님 자신을 보여 주시니 더욱 감사합니다.

저희들도 마리아처럼 주님을 진심으로 사모하며 사랑하는 은혜 속에 믿음 갖기 원합니다.

이 세상 어떤 강한 무기도 사랑의 힘을 이길 수 없고, 이 세상 어떤 값진 귀한 것도 주님의 사랑보다 더욱 값질 수 없음을 깨달았습니다.

세상 사람들처럼 저희들 인생이 이 세상에서 종말이 아님을 믿게 하소서.

부활의 능력으로 죄의 사슬이 끊어져 죽음이 사라졌음을 알기 원합니다.

죽음이 없는 영원한 천국에서 주님과 함께 살게 되었음을 일깨우소서.

그리하여 저희가 앞으로 다시 살아난 자로서 의의 무기로 하나님께 드리는 삶을 살기 원하나이다.

저희가 부활하신 주님을 널리 알리고 주님의 계명대로 세상의 빛과 소금이 될 수 있게 능력 더하소서.

주님의 복음을 전도하고 십자가의 사랑을 널리 알리고 우리도 헌신의 사랑을 널리 펴 어두워가는 이 세상에 작은 등불 되기 소망합니다.

육신과 영혼의 죽음도, 슬픔과 불안의 공포도 모두 사함 받았습니다.

100세도 못 산다고 하소연하는 세인들과 같은 인생 넋두리도, 모두 모두 지희들에게는 문제가 되지 않게 되었나이다.

십자가에서 주님과 함께 우리도 죽었기에 죄 없이 새로 태어났음을 고백합니다.

하나님의 생명체이므로 세상을 이기고 죽음을 이기고 살아가야 할 믿음의 자녀로 살게 하시옵소서.

저희를 죽음에서 살리시고 함께 영원히 사시는 예수님 이름으로 기도합니다.

아멘.

참진리 참소망

환난 때 주님과 함께하게 하소서

저희들이 에덴의 동산에서 저지른 죄 때문에 고통과 두려움 속에서 허덕이며 하루하루 살아가야 하는 불행의 굴레를 십자가에서 모두 해소하여 주시고, 삶의 기쁨을 주신 은혜의 주님!

그 크신 사랑에 감사와 찬송을 드립니다.

저희가 죄사함 받았다고는 하지만 아직도 인생길 지날 때에 환난을 감당키 어려울 때가 종종 찾아옵니다.

그 이유는 저희에게 아직도 죄의 찌꺼기가 남아 있어 믿음이 부족하기 때문인 줄 알고 있습니다.

하나님 앞에서 머리카락 하나도 숨기지 않고 죄를 회개하게 하시옵소서.

우리의 은신처시요 보호자이며 구원의 노래이신 주님!

환난의 파도가 밀려오고, 삶의 위기와 두려움이 엄습해 올 때 더욱 주님께 간절히 기도하게 하소서.

해결의 열쇠를 주님한테서만 찾게 하소서.

기도가 부족하여 심지와 믿음이 흔들릴 때 사탄이 침범하여 죄가 생겨나고 환난과 두려움이 찾아오는 줄 압니다.

주님과 주님 계신 천국만을 바라보게 하소서.

저희 자신의 부족한 의식과 판단과 지혜에서 떠나게 하시고, 세상으로 돌려진 영혼의 시선을 시정하여, 주님을 향하여 확고부동하게 우리의 영안을 고정시키시옵소서.

전능하신 주님한테 반드시 응답 받기 원합니다.

응답 받는 때를 저희의 시간으로 임의로 추산하지 않게 하소서.

반드시 하나님의 시간에 맞추어 기다리는 지혜와 인내를 갖기 원합니다.

응답의 내용이 또한 우리의 세속적인 뜻에 따르지 않고 주님의 뜻에 맞도록 기대합니다.

오늘의 답답함, 닫힌 문, 막힌 길을 해결할 수 있는 유일한 방법인 기도를 더욱 열심히 하여 무더운 여름철을 은혜와 축복 속에 잘 보내게 하시옵소서.

늘 환난 날에 저희의 구원과 방패 되시는 예수님 이름으로 기도합니다.

아멘.

재림 신앙으로 믿음 더욱 굳게 하소서

"천지는 없어질지언정 내말은 없어지지 아니하리라"
고 약속하시며
"인자가 구름을 타고 능력과 큰 영광으로 오는 것을 보리라"
고 약속의 말씀 주신 주님!

이 세상에서 한 평생 사는 동안에 저희에게 소망과 힘과 기쁨을
주시니 감사합니다.

"가실 때 다시 오마"
하고 약속하신 그 말씀을 저희가 꼭 믿으며 살고 있습니다.

저희들의 기다림이 시들해져 도중에 중단하거나 포기하지 않게
인내의 힘을 주시옵소서.

가실 때 '다시 오마' 하고 약속하신 그대로 저희들 믿음과 소망
안에 그리움의 모습으로 오시옵소서.

저희가 사는 동안 주님 때문에 외롭지 않고 고달프지 않고 유약
하여 쓰러지지 않고 굳세게 살게 하시니 감사합니다.

"아멘, 주 예수님 어서 오시옵소서"
하고 고백하며 주님을 기다리는 저희의 간절한 마음을 받아 주시
옵소서.

저희가 주님에 대한 믿음생활을 하면서 주님께서 반드시 오심을
확신하며 간절히 사모하고 소망을 바라며 간구하나이다.

거룩하시고 성스러우신 주님을 맞이하는 저희도 행동거지를 절

제하며 깨끗하고 정결한 심령으로 주님을 맞이하기 원하나이다.

주님처럼 모든 사람을 용서하고 자비를 베풀기 원합니다.

주님께서 저희의 모든 죄를 용서하시며 십자가에서 피 흘리셨는데, 저희가 남을 용서하지 못한다면 어떻게 주님을 맞이할 수 있겠사옵니까?

저희도 각자 용서의 십자가를 지고 깨끗한 상태로 주님을 맞이하게 하소서.

남을 용서하지 못한 상태라면 저희의 심령과 육신 안에 아직도 악한 마귀와 사탄이 떠나지 않아 거룩하신 주님 맞을 자격이 없는 줄 알게 하소서.

저희가 어려워도 인내하고 참고 견디며 주님의 재림을 기다리게 믿음의 힘 불어 넣어 주소서.

그날에 저희가 올바로 주님을 맞이할 수 있도록 사명도 완수하게 하소서.

9월에는 특히 저희들에게 재림신앙으로 거듭나게 인도하시옵소서.

옛 창조와 새 창조와 복원의 뜻이 무엇인지 똑똑히 분별하면서 새로운 은혜 받기 원합니다.

하나님의 영광을 타고 뭇 천사들과 재림하시어 죄 많은 이 세상을 재편하시고 새 하늘과 새 땅을 세우실 것을 고대합니다.

구름타고 큰 능력 펼치시며 오시옵소서.

온 우주에 울려 퍼지는 하늘의 나팔소리와 호위하는 천사장과 성도들, 그리고 천사들과 함께 불꽃 속에 오시옵소서.

　　　　　　　　　　　　　　　　　　　　참진리 참소망

그리하여 저희 믿음의 성도들이 영원한 새 삶을 함께 누리게 하시옵소서.

죽을 수밖에 없던 지난날을 다시 살리시는 주님의 은혜를 새롭게 깨닫기 원합니다.

주변에 산재해 있는 죄악의 현상들에 휘말리지 않고, 사단의 유혹에 굴복하여 불행과 두려움의 어둠 속에 헤매지 않고, 담대히 주님의 재림을 확고히 믿어 광명으로 향하는 힘을 얻게 하소서.

주님의 재림신앙을 공고히 다져 저희 신앙생활이 더욱 단단하고 빛나고 은혜 넘치기 원하나이다.

타인들에게도 구원을 베푸는 은혜의 전도에 저희들의 능력 더 보태 주소서.

재림에 대한 믿음은 이미 저희들에게 재림의 은혜가 다가온 줄로 알게 하소서.

재림에 대한 믿음으로 다른 곳에 한눈을 팔지 않게 하소서.

주님의 재림 목적이 저희를 온전히 구원하시고, 감춘 것을 드러내고, 성도로부터 영광 받으시고, 모든 사람을 심판하시고, 모든 왕과 인간 위에 진정한 왕노릇 하시기 위함임을 알고 저희가 오래오래 참으면서 기쁘게 맞이하기 소망합니다.

다시 오마 하고 약속 주신 예수 그리스도 이름으로 기도합니다.

아멘.

구원의 확신
갖게 하소서

거룩하시고 전능하시며 사랑이 무한하신 하나님!

우리 주 예수 그리스도로 하여금 죄 많은 저희를 구원해 주신 은혜에 감사드립니다.

바다보다도 깊고 하늘보다도 높으신 하나님의 은혜를 찬미합니다.

세상 사람과 다를 바 없이 부패하고 죄 많던 저희를 창세전에 택하시어 구원하시고 하늘나라에 앉게 하시는 하나님의 은혜를 더욱 감사드립니다.

아직도 저희들 믿음이 부족하면 회개하게 하시고, 다시 굳건한 구원의 확신을 갖게 하시옵소서.

세례 받은 자의 바람직한 자세로 다시금 저희 영혼과 삶을 깨끗이 씻게 하시고, 구원과 믿음의 확신 속에 은혜로운 나날 되게 인도하시옵소서.

바벨론 느브갓네살왕에 의해 포로 되어 온갖 부끄러운 수치와 곤욕을 당했던 이스라엘 백성의 고난 시기를 상기합니다.

그때 바사왕 고레스의 귀환 칙령에 의한 하나님의 인도하심으로 받은 기쁨을 상기합니다.

유다 백성에게 꿈이었던 해방이 오늘의 우리에게는 더 크고 높은 꿈으로 구원되었음을 믿사옵니다.

눈물을 흘리며 씨를 뿌리는 자의 소망처럼, 유다민족이 바벨론의 포로 되었다가 돌아온 예루살렘에서 성전을 다시 짓고, 하나님을 바라보았던 자세를 저희가 삶의 지표로 굳게 세우기 원합니다.

그리스도인이 가져야 할 구원의 소망과 인내를 더욱 단단히 다지기 원하나이다.

열악한 삶의 현실에서도 하나님의 가르침만 바라보고 뒤를 돌아보지 않게 하시옵소서.

우리가 믿음의 순례길에서 만나는 어떠한 어려운 현실 속에서도, 주님 안에 있는 믿음과 소망과 사랑으로 이겨 나가게 하시는, 그러한 성령님을 힘입어 확신 가운데로 나아가게 하시옵소서.

오늘날 우리는 유다백성보다도 더한 축복을 주신 영생의 확신에 기쁨으로 나날이 축복의 날로만 살고 있습니다.

저희들이 바울의 가르침 따라 항상 기뻐하는 삶의 자세로 믿음의 본이 되기를 원하옵니다.

저희들에게는 그 어떠한 두려움이나 근심 걱정도 비온 뒤에 맑게 갠 하늘처럼 저희 영혼이 깨끗이 닦여지기를 원합니다.

오로지 하늘나라의 영생의 기쁨만으로 가득 차게 하시옵소서.

저희가 구원 받아 영생을 얻었다고 고백하면서도 항상 감사하는 삶의 나날이 없다면 저희의 신앙이 헛됨을 깨닫고 바로 잡기 원합니다.

구원 받지 못한 다른 이들도 하나님께서 주시는 은혜에 동참하도록 인도하시옵소서.

총동원 전도주일 대성회의 구원축제에 많은 이들이 오도록 그들의 영혼이 저희를 통해 열려지게 인도하소서.

언제나 저희들에게 구원자로 오신 예수님 이름으로 기도합니다.

아멘.

참진리 참소망

영혼 구원을 위한
기도

저희를 구원하시는 하나님!

독생자 예수 그리스도를 보내시어 죽을 수밖에 없는 저희 영혼을 살리심에 감사드립니다.

하나님의 무한하신 사랑과 자비하심에 저희가 옷깃을 여미고 늘 기도하며 의로운 하나님 백성 되기 원하나이다.

그리하여 그토록 원하시던 저희들에 대한 구원하심과 사랑하심이 온전히 이루어지기를 기원합니다.

저희 영혼에 자리 잡고 있는 악한 영을 지우시고 주님께서 원하시는 의로운 영혼으로 언제나 임재하시옵소서.

날마다 회개하게 하소서

한 사람 아담으로부터 저희들의 영혼에 죄가 들어오고 죄로 말미암아 사망이 들어왔으니 누가 능히 주님 앞에 설 수 있겠습니까?

주님 앞에서는 아무도 의로울 수가 없음을 고백하나이다.

사악한 영의 노예, 우상의 노예가 침범하여 범죄 하는 저희 영혼이 불과 유황으로 타는 지옥 불에 들어 영원히 고통 받지 않게 건지시옵소서.

저희들은 능력이 없사옵니다.

살아서 죽음을 보지 않을 자 누가 있겠습니까?

죽음의 무덤에서 저희들의 영혼을 건질 자 누가 있겠사옵니까?

하지만 주님께서는 저희와 함께 동행하시어 영원히 불타는 지옥에서 구원하시기 위해 십자가를 대신 지셨습니다.

주님으로 인해 저희는 의로운 백성으로 다시 살아났으니 다시는 죄에 빠지지 않는 은혜를 얻었습니다.

하늘의 생명책에 기록된 저희 이름이 두 번 다시 지워져 지옥 불에 떨어지지 않게 붙드시옵소서.

저희들은 생명에 이르는 회개를 드립니다.

다시는 통곡하며 이를 가는 후회함이 없게 인도하여 주소서.

저희들의 혼과 몸을 지옥에서 영원히 멸하시는 하나님을 두려워하게 하소서.

날마다 씻게 하소서.

저희 영혼에 침범한 마귀가 노예 삼은 영혼의 불의함을 날마다 씻고 또 씻게 하소서.

마음속에 영혼 안에 율법을 지키는 파수꾼이 항상 세워지기를 원합니다.

마귀와의 영적 전쟁에서 승리하는 파수꾼 되게 능력 주옵시고,

교만한 눈을 가리고 거짓된 혀를 놀리지 않게 눌러 주소서.

무죄한 자의 피를 흘리는 손을 잡아매고 악한 계교를 꾀하는 마음이 사라지기 원합니다.

빨리 악으로 달려가는 발을 끊게 하시고 거짓을 말하는 망령된 증인과 형제 사이를 이간하는 술수를 영혼의 바닥에서 씻으소서.

오직 저희들 영혼에는 성령만이 충만하기 원합니다.

성령의 힘과 성령의 검으로 마귀와 우상을 물리치고 사람과 좋은 관계 이루기를 원하나이다.

육체의 생명이 피에 있음이니 혼을 위해 보혈의 피로 속죄함을 이루어 주셨습니다.

그리스도의 피로 죽은 행위로부터 우리의 양심을 깨끗하게 하여 살아 계신 하나님을 섬기게 하셨나이다.

죄들의 사면을 얻게 하려고 많은 사람을 위하여 흘리신 주님 피, 곧 새 언약의 피를 믿고 죄 씻음 받기 원합니다.

우리의 모든 죄를 바다 깊은 곳에 던지시고, 진노를 영원히 품지 아니하시고, 우리의 죄들과 불법들을 다시는 기억하지 아니하리라 하신 말씀처럼 깨끗이 씻어지기 바랍니다.

"내가 그들의 죄들과 불법들을 다시는 기억하지 아니하리라" 하시고, 구름 같이 빽빽한 우리의 죄들을 맑은 하늘처럼 깨끗이 지워 버렸음을 믿사옵니다.

자기 죄들을 숨기는 자는 형통하지 못하나 누구든지 죄들을 시인하고 버리는 자는 긍휼을 얻으리라 하신 하나님 말씀 따라 날마다 저희가 회개하여 말씀의 능력으로 씻어지게 하소서.

날마다 찾게 하소서.

예수님을 믿음으로 이 세상에서 행복과 평안을 보장받으며 살고 있습니다.

저희들의 영혼이 구원 받은 후 예수님 안에서 부요의 복도 받고 강건한 복을 받아 누리고 있음을 고백합니다.

예수님 안에 있는 믿음으로 구원에 이르는 지혜를 우리에게 날마다 베푸소서.

의로운 자로서 불의한 자를 대신하셨으니 주님께서는 우리의 죄들로 인한 화해 헌물이 되셨나이다.

우리의 죄들뿐 아니요, 온 세상의 죄들로 인한 화해 헌물이심을 믿습니다.

지나가고 다시 돌아오지 아니하는 바람, 나그네, 여행자, 그림자 같은 우리네 무상한 인생입니다.

우리의 햇수의 날들이 칠십 년이요, 강건하면 팔십 년이라도 모두가 흙에서 나와 다시 흙으로 돌아가는 유한하고 허무하고 서러운 인생임을 알려 주신 말씀 믿게 하옵소서.

"풀은 마르고 꽃은 시드나 나의 말은 영원토록 서리라, 하늘과 땅은 없어지겠으나 내 말들은 없어지지 아니하리라"

고 하신 하나님 말씀을 날마다 마음에 새깁니다.

누구든지 예수님만 믿으면 영혼이 구원을 받고 구원은 하나님만 주시는 특별한 선물임을 깨닫습니다.

죄와 사망, 심판과 지옥 영벌에서 구원하시는 예수님을 날마다 찾게 하소서.

원죄가 없는 온전하신 구원자 예수님이시기에 구원의 자격을 오로지 예수님으로부터만 찾게 하소서.

이 세상을 떠날 때 '다 이루었다'고 선포하시며 구원을 완성하신 예수님만을 찾고 기억하기 원하나이다.

날마다 전하게 하소서.

참진리 참소망

수많은 영혼구원이 복음의 비밀을 전함으로 이루어지기를 원합니다.

우리가 다 그리스도 예수님을 믿는 믿음으로 하나님의 자녀들이 되기를 원하나이다.

누구든지 예수님께서 하나님의 아들이심을 시인하면 하나님께서 그 안에 거하시고, 그도 하나님 안에 거하심을 믿습니다.

우리 입으로 주 예수님을 시인하고 하나님께서 그분을 죽은 자들로부터 일으키신 것을 우리 마음속으로 믿사옵니다.

세인들로 하여금 예수님께서 하나님의 아들 그리스도이심을 믿게 하시고,

예수님의 이름으로 말미암아 생명을 얻게 하소서.

주님께서 우리를 위하여 자신을 주신 것은 모든 불법으로부터 우리를 구속하시기 위함임을 압니다.

우리를 정결하게 하사 선한 행위에 열심을 내는 백성 곧 자신을 위한 특별한 백성이 되게 하려 하심을 세인들이 듣기를 기도합니다.

주님께서 모든 사람을 위하여 죽으신 것은 오직 믿는 자를 위하여 영원히 멸하지 않고 살게 하려 함임을 믿고 또 믿게 하소서.

우리의 영혼을 구원하시기 위해 십자가에 달리신 예수님 이름으로 기도합니다.

아멘.

헛된 장신구를
벗게 하소서

이 세상의 그 무엇보다도 고귀하시고 보배로우신 주님!
주님께서 십자가에 달리시기 직전에 베드로가 칼을 빼서, 말고의 귀를 쳤을 때, 베드로에게
"이것까지 참으라."
고 하신 말씀을 상기합니다.

"아버지가 주신 잔을 내가 마시지 않겠느냐."
고 하시며 땅에 떨어진 말고의 귀를 주워서 도로 붙여 주시면서
가르치신 말씀을 생각합니다.

아버지께서 내게 주신 잔을 마시고, 그 사명을 감당해 나가는 길에 있어서 그가 내 입장과 다르다고 해서, 상대를 공격하고 저항하는 일을 자제하라고 가르치신 주님의 책임감과 순종하심이 저희들의 가슴을 깊이 울립니다.
'아버지의 뜻이, 네 입장에서 받아들이기 싫고, 네 마음에 들지 않는다고, 주변 사람들과 충돌하고 저항하기를 계속할 것이냐?'
고 하시는 주님의 말씀이 저희들의 귀를 두드립니다.

주님, 저희도 주님의 행동을 따라 원수까지 사랑하게 하소서.

하나님의 가르침에 절대적으로 순종하는 주님을 본받기를 원합니다.

저희들도 주님처럼 가정에서 한 번도 싸우지 않고 다투지 않기를 원합니다.

세상에서도 직장에서도 이웃들과 다투지 않고 주님의 행하신 길, 이것까지 참으라고 하심을 실천하기 원하나이다.

주님께서 주시는 인내와 용서의 잔을 저희도 다 마시게 하옵소서.

하나님께서 저희들을 사용하시는 그 뜻대로 우리도 주님처럼 되기를 원합니다.

저희들의 영혼과 육신을 위해 치장했던 장신구를 모두 벗어버리고 주님으로 옷 입게 하소서.

가장 값진 장신구이신 주님의 사랑과 용서와 화해와 평화로 저희들의 삶을 꾸미게 하소서.

그 동안 저희들은 육신의 욕망, 물질욕, 세상의 명예와 권력, 자신의 자랑 등 이루 말할 수 없는 헛된 장신구가 한 순간의 우상인 줄도 모르고 선망하며 달고 살아왔음을 회개합니다.

이번 사순절 기간, 저희들이 그동안 지녔던 헛된 장신구를 모두 벗어버리고, 진정한 보배요 빛나는 값진 장신구 되시는 예수님을 항상 영혼과 육신에 지니도록 인도해 주옵소서.

이 세상의 태산 같은 황금도, 그 어떤 영화와 영광도, 그리고 막강한 권력의 힘도, 주님보다 더 값질 수는 없나이다.

영원하시고 우주의 공간보다 더 넓으시고 하늘의 뭇별과 태양보다 더욱 빛나는 보좌이신 주님!

3000년 전부터 한국인의 정신적 지주로 내려온 불교의 교리가 130년 전에 한국에 상륙한 주님의 기독교에 뒤처지기 시작했음을 영광 받으시옵소서.

저희가 주님보다 더 사랑하고 자랑하고 추구했던 모든 것들을 이제부터 주님 앞에 내려놓습니다.

이러한 삶을 살았던 저희를 용서해 주시고, 예수님을 저희들 삶의 진정한 주인으로 모시며 십자가로 승리하게 하시옵소서.

가장 아름답고 보배로운 장신구 되시는 주님을 항상 저희들 몸과 영혼에 차고 살기를 원하나이다.

주님은 샤론의 장미요, 골짜기의 백합이십니다.

딸들 가운데 있는 주님의 사랑은 가시나무 가운데 있는 백합 같습니다.

우리가 사랑하는 주님은 엔게디 포도원의 고벨화 송이와 같으십니다.

우리의 구원자이시고 우리의 소망이신 주님은 신비한 영광이시요 우리 안에 계신 영광의 소망이십니다.

우리가 감사해야 할 이루 말할 수 없는 하나님의 선물이십니다.

주님은 하나님의 말씀이시요 영원한 생명의 말씀이시요 뛰어난 하나님에게서 난 보배이십니다.

주님은 우리에게 가장 아름다운 노래요 시요 음악이요 진리이십니다.

참진리 참소망

예술과 철학이시고 교회당에 아름답게 수놓아진 포도나무 문양
(紋樣)되시나이다.

이 세상에서 가장 아름다운 생명이요 향기요 거룩하게 우리 마
음에 피어나는 샤론의 꽃이신 예수님 이름으로 기도합니다.

아멘.

세상 풍파에 빠지지
않게 하소서

과거에도 지금도 앞으로도 언제나 저희와 함께하시는 하나님, 변치 않는 그 참사랑에 감사드립니다.

바울과 그 일행들이 절망적인 유라굴로 광풍을 만났을 때 모두 절망에 빠졌지만 바울에게 희망의 계시를 주시고 구원해 주셨음을 감사드립니다.

어두운 이 세상에서 살아가는 저희에게도 구원의 빛 비추어 주옵소서.

풍파 많은 이 세상을 살면서 지나갈 때 저희들 능력으로만 어려운 문제를 해결하려 안간힘 쓰면서 걱정하지 않게 하옵소서.

하나님에 대한 믿음만이 목숨을 건지는 생명줄임을 굳게 믿습니다.

저희들이 지닌 고가의 장신구들, 보화, 재물, 비단, 누리고 있는 모든 소장품들을 버리지 못하면 소장품들의 과중한 무게로 인해 인생의 유라굴로에 내 인생의 배가 전복되어 빠져 죽게 되는 모습을 이 세상에서 많이 보고 있습니다.

우리나라의 많은 고위층들이 인생의 광풍에 휩쓸리어 유라굴로 물에 빠져 허덕이고 죽어가는 모습을 볼 때 너무나도 안타깝습니다.

주님의 빛을 밝혀 구원의 언덕으로 이끌어 주옵소서.

부디 그들을 옛날의 바산과 길르앗 푸른 초장에서처럼 평안하고 살찌게 먹이시옵소서.

애굽 땅에서 나오던 날같이 현실의 광풍 속에서도 이적을 보이시고 잔잔한 물가로 인도하시고 그 지팡이로 지켜주소서.

또한 저희의 허물을 용서하사 발로 밟으시고 깊은 바다에 던지시어 저희로 늘 감사하며 살게 하시옵소서.

주님의 구원의 이적을 한순간도 잊지 않고 찬양하게 하시옵소서.

"내가 사망의 음침한 골짜기로 다닐지라도 해를 두려워하지 않을 것은 주께서 나와 함께하심이라 주의 지팡이와 막대기가 나를 안위하시나이다."

다윗의 기도처럼 저희의 앞날을 은혜와 구원의 지팡이로 인도하소서.

하나님의 구원은 어느 것 하나 이적 아닌 것이 없음을 믿사옵니다.

애굽에서의 구원도, 바벨론에서의 구원도 다 이적이며 기이한 신비였습니다.

우리를 세상으로부터 구원하심도 이적 중의 이적이십니다.

미가의 찬양함처럼 우리도

'주와 같은 신이 어디 있으리이까 주께서는 죄악과 그 기업에 남은 자의 허물을 사하시며 인애를 기뻐하시므로 진노를 오래 품지 아니 하시나이다'

하고 찬양 드리나이다.

그 어떤 보화들보다도 생명이 가장 중요함을 절감케 하소서.

그리고 하나님을 향한 굳세고 굳센 믿음 하나로 험난한 이 세상의 거센 풍랑에 빠지지 않고 저 죄 없는 평강한 언덕을 향하여 힘차게 노 저어 가게 인도하소서.

'이 일은 하나님도 어쩔 수 없어. 하나님도 풀지 못해. 기도해 봤자 결과는 뻔해.'

하면서 부정하는 나약한 마음 갖지 않기 원합니다.

'하나님은 하신다. 하나님만이 하실 수 있다. 과거에도 지금도 앞으로도 하나님은 하고 계신다.'

는 굳센 믿음 하나로 모든 문제를 풀어가는 삶의 지혜 밝혀 주소서.

무엇이 내 마음을 가로막고 있는가를 살핍니다.

상처, 아픔, 쓴 경험, 실패, 고통 등이 되살아나서 하나님에 대한 믿음이 꼬이고 흔들리는 줄 압니다.

내 생각, 내 판단, 내 뜻과 주장보다 주님의 뜻과 생각이 우선케 하소서.

나보다 교회보다 주님이 더 소중하고 올바르고 지혜롭고 크고 높고 귀함을 믿습니다.

어려운 한 세상 살아가면서 바울과 같이 주님에 대한 믿음 굳게 다져 주소서.

우리 혼자의 생각과 뜻과 능력으로 삶의 문제 해결하려 하지 않기 원합니다.

주님에 대한 믿음을 가장 우선하여 중시합니다.

아무리 절망이 찾아와도 아무리 앞길에 어두운 안개가 자욱이

깔려 있어도 아무리 인생의 유라굴로 광풍이 휘몰아쳐도 주님을 향한 믿음의 밧줄만큼은 굳게 잡고 놓치지 않고 붙들기로 다짐합니다.

내 뜻과 내 생각과 내 힘만으로 해결하려 하지 말고 주님을 향한 기도의 줄이 강건히 솟아올라 주님의 가르침과 뜻으로부터 문제의 해법 밝게 찾도록 인도하시옵소서.

그리하여 바울에게 내리신 희망과 구원처럼 우리에게도 믿음을 통하여 항상 소망 주시옵소서.

언제나 저희들 곁에서 함께하시며 인생의 유라굴로에서 구원하시는 예수님 이름으로 기도합니다.

아멘.

사명을 완수하기 위해
소망을 기도합니다

청지기로 살게
하소서

사랑의 하나님!

오늘도 올바른 사명 감당할 기회를 주심에 감사드립니다.

저희들이 성숙한 청지기로서 주님의 제자 된 자세를 올바로 갖고, 주신 사명을 온전히 완수하여 하나님의 나라를 건설하는 데 일꾼으로 사용하심을 감사드립니다.

숨 쉬고 있는 공기도, 오늘의 삶을 살고 있는 생명도, 삶의 터전 되는 시간과 공간도, 먹고 마시는 음식도, 가족과 재물도 실은 하나님께서 저희들에게 맡기셨음을 알았나이다.

저희들에게 주어진 모든 것이 하나님께서 맡기신 것일진대, 하나님 뜻에 합당하도록 사용하게 하시옵소서.

내가 가진 모든 것이 나의 소유라고 생각하지 않기 원합니다.

나의 뜻과 원대로 사용치 않고 하나님의 뜻에 맞는 사용이 이루어지기를 소망합니다.

저희 뜻대로 함부로 사용하면 정욕에 빠지고 잘못 사용하여 죄에 저촉되는 결과가 됨을 성경으로 알려 주셨습니다.

저희를 창조하신 목적도, 우리를 구원하신 이유도 실은 저희를 통하여 하나님의 나라가 이 세상에 오기를 원하시는 줄 알고 있습니다.

저희들의 소유라고 생각한 모든 것이 하나님의 것이요 따라서 하나님의 뜻에 따라 올바르게 사용하기 원하옵니다.

저희들의 눈을 깨끗하게 하시고 귀를, 손을, 마음을, 혀를 성결하게 하시옵소서.

그리하여 저희 몸도 재물도 자녀도 시간도 공간도 투명한 눈으로 성결하게 사용케 하시옵소서.

모두 하나님께로부터 임시로 위탁 받은 것임을 알고 하나님께 영광 돌리는 일에 사용하기 소망합니다.

부디 저희들이 청지기로서 종국에 하나님께 좋은 평가를 받는 제자 되게 하여 주시옵소서.

모든 것에 청지기로서 직분 주신 거룩하신 예수 그리스도의 이름으로 기도 드리옵나이다.

아멘.

　　　　　　　　　　　　　　　　　　　　　참진리 참소망

하나님의 동역자로
쓰임 받기 원합니다

거룩하시고 존귀하신 하나님!

오늘도 저희를 거룩한 삶의 방향으로 인도하시니 감사드립니다.

신앙생활에서 하나님을 잊고 먼저 사람을 따르지 않기 원합니다.

우리 그리스도인은 믿음의 눈으로 자기를 돌아보게 하소서.

하나님의 눈으로 우리 자신을 살피게 하소서.

저희들이 예수님의 터 위에 하나님 나라를 확장하는데, 저희들의 생각으로 이루어지지 않고 하나님의 뜻에 따라 이루는 주님의 동역자가 되기를 소원합니다.

저희들의 생각 한 가닥, 눈빛 하나, 들리는 음성 한 마디, 손짓 하나, 한 걸음 발길이라도 모두 주님의 것으로 인도하소서.

이 세상의 속화된 상태에서도 저희들이 하늘의 빛이 되어 소금의 역할을 다하게 하소서.

늘 저희 속에 하나님께서 임재하시어 저희의 영혼과 발길을 이끄소서.

저희들은 주님의 사명을 감당하는 보람으로 일생을 일하기 원합니다.

한 평생 살아가며 여러 가지 수고를 하지만 그중에 제일은 주님의 사명을 위한 일이 가장 값지고 보람되어 이 세상에 은혜가 됨을 압니다.

저희를 들어 사용하시고 이 세상의 대지 위에 생명과 구원의 비를 촉촉이 뿌려 주시옵소서.

그 은혜의 비를 받으며 세상 사람들이 주님의 은총을 깨닫고 모두 교회로 나아오기를 원합니다.

공생애 기간 동안 3,000여명 제자들이 주님의 가르침 듣기 위해 산으로 들로 회당으로 모였듯이 이제는 디지털 네트워크를 통한 복음의 소식을 온 세상 사람들이 언제든지 이디서나 듣고 주님 앞으로 나와 경청하기를 소망합니다.

이를 위해 저희가 방송선교사 되도록 인도하소서.

시간과 공간을 뛰어넘어 주님의 복음이 지구 위의 어디든지 전파되고 있습니다.

주님의 진리의 복음이 국경을 초월하는 영원한 세상의 빛이 되소서.

그리하여 땅끝까지 주님의 복음이 전해져 모든 백성이 주님의 제자 삼아지기 원하옵나이다.

저희를 거룩하신 주님 사업에 동참케 하시는 예수 그리스도 이름으로 기도 드리옵나이다.

아멘.

세상의
빛과 소금 되게 하소서

길이요 진리요 생명이신 주님!

오늘도 저희를 통해 이 세상의 빛과 소금의 길을 가르쳐 주시니 감사드립니다.

저희가 하나님을 떠나 세상의 길에 빠져 속화되지 않도록 늘 저희 영혼과 발등에 빛과 등불 되어 밝히시니 감사합니다.

무슨 일을 하든지 성령이 충만하여 성결하게 일하도록 지혜 받기 원합니다.

늘 하나님 앞에 겸손하고, 저희들의 영광을 위하지 않게 하소서.

이 세상 최고의 스승이시고 사랑이시고, 진리이시고 생명이시고 빛이신 하나님의 가르침과 사랑만을 저희들이 앞세우며 빛의 제자로 행동하기 원합니다.

하나님만을 섬기는 차원 높은 제자 되기 원하나이다.

죄악과 어둠이 스미는 세상의 귀퉁이에서도 저희가 광채를 발하게 하소서.

무지한 어둠의 골목에서도 세상 사람의 생명을 빛으로 인도하게 하소서.

저희 모두의 심령이 나날이 새롭게 변화되고, 이전보다 더욱 신앙이 성숙되고, 사랑을 베푸는 마음을 더 넓힐 수 있도록 인도하옵소서.

어려운 이웃이나, 없어서 힘들어 하는 자들, 병 때문에 고통당하는 자들을 위하여 나누어 주고 주님의 품으로 인도하는 일에 최선을 다하기 원합니다.

저희들에게 인간의 죄의식 모두 사라지게 하시고 주님의 성품만으로 채워 선한 일 하게 하소서.

하나님 아버지께서 저희를 위하여 독생자를 보내주심에 감사드립니다.

빛으로 오신 주님, 세상을 구원하러 오신 주님을 본 받아 저희들도 부패한 이 세상에 빛과 소금으로 쓰임 받게 하시옵소서.

"너희는 세상의 소금이니 소금이 만일 그 맛을 잃으면 무엇으로 짜게 하리요 후에는 아무 쓸데없어 다만 밖에 버려져 사람에게 밟힐 뿐이니라"

고 그리스도인이 소금의 역할을 다하도록 주신 사명의 말씀을 기억합니다.

너무나도 부패하고 진정한 삶의 빛이 퇴색해가는 어두운 이 세상의 현실입니다.

부패를 방지하고 유익하게 세상의 소금으로 쓰임 받기 원합니다.

죄악이 깃든 어둠 속에 햇빛이 되어 세상을 밝히기 소망합니다.

소금의 조화로 맛을 내듯 대인관계에서 화평과 조화를 이루어 살맛나는 세상을 만들게 인도하소서.

이 세상에 빛과 소금 되시는 예수 그리스도의 이름으로 기도 드리옵나이다.

아멘.

참진리 참소망

십자가의 사랑을
올바로 깨닫게 하옵소서

사랑과 은혜가 무한하신 하나님!

보잘 것 없는 저희들을 위해 십자가에서 피 흘리시고 저희를 구원하신 그 사랑과 은혜에 감사드립니다.

저희의 죄를 대신 속하시기 위해 십자가 위에서 흘리신 보혈의 피를 기억합니다.

우리가 아직 죄인으로 있을 때에, 그리스도께서는 우리를 위하여 죽으심으로써, 하나님께서 우리에게 주시는 사랑을 나타내셨습니다.

의로운 사람을 위해서라도 죽을 사람은 거의 없고, 선한 사람을 위해서라도 감히 죽을 사람은 드물지만, 그리스도께서는 우리의 원죄를 위하여 죽으심으로써, 하나님께서 우리에게 주시는 사랑을 나타내셨나이다.

십자가 위에서 보여 주신 사랑의 힘은 죽음보다도 강하셨습니다.

목숨보다도 귀하신 십자가의 사랑을 주셨습니다.

저희들로 하여금 주님께서 하신 일이 무엇인지를 온전하게 깨닫게 하여 주소서.

저희들의 영혼이 살아나서 평강과 은총을 구가하게 되었습니다.

삶의 행복이 주님의 한없으신 십자가의 사랑 때문임을 알기 원합니다.

천하보다 귀한 한 영혼을 구원하기 위해 못 박히신 주님의 십자가 사랑을 들고 선교와 전도로 복음을 전할 수 있게 하소서.

생기가 사그라지는 영혼, 두려움과 공포에 떨고 있는 영혼, 삶의 목적을 상실하고 방황하는 영혼 등을 위해 저희들이 주님께 인도할 수 있도록 능력 주소서.

저희들이 주님의 일을 하려 하면 너무나도 힘들고 지쳐 중도에 좌절되기 십상임을 고백합니다.

주님께서 성령을 보내 주시어 저희가 성령의 도움 받아 일하게 하소서.

전도하고, 선교하고, 복음을 증거하여 어두운 세상에 십자가의 사랑을 깨우치게 하소서.

하나님과 우리 사이에 가로막혔던 원수의 벽을 십자가의 사랑으로 허물고 우리는 믿음으로 의롭게 하여 주심을 받았으니, 우리 주 예수 그리스도로 말미암아 하나님과 더불어 평화를 누리게 되었사옵니다.

이 모든 간구함을 십자가 사랑을 보여 주신 예수 그리스도의 이름으로 기도 드리옵나이다.

아멘.

참진리 참소망

하늘나라 건설에
힘쓰게 하옵소서

가장 존귀하신 건축가 되시는 하나님!

저희들이 살고 있는 하루하루 모습이 하나님께서 기뻐하시는 날이 되니 감사합니다.

주님께서 부르신 저희들이 영혼과 육신을 단련하고 하나님 나라를 이루기를 원합니다.

삶의 대가가 하나님 나라를 위해 소용되게 바쳐지기를 원합니다.

주님처럼, 바울처럼 저희들도 세상나라가 아니라 하늘나라를 위해 오로지 전념하며 수고하게 하옵소서.

겸손히 섬기며 깨끗하고 진실하며 밝은 진리로 살아 죄에 걸리지 않고, 주님께서 보혈의 피로 사신 하늘나라가 저희들에게 결코 값싸게 여겨지지 않기를 원합니다.

예수님을 믿는 사람은 하나님의 나라를 이 땅에 실현할 사명을 받은 줄 알고 있습니다.

이것이 바로 하나님 나라가 하늘에서처럼 땅에서도 임하게 해달라는 기도에 대한 응답임을 고백합니다.

정의의 사역자 되어 세상의 불의를 시정하고 하늘과 세상의 균형을 회복시켜 하늘나라 건설에 힘쓰게 하옵소서.

주님이 오실 때 마침내 정의가 실현될 것임을 굳게 믿나이다.

우리가 하늘나라 건설의 목적지를 사후 세계에 두지 않고 이 세상의 현실과 미래에 두게 하소서.

현대의 문화는 끊임없이 어린이나 장애인, 만성질환자, 노인, 난민, 여성 같은 사회적 약자들을 외면하려는 경향을 보입니다.

이들이 저희를 통하여 절망보다는 희망에 훨씬 다가오고 있음을 발견하게 하옵소서.

이들이야말로 수호천사들이 하나님의 얼굴을 친히 뵐만큼 존귀한 자들임을 알게 하옵소서.

우리가 그들을 부끄러워하며 얼굴을 돌리지 않게 하소서.

우리가 하나님께 등을 돌린 증거가 되지 않게 하소서.

세상 사람들이 자신의 죄악된 행위를 저희들을 거울삼아 비추어 보기 원하나이다.

저희들이 회개의 거울이 되어 자신의 잘못을 비추어 알고 세인들이 주님 앞으로 나아올 수 있도록 저희를 맑고 빛나게 닦으시옵소서.

이 모든 간구함을 하늘나라 건설을 원하시는 예수 그리스도 이름 받들어 기도 드리옵나이다.

아멘.

참진리 참소망

우상을
멀리하게 하소서

영원한 진리 되시는 하나님!

저희들이 하나님이 어떤 분이신가를 분명히 알고, 저희들의 믿음의 반석이 더욱 공고히 다져지기 원하나이다.

인간이 삶의 현실에서 살면서 이상화시킨 민족신은 우상이었고 진정한 진리의 신은 하나님이셨습니다.

민족신은 여호와 하나님처럼 스스로 혼자 있는 존재가 아니라 인간의 마음이 형성된 결정체임을 압니다.

단지 삶의 현실과 이상 속에서 인간의 필요로 만들어 낸 생각의 허상임을 깨닫습니다.

하나님께서 그 어떤 신보다 권능이 있으며 영원하신 진리 되시고 사랑이 무한하신 신이심을 고백합니다.

진정한 권능과 진리와 구원은 영원한 하나님이심을 믿사옵나이다.

민족신은 한 순간 나타났다가 모순에 빠져 진리의 빛이 퇴색하고 사라짐을 압니다.

민족신보다 영원한 진리이신 하나님 되심을 온 인류가 알게 하소서.

"나는 너의 하나님 여호와로라 너는 나 외에는 다른 신들을 네게 있게 말지니라 너를 위하여 새긴 우상을 만들지 말고 또 위로 하늘에 있는 것이나 아래로 땅에 있는 것이나 땅 아래 물속에 있는 것의 아무 형상이든지 만들지 말며 그것들에게 절하지 말며 그것들을 섬기지 말라 나 여호와 너의 하나님은 질투하는 하나님이니라."

하나님만이 온전한 경배를 받기 원합니다.

하나님께서 우상 때문에 질투하지 않으시기를 원합니다.

세상의 돈, 권력, 명예, 쾌락 등의 우상에 빠지지 않게 저희 마음을 올바로 붙드소서.

세상 강국, 연예계 스타, 스포츠, 성문화, 탐욕과 탐심, 자아도취 등에 빠짐도 우상임을 알게 하소서.

우상 숭배에 빠져 순결한 크리스천의 영이 더럽혀지지 않기 소망합니다.

하나님만을 믿으면 아무리 어렵고 절망적인 상황에서도 구원과 소망으로 양육하시고 인도하심을 믿나이다.

하나님보다 사랑하는 그 어떤 것도 모두 우상이 됨을 깨닫게 하소서.

내 삶은 오로지 주님의 것, 온전한 신뢰를 주님께 드리게 하소서.

보이지 않아도 믿음으로 걷기 원합니다.

주님의 영광만 바라보며 주님만을 따르렵니다.

내 결정에 하나님보다 더 큰 영향력을 끼치는 것은 무엇이든 간에 우상임을 알게 되었습니다.

모압 평지에서 출애굽 2세대와 언약을 체결하신 하나님을 기억합니다.

이 약속의 말씀을 지켜 행하는 것이 얼마나 중요한지를 깨닫습니다.

약속을 그르침이 바로 불행의 길로 빠지는 천벌임을 알고 스스로 자초하지 않기 소망합니다.

하나님의 언약을 어기면 독초와 같은 우상 숭배의 쓴 부리를 맛보게 됨을 명심하게 하소서.

하나님과 맺은 언약은 변함이 없으심을 압니다.

뿐만 아니라 하나님의 언약은 시대를 뛰어넘어 영원히 지속됨도 압니다.

다음 세대에게도 하나님의 언약을 가르치고 지켜 행하게 하소서.

모세처럼 다른 모든 신과 우상을 제거하고 오로지 하나님만 영원히 섬기게 하소서.

이스라엘이 이집트를 비롯한 여러 나라를 접하며 우상의 헛됨을 보았던 허망한 기억을 우리도 상기합니다.

그 어떤 진리와 학문보다도 하나님을 아는 것이 위대한 진리와 가치가 됨을 알게 하여 주소서.

참된 신이신 예수 그리스도 이름 받들어 기도 드리옵니다.

아멘.

가정의 달에 드리는
기도

사랑과 은혜가 풍성하신 하나님!

우리에게 여왕처럼 영화로운 오월을 주시고, 또한 그렇게 살도록 가정의 달을 주시니 감사합니다.

싱그럽고 푸르른 오월의 신록처럼 저희들의 심령과 육신도 한층 더 정결하고 강건하여 삶의 활력이 넘치나이다.

우리를 향한 한없는 사랑과 은혜로 가정을 세워 주시니 감사합니다.

서로 사랑하며 화목한 가운데 친히 임하셔서 저희를 만나 주시고 평안을 주시니 또한 감사합니다.

오월 가정의 달을 맞이하여 하나님이 주시는 평강과 기쁨 속에 감사하는 행복한 가정 이루게 하소서.

온 가족은 한 인격체로 가장 소중하고 귀한 존재임을 알아 서로 섬기고 사랑하게 하소서.

하나님께서 세우신 저희 가정을 통하여 세인들에게 본이 되어 주님께 영광 돌리게 하소서.

그리고 오월에는 특별히 가정이 화목하고 기쁘게 되기를 원합니다.

주님의 가르침 본받아 먼저 부모 된 도리를 가정에서 실천하게 하소서.

부모가 먼저 사랑과 가르침을 보일 때 자녀들도 사랑과 기쁨을 먹고 건실하게 성장할 줄 믿습니다.

부부가 서로 사랑하여 자녀에게 본이 되게 하시고 하나님이 가정의 근본인 사랑임을 알게 하소서.

주님이 세워주신 아름다운 가정으로 주님과 함께 숨 쉬며 호흡하는 가정되기를 원합니다.

하나님이 잘못하는 이스라엘 백성일지라도, 바라보시면서 구원을 베푸시고 잠잠히 사랑하셨음을 압니다.

보기만 하여도 나의 존재를 확신시켜 주는 자녀를 기뻐하며, 즐겁게 칭찬과 기쁨을 주게 하소서.

우리의 자녀에게 고마움과 사랑과 축복과 칭찬이 넘쳐나게 하옵소서.

우리의 판단과 요구조건을 자녀에게 내세우지 않게 하소서.

자녀는 여호와의 주신 기업이요 태의 열매는 그의 상급이라 말씀하신 하나님!

하나님께서 허락하신 귀한 선물인 자녀를 제 소유인 것처럼 제 뜻과 생각으로 다스렸던 허물을 회개합니다.

하나님의 뜻에 따라 자녀를 알고 이해하기 원합니다.

하나님께서 주신 자녀를 통하여 늘 감사하는 마음을 하나님께 드립니다.

자녀의 삶의 길이 편안한 길이 아니라 할지라도 능히 이길 힘을 주시옵소서.

오히려 고난의 열매로 인하여 더욱 감사와 기쁨이 넘치는 행복한 삶이 되게 인도하소서.

성령님이 임재하시어 온 가족의 믿음이 하나가 되게 하시고 서로 사랑하는 은혜, 화목과 화평의 은혜로 넘치는 가정 되게 하소서.

저희들은 능력이 부족하여 주님의 능력을 의지하오니, 모든 가정의 문제들을 해결해 주실 줄 믿사옵니다.

저희 가정에 어려움이 있으면 주님께 기도하여 회복되는 은혜로 인도 받기 원합니다.

가장 중요한 주님의 사랑을 가족에게 베풀기 원합니다.

무럭무럭 자라는 모습을 바라보며 하나님께서 주신 선물인 자녀를 항상 소중히 여기고 사랑하며 칭찬하게 하소서.

그리하여 자녀들이 주님의 영광 아래 죄에 빠지지 않고 쑥쑥 잘 성장하여 주님께 크게 쓰임 받기 바라나이다.

우리 가족의 심령과 육신이 오월의 싱그러운 초목처럼 더욱 강건하게 생기의 힘을 더하여 삶의 보람과 즐거움이 활발히 일게 되기 원하나이다.

저희 가정을 늘 지켜 주시는 예수 그리스도 이름으로 기도합니다.
아멘.

참진리 참소망

부모님을
공경하게 하소서

사랑과 은혜가 무한하신 하나님!

싱그러운 가정의 달 오월에, 부모님을 통해 이 세상에 태어나게 하신 은혜를 감사드립니다.

또한 부모를 통하여 저희가 양육되고 자라게 하심을 감사드립니다.

예수님께서 하나님 아버지를 공경하신 본을 받아 우리들도 부모님을 공경합니다.

부모를 공경하지 않고 하나님을 공경하는 사람 또한 있을 수 없음을 압니다.

부모 공경이 신앙의 첫 열매가 되게 하소서.

믿음을 가진 사람들의 참 신앙이 부모를 공경하는 데서 나타나게 하소서.

돈과 환경을 중시하여 부모를 원망하고 경시하는 세상 풍조를 자주 봅니다.

부모에 대한 고마운 마음과 정성과 사랑을 가장 먼저 고맙게 여겨 성경의 가르침을 이루게 하소서.

저희가 왜 부모를 공경해야 하는지, 그리고 어떻게 공경해야 하는지 십계명으로 가르침 주심에 감사드립니다.

"네 부모를 공경하라. 그리하면 너의 하나님 나 여호와가 네게

준 땅에서 네 생명이 길리라" (출애굽기 20:12)

위의 제 5계명을 잘 준수하여 가정 질서, 사회 질서가 파괴되지 않고 가정과 사회가 행복하기를 바라나이다.

불효의 죄가 만연하여 윤리와 도덕이 흔들리고 사회가 문란해지고, 가정과 나라의 장래가 캄캄하게 되지 않게 하소서.

'아버지'는 자녀를 사랑으로 훈계하는 자요, 자녀를 축복함을 깨닫게 하소서.

불효자식이라도 깊이 이해하고 사랑하며 근심하면서 끝까지 기다리는 분임을 알게 하소서.

자식에 대한 아버지의 마음은 오로지 끝없는 애정뿐임을 믿나이다.

자녀에게 불만이 생기더라도 내 생명의 산실 되는 부모를 고맙게 여기게 하소서.

부모님이 약점보다는 저희들에게 장점이 너무 많음을 깨닫습니다.

절대적인 부모의 사랑보다 상대적인 삶의 조건을 더 중시하지 않기 소망합니다.

가시고기처럼 부모님이 자식을 위해 생명까지 바치신 은혜를 알게 하소서.

우렁이처럼 부모님은 빈껍데기가 될 때까지 자식이 성장하여 세상으로 삶을 찾아 나가도록 희생한 사랑의 일생이었음을 깊이 생각하게 하시옵소서.

그리하여 저희가 연로하신 부모에게 얼굴을 자주 보여 드리게 하소서.

참진리 참소망

가까이에서 음성을 들려 드리고 춥지 않고 따뜻하게 해드리며 영혼의 생명을 천국으로 향하도록 도와 드리게 인도하소서.

이 세상에 생명 주신 아버지가 세상의 권력, 교육, 재물, 명예 등 모든 가치보다 가장 앞서는 중요한 분임을 알기 원합니다.

또한 자식을 위해 모든 것을 희생하는 어머니의 불타는 모정과 헌신을 느끼게 하소서.

모세 뒤에는 왕의 명령도 무서워 아니하는 믿음의 어머니 요게 벳이 있었고, 사무엘 뒤에는 오래도록 성전에서 눈물로 기도한 어머니 한나가 있었음을 기억합니다.

세례 요한 뒤에는 주의 모든 계명과 규례대로 흠 없이 행하던 의인 엘리사벳이 있었고, 예수님 뒤에는 목숨을 걸고 눈물겹게 순종한 처녀 마리아가 있었음도 압니다.

거짓 없는 믿음의 사람 디모데 뒤에는 어머니 유니게와 외조모 로이스가 있었음도 기억합니다.

어머니의 육신을 통해 저희 신체가 이루어질 때 어머니의 몸속에 있는 모든 영양과 뼈와 살이 저희 몸과 생명을 이루었음을 기억하게 하소서.

200여 개의 뼈가 물러나는 진통을 겪으면서 출산한 이유는 어머니의 숭고한 사랑의 희생이었습니다.

나중에 골다공증에 걸리는 비타민결핍증을 왜 어머니가 노경에 겪게 되는가를 깨닫기 원하나이다.

저희 몸이 동양의 효경(孝經)처럼

'신체발부수지부모 불상불훼(身體髮膚受之父母 不傷不毀)'

함이 효의 시작임을 알게 하소서.

"네 부모를 공경하라"

인간에게 선포하신 하나님의 법이요 명령이 의미 깊게 자식들의 영혼과 삶에 큰 울림으로 깨달아집니다.

하나님의 법은 절대가치이므로 반드시 지켜야만 되고, 지키지 않으면 범법자가 됨이 일깨워집니다.

그러므로 불효자로 불법의 범법자가 되지 않게 하소서.

하나님께서 부모를 통해 생명을 주셨으므로 부모를 공경하는 것이, 곧 생명의 주인이신 하나님을 공경하는 길임을 마음에 깊이 새겨 봅니다.

부모 공경을 통하여 덕망과 지식과 경험이 풍부한 세상의 어른들도 공경하게 하소서.

회사의 주인과 상관에게도 주님과 부모님께 하듯 성실히 섬겨 질서가 잘 유지되고 노동의 결실이 풍성히 맺게 하소서.

'권세는 하나님께로 나지 않음이 없나니 모든 권세는 다 하나님의 정하신 바라 그러므로 권세를 거스르는 자는 하나님의 명을 거스름이니 거스르는 자들은 심판을 자취하리라.'

하신 말씀을 기억하여 관원들에게도 공경하게 하소서.

동역자와 형제끼리도 나보다 남을 낫게 여기는 겸손한 마음을 갖고, 서로 존경하고 협력하는 곳에 하나님께서 기뻐하시는 선한 열매가 맺게 하소서.

그리하여 하나님의 진리를 더욱 올바로 알고 이해하며 실천하는 제자 되게 하소서.

하나님께서 뜻하시는 인류의 생존과 사랑의 사슬이 더욱 견고하게 이어져 내려가길 원하나이다.

지금은 윤리가 무너지고 인간관계가 끊어지는 사회가 되고 있는 실정입니다.

부모공경을 통한 사랑의 윤리로 이 세상이 더욱 행복한 세상 되기를 기도합니다.

특히 우리 가정에서 하나님의 가르침을 통해 자녀 된 도리와 부모 된 도리, 부부 된 도리와 형제자매 된 도리에 하나님의 가르침을 지혜롭게 알고 엄숙히 실천하게 하소서.

가정이 올바로 서서 타인에 본이 되고 세상에 빛이 되어 모든 행복의 원천으로 세움 받게 하소서.

부모를 통해 생명 주신 예수 그리스도 이름 받들어 기도 드리옵나이다.

아멘.

행복한 부부되게 하소서

사랑으로 부부를 맺어주신 은혜가 무한하신 하나님!

오월 가정의 달을 맞이하여 저희 부부들이 행복하게 하여 주심을 감사드립니다.

하나님의 뜻대로 저희들이 온전한 부부가 되어 행복한 가정으로 가꾸어지기를 원합니다.

저희들이 작은 갈등문제에 집착하지 않고, 주님의 크고 넓으신 사랑에 중심 삶을 두는 성숙한 부부되기를 원합니다.

주님께서 교회를 위하여 사랑하고 희생하신 것처럼 남편들이 아내를 위해 헌신하고 사랑하기 원합니다.

예수님이 자신을 주시어 교회가 세워졌듯이 남편이 아내에게 자신을 주고 희생하게 하소서.

예수님이 죽으심으로 교회가 세워졌듯이 남편이 아내를 위해 죽음으로 아내가 세워지게 하소서.

남편의 빈 부분을 채우고 평생의 반려가 되며 자녀를 잉태하고 해산하고 양육하는 고귀한 존재가 아내임을 다시금 깨닫고 가장 소중히 여기게 하옵소서.

남편이 아내를 위하여 죽으면 아내가 살고 아내가 살면 남편이 살고 자녀가 살고 가정이 살아남을 알게 하소서.

먼저 아내가 주님께 복종하듯 남편에게 복종하는 가정의 윤리와 도덕을 세워 주소서.

성도가 주님께 복종하고 섬길 때 교회의 구원과 진리가 이루어지듯이, 아내가 주님께 하듯 남편을 존경하고 권위를 인정하며 순종하고 돕는 배필의 역할 다하여 가정질서가 확립되게 하옵소서.

하나님께서 이루어 주신 이 영적인 질서가 깨지면 그것이 바로 아내 때문에 죄가 스며들어 가정이 파탄되고 불행이 발생함을 엄격히 깨닫게 하소서.

서로를 위해 부부가 주님께 깊이 기도하게 하소서.

기도 속에서 밝은 지혜 찾고 사랑의 용기 솟게 하소서.

기도 속에서 진리의 빛으로 삶의 성공 이루게 하소서.

오직 하나님 안에서 사랑만이 유일한 지혜와 해결이 되게 하소서.

모든 문제가 생길 때도 사랑으로 해결될 수 있음을 원합니다.

모든 가정에서 저희가 주인 되게 하지 마시옵고, 하나님께서 주인 되시어 저희 가정을 주장하여 주옵소서.

저희 가정에 항상 주님께서 주시는 평화가 넘치게 하소서.

저희가 다툼이 생길 때 다툼의 원인이 결코 큰 것이 아니라 작은 것임을 알게 하여 쉽게 소멸되게 하소서.

사랑만이 가장 큰 의무요 사명임을 부부의 계명으로 삼기 원하나이다.

오직 주님께서 주시는 평화의 힘으로 갈등을 극복하기 원합니다.

저희 부부가 둘이 되기를 원치 않습니다.

오직 주님을 향한 믿음, 소망, 사랑을 지닌 상태로 둘이 하나 되기 원하나이다.

대화와 섬김으로 부부의 가슴을 활짝 열기 바라나이다.

하나님께 기도로 대화하듯 부부에게 진솔한 대화가 오고가게 하소서.

아픔과 죽음을 겁내지 않고 주님의 나라만 바라보는 영생의 부부되게 하소서.

우리의 가정에 오월의 신록처럼 희망과 즐거움과 생기가 샘솟는 은혜 내려 주소서.

특히 부부의 그릇에 주님의 믿음, 소망, 사랑으로 가득 채우시어 온전하고 행복한 천국가정 이루어 주옵소서.

우리 가정을 하나 되게 인도하시는 예수 그리스도 이름 받들어 기도 드리옵나이다.

아멘.

형제자매를 위한
기도

화평으로 평강의 왕 되시는 은혜의 하나님!

저희들의 몸과 마음에도 각 지체마다 화평케 하시옵소서.

오월의 신록처럼 한층 더 싱그럽고 생기 있는 영혼과 육신 되게 은혜 내리시옵소서.

저희가 오늘은 특히 형제자매와 다투지 않고 화목하는 지혜로 인도 받고 싶습니다.

부모님의 한 가지 혈통에서 나와 한 피 받은 형제자매들이 다툼으로 인해 차마 눈뜨고 볼 수 없는 생이별을 하고 참혹한 살인까지 저지르는 세상의 현상을 가끔 보고 개탄을 합니다.

사랑이 부족한 저희들의 마음에 하나님의 성령으로 채우소서.

형제자매 간에 이해(利害)보다 주님과 부모님의 사랑과 은혜를 앞세워 미움이 사라지게 하소서.

새로운 길을 열어 주시기를 소원합니다.

이전의 죄로 물든 형제자매의 관계가 아니라, 주님의 보혈로 깨끗이 씻긴 저희의 새로운 관계를 형성시켜 주소서.

생명의 한 가지에서 태어난 부모의 한 핏줄임을 깨닫게 하소서.

이해관계보다 생명의 핏줄이 가장 고귀함을 알지 못하는 무지의 몰지각한 비극임을 일깨우소서.

서로 간에 형제자매의 자존심을 살려 주어 그리하여 서로를 위해 마음을 열게 하소서.

서로 이기기 위해 싸우지 않게 하시고 지는 쪽을 택하여 넓은 승리 있게 하소서.

진정한 사랑은 이기는 게 아니라 져주는 것인 줄 압니다.

지면서 상대의 필요를 채워 주고, 기도드리며 주님께 형제자매의 모든 문제를 맡깁니다.

종국에 야곱처럼 최후의 승리를 얻게 하소서.

하나님의 핏줄 받은 교회와 성도를 위해 기도합니다.

교회가 주님의 피로 사신 몸체임을 알고 성도가 하나님의 자녀들임을 알게 하소서.

특히 죄 씻음 받은 은혜의 자녀임을 감사드립니다.

봉사와 섬김으로 인하여 교회의 형제자매에게 한층 더 기쁨과 사랑의 생기가 활발히 일게 되기 원합니다.

세상보다 교회가 참으로 진정한 가치가 있는 지상천국임을 실제로 체험합니다.

저희 교회 형제자매들이 강녕한 육신에 의해 봉사가 힘차게 일어나도록 건강을 지키시옵소서.

늘 성령이 임하는 은혜의 섬김으로 서로를 사랑하고 배려하게 하소서.

삶의 모든 요소를 살피며 관심 갖고 돕기 원합니다.

교회 성도가 늘 행복한 만남이 되기 원합니다.

교회 성도가 서로를 형제자매처럼 아끼고 이해하고 섬기게 하옵소서.

주님의 성령이 항상 목사님의 리더십에 임하여 주시옵소서.

분열에서 화합으로, 미움에서 사랑으로, 갈등에서 이해로 새로운 가족관계의 길을 가게 하소서.

화평의 왕이신 예수 그리스도 이름으로 기도합니다.

아멘.

이웃돕기를 위한
기도

사랑의 주님!

오늘 저희가 6남선교회 월례회로 모일 수 있도록 인도하여 주신 은혜를 감사드립니다.

"한 알의 곡식이 땅에 떨어져 죽지 않으면 한 알 그대로 있고 죽으면 많은 열매를 맺는다"

고 하신 말씀을 기억합니다.

볍씨 한 알이 땅에 떨어져서 수백 개의 낟알을 맺고, 이러한 생명의 나눔과 섬김이 온갖 만물의 생명을 이어가는 원천임을 깨닫습니다.

우리 남선교회의 사업도 이처럼 헌신의 열매가 되게 하옵소서.

주님의 가르침에 따라 뭇 생명을 살리고 섬기는 이웃돕기에 동참하게 하소서.

스스로 낮추고 비천한 모습으로 오셔서 소외된 자, 약한 자, 병든 자와 함께하시며 참 생명을 나누어 주신 예수님을 본받게 하소서.

"누구든지 그리스도 안에 있으면 새로운 피조물이라 이전 것은 지나갔으니 보라 새것이 되었다"

고 하신 주님 말씀을 떠올립니다.

우리가 새 생명 얻은 귀한 하나님의 자녀로서 새로운 꿈과 비전을 가슴에 품고 최선을 다하며 열심히 살아가게 하소서.

내게 능력 주시는 자 안에서 내가 모든 것을 할 수 있다는 적극적인 생각을 갖게 하옵소서.

아름답고 유순한 말을 하며 겸손한 자세로 자신을 낮추고 인도하시는 예수님을 바라보면서 회원들과 일하게 하소서.

저희 6남선교회 회원 모두 하나님의 일들을 잘 감당할 수 있도록 건강을 지켜주시고 기쁜 마음으로 믿음의 길을 걸을 수 있도록 많은 성령의 복을 더하여 주옵소서.

비록 나이는 더해가고 있지만 속사람은 날로 새로워지게 하시고 기도에 힘씀으로 말씀과 더욱 가까워지며 에녹처럼 하나님과 항상 동행하며 하나님을 기쁘시게 하는 날들이 되게 하옵소서.

2부 회계처리도 원만히 진행되게 하옵소서.

6남선교회를 이끄시는 회장님과 임원들을 많은 복으로 채우소서.

맡은 직무를 잘 감당할 수 있는 지혜와 능력을 더하시고 6남선교회가 더욱 부흥되어 우리 교회의 초석이 되게 하여 주소서.

월례회의 시종을 주님께 맡기나이다.

서로 화목하고 지혜롭게 월례회를 마치게 하옵소서.

가난한 자를 외면치 않으시는 예수님 이름으로 기도합니다.

아멘.

자녀를 위한
기도

자녀를 선물로 주신 하나님 은혜와 사랑을 감사합니다.

기도의 달, 6월을 주시어 저희들이 하나님과 대화하며 하나님의 은총을 입게 하시니 더욱 감사합니다.

오늘은 우리가 저희 자녀를 위하여 깊이 기도하게 하소서.

저희들이 진정한 회개의 눈물을 흘리며 기도하기 원합니다.

눈물로 저희들의 죄가 먼저 씻어지게 하시고, 저희의 영혼이 맑아져 새로운 주님의 은혜를 느끼며 자녀를 생각하게 하소서.

그리하여 자녀의 영혼과 육신도 저희 기도를 따라 깨끗이 정화되게 하소서.

저희가 자녀를 위하여 눈물을 흘리게 하소서.

눈물이 없는 기도는 진정한 기도가 되지 못하여 자녀를 위한 하나님의 응답을 받지 못함을 알고 있습니다.

자녀를 위해 흘리는 부모의 눈물을 보면서 기도의 뜻대로 자녀가 변화되며 성장하게 하소서.

부모가 흘리는 눈물의 힘은 자녀의 마음과 삶을 온전히 하나님의 뜻을 향하여 변화시킬 수 있음을 믿사옵니다.

건강하고 올바르게 살며 거룩하신 하나님의 자녀답게 성장하기를 원합니다.

참진리 참소망

먼저 자녀를 망치지 않기 원합니다.

부모가 자녀를 노엽게 하여 자녀가 상처 받고 격노하지 않기 원합니다.

격노하면 성격이 그르치고 이에 따라 건강이 그르치게 됨을 압니다.

가정과 사회로부터 받은 억울함과 분을 풀기 위해 자녀들이 남에게 폭행을 가하거나 자신을 해치는 자해와 자살이 빈번하게 일어나 보기가 너무나도 안타깝습니다.

자녀에게 가정과 아버지와 어머니와 친구를 빼앗지 않게 하소서.

자녀에게 꿈을 빼앗지 말게 하시고 무엇보다 자녀에게 참되신 어버이가 되시는 하나님을 빼앗지 않게 인도하소서.

주님의 가르침 따라 자녀에게 상처 주어 노하지 않게 인도하기 원합니다.

자식은 여호와의 주신 기업이요, 태의 열매는 그의 상급임을 잊지 않게 하소서.

자식은 하나님이 당신의 계획을 이루시기 위해 주신 선물이요, 하나님이 부모의 사랑의 대가로 주신 상급임을 깨닫고 잘 교육하게 하소서.

자녀를 하나님의 뜻에 따라 키우게 하시고 부모의 뜻대로 키워지지 않게 하소서.

자녀에게 칭찬과 격려를 아끼지 않게 하소서.

칭찬은 고래도 춤을 추게 하듯이 하나님께서 주신 자녀의 유전자도 활발히 살아나게 함을 믿습니다.

자녀의 단점과 약점을 일일이 들추어 의욕을 상실하지 않게 하시고 격려와 칭찬으로 용기가 북돋고 활력소가 강하게 일게 하소서.

부모의 따뜻한 격려 한마디로 가장 크고 효과적인 버팀목이 되게 하소서.

부모가 주는 자신감과 안도감으로 자녀에게 마음의 항구가 되어 인생의 거친 파도를 헤쳐 나아가는 튼튼한 지혜와 힘이 되게 하소서.

체벌과 폭력은 자녀의 인격과 자존심에 상처를 입히는 빗나간 사랑임을 알게 하소서.

하나님의 가르침 따라 온유하고 사랑이 깃든 설득과 인도하시는 말씀으로 마음을 바로잡고 변화시켜 지도하게 하소서.

자녀의 개성과 건강과 인격을 존중하지 않고 지나치게 학업 경쟁과 출세 경쟁으로 내모는 것은 매우 위험한 도박이요, 또 하나의 큰 폭력임을 알게 하소서.

자녀에게 모두 개인마다 하나님의 특별하신 뜻이 있음을 부모가 알고, 하나님께서 주신 그 달란트를 찾는 가정교육이 이루어지기를 소망합니다.

자녀가 주님께서 기뻐하시는 일에 열정을 갖기를 원합니다.

세상의 입시공부에만 찌들지 않기를 바랍니다.

주님보다 더 위대한 교육자는 없음을 고백하기 때문입니다.

먼저 주님의 가르침을 올바로 전수 받아 죄에 물들지 않고 살아가게 하소서.

아무리 좋은 대학과 인기 학과를 우수하게 수료했어도 죄에 저

참진리 참소망

촉되어 일생이 망가지고 패가망신하여 수인(囚人)으로 전락하는 사람들을 볼 때마다 가슴이 매우 아프고 저려옵니다.

자녀가 일생 동안 죄의 올무에 걸려 넘어지지 않기를 원하나이다.

평생을 죄의 덫에 걸리지 않고 주님께서 주신 능력으로 자신과 세상을 위해 하나님께서 주신 달란트를 발휘하여 주님께 영광 돌리는 삶이 되게 인도하소서.

좋은 만남으로 인생이 축복 받기를 원합니다.

평생 함께할 좋은 친구와 스승과 이웃은 최고의 선물인 줄 압니다.

나쁜 습관과 좋지 못한 대인관계에 빠지지 않고 행복한 삶의 조력자들이 되기를 원합니다.

매일 짜여지는 일상의 습관에 죄악의 불순물이 들어가 인생의 생명줄이 끊어지지 않게 하소서.

하나님께서 예비하신 배우자를 만나게 하소서.

일생을 함께할 배우자를 준비 없이 만남은 인생을 도박과 같이 여기는 위험하고 불안한 일인 줄 압니다.

그러므로 결혼을 우리 조상들은 인륜지대사로 여겼음을 이해합니다.

가정이 파탄되지 않고 주님께서 주장하시는 천국가정이 되기를 원하나이다.

요사이 많은 신혼부부들이 이혼하며 헤어짐을 볼 때마다 결혼을 장난처럼 여기는 윤리의 퇴색한 모습을 보는 듯합니다.

인류의 대사인 결혼생활에 상처 받지 않고 늘 서로 가장 소중히 여기며 존중하고 하나 되게 하소서.

하나님의 뜻과 가르침을 준행하는 죄사함 받은 배우자와 함께 항상 범사에 감사하며 행복하게 하소서.

이웃에게 봉사하고 남에게 유익을 주면서 영육 간 건강한 삶이 되기 원합니다.

긍정적인 자화상을 그리면서 늘 하나님과 함께하는 자긍심으로 좋은 습관과 좋은 생각, 좋은 행동으로 세상의 빛과 소금 역할을 하도록 인도하여 주소서.

자녀에게 주어진 시간 관리를 잘하여 소중하게 사용하는 지혜를 일깨워 주소서.

하나님께서 마련하신 시간을 조금도 헛되게 사용치 않기를 원합니다.

모든 것은 시간을 정확히 활용하는가의 여부로 인하여 인생의 성패가 좌우됨을 깨우치소서.

인생의 길에서 실패하지 않고 성공하여 주어진 삶이 윤택하게 되기 원합니다.

재정 관리도 잘 하여 버는 돈만 중시하지 않고 쓰는 돈을 더욱 중시하게 하소서.

하나님께서 허락하신 재물이 하나님의 뜻에 합당하도록 쓰이기를 원하나이다.

만군의 여호와께서 맹세하여 가라사대,

참진리 참소망

"나의 생각한 것이 반드시 되며 나의 경
영한 것이 반드시 이루리라" (사 14:24)

이 말씀 평생 붙들고 사는 자녀 되게 인도하소서.

사랑하는 자녀의 변화된 모습, 주 안에서 기뻐하며 즐거워하는
모습을 그리면서 예수님 이름으로 기도합니다.

아멘.

민족 사랑을 위한
기도

민족을 이루어 함께 살게 하신 은혜의 하나님!

단일 공동체로 문화를 형성시키시어 한 민족을 이루고 함께 힘을 모아 살 수 있도록 국가를 세워 주심을 감사드립니다.

하지만 우리 조선반도는 70여 년 전 한 민족이 둘로 쪼개져 서로 동족상잔의 비극을 초래한 역사를 이루고 있음을 회개합니다.

주님의 사랑과 자유를 존중하고 지키기 위한 남한이 이루어졌지만 기독교 신자였던 부모를 배반하고 공산주의를 신봉하는 사탄의 앞잡이가 되어 악의 세력을 형성한 김일성을 중심으로 하는 북한 조선이 한반도 북녘에 자리 잡았습니다.

이 나라의 아픔을 마음에 품고 하나님께 울며 기도하는 저희를 긍휼히 여기시옵소서.

나라를 사랑하는 것이 조국과 민족을 우리의 정체성으로 자각하는 길임을 생각합니다.

민족의 아프고 곪은 부분을 드러내어 새로운 치유의 역사를 우리나라 가운데 시작하여 주소서.

같은 말씨를 쓰고 흰옷을 입은 우리의 이웃과 동포가 서로 원수가 된 이유를 알기 원합니다.

분열과 갈등이 아니라 교향곡처럼 울려 퍼지는 사랑과 화합이 부족하고 자기의 탐심에 사로잡힌 노예가 되어 죄의 역사를 이루었음을 회개합니다.

선악과를 따 먹은 이브가 식탐 때문에 뱀의 유혹에 넘어가 인류가 불행하게 되었듯이, 하나님 앞에 교만해져 자기가 하나님이 되고 싶은 탐심으로 인해 우상화를 강요하는 북한의 실정임을 깨닫게 하소서.

민족의 큰 자긍심보다 개인의 작은 야욕을 앞세우는 민족이 되어서 타민족으로부터 어리석은 집단이라고 지탄 받고 있는 한국을 불쌍히 여기소서.

그동안 주님 앞에 엎드려 나라를 위해 기도하는 일이 부족했던 것을 우리가 먼저 회개하며, 이 땅의 모든 성도들에게 회개의 역사가 일어나길 원합니다.

여호수아처럼 기도합니다.

"태양아 너는 한반도 위에 머무르라 달아 너도 북녘의 골짜기에서 그리 할지어다 어둠아 너는 북녘 땅에서 영원히 물러갈지어다"

주님께서 이 민족을 세밀하게 지켜주시길 소원하나이다.

모든 남북한 정치인들과 위정자가 민족의 자존심을 회복하고 자신의 정치적 목적이나 이해관계보다는 민족의 안위와 공의를 먼저 생각하는 너그럽고도 큰마음을 갖고 지혜롭게 판단하기 원합니다.

무엇보다도 그들이 하나님을 경외하는 자들이 되도록 인도하여 주옵소서.

분열과 갈등을 부추기는 사악한 흑암의 권세가 사욕(私慾)의 노예가 되어 민족을 흐리지 못하도록 주님의 의로운 빛으로 이 땅을 비추소서.

오직 주님의 뜻 안에서 아름다운 연합이 일어나 모든 민족이 한 형제와 자매가 된 한 마음으로 불안정한 시기를 잘 극복해낼 수 있도록 역사의 빛 비춰 주소서.

하나님의 주권을 인정하는 민족으로 삼으시고, 절망 가운데에도 새 일을 행하시는 주님을 기대하는 민족이 되기를 원하나이다.

나라를 이끄시는 하나님의 주권을 북한 동녘 땅에서도 다시 한 번 인정하고 순종으로 나아가는 겸손의 계기가 되도록 마음을 열어 주옵소서.

남북이 주님의 복음 안에서 하나가 되어 세계에 우뚝 서고 세계 복음화와 인류 평화를 위하여 쓰임 받는 하나님의 도구가 되기를 간구합니다.

우리 민족이 영적으로 혼탁하지 않고, 도덕적으로도 정결하며, 하나님을 사랑하고 이웃을 내 몸처럼 사랑하는 백성들이 되어 하나님이 기뻐하시는 거룩한 민족이 되기를 기도합니다.

주여, 이 나라와 민족을 굽어 살펴 주옵소서!

오천 년의 역사 가운데 우리 민족을 하나님의 단일백성으로 선택하여 주심을 감사드립니다.

수많은 나라와 민족들이 흥왕하고 사라져 갔지만 숱한 역사의 소용돌이 안에서도 우리 민족을 지키시어 단일민족을 이루며 끝까지 희망을 갖게 하신 하나님께 감사를 드립니다.

우리 믿음의 아버지들이 자신의 세대에 일본으로부터 해방되기를 위해 기도했을 때, 주권적으로 기적적으로 자유케 하신 아버지

참진리 참소망

하나님, 다시 한 번 우리 민족에게 역사하여 주옵소서.

우리에게 자유 통일을 이루게 하셔서, 복음으로 북한을 회복하게 하소서. 회복된 북한 동포들과 함께 아시아 하이웨이를 통해, 복음의 실크로드로 선교하는 제사장 나라가 되게 하옵소서.

진정한 민족 사랑의 길이 온 인류에게 평화와 자유와 진리의 행복을 전하는 더 큰 일임을 알고 하나님의 복음과 가르침을 이 땅에 실현시키는 능력을 허락하소서.

주님, 이 민족을 축복하소서.

이 민족이 주신 사명을 감당하는 민족이 되게 하소서.

사랑 안에 하나 되게 하시는 예수 그리스도의 이름으로 기도합니다.

아멘.

나눔을 위한
기도

사랑과 은혜가 무한하신 하나님!

저희들에게 사랑과 봉사와 섬김을 위해 나눔의 지혜를 더하게 하시옵소서.

공중을 나는 새들에게도 하나님께서 양식을 주시어 먹고 살게 하셨듯이 저희들에게도 부족함이 없이 일용할 양식을 주셨음을 압니다.

그러나 지구촌에는 1분에 24명, 하루에 3만 5천명이 굶주림으로 죽어가고 있다고 합니다.

지난 5년 동안에 죽은 사람이 과거 150년 동안 전쟁으로 죽은 사람보다도 많다고 합니다.

그들도 똑같이 창조주 하나님의 형제임을 저희가 깨닫게 하여 주시옵소서.

그리하여 저희들로 하여금 나눔을 통해 살아계신 하나님을 증거하고 영광 돌리게 하시옵소서.

한국은 일찍이 하나님을 영접하고 은혜를 많이 받아 지금도 굶주리는 국민이 없습니다.

그러나 자기 자신만 배불리 먹고 나눌 줄 모르는 사람도 많이 있습니다.

그들에게도 하나님의 사랑이 임하여 나눔의 원리를 통한 하나님

참진리 참소망

의 사랑을 알게 하여 주소서.

저희들에게 먼저 나눔의 실천자가 되게 하여 나눔의 몫이 비록 적지만 크게 결실 맺는 주님의 영광되기 원합니다.

저희 인간들은 부족합니다.

자기 소유에만 집착하기 때문에 나눔이 적은 불행한 지구가 되는 줄 압니다.

주님의 광활한 사랑처럼 저희들 가슴도 마음도 지구만큼 넓어지기를 소망합니다.

불행한 민족과 국가일수록 그 역사에는 하나님을 영접하지 않기 때문으로 입증됩니다.

우주를 경영하시고 섭리하시는 정확한 하나님 지혜로 세상의 미개한 사람들에게도 빛이 되어 식량의 생산과 공급에 균형을 이루어 굶주림이 없게 하여 주시옵소서.

생명까지 나누어 주신 예수 그리스도 이름으로 기도합니다.

아멘.

충남노회 남선교회를 위한 기도

세상 인류를 가슴에 품으시고 은혜 베푸시는 하나님!

저희 남선교 회원을 부르시어 하나님 백성의 공동체로 삼으시고 그리스도의 지체 역할을 수행하게 하시니 감사합니다.

저희가 각 지교회와의 연합으로 교회개척, 해외선교, 노회부서 운영, 사회복지, 특수선교, 북한 선교 등 더 큰 남선교회 노회행정이 잘 이루어지기를 원하나이다.

저희가 직분자로서 흠 없는 역할과 사명을 더욱 잘 감당할 수 있도록 은혜 내려 주소서.

성경과 대한예수교장로회 헌법에 입각하여 엄격히 복음사업을 준수하고 복음을 수호하고 전파하게 하소서.

지교회와 소속 기관 및 단체육성을 지도 감독하며 지교회로 하여금 권징을 공평케 하여 그리스도의 몸 된 교회로 성장 발전케 하소서.

충청남도 당진시, 보령시, 서산시, 아산시, 부여군, 서천군, 예산군, 청양군, 태안군, 홍성군을 관할지역으로 하여 책임감 있게 선교, 교육, 봉사 활동을 돕게 하소서.

우리 예장통합 교단 모든 8,843교회가 69개 지노회연합회로 중심이 되어 전국 약 70만 회원이 한마음 한뜻으로 "오직 예수!" 만 열창하며 주님사업 앞으로 행진하게 하소서.

저희 남선교회 회원을 단련시키시옵소서.

경건, 절제와 생명, 정의, 평화운동 그리고 행동강령을 통한 바른 신앙운동으로 교회와 사회를 향하여 봉사하는 선교단체로서의 책임과 사명을 온전히 다하기 원합니다.

저희 노회 남선교회가 다른 지노회와 힘을 합쳐 아시아 해외선교를 개척하고 있음을 칭찬하시고 격려의 힘 더 보태주소서.

필리핀, 러시아, 중국, 북한, 태국, 인도네시아, 몽골, 말레이시아, 베트남 등 땅 끝까지 이르러 주님의 증인이 되고자 노력하고 있나이다.

회원들의 노고에 주님께서 함께하시어 선교 동력이 힘차게 일어나게 하소서.

동토의 나라, 선교가 스며들기 매우 어려운 북한에도 봉수교회를 저희 남선교회를 통하여 세워주심을 감사드립니다.

북한도 헌법에 종교의 자유가 있다고 한 것은 국제적 관계를 염두에 둔 것도 있지만 종교 교류를 원천적으로 차단하지 않겠다는 뜻이기도 하는 의견에 희망 갖게 하소서.

북한 주민에게도 성경이 자주 접해진다고 합니다.

아무리 단단히 얼어붙은 인간의 영혼일지라도 주님의 사랑으로는 무르녹지 않을 수 없음을 믿습니다.

주님의 사랑은 로마의 창검보다도 강하셨고 죽음보다도 강하셨나이다.

북한에도 주님의 복음이 스며들어 서서히 동포들의 영혼에 은혜의 단비가 촉촉이 적셔지기를 원하옵니다.

충남노회 남선교회를 사랑하시고, 많은 사람들 가운데서 저희들을 부르시어 하나님 나라의 거룩한 일들을 감당케 하신 주님!

여러 가지로 부족하지만 주님의 은혜로 모든 일들이 아름답게 처리되게 하시니 감사를 드립니다.

모든 영광을 하나님께 드리며, 모든 것이 은혜요 모든 것이 감사 일뿐임을 고백합니다.

금년 한 해 동안 하나님의 일을 위해 수고하신 회장님과 임원들에게 격려와 위로를 내리소서.

내년에도 특별히 사랑하시는 신임 회장님과 임원들에게 일 년간 맡기신 일들이 "오직! 하나님 아버지"의 뜻을 받들고 나아갈 수 있도록 성령의 감화와 지혜의 능력을 주옵소서.

하나님 사업을 위해 항상 즐겁고 기쁜 마음으로 일하기를 원합니다.

세상처럼 오만과 탐욕으로 빠지지 않게 인도하시고, 저희가 주님처럼 낮아지는 섬김의 종들이 되게 하여 주소서.

주님의 사랑과 진리와 거룩한 사업이 아무리 어려워도, 즐겁게 일하여 거뜬히 달성하는 능력의 일꾼 되게 하소서.

모든 일에 하나님께서 도우시고 함께하시고 위로하시는 은혜를 넘치도록 받기 원합니다.

모든 회원님들이 금년에도 강녕케 하시고, 가정에 평강의 축복으로 가득 채워 주소서.

이 모든 간구함을 땅 끝까지 이르러 내 증인이 되라고 하시는 예수 그리스도 이름 받들어 기도드립니다.

아멘.

참진리 참소망

모든 것이 합력하여 선을
이루게 하소서

저희들의 생사화복을 주관하시는 하나님!

우리가 살아가는 인생의 지혜를 하나님께서 경영하시는 날씨에서 찾기를 원하나이다.

어떤 날은 비가 오게도 하셨고, 어떤 날은 햇볕이 쨍쨍 내리 쬐게도 하셨습니다.

어떤 날은 구름이 끼게도 하셨고 어떤 날은 바람이 부는 날도 있었습니다.

비만 계속 내려 습기가 온통 이 세상을 뒤덮었다면 만물이 잘 자라지 못했을 것임을 압니다.

햇빛만 쨍쨍 내려쬐어 사막처럼 황폐케 되었다면 아마도 우리 인간은 제대로 살 수 없었을 것임을 고백합니다.

하나님께서는 이러한 모든 날씨들이 합력하여 싹이 나서 자라게 하며 꽃을 피우도록 하신 경영철학을 저희가 배웁니다.

다양한 날씨를 주시고 조화를 이루어 그때마다 필요한 것을 우리에게 공급하여 우리가 제대로 살아 갈 수 있는 환경을 마련해 주셨음을 비로소 깨닫고 감사드립니다.

하나님께서 베푸신 날씨의 다양한 기능 속에 저희 인간들이 골고루 여러 가지 혜택을 받으며 지금까지 살아올 수 있었음을 이해합니다.

우리의 하루하루도 이와 같이 모든 것이 합력하여 선을 이루는 삶의 지혜를 터득하게 하소서.

우리도 인생을 살면서 다양한 일들로 조화를 이루고 있음을 봅니다.

지금까지 살아온 일들을 되돌아보면 다사다난(多事多難)했던 일들로 기억됩니다.

좋은 일, 궂은 일, 기쁜 일, 슬픈 일, …

하지만 우리가 하나님께 기도하고 원하던 소망의 원천이 기쁘고 좋은 일에서만 생기지는 않았음을 느낍니다.

궂은 일 때문에 좋은 일을 소망했고, 슬픈 일이 있었기에 기쁜 일을 바랐습니다.

우리의 육신의 생이 유한하기에 영생을 원하는 까닭이기도 합니다.

전능하신 하나님!

저희 삶이 비록 고되고 슬프다 해도 다 하나님께서 주신 오묘한 이치임을 깨닫고 슬기롭게 극복하기를 원합니다.

하나님께서 주시는 은혜 속에 밑거름과 자양분이 되는 부정적 일들이 실은 긍정화 시키는 역기능이 있음을 발견하게 하소서.

하나님의 오묘하신 섭리를 올바로 깨닫지 못하고 불평과 불만만을 일삼는 행위가 곧 죄로 연결됨을 알 수 있게 하소서.

연약한 저희들이기 때문에 바람에 흔들리는 갈대처럼 믿음의 중심되시는 하나님의 깊으신 뜻을 온전히 이해하지 못함을 긍휼히 여겨 온전하게 인도하여 주옵소서.

참진리 참소망

저희들에게도 링컨의 깊은 믿음과 천리를 헤아리는 신앙의 아량이 넓혀지기를 소원합니다.

링컨은 수많은 실패를 경험했지만 좌절하지 않고 거듭되는 실패를 통해 합력하여 선을 이루었다고 고백했습니다.

링컨은 실패를 경험할 때마다 어릴 때부터 어머니의 무릎 위에서 배웠던 성경구절 말씀 로마서 8장 28절 말씀을 기억했다고 증언했습니다.

"우리가 알거니와 하나님을 사랑하는 자 곧 그 뜻대로 부르심을 입은 자들에게는 모든 것이 합력하여 선을 이루느니라."

우리도 링컨처럼 실패를 할 때마다 그 실패를 통해 하나님의 뜻을 배우기를 원합니다.

우리도 링컨처럼 실패가 하나님의 인도하심을 깨닫는 통로가 됨을 알기 원합니다.

링컨처럼 우리도 삶에서 일어나는 성공도, 실패도, 절망도, 좌절도 결국은 하나님께 매달릴 때 모든 것이 협력하여 선을 이루도록 해 주소서.

실패를 가져오는 악마가 '너는 이제 끝장이다'라고 말을 하더라도, 그러나 하나님은 우리가 실패할 때마다 그 실패의 경험을 통해 무언가를 깨닫도록 해 주심을 믿게 하소서.

우리가 악마의 말보다 하나님의 음성에 귀를 기울이기 원합니다.

저희들의 믿음이 저희들 인간의 본위대로 계량하지 않기 소원합니다.

하늘과 땅과 비바람을 이루시고 폭우와 태풍을 일게 하시며 사시사철의 변화무쌍하신 하나님의 전능하신 조화 속에 더 크고 빛나는 은총 있음을 깊이 깨닫게 하여 주소서.

　그리하여 저희들의 믿음이 성숙되고 넓은 이해와 통찰 속에 흔들리지 않게 붙잡아 주옵소서.

　늘 우리 인생에 다양한 기능으로 합력하여 선을 이루게 하시고 섭리하시는 예수님 이름으로 기도합니다.

아멘.

　참진리 참소망

젊은이 예배
기도문

"청년의 때에, 곧 곤고한 날이 이르기 전에, 창조주 하나님을 기억하라"
고 말씀하시며 청년들의 앞길에 가르침 주신 은혜의 하나님께 감사와 찬송을 올립니다.

청년들이 하나님의 말씀에 순종하고 헌신을 다짐하며 예배를 드리는 시간을 허락하여 주심, 또한 감사드럽니다.

그 동안 우리의 젊은이들이 하나님이 원하시는 것보다, 자신의 힘과 지혜만을 의지하여 세상의 가치를 추구하고 교만한 아집으로 잘못 살아왔으면, 이 시간에 반성하고 회개하여 하나님의 가르침으로 돌아오게 하시옵소서.

사랑의 주님! 진리의 주님! 영원하신 주님!

가장 먼저, 우리 청년들의 영혼과 육신이 죄악에 물들지 않고, 거룩한 하늘나라 백성의 성품 갖도록 깨끗하게 인도하시옵소서.

성경말씀을 자주 읽고 묵상하고 기도하며 범사에 실천하게 하옵소서.

죄악이 난무하고 있는 이 세상에서 저희 청년들을 구원할 수 있는 가장 지혜로운 판단과 능력이 하나님의 가르침과 말씀임을 항상 청년들의 마음판에 새기고 잊지 않게 하시옵소서.

성경에서 멀어질 때, 하나님으로부터 이탈될 때 반드시 불행과 형벌을 자초함을 절실히 깨닫게 하옵소서.

성경의 가르침이 이 세상 어느 책보다도 진리의 가치가 가장 빛나고 영원히 퇴색하지 않고, 무궁무진한 능력을 담고 있는 가장 큰 보물창고임을 알고 귀중히 여기도록 하시옵소서.

한없이 아름다운 사랑을 주시는 주님!

그 사랑 너무나도 크고 넓고 변함없는 은혜를 감사합니다.

또한 영원한 진리와 가장 빛나는 지혜로 청년들의 눈을 뜨게 하시니 더욱 감사합니다.

이 자리에 모인 우리 청년들에게 비둘기 같이 순결한 믿음으로, 주님만 섬기는 밝은 명철 주시어, 능력의 젊은이들로 인도하소서.

역경에 처할지라도 전능의 능력 주시어, 독수리처럼 푸른 창공을 날아오르는, 권능 있는 주님의 제자들 삼으소서.

복음의 구원을 전하는 성령의 9월 달에 주님께서 저희 젊은이들이 지닌 힘을 열정의 길로 인도해 주시기를 원합니다.

젊은 날에 주님의 가르침을 이전보다 더 많이 깨달아 헌신하고 사명을 다하는 열정이 샘솟게 하옵소서.

'내 집을 채우라'

하신 주님을 기쁘시게 하기를 원합니다.

복음의 일꾼으로 인도하시는 은혜의 주님!

주님 오신 지 2018년째 되는 이 해도 벌써 1월이 다 지나고 있습니다.

시간 시간들을 더욱 충실히 보내도록 인도하소서.

참진리 참소망

지난 캄보디아 비전트립 선교를 위해 수고한 청년들을 칭찬하시고 격려해 주옵소서.

선교의 인내와 희생을 감수하더라도 한 생명을 구원하기까지 우리 모두의 젊은이들이 사랑으로 한 마음 되어, 믿음과 전도의 지경을 넓혀 주님께 크게 쓰임 받아 전도에 힘쓰게 하시옵소서.

명철하신 주님!

목사님의 말씀을 통해서 주님의 음성 듣기를 원합니다.

세상에 대해서도 많은 꿈을 꾸고 있지만 우리 젊은이들이 먼저 하나님의 꿈을 꾸기를 원합니다.

청년들이 자신의 뜻보다는 하나님의 뜻을 먼저 발견하고 그 푯대를 향해 나가는 지혜를 열어 주시어 미래의 믿음직하고 가치 있는 신앙인들이 되게 인도하시옵소서.

비둘기처럼 순결한 청년들을 기뻐하시는 예수님 이름으로 기도합니다.

아멘.

제직 헌신 예배
기도문

사랑의 하나님 아버지!

이 시간 부족한 저희들을 택하시어 이 세상 사람들이 행복해질 수 있도록 하나님 사업을 경영하시는 제직헌신예배를 드리게 하시니 감사를 드립니다.

그러나 맡겨 주신 직분과 봉사의 사명들을 주님 보시기에 흡족치 못하게 이룬 부분도 있음을 고백합니다.

이 시간을 통하여 회개하오니 용서하시고 더 발전하는 사명 감당이 이루어지게 하시옵소서.

사랑의 하나님!

새해의 문턱에서 새로운 각오로 출발하는 저희 제직들에게 강한 성령으로 담대한 믿음을 주시기 원합니다.

몸 된 교회를 위하여 충성을 다해 봉사하고 교회의 부흥과 발전에 크게 이바지하도록 마음의 결단 내리게 하시옵소서.

교회에 세우신 각 제직부서마다 몸 된 교회의 지체로서 맡은 바 소임을 잘 감당할 수 있기를 원합니다.

늘 주님만을 바라보며 주님의 세미한 음성에 귀 기울이게 하시옵소서.

주님이 기뻐하시는 일을 헤아려 행하고 주님께 영광 돌리는 제
직들 되게 하시옵소서.

또한, 책임 맡은 모든 동역자들에게 영과 육의 건강함을 주시어
늘 감사와 기쁨이 넘치는 헌신이 되게 하옵소서.

은혜가 넘치시는 주님!

주님의 일꾼들을 기억해 주옵소서.

금년도에 주신 직분에 감사하며, 더욱 열심히 충성하길 원합니다.

저희 제직들이 직분의 높낮음을 생각지 말게 하시고 모두가 사
랑의 한 몸 이루어 사명의 동력이 힘차게 용출되게 하옵소서.

서로 먼저 인사하고 먼저 섬기고 먼저 귀하게 여기며 사명 완수
하는 든든한 청지기가 되게 하시옵소서.

서로 간에 사랑과 호감, 이해와 협력, 높임과 존중이 앞서서 지
혜와 능력으로 사명의 힘 더욱 크게 일도록 하시옵소서.

금년에는 특히, 교회와 제직들이 주님을 중심으로 한 몸의 지체
가 될 줄 믿사옵니다.

각자 지체의 기능을 만족스럽게 감당함으로 우리 모두가 사랑의
공동사역을 이룰 줄 믿사옵니다.

오늘 드리는 이 예배가 저희들에게는 기쁨이요, 주님께는 크게
영광 드리는 은혜로운 예배도 될 줄 아옵나이다.

특별히 단에 세우신 귀한 목사님에게도 성령 충만을 덧입혀 주
시어 선포하시는 말씀에 우리들 모두가 많은 능력 받는 귀중한 시
간 되게 하옵소서.

언제나 우리와 함께하시는 주님을 찬양하오며 우리를 구원하여
주신 예수 그리스도 이름으로 기도합니다.

아멘.

아름다운 관계로
살게 하소서

길이요 빛이요 생명으로 저희들과 아름다운 관계 되시는 주님!

저희들에게 고결하고 드높은 영혼으로 기쁜 관계 되시고, 은혜로운 삶의 향기를 주시어 주님의 사랑 안에서 하나 되는 공동체를 이루어 주시니 감사합니다.

주님께서 보여 주신 가르침과 행동 따라 저희들이 주님과 아름다운 교제가 이루어지기를 소망합니다.

저희들도 주님께서 주시는 능력으로 한마음으로 하나 되기 원합니다.

믿음 깊은 신실한 관계를 맺어 주시어 저희들이 합력하여 복음을 전파하고 주님 나라 건설에 주어진 역량을 다 바치게 하소서.

나를 돌아보게 하소서.

나의 영혼에 아직도 죄악의 티끌이 남아 있지 않도록 씻음 받기 원합니다.

성결한 영혼으로 하나님과 고결한 관계 이루고 내가 하나님의 사람으로 의로우며 하나님과 진실한 관계를 만들고 있는가를 돌아보게 하소서.

하나님으로부터 신뢰를 받고 사랑을 공급받는 진정한 관계를 만들어가고 있는가를 점검받기 원하나이다.

저희와 아름다운 관계를 이루시기 위해 우리에게 독생자 예수 그리스도를 보내 주셨음을 압니다.

예수 그리스도의 죽음으로 하나님과 우리의 관계를 이렇게 회복시키셨습니다.

예수 그리스도의 죽음의 공로, 피를 흘린 공로에 힘입어 하나님과 온전한 관계, 사람들과도 온전한 관계를 만들어 가는 저희가 되게 하소서.

이웃과 건강하고 아름다운 관계 맺기 원합니다.

저희가 먼저 이웃에게 아름다운 주님의 향기를 내고 향기로운 관계 안에서 둘이 함께 존중하고 나누게 하소서.

세상의 주인이신 주님의 아름다운 향기 안에서 사람들이 서로 좋은 관계를 맺고 주님께서 주신 세상을 나누고 공유하기 원합니다.

아름다운 관계의 철로를 타고 사랑의 열차가 달리기 원합니다.

저희들의 믿음이 더욱 공고해져 주님으로부터 기적의 능력 받아 아름다운 인간관계가 되게 인도하소서.

우리가 사는 많은 관계 속에서 친밀하고 행복하게 살기 원합니다.

부부관계, 부모와 자식관계, 회사의 동료관계. 친구관계……등등에서 친밀하게 하소서.

하나님과 저희와 원수 되었던 장막을 예수님을 통해 무너뜨렸듯이 저희도 헌신과 사랑과 섬김으로 사람관계를 가로막고 있는 사탄의 벽을 없애고 화평하기를 원합니다.

사랑과 이해로 만들어지고 부드러운 미소의 향기가 풍기는 관계

참진리 참소망

는 절대로 깨지지 않음을 믿습니다.

주님과 우리의 아름다운 관계처럼 좋은 인간관계도 신뢰와 관심 그리고 배려에 의해 유지되기를 소망합니다.

저절로 좋아지는 관계가 아니라 뜨거운 관심과 기도 속에서 유지할 수 있도록 서로 노력하게 하소서.

주변을 한 번 둘러보게 하소서.

나로 인해 아파 할 지인이나 벗들이 있다면 마음에 문을 열고 화평의 악수를 청하게 하소서.

하나님께서 사람 사이의 관계에서도 주인 되시옵소서.

사람간의 관계보다 하나님과의 관계가 더 우선되기를 원합니다.

이 세상의 모든 것이 하나님의 주권 하에 있는 것처럼, 이 세상의 모든 관계도 하나님의 주권 하에 있음을 믿습니다.

하나님과의 진실이 없는 믿음은 우리의 사이도 무너짐을 압니다.

의와 진실이 없는 관계에 악한 영이 침범해서 그 관계를 깨고 서로 원수지간이 되지 않기 원합니다.

의와 진실이 있는 온전한 관계로 친구와 연인 사이에도 금이 가지 않기 원합니다.

계약 관계, 사람 간의 관계, 사업 간의 관계, 단체 간의 관계 등 모든 관계에 의로움과 진실함이 반드시 있기를 소망합니다.

배신과 거짓 없고 이웃에 거짓 증거하지 않고 십계명을 지켜 복된 사회되게 하소서.

죄인은 의인이 되고 거짓말쟁이가 진리의 사람이 되기 희망합니다.

믿음과 소망과 사랑의 사람이 되어 신뢰를 주고 소망과 비전을 주고 다른 사람을 조건 없이 사랑하는 사람들이 모여 사는 사회가 되게 하소서.

이러한 사람들이 하나씩 모여 시내와 강을 이루고 넓은 사회의 바다를 이루게 하실 때 하나님의 기쁨 있음을 알게 하소서.

사람들 사이의 관계에서 하나님이 항상 계시어 의로움과 진실함, 신뢰와 비선과 사랑을 공급하고 받는 아름다운 관계를 만들어 주소서.

저희들이 주님 안에서 가장 순결한 양들이 되기 소망합니다.

가장 순결한 푸른 양처럼 저희들이 살고 있는 사회와 환경도 오염되지 않기 원합니다.

하나님께서 삶의 터전으로 주신 자연과 환경임을 잊지 않게 하소서.

자연과의 친화 속에 자연을 사랑하고 잘 보존하여 순결한 양처럼 살게 하소서.

자연과 사회에서 저희들의 모든 질병이 발생하지 않고 생명이 온전히 보존되기 소망합니다.

담배도 덜 피고, 술도 덜 마시고, 죄악도 사람들에게서 많이 감소되게 다스리시옵소서.

그리스도인의 인간관계가 무엇보다 중요함을 압니다.

성도의 교제를 위해 교회가 필요한 이유가 되게 하시고 교회의 형제자매를 차별하지 말게 하소서.

참진리 참소망

세상은 가진 자와 갖지 못한 자들이 많이 있습니다.

외적인 모습으로 사람을 차별하지 말라고 하신 하나님 말씀을 준행하게 하소서.

하나님께서는 우리 마음의 중심을 보시기에 주님의 마음으로 사람을 대하게 하소서.

하나님의 아름다운 공동체가 예수 그리스도의 이름으로 이루어져 진실한 하나님의 나라가 올바로 세워지기 원합니다.

분별력을 갖게 하소서.

차별은 안 되지만 분별로 현명하게 가리게 하소서.

형제를 섬김보다 가난한 자를 긍휼히 여김보다 부를 추구하기 위해 혈안이 되어 다투지 않게 하소서.

아름다운 그리스도인의 이름을 더럽히지 않기 소원합니다.

분별없이 행동하여 '그럴 줄 몰랐다'고 교인들 사이에 금이 가지 않기 원합니다.

인간관계에서 쓴 뿌리가 뻗어 나지 않게 제거해 주시고, 그리스도인으로서 자긍심 있는 명분을 지켜 주님께 영광되게 인도하소서.

저희들의 육신과 영혼도 상호관계가 잘 조화되고 융합되어 화평한 관계가 잘 이루어져 건강하고 모든 질병이 침범치 않게 하시옵소서.

신앙생활이 오로지 주님과의 아름다운 은혜 관계 속에서 잘 이루어지기를 소망합니다.

우리와 아름다운 관계 되시는 예수님 이름으로 기도합니다.

아멘.

한 가족으로 평등하게
살게 하소서

십자가에서 흘리신 사랑의 보혈로 이 세상을 구원하시고 죄의 문제를 해결하신 주님, 감사합니다.

죄의 문제를 해결하는 열쇠를 십자가의 보혈에서 찾게 하소서.

모세가 만든 놋뱀이 아니고 페르시아와 로마의 형틀인 처형대 십자가가 아니었습니다.

주님의 보혈만이 저희 죄를 씻는 유일한 권능이었습니다.

십자가로 막힌 담을 허무셨나이다.

오늘날 이스라엘과 아랍 간의 뿌리 깊은 민족적인 적개심과 모든 인종 간의 적개심이 허물어지기 원합니다.

계층 간의 적개심, 국가 간의 적개심, 종교 간의 적개심, 신분 간의 적개심, 지역 간의 적개심, 개인 간의 적개심 등이 허물어지기 원하나이다.

이러한 적개심이 하나님 앞에서 죄가 됨을 깨닫고, 우리가 언제나 하나님 앞에서 살게 하소서.

주님의 십자가 보혈의 권능으로 인간 사이의 모든 장벽이 허물어지고 평화가 이루어지기를 소망합니다.

인류의 영원한 숙제가 해결되기를 원하나이다.

구원받은 우리가 다른 형제들과 연합하여 새로운 집을 지어 나가기 원하나이다.

우리가 그리스도 안에서 새 사회, 새 질서, 새 민족, 하나님 나라를 이루게 하소서.

주님께서 모퉁이돌이 되시기를 원합니다.

모든 기초와 기둥과 벽을 골고루 지탱하며 서로 화통하여 한 건축물을 이루는 역할이 되어 주소서.

교회에서 사랑과 용서와 화해와 아름다운 천국을 경험하기 소원합니다.

구원 받기 전을 기억합니다.

수치스럽고 지긋지긋한 과거를 기억하고, 오늘의 축복된 삶이 주님한테서 이루어졌음을 알게 하소서.

북한의 경계 태세를 강화하기 위해 "6·25를 기억하라"고 외치게 하소서.

일제의 만행과 죄의 역사를 상기시키기 위해 "일제 36년의 통치를 기억하라"고 해마다 외치나이다.

미국도 태평양 전쟁 때 항전의욕을 고취시키기 위해 "진주만을 기억하라"는 슬로건을 내세웠습니다.

불행했던 과거를 기억해야 하는 이유가 주님을 염두에 두지 않았기에 일어난 비극의 역사임을 알려주는 교훈임을 깨닫게 하소서.

주님께서 임하시는 현재를 똑바로 인식하고 올바르게 살아가는 이정표를 세우기를 원합니다.

참진리 참소망

막힌 담을 허물어 주소서.

주님은 우리의 화평이신지라, 둘로 하나를 만드심을 압니다.

우리가 주님과 연합하여 평화의 백성 되고, 믿음의 백성으로서 어떤 처지와 형편에서도 평화를 잃지 않게 하소서.

폭풍우가 불어와도 마음의 평화를 잃지 않기를 소망합니다.

예수님과 함께 평화의 세상이 이루어지고, 화해가 생기고, 적대감이 사라지기 소망합니다.

주님께서 펼치신 구원과 사랑의 날개 아래에서 모든 불합리, 모든 차별, 모든 불행, 모든 장벽이 허물어지고 사랑과 평강과 행복한 삶만이 펼쳐지게 하소서.

한 반도가, 인류 모두가 한 형제가 되어 예수님 날개 안에서 평등하게 하소서.

하나님의 능력으로 거짓되고 기만하는 어떤 견고한 진도 무너뜨리시고 진실하지 않은 모든 사탄의 이론을 무너뜨리심을 믿사옵니다.

주님의 능력과 이론만이 우리 인간이 영원히 추구해야 할 행복의 진리가치가 되기 때문임을 고백합니다.

공산주의와 자본주의 담도 허물어지기 원합니다.

모든 이데올로기의 담이 주님 안에서 허물어지기 원합니다.

서독과 동독의 담이 허물어진 것처럼 남한과 북한의 담도 주님 안에서 무너질 것을 믿습니다.

한국당과 민주당도 서로 헐뜯지 않고 국가와 민족만을 위하여 한마음 한 뜻 되기 원하나이다.

기성세대와 신세대의 장벽도 사라지고 윤리와 감사의 은혜가 넘치기를 원합니다.

부자와 가난한 자의 장벽도 무너지고 주님 안에서 한 형제애를 갖기 원합니다.

노사 간의 장벽, 신분 간의 장벽, 부부 간의 장벽도 예수님 안에서 죄의 장벽이 되지 않게 하소서.

모든 장벽의 원인이 죄 때문에 생김을 깨닫게 하소시.

기만하는 죄, 모순되는 죄, 악한 영이 지배하는 죄, 교만한 죄, 무지한 죄 등이 모두 사라질 때 비로소 민족과 인류의 행복은 찾아옴을 깨닫게 하소서.

십자가의 보혈로 하나님과 우리의 장벽이 허물어진 것처럼, 인간 사이의 모든 장벽도 주님 안에서 무너지고 모든 인간들이 한 형제, 한 가족으로 평등하게 되기를 기도합니다.

싸움의 원인이 하나님을 믿지 않는 불신과 교만과 자기의 사익과 탐심에서 생김을 알게 하소서.

우리가 하나님을 사랑하여 다른 사람을 사랑할 수 있기를 원합니다.

자존심, 자기중심적 사고를 극복하여 하나님을 중심으로 상대편의 입장에서 생각하여 하나가 되게 하소서.

저희를 하나가 되게 연합하시는 예수님 이름으로 기도합니다.

아멘.

일상 속에 사랑의 요소를
실천하게 하소서

사랑의 주님!

저희가 하루하루 살면서 일상에서 사랑의 요소를 실제로 행하여 사랑을 씨 뿌리게 하시니 감사합니다.

주님께서는 말씀으로 가르치시고 모든 것을 직접 행함으로 보여 주셨나이다.

막연하고 추상적인 사랑을 삶의 현장에서, 사람과의 관계 속에서 주님처럼 몸소 행하는 사랑의 실천자 되기 원합니다.

사랑으로 관심 갖게 하소서.

저희들이 꽃이 되어 주님께서 꽃에 물을 주고, 거름을 주고, 벌레를 잡아 주고, 소독을 해주고, 풀을 뽑아 주시는 사랑의 손길을 느껴 봅니다.

주님께서 가장 소중히 여기신 사랑의 손길 따라 저희도 주님의 사랑을 실천하기 소망합니다.

치유의 손길, 구원의 손길, 도움의 손길, 인도의 손길, 빛과 소금의 손길, 생명의 손길을 펼칩니다.

저희도 관심의 손길을 이웃으로 향해 나아가게 하소서.

사랑한다고 하면서 무관심 갖지 않게 하소서.

사랑이 깊을수록 관심이 커지게 하시고, 사랑이 적어 관심이 줄

지 않게 하소서.

자녀에게 관심 주어 사랑하듯이 이웃도 사랑하게 하소서.

내 가정에 이웃에 교회에 내 나라에 얼마나 관심을 기울이는지 관심의 척도를 가늠하게 하소서.

그리하여 사랑과 관심의 정비례학이 일상생활 속에서 실현되게 하소서.

사랑으로 책임을 지게 하소서.

지금도 주님께서 저희들의 부르짖음에 귀 기울여 주심을 기억합니다.

주님께서 저희를 사랑하셨으므로 책임을 지셨음을 알기에 제자 된 저희도 책임지는 삶을 살기 원하나이다.

저희도 상대방이 나를 부를 때 대답하고 부름에 책임지게 하소서.

자녀가 부모를 부를 때 대답하고 응하듯이 우리도 이웃을 향하여 대답하게 하소서.

부모는 자녀를 사랑하기 때문에 자녀의 건강에 대한 책임, 생활에 대한 책임, 교육에 대한 책임, 결혼에 대한 책임, 미래에 대한 깊은 책임을 느끼나이다.

얼마나 책임지느냐가 얼마나 사랑하느냐로 결정됨을 알게 하소서.

주님처럼, 문준경 전도사처럼, 바울처럼 저희도 책임지는 사람 되게 하소서.

세상에서 가장 좋지 않은 것 중의 하나인 무책임, 책임 회피, 책임 전가가 이뤄지지 않게 저희를 성실한 자녀로 인도하소서.

교회가 우리를 부를 때 자신의 편리와 사정을 앞세워 거부하지 말고 응하여 책임감 있게 참여하고 봉사하게 하소서.

나라가 위기에 처하여 우리를 부를 때 당장 달려 나가 역군이 되어 사랑과 자유와 평화를 위하여 책임지게 하소서.

사랑으로 존경하게 하소서.

주님이 제자의 발을 씻으시어 섬기신 이유가 제자를 사랑하셨기 때문임을 압니다.

저희도 주님의 섬기는 사랑을 본받아 사랑으로 존중하기 원하나이다.

남을 지배하거나 억압하거나 착취하지 않게 하소서.

남편이 아내를 사랑하여 아내의 자유를 존중하고 아내의 인격과 생각과 개성을 존중하게 하소서.

생활 속에 남을 소중히 여겨 사랑이 아름답게 꽃 피게 하소서.

자기 중심이 아니라 상대방 중심으로 기울어 상대의 의사와 인격을 존중하게 하소서.

상대의 말을 경청하고 변별하여 들어 주고 귀하게 높이게 하소서.

이기주의를 벗어버리고 이타주의로 상대를 섬기게 하소서.

사랑으로 이해하게 하소서.

사랑하면 할수록 이해하는 마음이 깊어짐을 믿습니다.

이해하면 할수록 사랑하는 마음이 깊어짐을 알게 하소서.

주님의 가장 깊은 사랑이 십자가 사랑이었음을 느낍니다.

죄인이 된 저희들의 처지를 가장 깊이 이해하셨기에 십자가 위에서 생명까지 버리셨음을 저희가 지금 이해합니다.

저희의 사랑이 이해를 심화시키고, 저희의 이해가 사랑을 심화시키게 하소서.

사랑이 부족하여 이해심이 부족하고, 이해심이 적어 사랑도 적어지지 않게 하소서.

사랑하는 마음의 눈을 밝혀 주시어 상대방의 내면과 입장을 환히 보게 하소서.

이해하는 마음이 깊어 상대를 넓게 사랑하기 원합니다.

인도의 시성 '타고르'도 사랑의 별명은 이해라고 고백했음을 압니다.

사랑하는 마음으로 상대방의 고민, 불만, 고독, 슬픔을 깊이 이해하기 소망합니다.

상대방의 눈동자, 몸짓 하나, 얼굴의 표정, 말의 억양만 들어도 상대방의 심중을 헤아리게 하소서.

사랑으로 주게 하소서.

주님께서는 가르침과 구원을 주셨고 생명까지 저희를 위해 주셨습니다.

그 이유는 저희를 그만큼 사랑하시기 때문이었습니다.

저희도 주님처럼 사랑하면 사랑할수록 상대방에게 아낌없이 주는 제자 되고, 사랑하지 않아 아까워서 주지 못하는 못난 제자 되지 않기 원합니다.

주는 것을 통하여 우리의 사랑의 기준을 측정하게 하소서.

적게 사랑하여 조금 주지 말고 많이 사랑하여 크게 사랑할 수 있게 하소서.

사랑할 때는 주는 것이 아깝지 않게 하소서.

부모가 자식을 사랑하여 돈을 주고, 정성을 주고, 모든 것을 아낌없이 줍니다.

이웃을 향해 사랑하여 주는 것이 기쁨이 되고, 보람이 되고, 축복이요, 만족이게 하소서.

주고 나서도 아깝지 않은 것, 그것이 사랑이게 하소서.

우리의 일상 속에서 늘 사랑의 요소를 제공하시는 예수님 이름으로 기도합니다.

아멘.

눈물과 희생, 아픔과 고통으로 견디는
사랑을 선택하게 하소서

참된 사랑이 무엇인가를 보여주신 주님, 그 사랑의 깊고 넓고 영원하심을 찬미합니다.

빛의 고통을 통해 모든 아름다운 색채를 만드셨듯이 가장 아름다운 사랑을 십자가의 고통으로 이루셨나이다.

저희들도 진정한 사랑을 주님께서 보여주신 고통으로부터 깨닫고 실천하게 하소서.

'희생만이 희생만이 능력이라 하시네'

찬송가의 구절을 이제야 비로소 깨닫는 저희들 마음에 격려의 가르침을 보내 주소서.

주님의 사랑을 진실로 느끼고 보며 기억을 떠올립니다.

주님의 십자가 사랑을 저희도 짊어지고 실천하기 원합니다.

사랑의 색깔이 핑크빛, 무지갯빛이 아님을 알게 되었습니다.

사랑의 감촉이 즐겁고 포근하고 달콤하지 않음을 느낍니다.

이것을 모른 채 사랑하다가 실패하지 않게 도움 주소서.

눈물과 희생이 없는 사랑은 거짓임을 알게 하시고, 아픔과 고통이 따르지 않는 사랑은 참사랑이 되지 못함을 주님의 십자가 사랑으로 깨우쳐 주셨습니다.

참진리 참소망

산모의 뼈가 200여 개 물러나는 사랑의 고통 속에 태어나는 아기의 모습을 보고 어머니의 사랑을 알게 되었습니다.

아버지의 손마디에서 손톱이 자랄 날이 없도록 일하실 때 가족의 생계가 꾸려지고 가정경제가 운영됨을 알게 됩니다.

사랑은 '오래 참는 것'임을 알게 하소서.

조급해 하지 않고 자신을 쳐서 복종시키는 상태가 되어 그렇게 오래 참고 견디게 하소서.

생활 속에서 갈등하고 불화와 어려움을 당할 때 다투지 않고 감정을 억제하고 이해하는 오래 참고 견디는 마음이 생기게 하소서.

손해를 보았다고 해도 힘이 있어도 보복하지 말고 배려하고 이해하며 오래 참아 회개하고 화해하게 하소서.

속상하고 자존심이 상해도 복수하고 앙갚음하여 더 큰 문제와 상처가 생기지 않게 하소서.

오래 참고 참아 아무도 멸망치 않고 차츰 반성하고 변화되어 사랑이 깨지지 않게 하소서.

오래 참으신 주님의 손마디에서 얼마나 많은 피가 흘렀으며 가슴에 몇 번이나 멍이 들었던가를 이야기하게 하소서.

그 과정 속에서 오늘의 구원의 열매, 사랑의 결실이 수천수만 배로 거두어짐을 봅니다.

사랑은 '온유함'임을 알고 실천하게 하소서.

세상의 법칙에 따라 악에 대하여 악으로 갚지 말고, 선으로 빚을 갚고 이기게 하소서.

오른편 뺨을 때릴 때 참기만 하지 말고 한 걸음 더 나아가 왼편 뺨을 돌려 대는 주님의 가르침을 행하게 하소서.

저희의 마음이 하나님 말씀으로 잘 길들여지기 원합니다.

고린도 교인들처럼 온유함이 부족하여 파당 짓고, 배타적이고, 텃새가 심하지 않게 하시고 주님의 마음처럼 온유하게 저희를 길들이소서.

주님의 마음처럼 온유하고 겸손하여 주님의 멍에를 메고 배우고 마음의 여유를 얻기 원하나이다.

사랑하는 자는 '투기하지 않게' 하소서.

저희가 오래 참고 온유한 길을 가면서 넘어지지 않기 원하나이다.

사랑의 발길이 시기하고 질투하는 악의 길로 가지 않게 하시고 오래 참음의 길, 온유의 길로 가게 하소서.

저희들의 죄성이 사해져 악한 시기와 질투가 생기지 않기 원하나이다.

자신의 제사는 열납 하지 않고 동생 아벨의 제사만 열납 했다 하여 돌로 동생을 쳐 죽인 최초의 살인자 카인처럼 시기하는 자, 질투하는 자 되지 않기 원하나이다.

하나님의 깊으신 뜻을 헤아려 이해하는 온유한 마음 갖기 원하나이다.

또 귀여운 막내 동생 요셉에게만 아버지 야곱이 채색옷을 입혔다 하여 애굽의 종으로 팔아먹은 형들처럼 되지 않게 하소서.

아버지의 사랑은 모든 형제자매에게 한결같음을 알기까지 오래 참게 하소서.

참진리 참소망

시기와 질투에서 살인의 악령이 생김을 경계하게 하소서.

사랑은 '자랑하지 않게' 하소서.

남에게 자기의 자랑하기를 좋아하여 다른 사람에게 깊은 상처를 입히게 되지 않기 원합니다.

남의 아픔을 생각하며 깊은 배려인의 마음 갖기 원하나이다.

주님처럼 섬김의 일생으로 나의 자랑이 남을 통하여 스스로 우러나게 하소서.

자랑하는 결과로 투기가 일어나지 않고 나의 공치사(功致辭)가 남으로 인해 헛되지 않게 되기 원합니다.

남을 칭찬하고 자랑하게 하며 자기의 자랑에 절제가 있게 하소서.

사랑은 '교만하지 않게' 하소서.

말과 행동으로 나타나는 자랑만이 아니라 마음속에서 일어나는 자랑도 억제하게 하소서.

교만은 마음에서 비롯되는 우쭐거리는 자세임을 알게 하소서.

교만은 패망의 선봉이요 거만한 마음은 넘어짐의 앞잡이임을 기억하게 하소서.

교만할 때 하나님을 잊어버리고 자신을 절대화시켜 스스로 죄의 덫에 걸려 스스로 넘어짐을 봅니다.

교만한 행동이 남을 짓이기고 상처주고 업신여겨 사랑의 관계가 끊어지고 이 세상에 미움의 씨가 뿌려짐을 깨닫게 하소서. 항상 하나님의 말씀으로 마음과 행동의 주인 삼고 겸손하고 온유한 자세로 섬기게 하소서.

사랑은 '무례히 행치 않게' 하소서.
아름답게 빛나는 예의로 행해지는 사랑이 이루어지게 하소서.
주님께서 보이신 친구 간의 아름다움, 자녀에 대한 아름다움, 제자에 대한 아름다움으로 저희도 빛나는 예의인 되게 하소서.
아름답게 섬기는 예의가 깨어져 금이 가서 흉한 상태로 무례함과 무절제가 서로의 관계에서 나타나지 않게 하소서.
남의 자존심을 건드리지 않게 하시고 말과 행동이 예절로 빛나 아름다운 인격의 꽃이 피게 하소서.

사랑은 '자기의 유익을 구치 아니하게' 하소서.
이 시대의 이기적인 특징을 극복하는 크리스천 되게 하소서.
나만 편하고 배부르고 나만이 오로지 출세하는 자기본위와 자기중심으로 살아가지 않게 하소서.
우리 신앙인들은 모든 것을 소중히 여기고 나누고 베푸는 청지기 의식으로 살아야 함을 압니다.
사랑하기 때문에 자기의 유익을 극복하고 남을 이롭게 하소서.

사랑은 '성내지 아니하게' 하소서.
주님께서 십자가 위에서 끝까지 참으신 것처럼 우리도 성내지 않고 참게 하소서.
복잡하고 경쟁이 치열한 현대사회에서도 혈기와 분냄이 앞서 폭발과 파괴가 일어나지 않고 늘 하나님의 평강한 영과 함께 살게 하소서.

주님처럼 십자가 위에서 죽으면서도, 스데반처럼 원수들에게 돌에 맞아 죽으면서도 성내지 않고 오히려 그들을 위해 기도하게 하소서.

성냄으로 인하여 사랑이 파괴되고 녹아 없어지는 어리석은 감정 폭발이 일지 않게 하소서.

사랑은 '악한 것을 생각지 아니하게' 하소서.

악한 마음을 품어 악한 행동이 유발되지 않고 선한 마음을 품어 선행이 생겨남을 압니다.

사랑은 아름다운 행동학이기에 선행으로 수놓는 행실이 마음 깊은 곳에서 즐겁고 기쁘게 우러나게 하소서.

우리의 마음에서 악한 생각이 나게 하지 마시고 미움, 시기, 질투, 분노까지 모두 다 내려놓고 주님의 십자가를 바라보게 하소서.

악한 마음이 선한 마음으로 바뀌어 기적이 일어나게 하소서.

사랑은 '불의를 기뻐하지 아니하게' 하소서.

불의는 하나님의 가르침을 미혹케 하는 사탄의 유혹임을 알게 하소서.

불의의 결과가 너무나도 나쁜 결과를 크게 초래하기 때문에 자녀에게 부모로부터 징계의 회초리가 내려짐을 압니다.

사랑의 나무에 아름답고 정의로운 열매가 주렁주렁 열리게 하소서.

부모가 자식을 사랑하듯이 주님도 우리를 공의롭게 사랑함을 너무나도 잘 압니다.

사랑하기에 부정을 저질러 고통 받지 않고 불행하지 않게 하나님의 인도하심을 마음판에 새기게 하소서.

사랑은 '진리와 함께 기뻐하게' 하소서.

영원히 변치 않는 진리는 사랑과 함께하는 진실임을 깨닫게 하소서.

사실이냐 아니냐를 따지는 진실만이 아니라, 반드시 사랑의 가치와 함께 기뻐하는 진실이게 하소서.

주님의 진리의 능력은 국경을 초월하고 시간을 영원으로 돌리고 죽어가는 생명을 살리는 기적의 힘이 있음을 압니다.

주님의 말씀, "내가 곧 길이요 진리요 생명"임을 가장 모범 보이신 모델로 삼게 하소서.

사랑은 '모든 것을 참게' 하소서.

인간의 시간은 짧고 신속히 지나가지만 하나님의 시간은 길고 서서히 이루어짐을 믿습니다.

하나님의 약속이 성취되는 오랜 시간 동안 모든 것을 참게 하소서.

하나님의 응답도 정의도 진리도 하루아침에 속히 이뤄지지 않음을 깨닫는 성숙한 신앙인 되게 하소서.

저희들의 인내 속에 서서히 희망의 싹이 움트고 어둡던 암흑 속에 광명의 빛이 차츰 비추게 되는 기대를 갖게 하소서.

참진리 참소망

사랑은 '모든 것을 믿게' 하소서.

주님의 진실한 사랑은 변함없는 영원한 사랑임을 믿습니다.

사랑으로 상대방의 인격과 가치와 행동과 마음까지를 모두 감싸고 귀하게 여기게 하소서.

세인들의 사랑은 수시로 변하고 약속에 무상한 거짓이 들어 있어 믿음이 허망하게 자주 무너지지만, 주님의 사랑은 우리에게 변함없는 기대와 약속을 주시어 영원한 믿음의 반석이 되시나이다.

우리도 주님의 사랑처럼 모든 것을 믿고 변치 않게 하여 주소서.

진실한 사랑은 믿음의 관계에서부터 출발하게 하소서.

남편이 아내를 믿고, 아내가 남편을 믿을 때, 변치 않는 사랑이 싹트게 하소서.

이웃에게도 서로가 믿고 의지하며 거짓 없이 영원한 사랑이 이루어지게 저희들 영혼을 순결하게 정화시키소서.

사랑은 '모든 것을 바라게' 하소서.

믿음 위에 세워진 사랑의 반석은 결코 헛되지 않음을 압니다.

주님의 사랑은 영원하기에 저희의 영혼과 삶을 의지하게 합니다.

그 사랑으로 남편이 아내를 기대하고, 아내가 남편을 기대하게 하소서.

그 기대에 어긋나서 사랑에 금이 가지 않게 하소서.

영원한 사랑으로 사랑하는 자의 앞길을 믿고 바라보게 하소서.

실망하지 않고 거짓되지 않고 소망만 바라면서 진실한 믿음으로 바라게 하소서.

사랑하는 자와 사랑 받는 자가 모두 변함없이 서로 믿고 어긋나지 않고 소망을 갖게 하소서.

사랑은 '모든 것을 견디게' 하소서.
모든 고난과 핍박과 비난 속에서도 주님의 사랑은 넉넉히 참고
견디셨나이다.
저희도 손해를 보고 불이익을 당해도 인간의 사랑을 위해 견디
어 내게 하소서.
주님께서 우리를 사랑하셔서 십자가의 고난도 견디어 내신 것처
럼, 우리도 사랑하는 대상을 위해 끝까지 견디게 하소서.
그리하여 사랑으로 승리하게 하소서.
우리의 사랑도 주님의 사랑처럼 언제까지든지 영원히 떨어지지
않기 원합니다.
사랑의 힘으로 모든 것을 넉넉히 이기고 영원히 완전하기 소망
합니다.

늘 저희 곁에서 희생의 사랑으로 인도하시는 예수님 이름으로
기도합니다.

아멘.

참진리 참소망

올바른 가정교육이
이뤄지게 하소서

자녀의 인격형성이 이루어지는 최초의 중요한 교육장으로 가정을 세워 주시고 부모를 통하여 가정교육을 인도하시니 감사합니다.

그 동안 저희들이 가장 중요한 가정교육을 등한시하고 학교교육에만 일임했던 지난날의 자녀교육에 대한 책임을 회개합니다.

자녀의 인격형성을 위한 부모의 영향이 가장 중차대함을 깨우치소서.

부모의 가르침을 통해 자녀가 하나님의 자녀가 되고, 사회집단의 관행을 배워 올바른 사회인이 되기를 원하나이다.

가정교육이 먼저 하나님의 뜻에 따라 인간을 가장 사랑하는 자녀로 양육되게 하소서.

사람을 가장 소중히 여기지 못하고 기능을 중시할 때 자칫 죄의 덫에 걸려 넘어지는 현상을 자주 봅니다.

교육의 목적이 인간 존중과 인간 사랑이고 그 다음으로 다른 가치가 수단으로 추구하게 인도하여 주소서.

아무리 학력이 좋고 지식 능력이 좋은 사람도 인간 존중이 결여되면 목적과 수단이 전도되는 삶을 살다가 범죄 하여 종국에는 수인(囚人)으로 감옥에서 보내며 일생을 망치는 사례가 너무나도 안타깝습니다.

사랑의 주님!

하나님께서 가장 소중히 여기는 인간 사랑을 우리 가정에서 제일 중시하게 하소서.

세상의 학교나 입시학원은 기능을 제일 중시하는 나머지 인간사랑 교육이 경시되어 진정한 교육장(敎育場)이 아니라 한낱 지식생산소로 전락하고 있는 안타까운 실정입니다.

권력도 명예도 지식도 정치도 경제도 교육도 기타 모든 문화와 문명도 일체 인간을 위한 수단일 뿐 결코 교육의 목적이 되지 못함을 알게 하소서.

인간 존중이 되지 못한 교육은 모순의 결과를 초래하여 허망한 물거품으로 쓰디쓴 비극만을 남김을 깨우치소서.

자녀가 부모의 소유물로 취급되지 말고 하나님의 선물인 존중받아야 할 독특한 인격체로 교육 받게 하소서.

자녀의 능력에 대한 평가기준을 부모의 잣대로 측정하지 말고 하나님께서 자녀에게 부여하신 달란트를 찾아 평가하게 하소서.

하나님께서 자녀에게 허락하신 뜻이 반드시 있음을 먼저 알고 개성과 능력을 부모가 최대한 찾고 계발하게 하소서.

세상 자녀들과 능력을 비교하지 말고 하나님이 내려 주신 은혜 안에서 이루어지는 사랑과 이해, 발견과 가르침이 되기 원하나이다.

가정은 하나님의 창조섭리로 세워 주신 최초의 사회임을 압니다.

모세, 사무엘, 세례 요한, 예수님은 하나님이 미리 그 부모에게 예고하시고, 부모의 경건한 신앙을 통해서 길러낸 하나님의 사람

참진리 참소망

들이었음을 압니다.

디모데는 경건한 신자인 모친과 외조모의 철저한 신앙지도로 모범적인 신자로 성장케 하셨습니다.

하나님은 의인의 가정인 노아 가정을 중심으로 역사하시어 새 언약을 세우시고, 아브라함의 가정 제단을 받으시고 아브라함을 신앙의 조상이 되게 하셨나이다.

저희 가정도 자녀의 신앙을 책임지는 하나님께서 역사하시는 기독교 교육의 현장이 되게 하소서.

가족들의 신앙 활동에 자녀가 직접 참여하여 삶에 필요한 것을 자연스럽게 배우는 생활과 직결된 교육이 되게 하소서.

하나님께서 위탁하신 부모의 책임과 권위를 통하여 자녀들의 행동이 통제되고, 자녀들이 율법을 준수하면서 하나님과의 올바른 관계가 형성되기를 원합니다.

역사와 율법 속에서 제시된 하나님의 구원의 사건을 이야기하여 하나님과의 관계가 자연스럽게 이루어지게 하소서.

부모의 뜻이 아니라 하나님의 뜻을 자녀에게 전달하는 특별한 사명 아래 훈련이 이루어지기 소원합니다.

가정교육이 자녀의 심신 양면으로 조화를 이루게 하소서.

하나님께서 주신 뇌의 능력을 지탱하고 유지하는 신체의 기능이 매우 중요함을 압니다.

하나님께서 주신 자녀의 잠재적 가능성을 잘 꽃 피울 수 있도록 특색 있는 가정교육이 되기를 원합니다.

자녀의 가정교육이 아버지의 정의의 가르침과 어머니의 사랑의 봉사로 조화를 이루어 사회에서 튼튼한 모범인 되게 하소서.

가정교육이 일생을 통하여 오랫동안 신앙성장으로 이루지기를 소원합니다.

부모 자신들이 참 기독교인이 되어 신앙을 생활화하게 하소서.

부모를 통하여 구체적인 자기 경험을 쌓고 자녀들이 진정한 신앙을 학습하기 원합니다.

부모들이 신앙적인 삶을 살면서 그의 삶 자체로 자녀에게 성실성을 보이는 가장 좋은 교육방법이 되게 하소서.

몸이 영혼을 담는 그릇으로 또 종교적 삶의 근거가 되도록 건강하게 양육하기 원합니다.

자녀를 훈계할 때 부모와 자녀의 사랑의 관계를 전제로 하고 자녀의 인격에 손상이 가지 않도록 사랑을 최우선하여 인도하소서.

놀이를 통하여 자녀들의 자발적인 욕구가 키워지고 생일 축하, 절기 행사 등으로 뜻 깊은 교육에 참여하여 중견국민으로 적응하며 자라게 하소서.

친구들을 초청하여 친구의 인격 바탕을 점검하고 사귀는 대상을 변별하는 점검 교육이 이뤄지기를 원합니다.

기계적인 성경 암송보다는 성경을 생활 속에서 기쁨과 자유로 경험할 수 있도록 지도하여 산교육 되기를 원합니다.

대화의 방법도 일방적인 설교나 처벌보다 부모와 자녀 간의 교육적인 관계 형성에서 주님의 가르침을 자연스럽게 소개하여 효과가 있게 하소서.

참진리 참소망

하나님과 교통하는 대화로서, 가족들이 가장 좋은 조화와 동의하는 마음을 갖고 궁극적으로 하나님에 대한 믿음으로 향하게 하소서.

개인의 인격 교육의 온상인 가정이 보다 심층적인 부분을 담당하여 학교교육의 부족한 측면을 보완해 주는 역할을 다하기 원합니다.

입시교육에만 치우친 학교교육의 한계를 성경을 통한 가정교육에서 보완하여 인성과 지적 능력을 모두 갖춘 전인교육으로 조화되기를 원합니다.

자녀 교육이 어머니의 전유물이 되고 아버지 부재 현상이 되지 않게 하소서.

자녀들이 건전하게 성장 발달하기 위해서 아버지의 정의교육과 어머니의 사랑교육이 같은 비중으로 자녀들에게 영향을 주어 온전한 조화가 잘 이루어지게 하소서.

부모 자신들이 먼저 주님의 돌보심 안에 있으면서 부모가 하나님과 어린이 사이에서 복음을 전달해 주는 매개의 역할을 하게 인도하소서.

늘 우리의 가정교육과 함께하시는 예수님 이름으로 기도합니다.

아멘.

<하나님께서 주신 자녀의 달란트>

AQ (Analogy Quotient)

유추 지수

뜻하는 것 : 서로 연관성이 없어 보이는 각기 사실에서 연관성을 얼마나 잘 찾아내는가를 지수화시킨 것

CQ (Creative/Charisma/Contest Quotient)

한국명칭 : 창조성 지수 또는 카리스마 지수 또는 공모전 지수

뜻하는 것 : 얼마나 창의적인가/얼마나 카리스마가 많으냐/얼마나 공모전을 잘 이끌어 낼 수 있는가를 지수화시킨 것

DQ (Digital Quotient)

한국명칭 : 디지털 지수

뜻하는 것 : 디지털기기에 얼마나 친숙하게 접근할 수 있는가. 한국은 178개국 가운데 4위를 차지했다.

EQ (Emotinal Quotient)

한국명칭 : 감정 지수

뜻하는 것 : 자신의 기분을 얼마나 잘 조절할 수 있는가를 지수화시킨 것

FQ (Financial Quotient)

한국명칭 : 금융지수

뜻하는 것 : 자신의 지식을 이용해서 합의적인 선택을 할 수 있

는 능력을 지수화시킨 것

GQ (Global Quotient)

한국명칭 : 글로벌 지수

뜻하는 것 : 세계인의 일부로서 얼마나 올바른 가치관을 가지고 있는지를 지수화시킨 것

HQ (Health Quotient)

한국명칭 : 건강 지수

뜻하는 것 : 얼마나 건강하게 살고 있는지를 지수화시킨 것

IQ (Intelligence Quotient)

한국명칭 : 지능 지수

뜻하는 것 : 얼마나 기억력, 계산력, 어휘력 등 직관적인 지능이 좋은가를 지수화 시킨 것

MQ (Maturity Quotient)

한국명칭 : 도덕 지수

뜻하는 것 : 얼마나 예의범절이 바르고, 도덕적인지를 지수화시킨 것

NQ (Network Quotient)

한국명칭 : 네트워크 지수

뜻하는 것 : 얼마나 다른 사람과 더불어 살 수 있는지를 지수화시킨 것

PQ (Personality Quotient)

한국명칭 : 인간성 지수

뜻하는 것 : 얼마나 인간성이 좋은가를 지수화시킨 것

SQ (Social Intelligence Quotient)

한국명칭 : 사회성 지수

뜻하는 것 : 얼마나 사회성이 좋은가를 지수화시킨 것

SQ (Spiritual Intelligence quotient)

영성지수라고도 한다.

이들은 IQ나 EQ가 특정한 환경의 테두리 안에서 적절하게 행동
하게 하는 일종의 적응 능력인 데 비해, SQ는 규칙이나 상황을
바꿀 수 있는 창조적 능력으로서 IQ와 EQ의 토대가 되는 인간
고유의 지능이라고 주장하였다.

YQ (Youth Quotient)

한국명칭 : 젊음지수

뜻하는 것 : 얼마나 나이에 비해서 젊게 살고 있는지를 지수화시
킨 것

참진리 참소망

<가정교육 자료>

A. 자녀에 대한 정의
1. 자녀란?
    1) 일반적 해석- 아들과 딸에 대한 높임 말
    2) 성경적 의미
        가. 하나님의 선물이다 (창 33:5)
        나. 부모에게 맡겨진 기업이다 (시 127:3)
        다. 하나님께 속해 있다 (창 17:7)

2. 자녀의 특성
    1) 그 부모를 닮는다 (왕상 15:26)
    2) 같은 형제라도 개성이 다르다 (창 25:27)
    3) 모든 사람은 다양한 성품을 갖는다 (행 2:39)

B. 자녀 교육 원리
1. 자녀 양육의 원리
    1) 하나님의 말씀대로 가르쳐야 한다 (신 6:5-6)
    2) 주의 교양과 훈계로 해야 한다 (엡 6:4)
    3) 자녀를 격노케 말아야 한다 (골 3:21)
    4) 자기 하고 싶은 대로 방임하지 말라 (잠 29:15)

2. 자녀에 대한 부모의 의무

   1) 하나님 앞에서 양육하라 (삼상 1:22)

   2) 노엽지 않게 훈계하라 (엡 6:4)

   3) 후견인과 청지기처럼 대하라 (갈 4:1-2)

3. 자녀교육에 대한 부모의 자세

   1) 하나님이 주신 권위로 가르치라 (골 3:20)

   2) 하나님이 주신 사랑과 근신으로 하라 (딤후 1:7)

   3) 불효자는 하나님의 심판 받는다 (잠 30:17)

4. 자녀를 잘 양육하려면

   1) 능력을 따라 구하고 가르치라 (잠 22:6)

   2) 하나님께서 나눠 주신 분량만큼 하라 (롬 12:3)

   3) 인격적으로 대하여라 (잠 15:1)

   4) 부모가 먼저 본을 보여 주어라 (빌 4:9)

   5) 자녀의 잘못을 용납하고 감싸 주어라 (눅 15:24)

   6) 부모가 사랑하고 있다는 것을 확인시켜라 (살전 2:8)

5. 자녀 교육의 방법

   1) 기도로 출생하고 기도로 양육하라 (삼상 11:27)

   2) 조건 없는 사랑으로 양육하라 (요일 4:10)

   3) 격려와 칭찬을 아끼지 말라 (살전 1:3)

   4) 마땅히 행할 바를 스스로 하게 하라 (잠 22:6)

   5) 남과 비교하지 말라 (갈 6:4)

참진리 참소망

6) 더러운 말은 입 밖에도 내지 않도록 하라 (엡 4:29)

7) 야단을 칠 때에 타인 앞에서 하지 말라 (마 18:15)

8) 옳고 그른 것을 분명히 가르쳐 주어라 (마 5:37)

9) 매사에 믿음과 소망으로 교육하라 (몬 1:21)

10) 자녀의 의견을 존중하라 (딤전 4:12)

11) 자녀와 함께 있는 시간을 많이 가지라 (시 128:3)

12) 외적 모습보다 내적 중심을 보라 (삼상 16:7)

13) 잘못을 하였을 때 사랑으로 징계하라 (잠 13:24)

14) 신앙생활을 지속적으로 하도록 하라 (신 6:7-8)

15) 교회 생활에 적극 참여토록 하라 (시 10:24-25)

16) 자녀의 구원에 관심을 가져라 (딤후 3:14-16)

6. 그릇된 자녀 양육법의 예들

1) 자녀가 원하는 것은 다 들어주어라

2) 나쁜 언행을 할 때 웃어라

3) 신앙 및 도덕교육을 시키지 말라

4) 잘못하는 것을 보면 모르는 척하라

5) 보고 싶어하는 TV프로, 만화를 보게 하라

6) 용돈을 원하는 대로 풍족하게 주어라

7) 하고 싶다는 것은 다하도록 내버려 두라

8) 교사나 목사를 욕할 때 칭찬해 주라

9) 잠자리, 책상, 옷가지 정리를 대신해 주라

10) 자녀가 보는 앞에서 부부 싸움을 자주 하라

구역을 위해 드리는
기도

고마우신 주님!

오늘 구역 모임 가운데 함께하시고 주님의 권속들이 한 자리에 모여 예배드리며 주 안에서 좋은 교제의 시간을 갖게 하시니 계신 곳 하늘에서 홀로 영광 받으소서.

우리가 이제 더욱 더 거룩하신 하나님의 성품을 닮아 죄에서 해방된 자로서 날마다 성화과정을 밟는 아름다운 성장이 있게 힘과 능력 허락하여 주시니 감사드립니다.

약하고 부족한 저희들을 부르셔서 세상의 어떤 강한 것, 지혜 있는 것보다 더욱 복되게 하신 은혜에 감사와 영광을 돌립니다.

지난 한 주간을 돌이켜 보건대 주님의 뜻대로 살겠노라 하면서도 죄악된 길에서 벗어나지 못하고 세상에 동요되어 살았음을 고백하지 않을 수 없나이다.

숨 가쁜 생활이 진행되다 보니 죄가 영혼 깊숙이 스며드는 것도 잊고 있었습니다.

오늘도 허물과 죄가 쌓여서 하나님의 음성을 듣기에 둔하여졌사오니 우리를 용서하소서.

오늘 주시는 말씀으로 저희 영안이 더욱 맑고 깨끗해지기를 원합니다.

우리의 삶과 영혼 속에서 죄가 왕 노릇 하기 전 주님의 용서를 구하고 은총을 구하오니, 불쌍히 여기시어 더 이상 죄의 시녀가 되어 성령을 거역하는 삶이 되지 않도록 말씀으로 사로잡아 주소서.

이 시간 생명의 말씀을 듣고 저희들 모두가 새롭게 결단하는 시간이 되도록 성령의 능력으로 함께하소서.

다윗처럼 죄에 도전하는 회개와 용기를 주소서.

구역 가족들이 모인 우리는 형제요 자매이오니 사랑으로 하나되게 하시어 주님의 아름다운 향기를 이웃에게 전할 수 있도록 주님의 능력 허락하소서.

구역 모임을 통하여 더 가까워지고 말씀을 깨닫게 하시고 우리 모두가 그리스도 안에서 성장하여 하나님이 쓰시기에 좋은 그릇으로 변하게 하시옵소서.

저희 구역이 하나님께 더욱 인정받는 구역이 되고 사랑과 평화가 끊임없이 돋아나기를 희망합니다.

하늘과 땅 위에서 하나인 주님의 거룩하신 가족으로 모든 구역원들의 마음을 함께 묶어 주소서.

그리하여 여러 가지 문제를 걱정하며 기도하는 그들의 기도가 이루어지게 하소서.

구역의 가정과 사업과 소원을 주님 안에서 이루게 하옵소서.

고통의 멍에를 벗어버리기 위하여 이렇게 주 앞에 모인 구역 식구들을 주님 은혜의 날개 아래 보호하소서.

하나님 아버지께서 구역의 가정 가정마다 위로의 손길을 펼치시어, 가정에 평안과 희락이 넘칠 수 있기를 소망합니다.

특별히 이 시간 우리들이 예배를 드릴 수 있도록 수고를 아끼지 아니한 이 가정에 축복을 내려주시고, 이 가정의 모든 일들을 주께서 친히 담당하시어 눈동자와 같이 지켜주옵소서.

저희들의 부족함과 연약함 때문에 상처 받는 구역 식구들이 없도록 헌신하고 배려하고 사랑하는 저희들 되게 하옵소서.

구역예배에 참석치 못한 구역 가족들도 주님께서 친히 돌보시어 저희 구역을 통하여 더욱 저희 교회 발전의 원동력이 되기 원하나이다.

구역장과 권찰로서 저희들에게 맡겨주신 구역 가족들을 기도로 돌보게 하소서.

구역장과 권찰이 범사에 모범이 되어 맡겨진 구역 식구들을 열과 성의를 다하여 잘 살필 수 있게 하소서.

언제나 십자가의 정신을 잃지 않는 구역장과 권찰이 되어 혹 환난을 당한 구역 가족이나 문제 있는 구역 가족이 있을 때 주님의 말씀으로 위로할 수 있는 말씀 충만이 있게 하소서.

멍에를 메는 마음으로 아픔을 같이 할 수 있는 구역장들이 될 수 있도록 이끌어 주옵소서.

주님께서

"나는 마음이 온유하고 겸손하니 나의 멍에를 메고 내게 배우라" 하고 말씀하셨사오니 구역 안에서 그 어떤 일이 발생한다 할지라도 주님의 이 귀한 말씀을 잊지 않도록 도와주소서.

또한 구역을 든든히 세우는 데 혼신의 힘을 쏟는 구역장과 권찰

참진리 참소망

이 되어 가정마다 가정천국이 이루어지는 축복이 있게 하시고, 구역을 통해서 전도의 문이 열리므로 교회가 부흥 성장하는 데 앞장서는 구역이 되게 인도하소서.

권위를 앞세우기보다는 섬김을 앞세우는 구역장과 권찰이 되기를 원합니다.

대접 받기보다는 힘써서 대접하고, 오른손이 하는 것을 왼손이 모르게 구역원을 언제나 헤아릴 수 있는 구역장과 권찰이 되게 하소서.

귀한 직분을 맡겨 주셨사오니 죽도록 충성할 수 있는 구역장이 될 수 있도록 이끌어 주옵소서.

오늘도 친교를 위해 수고하신 그 귀한 손길 위에 하나님의 크신 은혜의 복으로 갚아 주옵시고, 애찬을 들 때마다 하나님의 영광을 위해 하게 하시고, 더욱 더 영육 간 강건함으로 기쁨이 차고 넘치게 하여 주소서.

늘 구역예배에 함께 계시는 예수님 이름으로 기도합니다.

아멘.

선교와 전도에
힘쓰게 하소서

저희들이 일주일을 사는 목적과 기쁨이 교회에 출석하여 주님께 예배드리고, 주님의 백성을 만나는 은혜를 주시니 감사합니다.

은혜의 주님!
저희들이 주님의 십자가 구속으로부터 받은 은혜에 보답하기 위해 저희를 선교와 전도의 도구로 사용하여 큰 일 감당하게 하시옵소서.
'왜 예수 믿어야 하나'
를 저희가 먼저 깨닫고 전도에 힘쓰게 하시옵소서.
길이요 진리요 생명이 되시기 때문에 주님을 믿어야 함을 알게 하소서.
일생을 행복하게 사는 유일한 길이, 진리의 올바른 길이, 생명을 살리는 길이 진정으로 예수님을 믿는 길에 있음을 알고 전도하게 하소서.
저희에게 먼저 사랑과 진리에 넘치는 성령으로 가득 채워 주소서.
주님의 십자가 보혈의 은혜와 부활을 통한 구원이 하나님과 인간 사이를 다리 놓을 수 있음을 전하고자 합니다.
가장 소중한 가족과 가까운 이웃과 동족들에게 먼저 전도하게 하시옵소서.

참진리 참소망

바울처럼 사랑하는 사람들을 긍휼히 여기고 전도하여, 저희들 주변이 그리스도의 진리의 빛으로 번지고 사랑의 향기로 풍기게 하시옵소서.

전도할 때 십자가 부활을 증거하기 원합니다.

우리 인간의 능력 스스로는 이룰 수 없고 오직 주님만 의지해야 죄사함 받을 수 있음을 전하기 원합니다.

그리고 세상에서는 그 어떠한 것도 진정한 기쁨이 되지 못함을 일깨우고자 합니다.

오직 십자가에 저희들의 모든 것을 맡길 때 주님의 은혜의 빛이 저희 영혼을 어루만지기 시작하여 강물 같은 평화가 흐르고 기쁨이 저절로 샘솟음을 체험한 간증으로 전하게 하옵소서.

전도를 박해하는 사탄을 미리 예견하여 대처하는 지혜와 극복하는 의지를 굳혀 주시어 승리하게 하시옵소서.

영혼의 가난과 미신 속에 살다가 죽어가는 불쌍한 세인들이 스스로 깨닫고 예수님을 영접하도록 그들의 마음 문을 열어 주소서.

주님의 십자가 부활을 세인들이 수시로 자주 듣고, 차츰 믿으며, 그리하여 주님을 부르도록 저희가 복음을 전하기 원합니다.

자나 깨나 때와 장소를 가리지 않고 저희들 입술이 열리며 전도하는 발성 터져 나오게 하시옵소서.

닫힌 입에서는 아무 능력이 나오지 않음을 알고 주님의 복음과 구원의 비결을 자주 입 열고 선교하며 열창하게 하시옵소서.

먼저 기도의 문을 열고 물질을 지원하여 교회 선교에 더욱 큰 힘으로 뭉쳐지기를 원합니다.

진정한 기도는 하나님께서 한 마디도 버리지 않으심을 알고 있사옵니다.

백짓장도 맞들면 낫다는 지혜를 모아 혼자 애쓰지 말고 교회선교를 중심으로 협동하여 큰 힘 이루게 하소서.

보내는 교회로서 복음전파 사명을 감당할 수 있도록 저희가 모두 함께 동참하여 일하게 하시옵소서.

일생 동안 선교와 전도로 모범을 보이신 예수님 이름으로 기도합니다.

아멘.

복음을 전파하게 하소서

메마르고 한없이 갈증을 느끼는 저희 영혼에 촉촉이 생명수를 부어 주시는 은혜의 주님!

삭막하고 불안하여 진정한 기쁨과 행복을 찾을 수 없었건만 영원히 목마르지 않는 영생수, 복음을 통해 평강 주심을 감사드립니다.

사랑의 주님!

저희가 받은 복음의 은혜가 결코 헛되지 않게 유지되고 복음의 생명력이 진리임을 더욱 절실히 깨닫기 원합니다.

그리고 이 깨달음의 은혜가 오래 오래 영원토록 저희들의 삶과 영혼에 깊이 간직되기를 바라나이다.

복음 전파는 결코 실패로 끝나지 않고 연속적으로 성공의 결실을 거두게 됨을 저희들이 깊이 인식하게 하시옵소서.

가랑비에 옷 젖듯이 세인들의 영혼에 복음의 은혜가 조금씩 스며들기 원하나이다.

자주 들려주는 주님에 관한 소식에 닫힌 자들의 영혼문도 차츰 열림을 느낄 줄 압니다.

뿌린 자와 거두는 자의 공이 모두 하늘나라의 초청축제에 기쁘게 동참하게 하소서.

순교자의 피로 뿌려진 복음의 씨를 저희가 계승하여 가꾸고 열매를 거두기 원합니다.

저희가 전파하는 복음의 결실이 다른 일꾼들에게도 연결되어 열매 맺는 기쁨이 됨으로 우리 모두에게 한 기쁨이 되게 하소서.

특히 오늘날같이 창백하게 빛바래 희어진 영혼의 밭에 복음전파가 긴급하고 절실히 이루어지기 원하나이다.

이 세상에는 복음의 은혜를 받지 못한 영혼들이 너무나도 많아 범죄의 올무에 걸려 허덕이고 있어 너무나도 안타깝습니다.

죽어가는 저들을 주님의 복음으로 살리기 원하나이다.

이 올무를 걷어내고 은혜의 복음비로 촉촉이 소생시켜 주시옵소서.

존귀하시고 복음의 원천 되시는 거룩하신 예수 그리스도 이름으로 기도합니다.

아멘.

열정으로 전도하게 하소서

우리에게 생명의 근원이시고 희망되시고 사랑의 원천이신 하나님!

저희들의 마음 문이 활짝 열려 하나님의 음성을 선명하게 듣는 은혜가 임하기를 소원합니다.

저희의 아집과 동굴 속에 갇혀 죽어가던 영혼을 생명의 말씀과 가르침과 기름진 좋은 양식으로 넘치게 먹여 주옵소서.

하나님 말씀을 전심전력 집중하여 듣는 은혜 열리고, 온 맘을 다하고 귀를 기울여 들을 수 있게 은혜 주옵소서.

듣지 못하면 결국 비참함으로 끝나는 헛된 시간 되는 줄로 압니다.

생명을 살리시는 주님!

'꿈에도 소원은 전도!'

를 열창하게 하소서.

한 생명을 품고 끝까지 기도의 끈 놓지 않기 원하나이다.

허무한 이 세상에서 찾을 수 없는 소망이기에 사망이 없는 주님에게서 영생을 찾기 원하나이다.

오늘 이 세상의 종말이 온다 하더라도 주님의 복음이 온 세상에 전하기 소원합니다.

사탄의 방해를 물리치고 주님 앞으로 새 생명 인도하게 성령의 힘으로 능력 주소서.

거짓된 평화와 헛된 풍요를 따라가고 있는 많은 사람들이 고통과 불안과 희망 없는 삶을 살아가고 있음을 개탄합니다.

하루하루 외롭고 힘들어 하며 깊은 한숨과 눈물 속에서 보내고 있는 불쌍한 자들을 긍휼히 여기소서.

영혼이 갈급한 자, 심령이 가난한 자, 우울한 자, 포로 된 자, 죽음을 생각하고 생사의 기로에 놓여 있는 그들에게 주님의 손으로 모든 결박을 풀어 자유하게 하시고 영원히 목마르지 않는 주님의 생명수로 마시게 하소서.

서로 시기하고 질투하고 미워하고 능멸하는 자들에게 주님의 못 자국 난 손과 발을 얹어 주시옵소서.

만족을 모르고 살아가는 이 세대에 참된 기쁨으로 채우시고 위로가 필요한 사람들에게 참된 평안의 소식을 복음으로 알리소서.

넘어진 사람들에게 따뜻한 격려의 손길로 붙들고 어둔 밤을 보내는 사람들에게는 새벽빛을 비추어 주기 원합니다.

삭막한 현실의 들판에서 사랑으로 다가오는 하나님의 온유한 음성을 듣게 하시고 오랜 갈증으로 목마른 영혼에 생수로 채워 주소서.

마음의 모든 부담과 갈등들과 삶의 걱정을 십자가 앞에 내려놓게 하소서.

힘든 노동과 여유 없는 하루하루를 주님 앞에 모두 내려놓고 편히 쉬고 안식하게 하소서.

모든 민족들에게 복을 주시고 소망되시고 생명되시는 주님을 기쁘고 즐겁게 찬양하고 찬송하도록 연합하소서.

주님의 거룩한 손으로 우리를 붙드시고 선한 목자가 되셔서 푸른 풀밭으로 저희들을 인도하시고 맑은 시냇물가로 인도하여 주심을 감사드립니다.

이 땅에 사시사철 그리스도의 계절로 변화되어 복음의 꽃이 활짝 피고 예수의 향기가 온 땅에 아름답게 날리기 원합니다.

죽음의 공포에 떨고 있는 죽어가는 한 영혼이라도 마지막에 구원의 희망 가질 수 있게 기도하고 주님의 영생 권능을 전히게 성령의 능력 내려 주소서.

온 맘을 다하여 하나님께 주저 없이 나아와 언제 어디서나 항상 하나님과 함께하는 우리의 마음과 삶이 되게 하옵소서.

이제까지 동굴 속에 갇히고 집착해 있던 증오, 미움, 슬픔 등이 모두 사라지게 하소서.

저희가 악한 영에 조종 받아, 불안, 근심, 알력과 싸움, 이간과 증오, 멸시, 열등감, 상처를 주어 문제를 일으키는 마귀의 앞잡이가 되지 않기 원합니다.

오직 예수님이 내 마음에 오시어 죽음의 문제, 불안, 혼돈, 두려움과 이웃 간의 모든 문제가 해결되는 피스메이커, 평안조성자로 우리를 삼아 주옵소서.

예수님이 가시는 곳마다 평안이 함께 하시듯, 저희가 가는 곳도 평안을 조성하여 틈새를 메워가는 작은 예수되게 하여 주시옵소서.

용서, 기쁨, 즐거움과 사랑만이 빛나고 넘치는 영원한 안식의 큰 나라로 이루어 주시옵소서.

이를 위해, 교만했던 저희를 낮은 곳으로 내려놓아 주옵소서.

가정에서 남편과 아내 사이도, 교회의 성도 사이도, 이웃 사이도 모두 예수님께서 함께 실재하옵소서.

저희가 그 사이에 있지 않고 오직 예수님께서 인간들 사이에 오시어 온 인류 문제를 해결하시옵소서.

구역사업에도 교회사업에도 세상사업에도, 그리고 사람이 중심되는 행사중심, 건물중심, 재정중심에도 오직 예수님만이 그 중심축에 계시어 새로운 세계, 행복한 새날이 열리기 소망합니다.

복잡한 마음, 우울한 마음, 근심과 질병들이 모두 떠나고 청명한 하늘과 은혜의 음성만 보고 들리게 하소서.

저희들이 받은 은혜 혼자 누리지 않게 하소서.

가난은 죄가 될 수 없기에 주님께서는 가난한 자들과 함께하심을 압니다.

포로 된 저희들 영혼을 결박으로부터 풀어 주시고, 고통과 절망의 죽음으로부터 부활시켜 주시기 위해 오심을 진정으로 믿고 기다리게 하소서.

자유와 생명과 사랑과 복음을 다시는 잃어버리지 않게 하시고, 절망과 고통에서 허덕이지 않도록 밝은 희망만 비추시는 주님 앞으로 나오게 하소서.

아직도 동굴 속에 갇혀 있는 불신자들에게도 저희가 전도하여 하늘나라를 열어 보이게 하시고 저희가 큰 일꾼으로 쓰임 받게 하시옵소서.

우리에게 평강과 영생으로 참행복을 주시는 예수 그리스도 이름으로 기도합니다.

아멘.

참진리 참소망

부록

신·구약 성경 장별 핵심 정리

구약성경 장별 정리[39권, 929장]

창세기(50장)

1장 천지창조[3)빛, 6)궁창, 9)바다 땅 식물, 14)해 달 별, 20)조류 어류, 24)동물 사람]
2장 * 1)안식일, 4)인간 창조, 8)에덴 동산, 21)여자 창조
3장 * 1)타락, 8)심판, 14)타락으로 인한 저주, 22)에덴에서 추방
4장 * 가인과 아벨
5장 * 아담의 족보
6장 * 1)넘치는 죄악, 5)홍수 예고, 9)방주
7장 * 1)방주로 들어간 노아, 17)홍수 시작
8장 * 1)홍수 그침, 6)까마귀와 비둘기
9장 * 1)육식 허용, 8)무지개, 20)술 취한 노아, 25)가나안 저주
10장 * 노아의 족보[1)야벳 자손, 6)함 자손, 21)셈 자손]
11장 * 1)바벨탑, 10)셈 자손, 27)하란으로 옮겨간 아브람
12장 * 1)복의 근원 아브람, 10)애굽으로 내려간 아브람, 14)바로에게 아내를
     내어 준 아브라함
13장 * 아브라함과 롯
14장 * 1)사로잡힌 롯, 17)아브라함의 1/10을 받은 멜기세덱, 21)전리품 사양
15장 * 1)아브람의 칭의, 7)애굽에서의 노예 생활 예고
16장 * 1)사라, 7)하갈, 15)이스마엘
17장 * 1)아브람 아브라함(할례), 15)이삭 출생 약속
18장 * 1)이삭 출생 약속, 22)열 명의 의인을 찾아라
19장 * 소돔과 고모라
20장 * 아비멜렉과 사라
21장 * 1)이삭의 출생, 9)이스마엘 추방, 22)브엘세바
22장 * 모리아산에서 제물이 된 이삭
23장 * 사라 소천

출애굽기(40장)

26장   * 축복과 저주
27장   * 1)서원에 관한 규례들, 32)십일조에 대한 규례

민수기(36장)

1장   * 인구조사
2장   * 이스라엘 진 배치
3장   * 1)아론의 아들들, 5)레위지파의 임무와 계수, 40)처음 난 자
4장   * 1)고핫 자손의 임무와 계수, 21)게르손 자손의 임무와 계수, 29)므라리 자손의 임무와 계수
5장   * 1)부정에서 분리할 것, 5)배상법과 제사장의 소유, 11)의심 소제
6장   * 1)나실인 규례, 22)제사장의 축복기도
7장   * 족장이 드린 예물
8장   * 1)성막 안의 금등대, 5)레위인을 하나님께 바치는 법
9장   * 1)첫 유월절, 15)성막 위에 머문 구름
10장   * 1)두 개의 은나팔, 11)시내 광야에서 출발
11장   * 1)다베라에서 원망하다 당한 불 심판, 4)만나에 대한 불평, 16)70인 장로 세움, 31)메추라기 심판
12장   * 미리암과 아론의 비방
13장   * 12정탐꾼의 잘못된 보고와 백성들의 원망
14장   * 1)백성들의 거역, 20)징벌, 36)악평한 정탐꾼 죽음
15장   * 1)제사 규례, 32)안식일 범한 자 처형, 37)옷단에 매단 수술
16장   * 1)고라당의 반역, 36)아론의 향로를 통한 속죄
17장   * 싹 난 아론의 지팡이
18장   * 제사장들과 레위인의 직무와 기업
19장   * 시체로 인한 부정을 정결케 하는 물
20장   * 1)모세의 범죄, 14)이스라엘의 진행을 방해한 에돔, 22)아론 소천
21장   * 1)호르마에서 아랏을 물리침, 4)구리뱀, 10)이스라엘의 경유지, 21)아모리 왕 시혼, 33)바산 왕 옥
22장   * 1)모압평지의 발람, 21)여호와의 사자와 발람의 나귀
23장   * 이스라엘을 축복하는 발람
24장   * 이스라엘의 번영을 예언하는 발람
25장   * 1)모압 여인과 혼음하고 바알브올에 부속됨, 6)하나님을 시원케 한 비느하스
26장   * 1)제2차 인구 조사, 52)기업 분배는 제비로, 57)레위 종족들

       참진리 참소망

신명기(34장)

여호수아(24장)

13장   * 1)요단 동편의 분깃, 22)발람 처형
14장   * 땅 분배[갈렙]
15장   * 땅 분배[유다]
16장   * 땅 분배[요셉]
17장   * 땅 분배[므낫세]
18장   * 땅 분배[베냐민], - 1)실로에 세워질 성막 -
19장   * 땅 분배[시므온, 잇사갈, 아셀, 납달리, 단, 여호수아]
20장   * 도피성
21장   * 땅 분배[레위]
22장   * 1)돌아간 두 지파 반, 11)논쟁과 화해-요단 강변의 재단-
23장   * 여호수아의 고별사
24장   * 1)여호수아의 고별사, 26)증거의 돌, 29)여호수아 소천

사사기 (21장)

1장   * 1)아도니베섹을 생포한 유다, 11)옷니엘, 22)기타 지파들의 정복 정착
2장   * 6)여호수아 소천, 11)이스라엘의 배교, 16)사사를 세우시는 하나님
3장   * 12)에훗, 31)삼갈
4장   * 1)드보라, 17)시스라를 죽인 야엘-헤벨의 아내-
5장   * 드보라의 찬송
6장   * 기드온- 36)양털 뭉치-
7장   * 기드온과 300명
8장   * 기드온의 승리- 15)횃불과 항아리 전술-
9장   * 1)아비멜렉, 7)세겜족을 꾸짖는 요람, 22)아비멜렉을 반역하는 가알,
        50)맷돌에 맞아 죽은 아비멜렉
10장   * 1)돌라, 3)야일
11장   * 1)입다, 32)딸을 바친 입다
12장   * 1)길르앗과 에브라임의 전쟁, 8)입산, 11)엘론, 13)압돈
13장   * 삼손
14장   * 1)삼손과 딤나의 여인, 8)수수께끼
15장   * 1)300마리의 여우, 14)나귀 턱뼈로 1000명을 죽인 삼손
16장   * 1)삼손과 들릴라, 23)삼손 소천
17장   * 미가의 신상
18장   * 미가와 단 지파

사무엘하 (24장)

열왕기상 (22장)

1장 * 1)다윗을 봉양하는 수냄 여인 아비삭, 5)스스로 왕 된 아도니야, 28)왕
으로 지명된 솔로몬

2장 * 1)다윗의 유언, 13)숙청

3장 * 1)바로의 딸과 결혼한 솔로몬, 3)지혜를 구한 솔로몬, 16)지혜로운 판결

4장 * 1)솔로몬의 신하들, 21)솔로몬의 부, 29)솔로몬의 지혜

5장 * 건축 준비

6장 * 완성된 성전

7장 * 왕궁과 성구들

8장 * 1)언약궤 입전, 12)헌당, 22)솔로몬의 기도

9장 * 솔로몬과 맺은 하나님의 언약

10장 * 솔로몬과 시바

11장 * 1)황후들의 우상 숭배, 9)솔로몬에 대한 하나님의 진노, 14)솔로몬의
대적들, 41)솔로몬 소천

12장 * 1)르호보암, 16)북왕국 초대 왕 여로보암, 25)여로보암의 종교 정책

13장 * 1)여로보암에게 경고한 유다 선지자, 11)사자에게 물려 죽은 유다 선지자

14장 * 1)아히야 선지자와 여로보암의 아내, 12)남왕국의 르호보암, 25)예루
살렘을 약탈한 애굽 시삭왕

15장 * 1)아비얌, 9)아사, 16)벤하닷과 동맹한 아사, 25)나답, 32)바아사

16장 * 1)바아사의 저주를 예언하는 예후, 8)엘라와 시므리, 21)오므리, 28)아
합, 31)이세벨

17장 * 1)엘리야의 가뭄 예언, 4)엘리야와 까마귀, 8)사르밧 과부, 17)사르밧
과부의 아들을 살린 엘리야

18장 * 1)엘리야와 오바댜, 20)갈멜산의 대결, 41)비오게 한 엘리야의 기도

19장 * 1)호렙산으로 피한 엘리야, 8)하나님을 만난 엘리야, 19)엘리사를 부른
엘리야

20장 * 1)벤하닷의 사마리아 침략, 13)이스라엘의 벤하닷 격퇴, 31)벤하닷을
살려주고 저주받은 아합

21장 * 1)나봇의 포도원과 아합, 5)나봇을 죽인 이세벨의 음모, 17)아합의 멸
망을 예언하는 엘리야

22장 * 1)거짓 선지자들을 따른 아합, 13)참 선지 미가야, 29)아합 전사, 41)여
호사밧, 51)아하시야

열왕기하(25장)

역대상(29장)

1장 * 족보[아담 야곱]
2장 * 유다의 자손들
3장 * 1)다윗의 자손들, 10)솔로몬의 자손들
4장 * 지파들[1)유다, 24)시므온]
5장 * 지파들[1)르우벤, 11)갓, 18)므낫세 반]
6장 * 1)레위 지파, 31)성가대, 49)아론 자손들
7장 * 지파들[1)잇사갈, 6)베냐민, 13)납달리, 14)므낫세, 20)에브라임, 40)아셀]
8장 * 베냐민 지파, 33)사울의 자손들
9장 * 포로기 후의 예루살렘 주민
10장 * 사울의 패망
11장 * 1)다윗 왕국, 4)시온산성을 빼앗을 다윗, 10)명장들의 업적, 15)부하들
의 피 같은 베들레헴 샘물
12장 * 1)다윗의 첫 부하들, 38)왕으로 추대된 다윗
13장 * 법궤를 모셔 오는 다윗
14장 * 1)다윗 궁 건축, 13)뽕나무 꼭대기에서 들린 발자국 소리
15장 * 예루살렘으로 모셔 온 법궤
16장 * 1)법궤 운반과 다윗의 감사시, 37)레위인에게 궤를 섬기게 하는 다윗
17장 * 1)나단의 예언, 16)다윗의 감사 기도
18장 * 1)세력을 넓히는 다윗, 14)다윗의 대신들
19장 * 1)암몬에게 모욕당한 다윗의 사절단, 6)암몬을 물리침, 16)아람을 물리침
20장 * 다윗의 암몬 정복
21장 * 인구조사와 형벌
22장 * 솔로몬에게 성전 건축을 위임하는 다윗
23장 * 1)솔로몬을 왕으로 세움, 2)성전 예배를 위한 준비, 24)레위 자손에게
맡긴 새로운 직무
24장 * 24반차로 나눈 아론 자손들
25장 * 성가대원
26장 * 성전 문지기
27장 * 1)다윗의 군, 16)행정, 25)재무
28장 * 솔로몬에게 성전 설계도를 넘겨준 다윗
29장 * 1)성전 건축을 위한 예물들, 10)다윗의 감사 기도, 20)솔로몬 즉위, 26)
다윗 소천

역대하(36장)

참진리 참소망

에스라(10장)

느헤미야(13장)

10장   * 인친자
11장   * 예루살렘의 거주자와 그 지도자
12장   * 낙성식
13장   * 성별과 청결

에스더(10장)

1장   * 왕후 와스디 폐위
2장   * 에스더를 왕비로 피택
3장   * 하만의 모계
4장   * 금식하는 유대인들, 죽으면 죽으리다
5장   * 1)연회를 베푼 에스더, 9)모르드개를 달려고 장대를 세운 하만
6장   * 모르드개의 공훈과 모르드개의 마부가 된 하만
7장   * 두 번째 베푼 연회, 처형된 하만
8장   * 원대로 조서를 쓰는 모르드개
9장   * 대적을 쳐부순 유대인과 부림절
10장   * 존귀케 된 모르드개

욥기(42장)

1장   * 1)욥의 부와 경건, 6)사단의 시험
2장   * 1)사단의 2차 시험, 11)욥의 친구들 내방
3장   * 자신의 생일을 저주하는 욥
4장   * 욥을 책망하는 엘리바스
5장   * 계속 책망하는 엘리바스[악인의 보응]
6장   * 1)자신의 불평을 정당화하는 욥, 14)친구들을 책망하는 욥
7장   * 하나님께 호소하는 욥
8장   * 빌닷의 첫 번째 논박
9장   * 하나님의 공의를 인정하는 욥
10장   * 자탄하는 욥
11장   * 소발의 첫 번째 논박[오묘막측]
12장   * 욥의 응수[지혜와 권능]
13장   * 자신의 순결을 변호하는 욥
14장   * 생을 저주하는 욥

시편(150장)

○ 제1권

잠언(31장)

전도서(12장)

1장   * 세상 만사가 헛되도다
2장   * 세상의 쾌락과 부도 헛되다
3장   * 세상 만사에는 때가 있느니라
4장   * 억압받는 슬픔, 협동의 유익
5장   * 1)경솔한 서원, 8)재물 모으는 헛됨
6장   * 만사는 예정되어 있다
7장   * 죽음에 대한 지혜
8장   * 통치자
9장   * 세상의 경영
10장   * 사고는 누구나 당할 수 있다
11장   * 인생의 불확실성
12장   * 창조자를 기억하라

아가서(8장)

1장   * 사랑의 고백
2장   * 사랑하는 자를 찾는 신부의 노래
3장   * 밤을 그리며
4장   * 신부에 대한 신랑의 노래
5장   * 신랑을 찾는 신부의 꿈
6장   * 신부에 대한 신랑의 마음
7장   * 신부예찬, 사랑을 고백하는 신부
8장   * 죽음처럼 강한 사랑

이사야(66장)

1장   * 1)배은망덕 유다는 망한다, 10)형식적 종교 책망, 18)회개하라, 21)심판
         후의 구속
2장   * 1)장차 올 왕국에 대한 약속, 5)주님 오실 때 있을 교만한 자 심판
3장   * 심판[1)예루살렘, 16)시온]
4장   * 미래에 있을 예루살렘의 영광스런 회복
5장   * 1)포도원의 노래, 8)불신앙으로 인해 심판 받은 예루살렘의 참상

내리시는 주

33장 * 1)하나님을 신뢰하는 자는 구원을 받는다, 7)주께서 일어나신다, 17)영
광스런 내일이 온다

34장 * 에돔의 최후

35장 * 택함 받은 백성이 누릴 구원의 복

36장 * 산헤립의 침공[1)1차, 2)2차]

37장 * 1)이사야에게 묻는 히스기야, 5)하나님의 첫 약속, 8)앗수르의 불경한
도전, 14)성전에서 기도하는 히스기야, 21)하나님의 두 번째 응답, 36)
산헤립의 최후

38장 * 1)병에서 회복된 히스기야, 9)히스기야의 감사 찬양

39장 * 1)바벨론 특사에게 보고를 공개한 히스기야, 3)하나님의 책망

40장 * 1)광복의 기쁜 소식을 외쳐라, 12)하나님의 힘과 사랑, 28)주를 앙모하
는 자 독수리같이

41장 * 1)하나님의 도구 고레스, 8)복된 광복의 길, 21)우상은 아무것도 아님

42장 * 주의 종의 노래Ⅰ[1)여호와의 종 고레스], 10)인류의 새 노래, 18)눈멀고 귀
먹은 이스라엘

43장 * 1)이스라엘의 구속과 회복, 14)바벨론에서 풀려난 이스라엘

44장 * 1)나의 종 야곱아, 6)어리석은 우상 숭배, 21)포로들의 귀환, 28)이스라
엘 재건을 명령받은 고레스

45장 * 1)하나님의 도구 고레스, 8)토기장이 하나님, 14)이스라엘의 영원한 구
원, 18)구원에 초청된 열방

46장 * 몰락하는 바벨론 신들

47장 * 하루아침에 망하는 바벨론

48장 * 책망 받은 이스라엘의 불신앙과 새 일을 약속하시는 하나님, 귀향 길
은 즐겁다

49장 * 주의 종의 노래Ⅱ[시온을 재건하는 이스라엘]

50장 * 주의 종의 노래Ⅲ[고난받은 여호와의 종]

51장 * 1)남은 자에 대한 위로, 17)분노의 잔을 마신 예루살렘아 깨어라

52장 * 1)포로에서 돌아올 시온, 7)해방의 희소식, 13)주의 종의 노래Ⅳ

53장 * 주의 종의 노래Ⅳ 계속

54장 * 예루살렘이 다시 흥한다, 새 예루살렘

55장 * 와서 먹고 마셔라-회개하는 자에게 내리시는 값없는 은혜-

56장 * 1)회복된 공동체-이방인도 함께 예배드릴 수 있다-, 9)이스라엘의 탐욕
과 태만의 지도자들

57장 * 1)의인이 고난을 당하는 혼란기, 3)우상 숭배와 행음의 신당들, 14)비

예레미야(52장)

에스겔(48장)

참진리 참소망

다니엘 (12장)

1장   * 다니엘과 세 친구의 신앙과 지혜
2장   * 느부갓넷살의 꿈과 다니엘의 해석
3장   * 풀무불 속에 던져진 세 소년
4장   * 1)느브갓네살이 꿈에 본 큰 나무와 다니엘의 해몽, 28)해몽대로 야수
       가 된 느브갓네살
5장   * 1)성전 기물을 더럽힌 벨사살, 5)뜬 손이 쓴 글
6장   * 1)다리오의 총리가 된 다니엘, 4)다니엘을 죽이려는 음모, 16)사자 굴
       속의 다니엘
7장   * 다니엘이 본 네 짐승 환상
8장   * 수양과 수염소 환상
9장   * 70이레와 가브리엘 천사
10장   * 천상의 전투
11장   * 열 국에 대한 예언-바사의 4왕, 헬라의 4왕, 남방과 북방 왕국의 전쟁-
12장   * 종말에 있을 대 환난과 의인 구원

호세아 (14장)

1장   * 호세아의 결혼과 자녀들
2장   * 이스라엘 징계와 회복
3장   * 고멜을 속량한 호세아
4장   * 죄[백성, 제사장들], 심판, 부도덕한 예배 의식
5장   * 왕들과 제사장들에게 임할 심판, 남북 왕국의 비극적인 외교 정책
6장   * 힘써 여호와를 알자
7장   * 도덕적 타락
8장   * 배교에 대한 심판
9장   * 1)이스라엘의 생활과 거짓 선지자, 10)하나님의 진노
10장   * 두 마음을 품은 이스라엘
11장   * 1)아버지의 사랑, 12)에브라임의 죄
12장   * 에브라임의 죄-하나님을 격노케 한 이스라엘-
13장   * 1)우상 숭배에 대한 징계, 12)이스라엘의 멸망
14장   * 1)회개 권면, 4)하나님의 긍휼, 9)여호와의 도

요엘(3장)

1장   * 재앙과 황폐
2장   * 1)심판 예고, 28)하나님의 신을 부어 주심
3장   * 1)심판과 위로, 18)유다 회복

아모스(9장)

1장   * 5개국 심판[3)다메섹, 6)가사, 9)두로, 11)에돔, 13)암몬]
2장   * 3개국 심판[1)모압, 4)유다, 6)이스라엘]
3장   * 1)사자의 부르짖음, 9)사마리아의 죄와 벌
4장   * 1)부패, 4)이스라엘의 우상 숭배, 6)심판
5장   * 1)회개 촉구, 14)살 길, 16)여호와의 날, 21)헛된 제사 행위
6장   * 사치와 향락과 불의에 대한 심판
7장   * 재난에 대한 이상[1)메뚜기, 4)타는 불꽃, 7)다림줄], 10)아모스와 아마샤
8장   * 1)과일 광주리 이상, 4)긴박한 심판
9장   * 1)피할 수 없는 심판, 11)회복 예고

오바댜(1장)

1장   * 1)에돔 멸망 예고, 10)에돔의 죄, 15)열방 심판, 17)시온에서의 구원

요나서(4장)

1장   * 1)다시스로 도망치는 요나, 17)고기 뱃속의 요나
2장   * 1)고기 뱃속에서 참회하는 요나, 10)육지에 토해진 요나
3장   * 1)니느웨에 간 요나, 5)회개 운동
4장   * 요나의 불평과 박넝쿨 교훈

미가서(7장)

1장   * 1)에브라임 멸망 예고, 8)유다 징계 예고
2장   * 1)빈곤 자 압제에 대한 저주, 6)거짓 설교, 12)남은 자에 대한 약속
3장   * 정치적 영적 지도자들의 범죄와 심판

         참진리 참소망

4장   * 메시야 왕국 건설
5장   * 1)베들레헴에서 태어날 메시야, 8)영적 이스라엘
6장   * 1)구원 역사 상기, 6)여호와께서 구하시는 것, 9)악인 처벌
7장   * 악인의 멸망과 은혜의 승리

나훔 (3장)

1장   * 1)피난처 하나님, 15)멸망될 니느웨
2장   * 니느웨 멸망
3장   * 니느웨 멸망 원인은 잔학

하박국 (3장)

1장   * 1)왜 불의한 자가 잘됩니까? 12)왜 더 악한 자로 주의 백성을 징치하십
       니까?
2장   * 1)의인은 믿음으로 살리라, 저주[5)침략, 9)탐심, 12)잔인, 8)우상 숭배]
3장   * 하박국의 기도

스바냐 (3장)

1장   * 유다를 멸절하시는 하나님
2장   * 회개 촉구, 멸망-블레셋, 모압, 암몬, 구스, 앗수르-
3장   * 1)예루살렘 심판 예고, 11)정화된 이스라엘의 남은 자들, 14)시온의 기
       쁜 노래, 17)귀환

학개 (2장)

1장   * 1)성전 재건 격려, 7)성전을 돌보지 않는 백성 책망
2장   * 성전 준공과 하나님의 영과

스가랴(14장)

말라기(3장)

신약성경 장별 정리[27권, 260장]

마태복음(28장)

1장   * 1)족보, 18)수태 고지, 25)탄생

2장   * 1)동방박사, 13)애굽으로 피난, 16)아기들 학살, 19)애굽에서 나사렛으로

3장   * 1)세례요한, 13)예수의 수세

4장   * 1)시험, 12)갈릴리 전도 개시, 18)제자 소명, 23)예수의 복음 전파와 치유

5장   * 1)팔복, 13)소금과 빛, 17)율법의 완성자, 21)살인이란, 27)간음이란,
            31)이혼, 33)맹세, 38)보복, 43)원수를 사랑하라

6장   * 1)구제할 때는, 5)기도할 때는, 9)주기도, 16)금식할 때는, 19)보물을 하
            늘에, 22)몸의 등불, 24)두주인-하나님과 재물-, 25)염려-食飮衣-와 그
            의 나라와 의

7장   * 1)판단하지 말라, 6)진주와 돼지, 7)구하고 찾고 두드리라,
            12)황금률, 13)좁은 문, 15)열매로 안다 -거짓 선지자-,
            21)주여! 주여!-주의 이름으로 권능도…-, 24)반석 위의 집

8장   * 치유[1)나병, 5)백부장의 하인, 14)베드로 장모],
            18)여우도 굴이 있고, 23)폭풍 진압, 28)가다라 지방의 축사逐邪

9장   * 1)침상 위의 중풍병자, 9)마태 소명, 10)죄인들과 함께 한 밥상 공동체-
            새 포도주와 새 부대-,
            14)왜 금식 안 합니까?, 18)야이로의 딸 살림, 20)혈루증, 27)두 소경,
            32)벙어리 귀신 축사逐邪, 35)목자 없는 양, 36)추수할 일꾼

10장   * 1)12제자-소명, 파송, 주의-, 17)고난을 각오하라,
            32)시인하면〈자기 십자가를 지라〉, 34)검을 주러 왔다,
            38)목숨을 얻음과 잃음, 40)선지자를 영접하면 선지자의 상을

11장   * 1)세례요한의 질문, 20)회개치 않으면〈화있을 진저〉, 25)슬기 있는 자
            에게 숨기시고.., 28)수고하 무거운 짐 진 자

12장   * 1)안식일의 주인 〈밀 이삭〉, 9)마른 손, 15)상한 갈대와 꺼져 가는 심
            지, 22)바알세불 논쟁, 31)성령 훼방 죄, 33)좋은 나무 좋은 실과, 38)
            요나의 표적, 46)예수의 참 골육

13장   * 천국 비유[1)씨뿌림, 24)가라지, 31)겨자씨, 33)누룩, 44)감추인 보화, 45)진주,
            47)그물, 51)새것 옛것], 53)고향에서 버림받음

14장   * 1)세례요한의 죽음, 13)5병2어, 22)수상 도보, 34)게네사렛의 치병

마가복음(16장)

6장 * 1)고향에서 존경받지 못해, 7)12제자 파송, 17)세례요한 죽음, 30)5병2
어, 45)수상 도보, 53)게네사렛에서의 치료

7장 * 1)손 씻는 전통, 24)수로보니게 여인, 31)에바다

8장 * 1)7병2어, 11)요나의 표적, 14)바리새인의 누룩, 22)벳새다의 소경, 27)
베드로의 신앙고백, 31)1차 수난 예고

9장 * 1)변화산, 14)제자들이 못 고친 귀신들린 아이, 31)2차 수난 예고, 33)
누가 제일 큰가?, 38)예수 지지자, 42)죄의 유혹

10장 * 1)결혼과 이혼, 13)어린이 축복하심, 17)낙타와 바늘귀, 32)3차 수난
예고, 35)자리다툼, 46)여리고 소경

11장 * 1)예루살렘 입성, 12)저주받은 무화과, 15)성전 정화, 20)믿음의 힘, 27)
예수의 권위에 대한 도전적 질문

12장 * 1)악한 소작농, 13)가이사의 것은 가이사에게, 18)부활 시비, 28)큰 계
명, 35)다윗의 자손과 다윗의 주, 41)과부의 헌금

13장 * 종말 예언

14장 * 1)음모, 3)향유옥합, 10)배반, 12)유월절 준비, 22)만찬, 27)부인 예고,
32)겟세마네의 기도, 43)체포, 51)알몸 도주, 53)심문, 66)부인

15장 * 1)빌라도, 6)바라바, 16)조롱, 21)십자가, 33)운명, 41)장사

16장 * 1)부활-빈 무덤과 천사-, 9)막달라 마리아, 12)제자들의 사명, 19)승천

누가복음(24장)

1장 * 5)수태고지-세례요한, 예수-, 39)마리아와 엘리사벳, 57)세례요한 출
생, 67)사가랴의 찬송

2장 * 1)예수님 탄생, 18)천사들의 환호, 15)목자들의 경배, 22)예수의 명명
과 결례식, 41)예수의 유아기

3장 * 1)세례요한의 활동과 수감, 21)예수님의 수세, 23)족보

4장 * 1)시험, 14)갈릴리 전도 개시, 31)치병과 逐邪, 42)전도여행

5장 * 1)소명[시몬, 야고보, 요한, 레위], 12)치병[나병], 17)중풍

6장 * 1)안식일의 주인, 6)마른 손 고침, 12)12사도, 평지수훈, 20)팔복, 27)원
수 사랑, 37)비판, 43)열매와 나무, 46)반석 위의 집

7장 * 1)백부장의 신앙, 11)다시 산 과부 아들, 18)세례요한이 보낸 사람들,
36)향유옥합

8장 * 1)예수를 섬긴 여인들, 4)비유[씨뿌림, 16)등불], 19)참 골육, 22)풍랑 진
압, 26)마귀와 돼지 떼, 40)야이로의 딸과 혈루병

요한복음 (21장)

1장   * 1)영원 전에 계신 말씀, 6)성육신, 19)나는 그리스도가 아니라, 29)수세, 35)제자 소명(안드레와 베드로, 빌립과 나다나엘)

2장   * 1)가나 혼인잔치, 13)성전 정화

3장   * 1)니고데모, 22)그는 흥하여야 하겠고

4장   * 1)우물가의 여인, 27)사마리아 전도, 43)왕의 신하의 아들 고침

5장   * 1)베데스다 못 가의 치병, 19)아버지께서 일하시니 나도 일한다, 31)사망에서 생명으로

6장   * 1)5병2어, 16)수상 도보, 22)가버나움까지 건너온 무리, 31)생명의 떡, 66)베드로의 신앙 고백

7장   * 1)예수님 동생들의 불신, 10)비밀리에 예루살렘에, 14)귀신이 들렸도다, 25)이분이 그리스도인가?, 31)보내신 이에게 돌아가리라, 37)목마른 자는 내게 오라, 45)너희도 미혹되었느냐?

8장   * 1)죄 없는 자가 먼저 치라, 12)세상의 빛, 21)자결하려냐? 31)아브라함보다 먼저 계신 분, 39)악마의 자식들

9장   * 1)실로암 소경, 13)바리새인들의 안식일 시비, 35)영의 눈 먼 자

10장   * 1)선한 목자와 삯꾼, 7)양의 문, 31)유대인들의 무례함

11장   * 1)나사로, 45)음모

12장   * 1)마리아와 향유, 12)입성, 20)예수를 찾아온 이방인들, 24)한 알의 밀이 죽으면, 27)수난 예고, 34)유대인들의 불신

13장   * 1)세족, 21)유다의 배반 예고, 31)새 계명

14장   * 1)길과 진리와 생명, 15)보혜사, 25)평안을 너희에게

15장   * 1)참포도나무, 8)세상이 미워하리라

16장   * 1)박해 예고, 4)보혜사, 16)조금 있으면 나를 보리라. 25)수난 후의 승리

17장   * 주님의 기도[1)자신을 위해, 6)제자를 위해, 20)교회를 위해]

18장   * 1)체포, 25)부인, 28)심문[안나스, 빌라도], 39)바라바

19장   * 1)판결, 16)십자가, 31)장사

20장   * 1)부활, 현현[11)막달라 마리아에게, 19)제자들에게, 24)도마의 의심], 30)저작목적

21장   * 1)디베랴 바닷가에서, 15)네가 나를 사랑하느냐?

사도행전(28장)

1장   * 6)승천, 12)합심기도
2장   * 1)오순절 성령, 14)베드로 설교, 37)초대교회의 생활 모습
3장   * 1)앉은뱅이, 11)베드로 설교
4장   * 1)베드로 요한 체포, 5)대제사장앞에 선 베드로, 13)베드로 야고보 석
     방, 22)교회의 감사와 찬송, 31)성도들의 공동 생활, 36)바나바의 가산
     헌납
5장   * 1)아나니아와 삽비라, 12)사도들의 옥문을 연 천사, 34)가말리엘의 충고
6장   * 1)일곱 집사, 8)스데반 체포
7장   * 1)스데반 설교, 54)스데반 순교
8장   * 1)사울의 교회 박해, 4)빌립의 사마리아 전도, 9)마술사 시몬, 26)에디
     오피아 내시 구원
9장   * 1)사울 개종, 20)사울 다메섹 전도, 26)예루살렘으로 도피한 사울, 32)
     중풍병자 애니아 고친 베드로, 36)다비다 살린 베드로
10장   * 1)고넬료의 환상, 9)베드로의 환상, 24)베드로와 고넬료 만남, 34)베드
     로 설교, 44)이방인에게 성령 강림
11장   * 1)유대인들의 할례 시비, 19)안디옥 교회 설립
12장   * 1)야고보 순교와 베드로 투옥, 20)헤롯사망
13장   * 바나바와 바울, 안디옥 실루기아 구브로 살라미 바보 밤빌리아 버가
     비시디아안디옥 이고니온
14장   * 이고니온 루스드라 더베 루스드라 이고니온 비시디아안디옥 밤빌리아
     버가 앗달리아 안디옥
15장   * 1)예루살렘 총회, 4)총회 결정문이 담긴 편지, 36)바나바와 바울 결별
16장   *더베 루스드라 브루기아 갈라디아 무시아 드로아 사모드라게 네압볼리
     빌립보 두아디라 루디아 구원, 11)빌립보 감옥, 간수 구원
17장   * 두아디라 압비볼리 아볼로니아 데살로니가 베뢰아 아덴, 22)바울의 설교
18장   *아덴 고린도 수리아 겐그레아 에베소 가이사랴 안디옥, 24)아볼로의 에
     베소 전도
19장   * 3차 전도, 1)에베소에 성령을 전한 바울, 21)데메드리오 사건
20장   * 1)마게도냐와 아가야 방문, 7)드로아의 유두고, 13)밀레도로, 17)에베
     소 장로와 이별
21장   * 1)예루살렘 귀환에 대한 경고, 15)도착, 27)체포, 37)바울의 간증
22장   * 1)간증, 30)공회에 선 바울

참진리 참소망

로마서(16장)

고린도전서(16장)

1장   * 10)분파, 18)어리석은 십자가의 도
2장   * 하나님의 은사인 지혜[십자가]
3장   * 1)육신에 속한 자-젖으로 키운 고린도 교회-, 5)나는 심고 아볼로는 물
        주고 하나님은 자라게, 10)교회의 터이신 그리스도-공력[금 은 보석 나무
        풀 짚]이 불타면-, 16)하나님의 성전인 성도
4장   * 맡은 자들에게 구할 것은 충성
5장   * 음행사건
6장   * 1)그리스도인과 법정, 9)신자들의 순결
7장   * 1)부부의 자세, 10)이혼, 25)처녀의 결혼문제, 39)과부의 재혼 문제
8장   * 우상의 제물
9장   * 1)바울의 사도직, 7)사도의 권리와 의무, 19)전도를 위한 천 면 변신
10장 * 우상숭배에 대하여
11장 * 1)여인들의 수건 쓰는 문제, 17)성찬 문제
12장 * 은사론[4)은사의 종류, 12)은사의 통일성, 27)특별은사]
13장 * 최고의 은사 사랑
14장 * 1)방언과 예언, 26)교회 내의 질서
15장 * 부활론[1)그리스도의 부활, 12)우리의 부활, 50)육체의 부활]
16장 * 1)예루살렘교회를 위한 헌금, 5)고린도 교회에 대한 바울의 계획

고린도후서(13장)

1장   * 3)찬미와 감사, 12)바울의 방문 계획 변경
2장   * 5)잘못한 자를 용서하라, 12)그리스도를 아는 냄새
3장   * 그리스도의 편지
4장   * 1)질그릇에 담긴 보물, 16)겉 사람 속 사람
5장   * 땅의 장 막 하늘의 집[개인적 종말론]
6장   * 불신자와 멍에를 같이하지 말라
7장   * 바울의 기쁨
8장   * 1)모범된 마게도냐 교회, 16)거액의 연보를 위한 디도 파견
9장   * 가난한 성도들을 위한 연보
10장 * 바울의 영적 권위

                                              참진리 참소망

11장   * 1)거짓 사도들, 16)바울의 수고
12장   * 1)삼층천-육체의 가시-, 14)3차 전도여행 계획
13장   * 방문예고와 경고

갈라디아서(6장)

1장   * 6)오직 하나 뿐인 복음, 11)사도직은 하나님께로부터
2장   * 1)바울과 다른 사도들, 11)베드로를 책망하다, 15)믿음으로 얻은 구원
3장   * 1)몽학선생, 15)율법과 약속, 21)종과 아들
4장   * 1)초등학문, 21)하갈과 사라의 비유
5장   * 1)그리스도인의 자유, 16)육의 열매 성령의 열매
6장   * 1)성도의 교제, 11)세상으로부터의 분리

에베소서(6장)

1장   * 1)기쁘신 뜻대로 예정하사 구원, 15)바울의 기도, 22)그리스도는 교회
       의 머리
2장   * 1)그리스도와 함께 살리심을 받을 사람들, 11)그리스도 안에서 하나가
       되라
3장   * 1)이방 사람을 위한 바울의 직분, 14)그리스도의 사랑을 알라
4장   * 1)일치 호소, 13)그리스도를 믿는 것과 아는 일, 17)그리스도 안에서의
       새 생활, 25)새 생활의 법칙
5장   * 1)사랑을 입은 자녀 같이 하나님을 본받은 자가 되라, 6)빛의 자녀, 22)
       남편과 아내[가훈표]
6장   * 1)자녀와 부모[가훈표], 5)종과 주인, 10)하나님의 전신갑주, 21)인사

빌립보서(4장)

1장   * 3)빌립보인들을 위한 기도, 12)살든지 죽든지 주의 영광을 위하여
2장   * 1)너희 안에 이 마음을 품으라, 12)원망과 시비가 없이하라, 19)디모데
       와 에바브로디도
3장   * 1)진정한 구원의 길[율법주의에 대한 경고], 12)푯대를 향하여, 17)그리스
       도인의 시민권

4장   * 바울의 권고[(4)항상 기뻐하라, 10)능력주시는 자 안에서], 16)선물에 대한 감사

골로새서(4장)

1장   * 9)만물보다 먼저 계신 그리스도-교회의 머리-, 24)교회의 일군 바울
2장   * 세상의 초등학문
3장   * 1)위엣 것을 찾으라, 5)땅에 있는 지체를 죽이라, 18)그리스도인들의
         가정생활
4장   * 2)그리스도인의 기도 생활, 7)두기고와 오네시모

데살로니가전서(5장)

1장   * 칭찬 받은 데살로니가 교인들의 믿음
2장   * 1)바울 자신의 본 된 모습을 통한 권면, 17)데살로니가를 향한 바울의
         관심
3장   * 1)데살로니가를 향한 바울의 관심[방문소망], 6)디모데의 파송과 보고,
         11)바울의 기도
4장   * 1)음란을 버리라, 9)서로 사랑하라, 11)질서 있는 생활을 하라, 13)서로
         위로하라, 16)주의 재림
5장   * 1)빛의 자녀답게 살라, 12)악을 피하라

데살로니가후서(3장)

1장   * 환난에 대한 바울의 격려
2장   * 1)주의 날-배도와 불법의 사람 곧 멸망의 아들 출현-, 13)구원에 대한
         감사
3장   * 1)기도하라, 6)일하기 싫거든 먹지도 마라

디모데전서(6장)

1장   * 1)신화와 끝없는 족보에 착념치 말라, 12)죄인 중의 괴수, 17)송영
2장   * 1)간구와 기도와 도고와 감사를 하라, 9)교회에서 여자들의 행동에
        대하여
3장   * 1)감독의 자격, 8)집사의 자격, 14)복음의 기관으로서의 교회
4장   * 1)거짓 교사들의 가르침, 6)디모데에게
5장   * 목회는 이렇게[1)남자를 대할 때, 3)여자를 대할 때, 17)장로를 대할 때]
6장   * 목회는 이렇게[1)종들을 대할 때, 3)거짓교사들을 대할 때, 6)돈을 대할 때, 11)
        자신을 대할 때, 17)물질을 사용할 때]

디모데후서(4장)

1장   * 1)디모데에 대한 감사, 3)복음 전파의 책임 강조
2장   * 그리스도의 군사
3장   * 말세에 지켜야 할 복음
4장   * 1)엄명, 6)선한 싸움을 싸우고, 9)내게 속히 오라

디도서(3장)

1장   * 교회 지도자의 자격
2장   * 성도들을 대할 때
3장   * 바른 교리적 교훈

빌레몬서(1장)

1장   * 오네시모를 위한 부탁

히브리서(13장)

야고보서(5장)

베드로전서(5장)

4장   * 고난의 영적 의미
5장   * 장로의 의무

베드로후서(3장)

1장   * 1)은혜 안에서 성장할 것, 5)진리 안에 굳게 설 것
2장   * 거짓선생
3장   * 재림

요한일서(5장)

1장   * 하나님은 빛이시다
2장   * 1)중보자 그리스도, 7)새 계명, 18)적그리스도, 28)하나님의 자녀
3장   * 1)하나님의 자녀, 11)서로 사랑하라
4장   * 1)성령과 악령, 7)하나님은 사랑이시다
5장   * 1)세상을 이기는 믿음, 6)아들에 관한 증언, 13)영원한 생명

요한이서(1장)

1장   * 1)사랑의 계명, 7)속이는 자와 적그리스도

요한삼서(1장)

1장   * 협력과 반대

유다서(1장)

1장   * 거짓교사들의 심판

요한계시록(22장)

1장   * 알파와 오메가
2장   * 1)에베소, 8)서머나, 12)버가모, 18)두아디라
3장   * 1)사데, 7)빌라델비아, 14)라오디게아
4장   * 천상의 예배
5장   * 두루마리와 어린양
6장   * 일곱 인봉
7장   * 144000
8장   * 1)마지막 인봉과 금향로, 6)일곱 나팔[14]
9장   * 일곱 나팔[56]
10장   * 천사의 작은 책
11장   * 1)두 증인, 15)일곱 나팔[7]
12장   * 여자와 붉은 용
13장   * 1)두 짐승, 11)666
14장   * 1)144000, 6)세 천사들의 전갈, 14)마지막 추수
15장   * 마지막 재난을 가져온 천사
16장   * 진노가 담긴 대접
17장   * 큰 음녀의 받을 심판
18장   * 바벨론의 패망
19장   * 1)어린양의 혼인 잔치, 11)백마를 타신 분
20장   * 천년왕국
21장   * 1)새 하늘과 새 땅, 9)새 예루살렘
22장   * 1)생명나무, 6)속히 오리라, 20)아멘 주 예수여 오시옵소서

〈남가주 서머나 교회〉에서

참진리 참소망